人工智能专业教材丛书
国家新闻出版改革发展项目库入库项目
高等院校信息类新专业规划教材

信息搜索与人工智能

郭　军　编著

北京邮电大学出版社
www.buptpress.com

内容简介

本书是一部面向信息通信、计算机、人工智能等大类专业的本科生及研究生的专业课教材，特色在于从人工智能的视角系统地讲解信息搜索的基本概念、系统构成和关键技术，着力阐释信息搜索与人工智能相伴相生和相辅相成的关系。全书以信息检索、信息过滤、信息推荐的数学模型和核心算法为背景，讲解人工智能的基础知识和最新技术，包括导论、信息搜索基础、文本表示与分析、视觉信息理解、语音识别与音频分析、数据特征及系统模型学习、前沿技术及对话系统等内容。

本书可作为高等学校理工科相关专业的教材，也可供信息搜索与人工智能领域的科研人员阅读与学习。

图书在版编目(CIP)数据

信息搜索与人工智能 / 郭军编著. -- 北京 ：北京邮电大学出版社，2022.1

ISBN 978-7-5635-6591-7

Ⅰ. ①信… Ⅱ. ①郭… Ⅲ. ①信息检索—高等学校—教材②人工智能—高等学校—教材 Ⅳ. ①G254.9②TP18

中国版本图书馆 CIP 数据核字(2021)第 275227 号

策划编辑：姚 顺 刘纳新　　**责任编辑**：徐振华 陶 恒　　**封面设计**：七星博纳

出版发行：北京邮电大学出版社
社　　址：北京市海淀区西土城路 10 号
邮政编码：100876
发 行 部：电话：010-62282185　传真：010-62283578
E-mail：publish@bupt.edu.cn
经　　销：各地新华书店
印　　刷：保定市中画美凯印刷有限公司
开　　本：787 mm×1 092 mm　1/16
印　　张：15.75
字　　数：389 千字
版　　次：2022 年 1 月第 1 版
印　　次：2022 年 1 月第 1 次印刷

ISBN 978-7-5635-6591-7　　定价：48.00 元

人工智能专业教材丛书

编委会

总 主 编：郭　军

副总主编：杨　洁　苏　菲　刘　亮

编　　委：张　闯　邓伟洪　尹建芹　李树荣

杨　阳　朱孔林　张　斌　刘瑞芳

周修庄　陈　斌　蔡　宁　徐蔚然

肖　波

总 策 划：姚　顺

秘 书 长：刘纳新

前 言

信息搜索和人工智能是当今时代的两项支柱性技术，为人们的工作、学习和生活提供着前所未有的便利，也为经济社会的发展提供着强大而持久的动力。这两项技术相伴相生、相辅相成。信息搜索既是人工智能不可或缺的应用场景，也是为人工智能提供大数据的关键手段，而人工智能是信息搜索解决核心关键问题的唯一途径。二者具有类似的研究课题和研究目标，在发展中正在逐渐走向融合。

信息搜索与人工智能的研究和开发得到各国政府、企业、高校、科研院所的高度重视，国家层面的研究计划和项目不断被推出和实施，相关产业发展迅猛，兼具信息搜索与人工智能专业知识的人才深受社会欢迎。

在这种背景下，信息搜索与人工智能类的专业课程纷纷在高校的本科生和研究生教学中开设，受到了广大学生的青睐。但是，相对于旺盛的教学需求和技术的快速发展，此类课程的教材建设相对滞后，现有教材在理论体系、知识结构和技术要素等方面与发展现状之间存在鸿沟。

作者于 2009 年编著了教材《Web 搜索》，并在研究生教学中开设了同名课程，10 多年来该课程受到了学生的普遍欢迎，近 5 年来选课人数均达到 180 人的上限。在教学实践中，作者也深切感受到日新月异的技术发展所导致的教材局限性，认识到需要更加清晰地梳理信息搜索与人工智能的关系，以使信息搜索的学习和人工智能的学习相得益彰。于是，作者以《信息搜索与人工智能》为题对“Web 搜索”课程进行了体系性和结构性的改革，将信息搜索和人工智能的基本内容统一到一个知识体系之中。此项改革得到了作者所在高校——北京邮电大学的鼎力支持，被列入学校研究生前沿课程建设项目，并得到了教材建设的支持。基于以上背景和条件，本教材得以顺利出版。

本书着力服务国家人工智能高等教育战略，以高年级本科生和研究生为对象，系统地讲解信息搜索与人工智能专业知识，为培养人工智能领域的高级创新人才提供教材支持。总体上，本书以检索、过滤、推荐等信息搜索任务为纲，论述信息搜索的基本概念、系统模型和技术要素，围绕各类媒体信息的结构表示、语义计算、分类聚类、推断理解等核心问题讲解人工智能的相关模型和算法。本书的内容在着力吸纳最新技术的同时，注重对传统技术进行萃取和总结，以期系统地展现技术发展的脉络，建立传统技术与新技术之间的联系。

本书包括 7 章内容。

第 1 章导论：定义信息搜索的概念内涵，论述信息搜索与人工智能的关系，指出相关研究的挑战性和科学价值，对信息搜索技术领域的发展状况进行介绍。

第 2 章信息搜索基础：讲解网络信息采集、信息保存、信息索引、链接分析等信息搜索的基础技术，系统地阐述和讲解信息检索系统、信息过滤系统和信息推荐系统的基本概念、工作原理和基本模型，介绍信息搜索系统的主要性能指标。

第 3 章文本表示与分析：系统地讲解文本的向量表示、特征选择、聚类和分类的主要模型及方法，通过深度哈希映射模型和转换模型 Transformer 介绍基于深度学习的文本语义分析方法。

第 4 章视觉信息理解：介绍经典的图像特征抽取方法，结合图像搜索系统的应用环境讲解图像分类、物体识别、图像标注、文字识别、人脸识别等典型算法，结合视频搜索任务讲解和分析镜头切分、视频摘要、视频描述等技术要点。

第 5 章语音识别及音频分析：阐述声学特征提取、HMM、深度 RNN 模型等基本理论和方法。结合应用重点介绍语音识别系统的技术架构和关键环节。以音乐检索为例，介绍非语音音频搜索方法。以音乐生成为例，介绍基于专用深度模型的音频编码压缩和音乐生成建模的基本原理和技术特征。

第 6 章数据特征及系统模型学习：以数据降维为目标，对比讲解 PCA 和 LDA 两类线性变换以及二者的组合应用。以高维数据的子空间分析为任务，介绍数据子空间聚类算法。以数据样本分类标注为背景，讲解半监督学习方法。以系统模型的构建为背景，讲解强化学习和对抗学习的原理和基本算法。以信息推荐系统的冷启动和模型简化为实例，讲解主动学习和矩阵分解的基本模型和算法。

第 7 章前沿技术及对话系统：介绍和讲解个性化搜索、社交搜索、内网检索、对象检索、知识图谱、对话系统等前沿技术，讨论对话系统在高层次上将信息搜索与人工智能融为一体的重要作用。

本书中的很多内容取材于国内外同行的研究成果，这些内容根据作者的理解和认识被融入到本书所构建的知识体系之中。本书对所引用的成果逐一进行了标注，作者在此对成果所有者一并表示衷心的感谢！作者的同事肖波老师、李思老师、梁孔明老师和邱嘉琰老师对此书提供了许多修改意见，在此向各位老师表示诚挚的感谢！

由于作者水平有限，加之信息搜索和人工智能领域的技术发展迅猛，本书难免存在不足、不当，乃至错误之处，恳切希望同行专家及广大读者批评指正。

作　者

目　录

第1章　导论……………………………………………………………… 1

1.1　信息搜索的意义 …………………………………………………… 1

1.2　信息搜索与人工智能 ……………………………………………… 2

1.3　技术挑战性及科学价值 …………………………………………… 3

1.4　理论与技术状况 …………………………………………………… 5

1.5　本书的内容 ………………………………………………………… 6

小结…………………………………………………………………………… 7

问题与练习…………………………………………………………………… 8

第2章　信息搜索基础…………………………………………………… 9

2.1　引言 ………………………………………………………………… 9

2.2　信息采集…………………………………………………………… 11

2.2.1　概述…………………………………………………………… 11

2.2.2　网络爬虫的基本原理………………………………………… 12

2.2.3　网络爬虫需解决的关键问题………………………………… 13

2.3　信息保存…………………………………………………………… 15

2.3.1　概述…………………………………………………………… 15

2.3.2　对象预处理…………………………………………………… 16

2.3.3　信息保存方法………………………………………………… 17

2.4　信息索引…………………………………………………………… 18

2.4.1　概述…………………………………………………………… 18

2.4.2　索引结构……………………………………………………… 18

2.4.3　索引词选取…………………………………………………… 20

2.5 超链接分析……………………………………………………………… 21
2.5.1 概述……………………………………………………………… 21
2.5.2 PageRank 算法 ……………………………………………………… 22
2.5.3 HITS 算法 ………………………………………………………… 23
2.6 信息检索系统……………………………………………………………… 25
2.6.1 概述……………………………………………………………… 25
2.6.2 文本检索……………………………………………………………… 26
2.6.3 视觉检索……………………………………………………………… 31
2.6.4 音频检索……………………………………………………………… 34
2.7 信息过滤系统……………………………………………………………… 37
2.7.1 概述……………………………………………………………… 37
2.7.2 信息过滤的关键技术……………………………………………………… 38
2.7.3 垃圾邮件过滤系统……………………………………………………… 41
2.8 信息推荐系统……………………………………………………………… 45
2.8.1 概述……………………………………………………………… 45
2.8.2 关联规则挖掘……………………………………………………………… 47
2.8.3 协同过滤……………………………………………………………… 50
2.9 系统性能指标……………………………………………………………… 52
小结 ……………………………………………………………………… 54
问题与练习 ……………………………………………………………… 55

第 3 章 文本表示与分析 ……………………………………………………… 56

3.1 引言……………………………………………………………………… 56
3.2 文本的向量表示……………………………………………………………… 58
3.2.1 *n* 元模型 ……………………………………………………………… 58
3.2.2 基于潜语义标号的文本向量………………………………………………… 59
3.2.3 基于自组织映射的文本向量………………………………………………… 60
3.2.4 基于分布式词向量的文本表示………………………………………………… 61
3.3 文本特征选择……………………………………………………………… 63
3.3.1 包含算法……………………………………………………………… 63
3.3.2 排除算法……………………………………………………………… 65
3.4 文本聚类……………………………………………………………… 66

3.4.1 区分法…… 67
3.4.2 生成法…… 70
3.5 文本分类…… 73
3.5.1 k-NN 分类器 …… 74
3.5.2 Bayes 分类器 …… 74
3.5.3 最大熵分类器…… 77
3.5.4 SVM 分类器 …… 78
3.5.5 神经网络分类器…… 80
3.6 文本的语义哈希分析…… 83
3.6.1 语义哈希模型…… 83
3.6.2 语义哈希模型的训练…… 85
3.7 转换模型——Transformer …… 87
3.7.1 基本结构…… 87
3.7.2 注意力机制…… 88
3.7.3 外围技术…… 90
小结 …… 90
问题与练习 …… 91

第 4 章 视觉信息理解 …… 92

4.1 引言…… 92
4.2 图像特征抽取…… 93
4.2.1 SIFT 特征 …… 93
4.2.2 方向线素特征…… 96
4.2.3 仿生人脸特征…… 97
4.2.4 视频高层特征 …… 100
4.3 图像特征编码表示 …… 102
4.3.1 编码表示方法 …… 102
4.3.2 码本及编码学习算法 K-SVD …… 103
4.4 图像分类与标注 …… 104
4.4.1 概述 …… 104
4.4.2 空间金字塔匹配 …… 105
4.4.3 有监督的多类标注 …… 106

4.5 物体识别 …… 111
4.5.1 星群模型 …… 111
4.5.2 AlexNet 模型 …… 115
4.6 文字识别 …… 117
4.6.1 离线文字识别系统 …… 117
4.6.2 余弦整形变换 …… 119
4.6.3 渐进计算的马氏距离分类器 …… 121
4.7 人脸识别 …… 122
4.7.1 Adaboost 人脸检测算法 …… 123
4.7.2 早期人脸识别算法 …… 126
4.7.3 若干研究热点 …… 128
4.8 视频分析 …… 132
4.8.1 镜头切分 …… 132
4.8.2 视频摘要 …… 134
4.8.3 视频描述 …… 136
小结 …… 138
问题与练习 …… 138

第 5 章 语音识别及音频分析 …… 140

5.1 引言 …… 140
5.2 声学特征提取 …… 141
5.2.1 时域特征提取 …… 141
5.2.2 频域特征提取 …… 142
5.3 隐马尔可夫模型 …… 145
5.3.1 基本概念 …… 145
5.3.2 训练、识别及译码算法 …… 146
5.4 基于 HMM 的语音识别系统 …… 149
5.4.1 HMM 语音识别系统的结构 …… 149
5.4.2 声学模型 …… 151
5.4.3 语言模型 …… 151
5.4.4 解码器 …… 152
5.5 基于深度学习的语音识别 …… 153

5.6 音视频跨模态检索 …… 156
5.7 非语音音频分析 …… 159
5.7.1 概述 …… 159
5.7.2 声学模型 …… 160
5.7.3 语义模型 …… 162
5.7.4 声学空间与语义空间的联系 …… 164
5.8 音乐检索与生成 …… 166
5.8.1 概述 …… 166
5.8.2 音乐特征的表示和提取 …… 167
5.8.3 音乐检索系统 …… 168
5.8.4 音乐生成 …… 174
小结 …… 179
问题与练习 …… 180

第 6 章 数据特征及系统模型学习 …… 181

6.1 引言 …… 181
6.2 数据降维变换 …… 182
6.3 数据子空间聚类学习 …… 187
6.4 数据半监督标注 …… 190
6.5 系统模型强化学习 …… 194
6.6 系统模型对抗学习 …… 199
6.7 系统模型主动学习 …… 201
6.8 系统模型矩阵分解 …… 203
小结 …… 208
问题与练习 …… 208

第 7 章 前沿技术及对话系统 …… 209

7.1 引言 …… 209
7.2 个性化搜索 …… 210
7.3 社交搜索 …… 212
7.3.1 概述 …… 212
7.3.2 社区分析 …… 214

7.3.3 社交网络信息传播 …… 217
7.4 内网检索及对象检索 …… 220
7.4.1 概述 …… 220
7.4.2 对象检索的基本概念 …… 221
7.4.3 信息抽取 …… 222
7.5 知识图谱 …… 224
7.5.1 概述 …… 224
7.5.2 知识图谱的结构建模 …… 224
7.5.3 知识结构的抽取 …… 225
7.5.4 知识图谱中的推理 …… 226
7.6 对话系统 …… 226
7.6.1 概述 …… 226
7.6.2 对话系统的基本构成 …… 228
7.6.3 端到端型对话系统 …… 229
7.6.4 主要挑战及发展方向 …… 231
小结 …… 232
问题与练习 …… 233

参考文献 …… 234

第1章
导　论

1.1 信息搜索的意义

人类社会进入信息时代之后，信息的产生、传播和利用成为支撑经济社会发展的基本动力。Web 的发明，特别是 Web 2.0 的广泛应用，为信息的分享提供了极大的便利。人们的工作、学习和生活时时刻刻伴随着信息的发布、传送和推荐，包括社交媒体在内的 Web 平台以几十亿用户互动的形式产生信息，创造了无边无际的大数据海洋。

然而，信息产生和传播的高速发展出人预料地产生了一个悖论：愈发宽广的大数据海洋加剧着人们的信息饥渴！不借助有效的查找工具，人们难以从浩如烟海的博文、文档、视频等中获得所需要的信息。于是，信息查找工具便成为信息社会的关键依托，信息查找工具的技术名称便是信息搜索系统。

自 20 世纪 90 年代以来，以搜索引擎为代表的信息搜索系统在经济社会的运转中发挥着关键的作用。搜索引擎产业蓬勃发展，巨头企业在全球的影响力举足轻重，对科技创新起到了重要的引领作用。在产业发展和科技进步的促进下，信息搜索系统所提供的服务的种类不断增加，技术内涵越来越丰富。

在这种形势下，对信息搜索进行系统的理论学习和研究便成为高等院校相关专业学生的迫切需求。面对这一需求，国内外高校纷纷在本科生和研究生教学中开设信息搜索的相关课程，这一举措促进了相关专业的课程体系改革，使得课程知识在学生的科研创新中发挥了重要作用。

学习和研究信息搜索首先需要了解其定义，明确其技术内涵。为此，本书对信息搜索进行如下定义：信息搜索是指在以 Web 为典型代表的网络中进行信息检索、过滤和推荐的理论、方法、技术、系统和服务，也称 Web 搜索。信息的检索、过滤和推荐是既有密切联系，又有显著区别的 3 个方面，其具体内容如下。

信息检索是指根据用户提出的查询需求，由系统对相关信息进行查找并给出结果。检索功能是搜索引擎为用户提供的最基本的服务，也是用户最常用的功能。

信息过滤是指系统根据预先设定的条件，对网络中与该条件相符的信息进行提取、隔离或封堵。例如,专题信息筛选、垃圾邮件过滤、黄色图像过滤等。

信息推荐是指系统将用户需要的重要信息从大量的一般信息中提取出来,并主动推荐给用户。例如,电子商务系统向顾客有选择地推荐和提示商品信息等。

信息的检索、过滤和推荐虽然有各自的技术特征,但均需要系统在网络中"查找"与需求相符的信息,并且这种"查找"通常是面向大数据操作,因而谓之"搜索"。与信息搜索有关的研究、开发和应用虽然名目繁多,但其主要内容均可归纳到检索、过滤和推荐这3个方面。

需要强调的是,传统的信息检索一般针对封闭数据集进行,与在数据海量无边、数据特征高度动态化的环境中进行的网络搜索有巨大差别。因此,要十分明确地将Web搜索与传统的信息检索区分开。

信息搜索系统的基础设施是网络。当今时代,网络技术日新月异。随着光纤骨干传输网络、5G无线移动接入网络的相继建成,一个可以综合提供文本、图像、视频、音频服务的高速泛在信息网络正逐渐开放在世人面前。Web 2.0的广泛应用极大地提升了网络信息的产生速度,改变了信息交流和分享的方式。社交网络成为信息传播和信息利用的重要渠道,时事新闻、科学文献、远程教育、动漫游戏、金融信息、政府公告、音视频播客等数字内容应有尽有,形成了无边的信息海洋。于是,信息检索、信息过滤和信息推荐成为应对海量信息搜索的必要技术手段。

网络信息的海量化,一方面为满足人们的需求提供了无尽的可能,另一方面也使人们的信息查询变得更具挑战性。在信息海洋中为用户找到最需要的东西堪比大海捞针。如何既找得准又找得全是一个十分棘手的问题。于是,提供强大的信息检索功能成为搜索引擎的首要任务。

面对海量的信息,一方面,Web中非法、有害和垃圾信息的大量传播严重污染了Web信息环境,干扰和妨碍了人们的信息利用,不法分子常常利用Web造谣、挑唆事端,危害社会稳定和公共安全,此外,利用Web泄露他人隐私,谋取不法利益的问题也很严重,例如肆意公开他人的隐私信息(如家庭住址、私人照片、电话号码)等;另一方面,人们会出于各种需要从Web上提取指定类别的信息,如商品信息、娱乐信息、军事情报、反恐信息等。基于上述问题和需求,信息过滤受到了国内外学术界、产业界和政府的高度重视,各类信息过滤技术的研究和开发十分活跃。

在Web信息极其丰富的条件下,如何为用户主动提供有用信息是一个非常重要的问题。例如,如何为订阅新闻的用户推送新闻,如何为电商用户推送商品信息等。解决这类问题需要利用相关数据对用户的特点、偏好等进行挖掘,从而对其感兴趣的信息进行筛选。这种强烈的需求有力地推动了人们对信息推荐的研究,使其形成了生机勃勃的研究领域和产业。

Web信息的检索、过滤和推荐在研究和开发中相互渗透、相互交叉,形成了你中有我,我中有你的局面,并且这种整体性的趋势日益明显。

1.2 信息搜索与人工智能

信息搜索与人工智能是相伴相生、相辅相成的两项技术。现阶段,人工智能为信息搜索提供关键技术支撑，信息搜索为人工智能提供应用场景。面向未来，信息搜索和人工智能将以高级形态融为一体，互为表里。

搜索引擎中的信息分类，包括文本聚类、文本分类、图像标注、图像分类、音频识别、音频分类等，基于模式识别和机器学习的方法实现。用户查询与文档之间的匹配通常需要在语义空间进行，而语义空间的表示是机器学习的核心任务之一。在个性化的信息检索、信息过滤、信息推荐中，需要对用户进行特征建模，这依然是一个重要的机器学习任务。

可以看到，搜索引擎及其他信息搜索系统的核心算法无不属于模式识别和机器学习的范畴。人工智能领域的最新成果往往首先在信息搜索系统中得到应用，如深度学习、强化学习、对抗学习、迁移学习等。而一些重要成果本身便产生于信息搜索的场景之中，如词向量、语义哈希、转换模型 Transformer 等。

几十年来，人工智能极大地促进了信息搜索，信息搜索也有力地反哺了人工智能。一方面，人工智能算法的发展显著提升了信息搜索系统的能力和水平。例如，词向量的发明实质性地提高了信息搜索系统语义计算的能力，使文本分析发展到了一个新的阶段。另一方面，网络搜索能力的提升为人工智能研究提供了前所未有的优越条件。例如，基于网络搜索的 ImageNet 为图像识别研究提供了关键数据库，为 CNN 模型崭露头角创造了舞台。

理论上讲，目前搜索引擎的常规服务并不是真正意义的信息服务，而是文档服务。因为搜索引擎并不直接提供用户需要的信息，而只提供包含用户所需信息的文档。用户需要从获得的文档中找出或推断出所需要的信息。

信息搜索的理想目标是实现问答对话系统，这类系统能够基于所掌握的网络信息，通过分析推理直接回答用户的问题，以提供真正意义上的信息服务。必须注意到的是，这类对话系统作为图灵测试的目标，恰好也是人工智能的高级形态。

之所以判定对话系统是人工智能的高级形态，是因为它是一个对人工智能的记忆、计算、学习、判断、推理、语言、情感等能力进行高度集成的系统。目前，对话系统的研究尚处于未成熟阶段。从信息搜索角度切入的研究更多地关注信息服务任务，从人工智能角度切入的研究更多地关注系统在对话中所展现的分析问题、解决问题，以及运用语言的能力。然而，无论从哪个角度切入，系统的技术路线都是相似的，并且，代表性方案均把基本的信息搜索作为对话生成的条件和支撑。随着技术的发展，信息搜索对话系统和人工智能对话系统的界限将越来越模糊。由此可以预期，未来的信息搜索和人工智能将在对话系统上实现融合和统一。

1.3 技术挑战性及科学价值

研究表明，信息搜索是一个极具挑战性的课题，主要原因在于其中包含了数据海量、数据稀疏、媒体多样、大量并发请求、数据特征演进、主观客观交叉等困难问题。

如前文所述，Web 中的信息浩如烟海。这使得人们在处理一个具体搜索任务的时候，经常面对海量的数据。这一点只要看一下搜索引擎为一个查询所返回的成千上万的结果就足以了解，更何况这成千上万的结果还是在比其大得多的数据集内筛选出来的。巨尺度的数据处理问题带来了对算法的全新要求，许多在中小尺度问题中适用的算法变得不再适用。

面向大数据的算法研究成为信息搜索的关键和难点。

信息搜索常常存在数据稀疏的问题。所谓数据稀疏，通俗地讲是指由于数据不完整造成的算法所需要的数据的严重缺失。一方面，Web 中有海量的数据，但它们是不完整、不全面和不统一的。例如，在建立网页索引时，常常需要网页的标题，而一些网页是没有标题的。另一方面，许多理论模型也会带来数据稀疏问题。例如，文本分析的向量空间模型(VSM)通常用预先确定的上万量级的词表示所有文档。如此一来，较小文档的 VSM 就会非常稀疏，因为它包含的词很少。数据稀疏往往便于运用高效算法，但同时也会影响一些算法的有效性，有时还会导致零分母、奇异矩阵等难题。

Web 上的信息媒体越来越多样，总体上包括文本、图像、视频、音频、二进制程序代码、二进制数值等形式。每种形式又分为众多的子类，例如文本文档有 TXT、WORD、PDF、RTF、HTML 网页、XML 网页等多种格式，图像文档有 JPEG、TIFF、GIF、BMP 等多种格式。媒体的多样化为 Web 搜索带来了困难，因为不同媒体的解码和处理需要不同的算法。

信息搜索是面向亿万大众的服务，因此用户服务请求的并发性非常高。在研究算法时，既要格外注意存储和计算资源的开销，又要对高度并发的操作进行有效和可靠的应对，防止系统的瘫痪和崩溃。这种要求已经超越了普通的信息检索、过滤和推荐的研究领域，进入可信计算、并行计算、分布处理等领域，原本在单机或小型网络中适用的算法会变得不再适用。

Web 数据是高度动态变化的，这种变化包括主题、媒体、数据量等多方面的变化。变化的结果导致 Web 数据的特征分布不断演进。但这一特点在面向数据库的信息检索等系统中是不存在的。由于数据特征模型是 Web 搜索的核心，因此其演进性将从总体上影响搜索的性能。如何自动跟踪 Web 数据特征的演进，保证信息搜索系统不与数据特征相偏离，是 Web 搜索面临的一个十分严峻的挑战。

Web 上的信息是一种客观存在，但这种客观存在却是受大众的主观需求影响的。大众关心什么，需要什么，Web 上就会有什么，就会增加什么。Web 搜索更是直接面向用户的需求和偏好，用户想要什么，就应该去搜索什么。因此，Web 搜索不仅要研究 Web 上客观存在的信息，还要研究用户的主观意愿和行为偏好。这是其不同于一般自然科学研究的一个重要方面。

广阔的应用领域、巨大的社会经济效益以及高度的技术挑战性使信息搜索充满了科学研究价值，主要体现在以下 3 方面。

第一，信息搜索在理论上是一个意义普遍且难度极高的科学问题。在给定的空间中搜索最优解是基本的数学问题，也是人工智能的核心问题。而信息搜索要解决的问题是如何在无边的、动态的 Web 信息中找到最符合用户需求的信息。这个问题不仅尺度空前巨大，而且约束条件非常不确定，因为系统通常难以了解用户真正的信息需求。用户总是希望以最简单的提问或最便捷的操作，如输入少量关键字来表达自己的需求，因而系统得到的指示是十分笼统和模糊的。各类信息空间的语义建模、文档及用户特征表示、基于语义相似性的高维空间搜索等问题均是开放的科学问题。

第二，信息搜索既要考虑信息的客观性，又要考虑信息的主观性。所谓信息的客观性是指信息的数据形式在 Web 中是客观存在的，不论面对哪个主体(用户)，承载信息的数据都是相同的。而信息的主观性是指同样的数据，给用户提供的信息(量)是不同的。一篇介绍摄影常识的文章对初学者来说可能“很有信息量”，而对一个摄影师来说信息量几乎为零。

在信息搜索中，上述客观性因素和主观性因素都会影响搜索结果的正确性（质量），这种特点是经典自然科学研究所不具备的，从而使得信息搜索的研究更具特殊价值。

第三，信息搜索是促进人工智能健康发展的强大动力，信息搜索的本质就是人工智能。信息搜索不仅是人工智能技术的重要应用场景，还是为人工智能提供大数据的关键手段。信息搜索的具体任务为人工智能研究提供了具有实用价值的课题。这种来自实际的需求和约束是使人工智能研究保持正确发展方向的重要力量。同时，随着信息搜索系统越来越多地应用人工智能技术，其本身正在向人工智能系统的高级形态演变。信息搜索的研究与人工智能的研究将走向统一。

1.4 理论与技术状况

随着人工智能技术的发展，特别是深度学习的广泛应用，信息搜索与人工智能的相关研究在全球范围内正不断掀起高潮。各国学术界、产业界和政府部门都对其给予高度的关注，得到了各类国家计划、研究基金和企业项目的大力支持。在我国，863 计划、973 计划、国家自然科学基金以及国家科技重大专项都曾经和正在积极地开展有关的研究。国际上，SIGIR（Special Interest Group on Information Retrieval，ACM 的年会）、SIGKDD（Special Interest Group on Knowledge Discovery and Data Mining，ACM 的年会）、TREC（Text REtrieval Conference，NIST 举办的年会和测试）、TDT（Topic Detection and Tracking，NIST 主办的测试）、MUC（Message Understanding Conference，DARPA 主办的测试）、ACE（Automatic Content Extraction，NIST 主办的测试）等国际会议和评测活动十分活跃，吸引了全世界相关领域学者的关注，强有力地推动了领域内理论和技术的发展。

理论研究方面取得了长足的进步。

关于文本搜索，基于 Markov 过程的 n-gram 模型和 Salton 等提出的向量空间模型（Vector Space Model，VSM）是经典的特征表达模型。针对这些经典特征表达模型，有词频-倒文档频度法（TF-IDF）、信息增益法（IG）、CHI 统计量法、互信息法（MI）等有效的特征选择方法。主成分分析、线性判别分析和奇异值分解等方法则被用于特征降维。自组织映射网络（SOM）和潜语义标号（Latent Semantic Index，LSI）是用于文本特征分析的专用技术。贝叶斯分类器、支持向量机、自组织映射、k 近邻及向量相似度等模型提供了多样的分类方法。词向量的发明是文本分析技术发展的重要里程碑，开辟了分布式语义表示的新方向。转换模型 Transformer 为文本语义分析提供了强有力的工具。随着深度学习理论的发展，文本分析中的重要问题越来越多地采用深度学习的模型和算法来解决。

视觉搜索的理论进展主要体现在图像特征抽取、特征编码表示、图像标注、物体识别、人脸识别、视频分析等方面。传统的统计学习方法奠定了视觉搜索在上述几个方面的理论基础，深度学习在此基础上实现了集成式和跨越式发展，不仅将技术链条的多个环节进行了一体化贯通，还实现了性能的实质性提升。视觉搜索与计算机视觉具有相似的研究方向和研究内容，计算机视觉技术的快速发展直接带动了视觉搜索技术水平的提高。

语音搜索的关键技术是语音识别。传统的隐马尔可夫模型（HMM）为语音识别提供了有效的工具，获得了广泛的应用。基于深度神经网络模型的语音识别技术已将语音识别的性能提高到了广泛实用化水平。通过语音识别,语音搜索被转换为文本搜索,这是被普遍采用的技术路线。对于音乐等非语音音频的搜索,采用音频样例搜索的技术路线;音频特征表示、音频语义建模等方法得到了深入的研究。在应用需求的推动下,音乐检索与生成技术得到了快速的发展。

在搜索系统模型研究方面,TREC 的测试任务发挥了重要的引导作用。早期的研究主要集中在对经典的 Ad-hoc 检索系统模型的改进上。在该方向的研究进入高原期之后,研究热点转向了其他模型。比较重要的模型包括 Novelty、HARD、QA 等。Novelty 是一种新颖性检索系统模型,它首先将与查询相关的文档排成一个序列,然后逐个文档抽取与查询相关的句子,内容相同或类似的句子第一次抽取后就不再抽取。它是一种集成了段落查询和信息过滤的检索模型。HARD 代表 High Accuracy Retrieval from Documents,即高精度文档检索。它是一种个性化信息检索模型,系统在反馈查询结果时会根据不同的用户以及用户以往的查询经历给出不同的结果。QA 代表 Question Answering,即问答系统。如上所述,QA 作为一种类型的对话系统,既是搜索系统的高级形态,也是人工智能系统的高级形态。

以商用搜索引擎为标志,信息搜索的应用已经广泛普及。除了公众所熟悉的日常信息检索之外,其应用还包括政府部门的信息内容过滤、国防及安全部门的情报获取、电子商务系统中的商品信息推荐等。近年来,伴随着社交网络的广泛应用,个性化搜索、社交搜索正逐渐成为研究热点,且部分研究成果已投入使用。此外,面向企业或组织内部网络的信息检索也是一个十分重要的研究方向。

整体上,信息搜索技术已经进入广泛应用阶段,产业发展迅猛,对经济社会的发展十分重要。但信息搜索技术的发展并未放缓,随着人工智能的发展和网络技术的更新换代,信息搜索技术的内涵不断丰富,系统性能不断提升。总体趋势上,信息搜索与人工智能的融合程度越来越高,深度学习在信息搜索的多个任务中发挥着支柱性作用,深度学习所需的大数据来自信息搜索,信息搜索与人工智能的技术在相互促进中正共同提高、快速发展。

1.5 本书的内容

本书以检索、过滤、推荐等信息搜索任务为纲,论述信息搜索的基本概念、系统模型和技术要素,围绕各类媒体信息的结构表示、语义计算、分类聚类、推断理解等核心问题讲解人工智能的相关模型和算法。本书的内容在着力吸纳最新技术的同时,注重对传统技术进行萃取和总结,以期系统地展现技术发展脉络,建立传统技术与新技术之间的联系。

本书以先总后分的方式组织全书的内容,即首先总体论述信息搜索的基本概念以及检索、过滤、推荐等各类系统的模型和主要任务;其次分别围绕文本语义分析、视觉语义理解和音频识别等主题介绍和讲解相关的人工智能模型和算法;然后针对数据特征学习和模型学习中的重要问题讲解相关的机器学习算法;最后介绍技术发展前沿及发展方向。

本书包括 7 章内容。

第 1 章导论:定义信息搜索的概念内涵,论述信息搜索与人工智能的关系,指出相关技术所面临的挑战以及相关研究的科学价值,对本技术领域的发展状况进行介绍,对全书的内容进行介绍。

第2章信息搜索基础:讲解网络信息采集、信息保存、信息索引、链接分析等技术的主要内容和关键环节,阐述信息检索系统、信息过滤系统和信息推荐系统的基本概念、工作原理和基本模型,介绍信息搜索系统的主要性能指标。

第3章文本表示与分析:系统地阐述文本的向量表示方法,在此基础上对文本的特征选择、聚类和分类的主要方法和模型进行讲解,通过深度哈希映射模型和转换模型Transformer来介绍基于深度学习的文本语义分析方法。

第4章视觉信息理解:介绍几种经典的图像特征抽取方法和图像特征编码表示方法,结合信息搜索系统的应用环境讲解图像分类与标注、物体识别、文字识别、人脸识别等典型算法,结合视频搜索任务讲解和分析镜头切分、视频摘要、视频描述等技术要点。在论述中,注重挖掘传统技术和深度模型之间的联系,以使二者相互对比、相得益彰。

第5章语音识别及音频分析:阐述语音识别和音频分析的基本理论和方法,包括声学特征提取、HMM、深度RNN模型、HMM和RNN模型之间的联系等。结合应用重点介绍语音识别系统的技术架构和关键环节。以音乐检索为例,对非语音音频的搜索模型进行讨论。以音乐生成为例,介绍基于专用深度模型的音频编码压缩和音乐生成建模的基本原理及技术特征。

第6章数据特征及系统模型学习:以数据降维为目标,对比讲解PCA和LDA两类线性变换以及二者的组合应用。以高维数据的子空间分析为任务,介绍数据子空间的非监督学习方法,即子空间聚类。以数据样本分类标注为背景,讲解半监督学习方法。以系统模型的构建为背景,讲解强化学习和对抗学习的原理和基本算法。以信息推荐系统的冷启动和模型简化为实例,讲解主动学习和矩阵分解的基本模型和算法。

第7章前沿技术及对话系统:对个性化搜索、社交搜索、内网检索、对象检索、知识图谱、对话系统等前沿技术进行介绍和讲解,讨论对话系统在高层次上将信息搜索与人工智能融为一体的重要作用。

小 结

信息搜索和人工智能是当今时代的两项支柱性技术,为人们的工作、学习和生活提供了前所未有的便利,也为经济社会的发展提供着强大而持久的动力。信息搜索具有具体而丰富的内涵,本书以检索、过滤和推荐为纲对其进行分类概括。信息搜索与人工智能相伴相生、相辅相成。信息搜索既是人工智能不可或缺的应用场景,也是为人工智能提供大数据的关键手段,而人工智能则是帮助信息搜索解决核心问题唯一途径。二者具有类似的研究课题和研究目标,在发展中正逐渐走向融合。

本章的教学目的是使学生了解信息搜索的基本概念及其与人工智能的紧密关系,认识相关技术的挑战性及其研究的科学价值,了解本领域的发展状况,以激发学生对课程内容的兴趣。

问题与练习

1-1　信息搜索的主要技术内涵是什么？不同搜索任务之间的联系和区别是什么？

1-2　如何理解和认识信息搜索与人工智能之间相伴相生、相辅相成的关系？

1-3　如何认识信息搜索的技术挑战性及其相关研究的科学价值？

1-4　是否赞同“对话系统既是信息搜索的高级形态，又是人工智能的高级形态”这一论点？通过对话系统走向统一的信息搜索和人工智能应具有哪些特征？

第2章 信息搜索基础

2.1 引　言

信息搜索既是面向大众的服务，也是系统和庞大的技术体系。信息搜索要解决的问题十分复杂，面临的挑战不断增多。在解决这些问题的过程中，信息搜索与人工智能越来越紧密地结合在一起，发展至今二者已经互为表里。但是，为了深入学习和理解信息搜索系统的基本原理、技术要素和技术关键，需要将其与人工智能技术解耦，从系统所提供的基本服务和解决的基本问题的角度对其进行分析。

根据面向用户提供的服务的角度，信息搜索系统被分为信息检索、信息过滤和信息推荐3种类型。3种服务既有相似之处，又有明显的区别，3种系统在技术上既相互关联，又具有各自的特点，需要解决不同的问题。

信息检索服务是最经典的信息服务，起源于图书馆为读者所提供的借阅服务。为了便于读者借阅，图书馆需要将所藏书刊的目录建立索引，以方便读者的查询。相较于读者的借阅需求，图书馆所藏书目相对固定，不同的读者每次都会随机地提出借阅请求。信息检索服务与上述过程十分相似，搜索引擎事先将所采集的信息组织、整理并建立索引，用户通过客户端软件随机提出查询请求，系统在当前的索引中为其寻找相关文档并反馈列表，用户从列表中进行选择和阅读。在整个过程中，用户与系统之间有多次交互的机会。

信息过滤服务是在网络信息形成洪流，信息环境需要净化，信息内容需要精选的背景下产生的，其目的是在滚滚而来的信息流中过滤出用户指定类型的信息。信息过滤服务既具有从信息流中屏蔽非法、有害等不良信息的作用，也具有根据用户的定制从信息流中筛选出所需信息的作用。信息过滤服务的特点是信息是流动变化的，而用户的需求相对固定；这是它与信息检索服务的明显区别。这个过程中，用户的需求和定制往往是长期的，如垃圾邮件过滤，用户与系统之间的交互相对较少。

信息推荐服务是在电子商务、社交网络、自媒体平台、智能移动服务等应用的推动下迅速发展起来的新型信息服务。此类服务通过预测用户的信息需求，从大量的、不断新生的信息中选择用户最可能需要的信息向其推送。它的特点是信息是持续动态的，用户的需求是系统预测而并未得到确认的,因此信息推荐与信息检索和信息过滤相比具有更大的不确定性,实现的技术难度也更高。但由于其具有强烈的应用需求和丰富的应用场景,相关技术的研究和开发反而受到了更高的关注。

信息搜索系统便是使上述服务得以向广大用户提供的技术,其要素包括基本概念、系统结构、工作原理、计算模型、基本算法等。由于不同的服务需要不同的技术来支撑,因此信息检索系统、信息过滤系统和信息推荐系统拥有各自的技术体系、技术特点和技术关键。

作为以上 3 类系统的共同基础,信息采集、信息保存、信息索引、链接分析等技术是首先需要了解和掌握的知识。信息采集是指利用网络爬虫等工具从 Web 站点等信息源自动下载信息,这是进行信息搜索服务的前提,也是构建信息搜索系统服务能力的基础。采集效率是其最为关键的问题。信息保存是指将下载的信息清洗之后,进行结构化的组织和保存,以便于在提供信息搜索服务时对信息进行访问。为了提高信息存储效率,要对其进行数据压缩和采用合理的物理结构和逻辑结构。信息索引是提高信息查询效率的关键技术,有了索引,系统可以直接对用户的查询内容进行精准定位,减少顺序查找等耗时的操作。链接分析是网络信息搜索所特有的技术。通过链接分析,可以进行网络信息质量评价、网页等对象的相似性判断等重要推断,有效地提高系统的信息搜索能力。

信息检索系统是最早出现的一类信息搜索技术,也是到目前为止应用最广泛、发展最成熟的信息搜索技术,其基本原理也常被应用在信息过滤和信息推荐系统中。早期的检索系统主要面向文本信息,但其中的技术架构、检索模型、文档的向量空间表示、查询重构的关键内容也同样适用于面向图像、视频、音频等多媒体的检索系统。多媒体检索系统除了可以采用基于关键词的查询方式之外,还可以采用基于样例的查询方式,基于样例的查询方式更具技术特色,涉及多媒体特征抽取、多媒体特征索引及特征匹配等关键技术。多媒体检索系统中的音频检索系统除了要处理语音类音频检索问题之外,还要处理非语音类音频检索问题。特别地,音乐检索是音频检索中的重要而活跃的研究方向,拥有强烈的市场驱动。

信息过滤系统的功能一是屏蔽不良信息,二是筛选有用信息;前提是用户事先提出明确的要求。信息过滤系统常被放置在网络的关键节点进行信息屏蔽,因此高效率是其至关重要的性能指标。信息过滤系统的核心部件是二元分类器,二元分类器的模型选择、参数学习以及动态演进是关键问题。信息过滤系统同样有面向不同媒体(或混合媒体)的多种类型,不同类型的过滤系统需要克服不同的技术难题。信息过滤系统还分为面向政府的系统和面向个人的系统:信息内容安全系统是典型的面向政府的系统;内容发现平台和垃圾信息过滤工具是典型的面向个人的系统。

随着 Web 2.0 应用形式的不断翻新,信息推荐系统的推荐内容也日益丰富。除了传统的信息推荐之外,商品推荐、服务推荐、路由推荐、好友推荐等层出不穷,使得推荐系统的技术发展呈现出丰富多彩的局面。总体来讲,无论何种推荐系统,其核心技术都是对用户需求进行预测,而预测基于的条件却是多种多样的,包括用户的描述信息、历史交易记录、网络浏览习惯、社交网络关系、时空位置信息等。利用不同的算法对这些条件进行挖掘和分析,建立动态的用户需求模型是信息推荐系统的核心技术内容。这些算法可被分成基于内容的算法和基于关联的算法两大类。基于内容的算法与信息检索和信息过滤技术使用的算法有许多共同之处,基于关联的算法则更具有自身特色。

信息搜索系统的性能主要通过速度和精度两个方面来进行评价。速度指标与算法复杂度和系统硬件关系紧密，该指标是否达到实用要求易于得到判断。精度指标是研究和测试的主要内容，针对不同的系统和不同的任务，目前已经设计出多项精度指标。

本章首先讲解网络信息采集、信息保存、信息索引、超链接分析等技术的主要内容和关键环节，然后阐述信息检索系统、信息过滤系统和信息推荐系统的基本概念、工作原理和基本模型，最后介绍信息搜索系统的主要性能指标。

2.2 信息采集

2.2.1 概述

万维网(World Wide Web)的发明是人类发展历史上的一个重要里程碑，它有力而迅速地带领人类社会进入了信息时代。如今，信息分享已经成为人们日常生活中的重要内容，信息利用已经成为社会进步和科技发展的主要动力之一。而万维网正是人们所分享和利用的信息的主要来源。

万维网发展至今经历了两个阶段，即 Web 1.0 阶段和 Web 2.0 阶段。在 Web 1.0 阶段，人们主要通过网页来分享信息。门户网站(如雅虎、新浪、网易等)及各类组织和个人的网站是人们浏览的主要对象，这些网站雇佣专业人员对其网页进行更新和维护，以向用户提供最新资讯。这类网站不具有交互性，用户只能浏览信息，不能修改或反馈信息。网页之间通过超链接相互指向，形成网络，使得人们可以从任意一个网页进入网络，继而进行漫游。因此，在 Web 1.0 阶段，人们是以网页漫游的方式浏览信息的。

Web 2.0 引发了信息分享和交互方式的革命。人们除了可以浏览网页，更可以用交互的方式获取和传播信息。每个人既可以是信息的消费者，也可以是信息的生产者。在 Web 2.0 的支撑下，信息的分享和传播形式得到了极大的丰富，形成了博客(Blog)、微博(Microblog)、维基百科(Wikipedia)、即时通信(IM)、聚合内容(RSS)、点对点网络(P2P)等多种网络形态。这时的网络节点已不再是单纯的网页，而是可以代表多种事物的对象，例如，社交网络中的用户、维基百科中的知识条目、微博平台上的消息等。节点对象通过 URL (Uniform Resource Locator)定位，一般一个节点中包含多个其他节点的 URL，从而可以形成漫游的机制。

在 Web 上获取信息，需要通过“网址”，即 URL 访问指定的节点对象。而 Web 信息采集就是要自动地对 Web 对象进行收集、组织和整理，以形成结构化的信息库。

收集 Web 对象的关键是自动获取网页的 URL，并自动进行下载。节点对象中存在其他节点对象的 URL，这一机制为编写网络爬虫(Crawler)提供了基本条件。所谓网络爬虫，就是利用超文本传输协议 (Hypertext Transfer Protocol，HTTP)进行网络编程，以实现 Web 对象的连续下载的程序。在以 Web 为主要信息分享渠道的背景下，信息采集很大程度上依赖于网络爬虫的能力和效率。

2.2.2 网络爬虫的基本原理

Web 对象，亦即 Web 节点，是采用 HTML 或 XML 等标记语言编写的超文本文档(hypertext document)。对象中除了文本字符(Text)外，还包括多种标记符号(Markup)，其中的超链接提供了其他对象的 URL 信息。因此，给出一个起始对象，就可以通过其中包含的超链接获得其他对象的 URL。通过 HTTP 编程，将这些 URL 指向的对象下载并进行解析，就会获得更多的 URL。不断地重复这个过程，系统就会源源不断地采集到新的对象。

对于网站和各类社交平台的访问通常需要利用认证协议，访问的频度往往也是受限的。网络爬虫通过认证协议与服务器交互，在获得访问令牌(access token)之后才能访问指定对象的信息。开放认证协议(OAuth)是目前流行的 Web 对象访问认证协议。通过 OAuth，网络爬虫可以无须得知社交网络中的用户名和密码，而通过认证协议获得对用户分享的信息的访问权限，其开放性、安全性和简单性受到业界推崇，得到了包括 Facebook、Twitter 等在内的社交网络巨头的采用。

不难理解，Web 对象的采集过程是一个从万维网的某对象出发不断向前漫游的过程，漫游的方向和路线是随机的。为了将这种随机漫游变成有序的向外扩展，必须对其进行有效的控制。否则，Web 对象的采集效率和质量难以得到保证，返回原点也难以避免。

网络爬虫的工作进程如图 2.1 所示。图中，种子对象是人工选择的网络爬虫的工作起点，种子对象中的部分 URL 和爬回并经过处理的对象中的 URL 共同构成当前的前沿 URL，这个前沿随着爬取过程的进行不断地向未见过的对象所构成的 Web 推进。

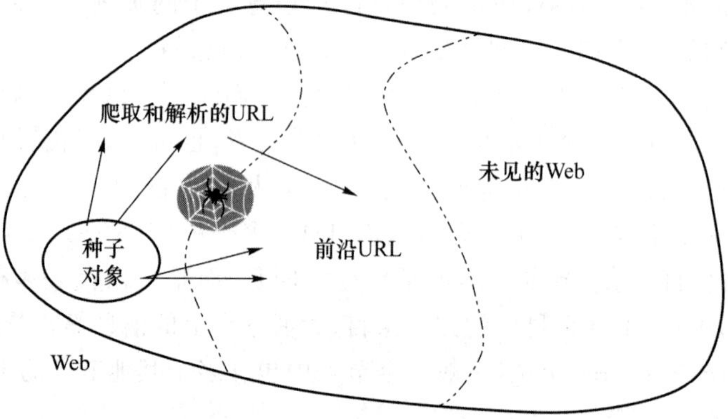

图 2.1 网络爬虫的工作进程

为了实现上述进程，需要对前沿 URL 进行合理的选择，并对它们的抓取顺序进行合理的安排。因此，网络爬虫中通常设有专门的单元来对前沿 URL 进行选择和排序。

这样的工作原理能够保证 Web 上任意的对象都能被抓取到吗？答案是否定的。原因在于：一方面，网络爬虫的效率不能保证在任意对象消失或被更新之前就将其采集回来；另一方面，商用网站、社交平台等重要的信息采集站点授权网络爬虫的数据流量有限制，例如，Facebook 限定每个爬虫每小时最多下载 6 000 个消息，Twitter 限定每个爬虫每小时最多下载 9 万条推文，网络爬虫难以突破这样的限制随意、大量地采集信息。

2.2.3 网络爬虫需解决的关键问题

网络爬虫的有效性首先取决于效率。从获得一个 URL 到将其对象下载回来，该过程包括请求域名服务器(DNS)将 URL 转换为 IP 地址，与对象服务器建立连接，进行认证并发出读取请求，接收对象服务器的应答等步骤。如果网络爬虫串行处理 URL，效率将非常低下。因此，网络爬虫的多线程操作是十分必要的。所谓多线程操作，简单而言就是同时处理多个事务的操作。在网络爬虫的多线程操作过程中，多个抓取对象的操作同时进行，可以减少处理器的等待时间，增加单位时间抓取对象的数量。

图 2.2 所示是多线程网络爬虫的逻辑结构。其中，多线程下载器和调度器是网络爬虫的主要构成单元。下载器是核心，负责从 Web 上下载对象、解析对象数据并将文本、图像、音频和元数据送入存储单元，同时提取对象中的 URL 送入队列。调度器是下载器的控制者，为其提供下一步需要下载的 URL。

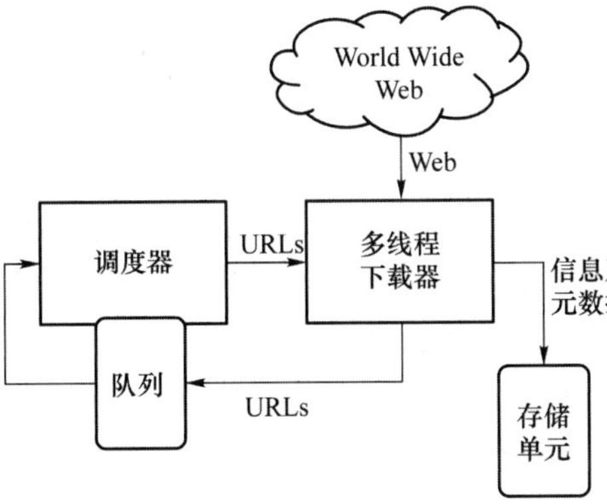

图 2.2 多线程网络爬虫逻辑结构

多线程下载可以大大地提高网络爬虫的工作效率，但是线程的数量也不能过多，以防超过网络带宽的限制。为了防止网络过负荷引起拥塞，在网络爬虫中还要设置负荷监测器，对网络带宽、等待时间等统计量进行监测，以及时调整请求的数量。

在网络带宽的限制下，一个网络爬虫的工作效率总是有限的，远远满足不了对整个 Web 进行对象采集的要求。因此，多个网络爬虫分布式采集的工作模式是商用搜索引擎共同的选择。分布式网络爬虫利用分散在不同地点的服务器进行对象的抓取，抓回的 Web 对象通过统一的索引结构以及数据镜像等方法便捷地被所有用户共享。

除了效率问题之外，网络爬虫还需解决一些其他关键难题，包括如何选择前沿 URL 以控制推进方向，如何有效地避免对同一对象进行多重访问，如何确定对象的再访问周期以便及时获取更新对象等。

不难看出，前沿 URL 的选择对网络爬虫能否全面和及时地抓取到 Web 的信息起着决定性的作用。但是，从根本上讲，这是个没有足够约束条件的问题。一方面，种子对象是随机选取的，而任意时刻的前沿 URL 都与这个起点有关，因此前沿 URL 也具有随机性。另一方面，Web 上的信息是高度动态的，难以准确评估哪些对象更需要优先访问。综上，前沿 URL 的选择无法以全面、及时地抓取 Web 对象为目标，从而使得网络爬虫无法完整地获取

Web 信息。

当前,关于前沿 URL 的选择及排序的研究并不深入。现有的研究包括对一个对象的链接是采用广度优先还是深度优先的策略进行处理的问题。所谓广度优先就是将一个对象的所有链接依次处理完毕后,再处理第一个链接所指向的对象中的链接。而深度优先是在处理完一个对象的第一个链接后,不接着处理该对象的第二个链接,而是处理第一个链接指向的对象中的第一个链接,直至不能再深入,才返回处理最上层那个对象的第二个链接,如此循环。广度优先的策略会使类似话题的对象得到集中处理,而深度优先的策略会使抓取的对象的话题有更高的分散性[Baez 99]。另外,深度优先的策略有利于快速地向 Web 纵深挺进,但从实现的角度来看,由于要预存多层的 URL,因此它没有广度优先的策略方便。事实上,URL 排序不单是广度优先还是深度优先的问题。排序的标准可以有多种,特别是在多线程的情况下,前沿 URL 的数量较多,如何对它们进行排序是个十分复杂的问题。[Cho 98]的研究表明,先抓取优质对象可以改善信息采集的整体效率。除以上问题之外,对象的质量评价也是个复杂的问题,代表性的 PageRank、HITS 等算法将在后文中介绍和讨论。

URL 的选择还涉及一个问题,那就是无效 URL 问题。所谓无效 URL,是指由于对象的动态变化引起的(随着时间的推移),有些网站已经关闭或某些对象已经被删除,但指向它们的链接还可能存在于其他对象中的情况。无效 URL 的存在意味着网络爬虫可能会被指派抓取不存在的对象,从而导致抓取过程的中断,而这种中断常常是超时后才发生的。如果无效 URL 较多,对象的抓取效率就会受到严重的影响。因此,判断 URL 的有效性是一个很重要的问题。但如何判断却是一个难题。

由于一个对象可被多个对象所指向,按照上述 URL 提取和访问的方法,存在一个对象被多重访问的可能。怎样才能避免这种重复呢?最直接的方法就是要求网络爬虫记忆爬取过的对象。但由此产生的问题是,记忆的对象太少解决不了多重访问的问题,记忆的太多,存储开销和匹配的时间开销又会很大。因此避免对象的多重访问也很有挑战性。目前的实际做法是保存“适当数量”的最近访问的 URL,将新获得的 URL 与保存的 URL 相比较,如果有相同的,就不将其放入抓取队列之中。为了实现快速匹配和节约存储空间,常采用基于 Hash 算法的消息摘要,如 MD5 算法对 URL 先进行压缩,然后再进行比较。问题的复杂性还在于,Web 中存在对象或网站的镜像,以及同样的对象有不同的 URL(由一个主机有不同的名称和不同 IP 地址等原因造成)等现象,这些现象使得我们不能简单地通过 URL 匹配的方法完全避免对象的多重访问。

对象的内容是不断更新的,而且不同对象的更新周期也是不同的。怎样对更新的对象及时地再次访问呢?简单的获取更新对象的方法是周期性地轮询访问过的对象。但统一轮询周期的做法会大量地访问那些没有更新的对象,同时也会错过一些内容。理想的做法应当是只访问那些有更新的对象,但遗憾的是网络爬虫无法全面掌握各对象的更新时间。根据历史数据来进行统计预测是一种可实现的方法,但由于数据的稀疏性等问题的影响,预测的精度难以得到保证。因此,对象再访问是网络爬虫面临的一个难题。

针对再访问问题,对那些流行度高的对象给予较高的访问频度是常用的方法。例如,对网站进行分类,对大型商业网站的对象进行高频访问,对普通网站进行低频访问。目前,商用搜索引擎可以做到对商业网站每天更新,而对普通网站通常每周更新一次。对象再访问会抓取大量内容完全重复的信息，给数据组织和存储造成了巨大的负担，同时也耗费了大量的网络通信带宽。

链接分析是获得对象活跃度的重要方法，如果一个对象被多个重要的对象所指向，则意味着该对象也很重要，同时往往也意味着该对象会经常更新。因此，基于链接分析来确定对象的访问频度是值得深入探讨的方向。

2.3 信息保存

2.3.1 概述

Web 对象采集回来后，要对其进行保存和索引，以便于后续的应用。信息保存的要点在于以什么样的逻辑结构和物理结构对 Web 信息进行存储。通常情况下，Web 对象被作为逻辑结构中的基本单元。如上所述，Web 对象是由标记语言，如 HTML、XML 编写的，其中除了文本、图像、音频等信息内容外，还有大量的控制标记。在信息保存中，需要通过超文本标记语言解析器将控制标记去除，将信息内容取出。此外，为了节约存储空间，通常需要进行信息内容压缩。有了基本逻辑单元，下一个问题就是确定它们的逻辑存储结构。通用数据库是一种选择，它的优点是可以利用数据库的功能对信息内容进行处理。但考虑到存储和访问的效率，人们常常采用专门设计的文件系统来存储 Web 信息内容。有了逻辑存储结构，就可以根据它的结构特点和规模来选择物理存储结构，如存储阵列、分布式存储网络等。

云存储是一般开发者进行 Web 信息保存的可选方法。所谓云存储就是数据中心运营商根据开发者的需求为其准备存储虚拟化的资源，提供存储资源池。开发者可在本地自主使用这些存储资源池来存放文件或对象，支撑这些存储资源池的实际资源可能被分布在多个远程服务器上。

为了便于后期利用，需要对保存的信息建立索引。建立索引是指为各级存储结构建立标记系统，以便快速查找相关的信息。索引的等级是一个关键问题，它直接影响检索系统的效率。为了满足检索的要求，索引仅建到对象级是不够的。目前的文本检索系统几乎全部采用全文索引，即对网页文本中的每个单词都建立索引。所以，文本检索系统中的索引是一个庞大的数据结构，它的数据量已经远远超过了文本数据本身。图像索引需要在图像标注或识别的基础上建立，即利用标注和识别的文本信息对图像建立索引。音频索引与图像索引类似，需要利用标注和识别后的文本信息来建立索引，但其索引结构具有特殊性。

如上所述，尽管在网页爬取时可以采取一些预防措施，但多重访问的问题仍然是不可避免的。因此，在进行信息组织和索引之前，必须先进行对象的去重。通常情况下，人们将对象的去重和解析称为信息保存前的预处理。

2.3.2 对象预处理

对象去重是预处理的一项主要工作。重复的对象不但会浪费存储空间,还会带来意想不到的数据的不一致问题。对象去重的核心问题是判断两个对象是否完全相同,这个问题通常有两种解决方法。一种方法是通过消息摘要,如 MD5 算法来进行判断,它也是目前普遍应用的方法。另一种方法是通过比较对象中的链接结构来判断,即如果两个对象所包含的链接结构完全相同,则认为它们是相同的对象。这种方法比前一种方法的计算量小,但不够精确。例如有些对象可能修改了内容,但没有改变所包含的链接。下面对消息摘要进行详细描述。

消息摘要是通过散列(Hash)函数获得的。对消息进行摘要的过程就是从整个消息(此处为整个对象)中计算出一个很小的特征信息(摘要 d,长度一般在 128 bit 到 512 bit 之间)的过程。在相同的摘要函数下,消息相同,摘要也相同。一个好的摘要函数具有消息的微小变化会导致摘要的显著变化的特点。目前最著名的消息摘要算法是 Message Digest 算法,简称 MD 算法。MD 算法已有多个版本,目前最常用的是第 5 个版本,即 MD5。

MD5 对要进行摘要的消息的长度没有限制,但在摘要时要将它分成若干 512 bit 的块,输出的摘要为 128 bit。利用 MD5 进行消息摘要的主要步骤如下:

1) 对消息长度进行 2^{64} 模运算,获得 64 bit 的余数,并将该余数追加在消息最后;

2) 在消息和余数之间填充首位为 1,其余为 0 的 1～512 bit,使填充后的数据总长度为 512 的整数倍;

3) 将数据分成若干 512 bit 的数据块,并将计数器 j 置 1,4 个 MD 寄存器的初始值分别置为 16 进制的 01234567、89ABCDEF、FEDCBA98 和 76543210;

4) 利用特定的 Hash 函数将第 j 个数据块与 MD 进行散列运算,结果存到 MD 中;

5) 判断 j 是否指向最后一个数据块,如果不是,$j=j+1$,转 4);

6) 输出 MD 寄存器中的 128 bit 的结果。

在上述步骤中,核心是 Hash 运算,因为它是保证摘要性能的关键。经过上述散列处理,摘要中的任意 bit 都与消息中的所有 bit 有关,只要消息发生变化就会引起摘要的变化,这使得 MD5 的性能得到了很好的验证。并且,MD5 的算法是公开的。以上便是 MD5 被广泛应用的原因。

对象解析就是对 HTML 或 XML 文档进行解析。通过解析,取出文档中的元数据、超链接、标题和信息内容。元数据通常提供信息类型、信息描述、信息长度、关键词、对象建立时间等信息,具有概括对象特征的作用。超链接将被提供给网络爬虫进行分析和应用,信息内容将被压缩保存。

超文本标记语言(Hypertext Markup Language,HTML)是一种专门用来编写 Web 对象的标记语言。早期的对象几乎都是由 HTML 编写的。HTML 通过提供标签(tag)、属性(attribute)、链接(link)、格式(formatting)等标记符号,可以使用户对对象的标题、内容、字体、字号、布局、对其他超文本的链接等进行控制。HTML 的使用和解析都比较简单。

随着 Web 2.0 技术的发展,可扩展标记语言(Extensible Markup Language,XML)得到了越来越广泛的应用。XML 是标准通用标记语言(Standard Generalized Markup

Language,SGML)的一个子集,其开发目的是使 SGML 能够像 HTML 那样在 Web 中得到接受和处理,因此其设计充分考虑了与 SGML 和 HTML 的互操作性以及实现性。

与 HTML 相同,XML 文档包括文本字符和标记符号。其中,文本字符用来表达文本内容,标记符号用来对文档的存储布局和逻辑布局进行描述。在逻辑上,XML 文档由一个或多个元素(element)组成,元素的类型是事先定义的,并且元素类型的定义是用户可继承和扩充的。这一点使得用户对对象的控制具有无穷的灵活性,为对象内容的结构化、语义化描述提供了方便。以上特点使得 XML 被认为是 Web 2.0 和语义网的支撑技术之一。但与 HTML 相比,XML 文档的解码比较复杂。

2.3.3 信息保存方法

通常情况下,对象的信息内容以压缩的形式保存,例如,在图书馆领域流行的压缩格式 zlib。网页的一般长度为 10 KB,压缩后为 2～4 KB,而大多数文件系统的存储块尺寸为 4～8KB,这使得采用普通文件系统存储网页会带来存储空间的很大浪费。特别是当网页数据很大时,这种浪费是十分巨大的。这一特点使得在大型搜索系统中不宜采用通用的数据库系统来存储网页,尽管数据库系统可以提供方便的增、删、改、查等功能。幸运的是,在文本检索、过滤以及推荐等搜索服务中,涉及网页存储器的操作一般只是向存储器中添加网页和从存储器中提取网页两类,这使得人们设计专用的网页存储系统的工作得到了简化。因此,网页存储通常采用专门开发的文件系统。

通过建立 Hash 表、B 树等索引结构,可以加快对存储对象的访问。但这样做会使更新变得复杂,同时还会引起 15%～25%的存储空间的损失[Chak 03]。在搜索引擎等应用中,对象的存储可以简单地采用日志的存储模式,即将网络爬虫新抓来的对象顺序添加到磁盘中。这样做的好处是不需要查找存储位置,也很少有存储器的额外开销。另外,也可以先将若干对象连成一体后再进行压缩,以提高压缩比,但是将哪些对象连成一体却是一个复杂的优化问题。理想的目标是将那些经常一起被访问的对象连成一体,以节约读取数据的时间。但是对象是否经常被一起访问取决于它们是否经常同时与用户查询或者过滤的主题相关,这又是个难以判断的问题;而且,进行对象的同类性判断还是一个很耗时的操作。由于上述问题的复杂性所带来的成本较高,因此在实际中对象一体化压缩的优化问题通常不被考虑,而只是以提高压缩比为目标,采用对象随机结合的方式。

对于小型搜索系统,对象的保存可望在单机的磁盘系统中实现。对于大型搜索系统,可将对象分散在多个存储服务器上,服务器之间,以及服务器与网络爬虫之间通过高速局域网连接。通过 Hash 算法,网络爬虫可以利用 URL 将对象映射到不同的服务器。而各个服务器只是将对象串行地添加到存储器中。

国际大型商用搜索引擎需要在全球建立多个镜像的文件系统骨干服务器,以便就近对各地的引擎客户机进行批量的数据供应,保证服务的响应时间。在这种配置中,本地客户机存储适量的当前数据,骨干服务器存储全部数据,通过数据分级存放,解决数据存储开销和服务时间响应之间的矛盾。

2.4 信息索引

2.4.1 概述

为了提高对所保存信息文档的查询速度，需要对其建立索引(Index)。建立索引本质上就是建立标记，来指示内容的位置。书的目录就是最简单和常见的索引，通过目录读者可以直接获得各个章节的页号。如果没有索引，对内容的查找只能顺序进行，在内容较多的情况下，这种方式的耗时将是难以承受的。在信息搜索系统中，所存储信息的数量很大，因此为其建立索引通常是一项必要的工作。

索引需要优化设计，通常要在时间开销和空间(存储)开销之间进行折衷。信息搜索通常情况下是全文搜索，例如，在整个文档中查找是否包含指定的关键字。为了提高查询速度，最好对文档中所包含的所有词汇(term)建立索引，指出它所在的位置。

建立索引时要根据所开发的信息搜索系统的功能要求综合考虑多方面的因素。首先要考虑如何使索引具有良好的吸纳性，既能对现有信息进行遍历指示，又要便于更新，对新采集信息的索引进行并入，对失效文档的索引及时进行删除。然后要考虑平衡性，索引的建立要在索引精度和查询速度之间寻求平衡。索引精度高有利于提高信息搜索的精准度，但会增大索引的尺度，而索引尺度增大通常伴随查询速度的下降。因此在查询响应时间有明确约束的情况下，如果索引所面对的文档集很大，往往无法采用具有较高索引精度的地址指针。最后要考虑存储问题，包括索引的物理结构如何建立，各类文档如何压缩，索引如何镜像和备份等。

文本索引是针对文本文档建立的索引，是各类索引中最基本的一种，其他类型的索引均是在文本索引的基础上建立起来的。文本、图像、音频等不同模态的信息也可以采用文本索引的架构建立统一的索引，为此，需将图像和音频的文本描述、标注和识别结果作为元数据索引词加以利用。这样的图像索引和音频索引与文本索引没有大的区别。但如果搜索服务需要对图像或音频进行精准定位，例如视频片段检索、语音词汇检索等，则需要结合图像和音频文档自身的空间或时间位置信息建立特定结构的索引。特别地，为了支持对音视频信息进行样例(example)搜索，例如通过一段视频或一段音乐搜索音视频文档，需要将音视频中最具特征的片段作为元数据放入索引，以提高信息搜索的精度和效率。在允许通过图像和声学特征对音视频进行搜索的系统中，还需要将这些特征作为元数据在索引中进行组织和保存。这类索引所指向的内容已不仅是文档的原始内容，还包括对其进行特征抽取和变换后而获得的衍生内容。

下面以文本索引为例，讲解索引结构及其查询方法和更新方法，并对索引词选取技术进行讨论。

2.4.2 索引结构

倒排文件(inverted file)是最常见的索引结构。倒排文件由两部分构成：词汇表

(vocabulary)和位置表(occurrences)。词汇表是文档中所有不同词汇的集合。位置表由词汇在文档中出现的地址列表(posting list)构成,每个词汇一个列表。地址可以以词为单位来计算,这时,地址 i 就表示第 i 个词;也可以以字符为单位来计算,这时,地址 i 就表示第 i 个字符。前者便于对短语进行查询,后者便于对匹配文档直接访问。在多文档的情况下,词的地址列表由文档标识符和文档内的位置(从文档头开始的偏移)构成。

在大文档集的倒排文件中,词汇表的规模并不是主要问题。根据 Heaps 定律[Heap 78],词汇随文本规模 N 的增长速度是 $O(N^a)$,其中 $0 < a < 1$,具体取值会随着文本规模的增大而减小。对于 GB 规模的文本集,a 在 0.5 左右。照此估算,GB 量级的文本型文档集,其词汇表的量级为 GB。相对而言,位置表占据的空间是支配性的,通常与文档集具有同等的量级。

为了减少对存储空间的需求,在传统的文本检索系统中常采用块地址(block addressing)的方法。这种方法将文本化分为块,位置表中的地址是词汇所在块的位置,而不再是确切的词或字符位置。这样不但可以成倍地减少位置指针的长度,而且词汇在同一块中即使出现多次也只需一个指针,从而可以大幅度压缩位置表的空间。相对于这种块地址的倒排索引,经典的倒排索引也被称为全倒排索引(full inverted indexes)。块地址所带来的问题是:它不能精确地指示词汇出现的位置,在需要精确位置时,还需要在线查找,从而增大了时间开销。

在文本检索中,文档地址(document addressing)也是一种重要的方法,即在位置表中存放词汇所在文档的标识符(即指针),每个词汇具有一个文档标识符列表。这样的索引对于基于关键词的文本检索是很方便的。

对倒排索引的查找一般包含 3 个步骤:1) 在词汇表中查找用户查询中包含的词汇;2) 查找并取出所有查询词在位置表中的地址列表;3) 根据各查询词的地址列表计算需检索文档或段落的标识符。按照这样的步骤,对倒排索引的查询总是先从词汇表查询开始,因此可以将词汇表作为一个独立的文件与位置表分别存放。为了提高查找速度,一般将词汇表放在内存。

词汇表的词一般按词典编纂顺序,如拼音顺序进行排列,每个词都有一个指针,指向它所在位置表中的地址列表。这种映射可以通过 Hash 函数来实现,即每个词指向其地址列表的指针是一个 Hash 函数。

在信息搜索系统中,由于文档很多,上述倒排索引如果一个个文档增量式地建立,将引起对磁盘的大量随机访问,同时,随着地址列表中地址指针的增长,磁盘碎片问题也会逐渐突出。为了避免上述问题,批量索引和更新的方法得到了广泛的采用。

在对文档的批量索引中,完成对象的一轮抓取后,对抓下来的对象逐个进行扫描,获得按(文档 d, 词汇 t)二元组排序的 d-t 表。对 d-t 表进行倒排,即按(词汇 t, 文档 d)二元组重新排序,获得 t-d 表,然后将相同词汇的文档标识符合并到一个列表中,就形成了倒排索引。

由于对象是动态化更新的,因此上述的倒排索引也必须适时更新。如果更新不采取批量的方法,同样会引起效率问题。因为一个对象的增加或删除,通常会牵扯到倒排索引中成百上千处的变动。在批量更新的方法中,最初生成的索引被称为主索引,在两次批量更新之间主索引保持不变,同时为这期间增加和删除的文档建立一个新索引(stop-press index)。

新索引的建立方法与主索引有所不同，其方法为：在建立 d-t 表时增加一个比特的符号项 s（指示文档 d 是增加还是删除），获得一个 (d,t,s) 三元组，然后将 (d,t,s) 倒排形成新索引 (t,d,s)。

在对用户的查询的服务中，主索引和新索引联合工作。假设对一个用户的查询，主索引反馈一个文档集 D_0，新索引返回两个文档集 D_+ 和 D_-，其中 D_+ 代表增加的文档集，D_- 代表删除的文档集，则返回给用户的文档集为 $D_0 \cup D_+ \backslash D_-$。

为了保证速度，新索引不必像主索引那样采用紧凑和压缩的存储结构。当新索引的规模增长到一定程度后，就要将其与主索引合并，形成新的主索引。

如上所述，索引的规模是很大的，文本文档的索引通常与整个文档集具有相同的量级。由于大规模的索引会引起大量的磁盘随机访问，因此索引规模过大会显著影响信息查询的速度。为此，通常需要对索引进行压缩，以便使其大部分能够被放在内存之中。

索引的主要空间开销来自于文档的标识符。文档集合越大，需要的标识符越长。

最简单的节约文档标识符存储空间的方法是将标识符由小到大排序，完整地保存第一个文档的标识符，从第二个文档开始，只保留与前一个文档的差值，这种方法被称为 delta 编码。例如，如果“熊猫”一词出现在第 10，23，30 号文档，则“熊猫”一词的地址列表为(10，13，7)。虽然对于小例子这种方法的优势不明显，但是在实际的大规模网页索引中，频繁词的标识符“内差”会变得更小，而稀有词本身就不占据太多的空间，因此这种方法是有效果的。

接下来的问题是如何对这些差值进行变长编码，以使短码远小于文档标识符的长度。针对网页索引的实际情况，人们常采用 gamma 码和 golomb 码[Chak 03]来进行差值编码。

当然，如果允许进行有损压缩，则压缩效果会更加明显。例如上文提到的块索引的方法，当块的尺寸远远超过网页的平均尺寸时，块的标识符长度就会远远小于文档标识符的长度。

2.4.3 索引词选取

信息搜索系统中的索引词选取是一个十分重要的问题，因为在具有索引的信息系统中，任何一个文档都是通过索引词进行访问的。

一个文档中包含的可读字符有多种类型，包括词、短语、数字、标点等。根据目前信息搜索以关键词为基础的特点，一般只将词和部分短语作为索引词使用。为了简便，所采用的短语也被称为词。不同的词在区分文档方面的价值不同，索引词的选取就是选择价值高的词。

索引词的选取是建立在对文本进行词分析的基础上的。英文的词分析是将文本中所有的词都标识出来，而中文的词分析需要先进行分词，然后才能进行词标识。词标识的主要困难在于对数字、连字符、标点和大小写的处理。在一般情况下，这些问题是可以被忽略的，但在特殊场合它们的意义又十分显著，例如“1949 年”“state-of-the-art”“510B. C. ”“Internet/internet”等。因此，到底如何处理还是要根据具体的应用需求来考虑。

自然语言中包含大量的功能词等主要起语法作用而非语义作用的词，如汉语中的连词、助词，英语中的冠词、介词等。由于这些词在任何文档中都有可能出现，因此对区分文档不具有多少价值，这些词被称为“停词(stopword)”，通常被排斥在索引词之外。

去除停词对减小索引结构的尺寸具有十分重要的作用，采用一个常规的停词列表可在倒排索引中减少40%的空间。由于去除停词的作用显著，一些系统甚至将常用的动词、副词和形容词也列入停词，但是研究表明，去除停词对召回率是有负面影响的。

对于英语等有词形变化的语言，词干化(stemming)也是选取索引词前需要进行的处理。一个词有不同的变形，如单数/复数形式、前缀/后缀形式、主动/被动形式等。所谓词干化就是将单词中可变化的部分去掉，这将进一步减少索引词的数量，压缩索引结构的尺寸。

与去除停词相反，词干化对召回率有正面作用，但一些研究发现，它对搜索精度有负面影响。关于词干化的作用一直存在争议，已有的研究结果存在着较大的差异。在实际应用的搜索引擎中，词干化这一方法也并没有被广泛采用。

对于全文索引结构来说，进行了上述处理以后所保留下来的词汇都应成为索引词。但在一些特殊应用中，还需要对索引词进一步进行精选。在传统的文献检索领域，类似的工作由专家来完成。在Web搜索中，索引词的精选应采用自动的方法。一种简单的方法是通过语法分析提取出文档中包含的名词和名词词组，因为人们普遍认为名词是传达句子语义的最重要的成分。在这里，一个比较复杂的问题是词性的分析，因为许多词具有多重词性。

2.5 超链接分析

2.5.1 概述

在Web搜索系统中，经常需要对Web对象的质量进行评价。例如，在网络爬虫采集信息的时候通常优先采集高质量站点的信息，在反馈用户信息查询结果的时候需要将网页等文档按质量排序。如何简便有效地对站点、网页、用户等Web对象进行质量评价呢？超链接分析是一种被普遍采用的方法。

所谓超链接分析就是利用Web对象中所包含的超链接，即URL指针，将对象之间的网络连接关系加以显现，并通过节点的随机到达概率、入度出度分析等方法对各个节点的重要性以及网络的可靠性、均衡性等特点进行分析的一种技术。超链接分析属于一种特定的链接分析，而链接分析是网络理论中的一项重要内容。

利用超链接分析并不能直接获得Web对象的质量，而是在假定Web的重要节点具有较高的信息质量的前提下，将节点的重要性等效为质量。在假定相关的Web对象包含较多的超链接的前提下，超链接分析还可以用于Web对象的相关性和相似性判别，这种判别常被用于Web对象去重、Web对象聚类和分类等。

超链接分析常以邻接图或邻接矩阵为基础来进行。在邻接图中，节点代表Web对象，如果两个节点之间存在超链接，则二者为相互邻接节点，用一条边连接。邻接图通常是有向图，其有向边的两端分别表示一个URL的存储节点和指向节点。邻接矩阵由邻接图映射而成，以便进行代数运算。超链接分析算法常采用迭代的方式进行求解，即首先对欲求解的向量或矩阵设置初始值，然后每迭代一次就根据更新公式对其修正一次，直至收敛或达到迭代结束的标准。

在实际的 Web 搜索系统中，Web 对象数量庞大，致使邻接矩阵规模庞大。因此，实际应用场合中的超链接分析通常涉及大矩阵运算问题。而大矩阵运算会导致较大的时间开销。为了提高运算效率，缩短响应时间，应当有效地利用线性代数运算方法。只有很好地解决工程运算问题，理论上正确的超链接分析算法才能真正产生实用价值。

Web 对象排序算法是超链接分析中最重要的一类算法，在商用搜索引擎系统等实际场合得到了成功的应用，被认为是 Web 对象质量评价的有效手段。下面以网页排序为例，对 Web 对象排序的两个典型算法 PageRank[Brin 98]和 HITS[Klei 98]进行介绍和分析。

2.5.2 PageRank 算法

PageRank 算法对用户在 Web 上的网页浏览行为进行概率建模：以概率 p 随机跳到下一个网页，以概率 $1-p$ 继续停留在当前网页。该算法同时假设用户不会用选择过的链接对已经访问的网页进行再次访问。这样，用户的网页浏览过程就是一个一阶 Markov 过程，即用户下一时刻浏览哪个网页只与当前网页的链接有关，而与之前的浏览过程无关。于是可以用随机游走的方式对用户的浏览行为进行模拟，当随机游走过程达到稳态(即经由各个网页的概率已经收敛)时，各网页被经由的概率即可成为网页排序的根据。

暂且假设由 Web 网页之间的链接所构成的图是强连通的，即任意节点 u 对任意其他节点 v 都有一条有向路径。想像一个 Web 用户在不停地点击超链接，以相同的概率点击网页上的各个链接以进入下一个网页。假设用户以概率分布 $\boldsymbol{p}_0$ 随机地从一个节点出发，即从节点 u 出发的概率是 $\boldsymbol{p}_0(u)$，令 Web 邻接矩阵(图)为 $\boldsymbol{E}$，如果节点 u 和 v 之间存在超链接，则 $\boldsymbol{E}(u,v)=1$，否则为 0。

首先看一下点击一次后用户到达节点(网页) v 的概率 $\boldsymbol{p}_1(v)$。显然，为了到达 v，用户必须已经在前一步到达某个具有指向 v 的链接的节点 u，然后点击 u 中指向 v 的链接。给定 $\boldsymbol{E}$，节点 u 的出链度 N_u 就是 $\boldsymbol{E}$ 中第 u 行元素值的和，即 $N_u=\sum_v \boldsymbol{E}(u,v)$。假设 $\boldsymbol{E}$ 中不存在平行的边，即节点 u 和 v 之间不存在多条链接，则从节点 u 到达 v 的概率是 $1/N_u$。将这个概率与前一步到达 u 的概率相乘，则

$$\boldsymbol{p}_1(v)=\sum_{(u,v)\in \boldsymbol{E}}\frac{\boldsymbol{p}_0(u)}{N_u} \tag{2.1}$$

将矩阵 $\boldsymbol{E}$ 按行归一化，得

$$\boldsymbol{L}(u,v)=\boldsymbol{E}(u,v)/N_u \tag{2.2}$$

用 $\boldsymbol{L}$ 表示式(2.1)，得到

$$\boldsymbol{p}_1(v)=\sum_u \boldsymbol{L}(u,v)\boldsymbol{p}_0(u)$$

即

$$\boldsymbol{p}_1=\boldsymbol{L}^{\mathrm{T}}\boldsymbol{p}_0 \tag{2.3}$$

在用户前进第 i 步以后，将得到

$$\boldsymbol{p}_{i+1}=\boldsymbol{L}^{\mathrm{T}}\boldsymbol{p}_i \tag{2.4}$$

假定已经将不含有出链接的节点从 $\boldsymbol{E}$ 中清除。如果 $\boldsymbol{E}$ 是强连通和非循环的，则序列 $\{\boldsymbol{p}_i\}$，$i=1,2,\cdots$ 将收敛于矩阵 $\boldsymbol{L}^{\mathrm{T}}$ 的主特征向量。因为式(2.4)就是矩阵 $\boldsymbol{L}^{\mathrm{T}}$ 的特征向量方

程 $\boldsymbol{p}=\boldsymbol{L}^{\mathrm{T}}\boldsymbol{p}$。这个解也被称为 $\boldsymbol{L}$ 的稳态分布。$\boldsymbol{p}(u)=\boldsymbol{p}(u)$被称为节点 u 的 PageRank,它代表了 u 的"声望"。需要注意的是,$\boldsymbol{L}$ 的稳态分布与 p_0 无关。收敛后的 p 值恰好就是用户点击各个网页的概率。

上述模型中包含一个重要的概念:一个网页被访问的概率高,它的声望就高。而这一定发生在该网页具有许多对它有较高访问概率的相邻网页的情况下。

在实际应用中,上述简单模型还需要进行完善,因为 Web 图通常不是强连通和非循环的,有许多网页没有出链接,并且存在导致环路的有向路径。一个简单的解决方案是在各节点插入一些低概率的伪出链接。这样,用户到达 Web 的一个节点后有两种选择:1) 以概率 q 随机浏览 Web 上的一个网页;2) 以概率 $1-q$ 在所有的出链接中以均匀概率选择其一,继续前进。在这个解释方案中,q 是一个可调的参数,通常设定在 0.1 至 0.2 之间。由于出现了第 1 种选择,式(2.4)变为:

$$\begin{aligned}\boldsymbol{p}_{i+1}&=(1-q)\boldsymbol{L}^{\mathrm{T}}p_i+q\begin{pmatrix}1/N & \cdots & 1/N\\ \vdots & & \vdots\\ 1/N & \cdots & 1/N\end{pmatrix}\boldsymbol{p}_i\\&=(1-q)\boldsymbol{L}^{\mathrm{T}}p_i+q/N(1,\cdots,1)^{\mathrm{T}}\end{aligned}\tag{2.5}$$

这里,N 是 Web 图中节点的数量。当 N 很大时,直接求解上述特征方程组是困难的。通常的方法是采用迭代算法求解。一种简单的算法是先将 p_0 的所有元素都设为 $1/N$ 来进行初始化,然后反复用因子$(1-q)\boldsymbol{L}^{\mathrm{T}}+q/N\boldsymbol{1}_N$ 乘以 p_i,并将$|p_i|$缩放至 1。在实际中,上述迭代不一定收敛,迭代可以在 p_i 中的各元素值大小顺序相对稳定时终止。因为相对各个页面的排序,它们的 PageRank 值的绝对大小并不重要。

有两种方法处理没有出链接的节点:一种方法是以概率 1 跳出前进过程;另一种方法是先对图进行预处理,迭代地移除所有出度为零的节点,然后计算剩余节点的 PageRank,最后再将这些值向在预处理阶段被移除的节点传播。

2.5.3 HITS 算法

PageRank 算法的突出特点是网页的声望评价与具体查询无关,因而它具有可以预先计算、响应敏捷的优点。但其将网页对查询的相关性与质量解耦的做法也存在一些弊端。与之相对应,HITS (Hypertext Induced Topic Search)是一种结合查询相关性的网页质量评价算法。

假设信息搜索系统收到查询 q 后,根据自身的搜索算法返回一个网页的集合 R。首先将 R 作为 HITS 算法中 Web 图的根节点集合,在此基础上,再将 R 中的任意节点指向的节点和指向 R 中任意节点的节点构成一个扩充集合 X。最后将 R 与 X 共同构成一个集合 V,并构造一个与查询有关的图 $\boldsymbol{G}=(V,E)$。

HITS 算法用两个测度来衡量网页的质量或价值,一个是权威性(authority),另一个是枢纽性(hub)。前者衡量网页的信息是否有影响力,后者衡量网页是否包含较多的指向有影响力网页的链接。任何一个网页都具有某种程度的"权威性"和"枢纽性",因此所有的网页 u 都具有两个不同的测度:权威性得分 $a(u)$和枢纽性得分 $h(u)$。

HITS 算法定义一个网页的权威性得分等于指向它的所有网页的枢纽性得分的总和,

枢纽性得分等于它所指向的所有网页的权威性得分的总和，即

$$\boldsymbol{a}(u)=\sum_{(v,u)\in E}\boldsymbol{h}(v) \tag{2.6}$$

$$\boldsymbol{h}(u)=\sum_{(u,v)\in E}\boldsymbol{a}(v) \tag{2.7}$$

利用矩阵表示，得

$$\boldsymbol{a}=\boldsymbol{E}^{\mathrm{T}}\boldsymbol{h} \tag{2.8}$$

$$\boldsymbol{h}=\boldsymbol{E}\boldsymbol{a} \tag{2.9}$$

图 2.3 是 HITS 算法的示意图。

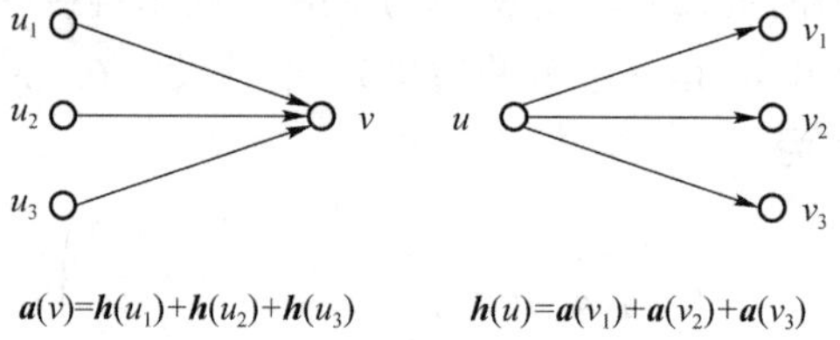

图 2.3　HITS 算法示意图

与 PageRank 算法相似，权威性得分 $a(u)$ 和枢纽性得分 $h(u)$ 的确定需要使用迭代算法。一种简单迭代算法的伪代码如下：

```
a←(1,…,1)^T
h←(1,…,1)^T
while h 和 a 有“明显”变化 do
    h←Ea
    l_h←‖h‖_1 = Σ_u h(u)
    h←h/l_h
    a←E^T h
    l_a ← ‖a‖_1 = Σ_u a(u)
    a←a/l_a
end while
```

当 $\boldsymbol{a}$ 收敛后，它将等于矩阵 $\boldsymbol{E}^{\mathrm{T}}\boldsymbol{E}$ 的主特征向量，$\boldsymbol{h}$ 将等于矩阵 $\boldsymbol{E}\boldsymbol{E}^{\mathrm{T}}$ 的主特征向量。在几千个节点的情况下，该算法将在 20 至 30 次的迭代后实现收敛。这里的收敛仍旧是指节点的权威性和枢纽性排序达到稳定。总结一下 HITS 算法的主要步骤：

1）发出一个查询，获得根集合 R；

2）通过一阶相邻关系获得扩充集合 X 及基本集合 $V=R\cup X$；

3）运行迭代算法获得枢纽性得分向量和权威性得分向量；

4）报告枢纽性和权威性排序靠前的节点。

与 PageRank 算法不同，HITS 算法不预先计算枢纽性和权威性，而是在通过查询获得基本集合 V 之后计算，这既是它的缺点也是它的优点。将枢纽性和权威性计算限定在与查询相关的节点之内显然是更加合理的，但代价是 HITS 算法每接受一个查询都需要进行一次特征向量的计算。为了防止 V 的尺寸膨胀，导致计算量过大，可以定义一个最大的节

点数。

不存在的链接、重复的链接、自动生成的链接等会严重干扰 HITS 算法。一种解决方法是根据链接周围的内容对链接进行加权。

2.6 信息检索系统

2.6.1 概述

在各类信息搜索系统中，最早出现并得到应用的是信息检索系统。谷歌、百度等大型搜索引擎的出现以及智能手机的普及更是使信息检索成为人们随时随地的操作。信息检索系统的便捷服务为人们的学习、工作和生活提供了极大的帮助。

信息检索的工作过程为：系统事先将网络信息进行采集、保存和索引，之后用户根据自身的信息需求向系统提出查询请求，系统便通过索引将与查询相匹配的信息反馈给用户。与信息过滤、信息推荐等其他信息搜索服务相比，信息检索的技术特点是被检索的信息相对稳定，用户的查询需求一次一变。

伴随着信息技术和人工智能技术的发展，信息检索的服务形态也在不断更新。早期的搜索引擎主要提供相关网页链接服务，即将与用户查询相关的网页的链接根据相关度排序后反馈给用户。这类服务需要用户打开链接寻找有用信息，不同的网页可能包含相同的信息，没有个性化处理，不同的用户只要输入查询词相同，反馈结果也相同。此后，TREC 提出 Novelty（新颖性）检索模型，这种检索服务首先将与查询相关的文档排成一个序列，然后逐个文档抽取与查询相关的句子，内容相同或类似的句子第一次抽取后就不再抽取。这是一种集成了段落查询和信息过滤的检索模型，由于用户看到的每个段落都是不同的内容，故名 Novelty 检索。关于个性化检索，TREC 提出了 HARD 模型，即高精度文档检索（High Accuracy Retrieval from Documents）。它将用户查询与用户背景信息和以往的查询经历相结合进行信息检索，从而实现检索的个性化。对于相同的查询，不同用户会得到不同的反馈结果；对于同一用户，前后两次相同的查询也可能反馈不同的结果。

严格地讲，无论是一般的网页检索还是段落检索、个性化检索，均不是真正意义的信息检索。因为这些检索反馈给用户的是文档或其链接，而不是用户想要得到的信息本身，用户要得到想要的信息还需从文档中寻找。因此这类检索本质上是文档检索，而不是信息检索。基于以上认识，TREC 提出了 QA 检索模型，即问答式检索模型（Question Answering）。问答式检索简称问答系统，它能直接给出用户所提问题的答案，即用户所要的信息，从这个意义上讲，它被称为信息检索系统可以说是名副其实。问答系统的信息检索是信息检索的高级形态，是信息检索技术的发展方向。另外，问答系统自身也是人工智能技术的前沿课题，图灵测试的对象本质上就是一个问答系统，人工智能的最强能力都可以通过问答系统得以展现。

尽管如此，人们却不能抛开目前的信息检索即文档检索一步跳至问答系统。事实上，文档检索技术的不断进步不仅提升了自身的服务性能，也使得相关的人工智能技术，如文本分析、自然语言处理、图像和音视频语义理解等得到促进，为问答系统的开发提供了关键的技术支撑。此外，问答系统通常将文档检索系统作为后台环境加以利用。因此，本书仍将以文档检索为起点和主要内容来讲解信息检索。

一个信息检索(文档检索)系统的任务是根据用户提出的需求从文档集中找出最相关的文档。为此，需要解决 3 个基本问题：1) 用户如何提出需求；2) 相关文档如何定义和计算；3) 检索结果如何反馈。

对于第一个问题，作为面向大众服务的系统，原则上不能要求用户对自己的信息需求有精确的描述。用户在检索信息时，总是希望和习惯于用最简单的提问和最便捷的操作提出自己的需求。给出关键词是目前最流行的用户提出需求的方法，因而成为研究检索模型时最常见的假设。

第二个问题是检索的核心问题。要为用户的需求提供优质的检索结果，首先需要判断哪些文档与用户的查询相关以及相关的程度有多大。文档与查询的相关性有不同的定义方法。在句法层面上的相关性通常被简单地定义为文档中是否包含用户查询中的关键词。对应这样的定义，再利用倒排索引可以很简单地找到相关文档。显然，这种相关性的定义是很粗糙的，并不能很好地满足用户的真正需求。较好的方法是在比较抽象的层次上对用户的查询和文档进行建模，使它们成为可以进行比较的数学形式，并使这种数学形式不仅包含句法信息，还直接地包含或隐含语义信息，这样就可以计算查询和文档之间在句法和语义两个层面上的相似性，即相关性。为此，需要对文档进行特征抽取和表达，这正是机器学习技术与信息搜索技术的结合点，也是本书的主要内容之一。

找到了相关文档，如何向用户反馈也是一个重要问题。如上所述，简单的方法是将文档按某种规则进行排序，将文档的 URL 地址清单向用户反馈，由用户进行浏览和选择。在这个过程中，通常还会用标题、时间、摘要或最相关段落等对每个文档进行描述，为用户的选择提供帮助。关于排序的规则，在相关性计算比较精确的模型中，可以将相关性作为排序的主要根据。但在有些模型中，相关性的计算比较粗糙，这时可以将文档的质量作为排序的主要根据。更好的反馈方式是将相关文档处理以后进行反馈，例如上述的 Novelty 检索，其反馈方式是将分散在不同文档中的最相关的段落进行组合，形成一篇文档直接提供给用户。

文本检索是最早出现的和最基础的信息检索服务，之后相继出现了图像检索、视频检索、音频检索等不同模态的信息检索服务。不同模态的信息检索技术在各自的检索需求和媒体技术的驱动下相对独立地得到了发展，形成了各自的体系和特点。下面分别对不同模态的信息检索技术进行讲解。

2.6.2 文本检索

文本检索建立了信息检索的基本架构，其系统外部接口涉及检索模型和查询重构等问题，内部处理主要包括文本分析和查询结果排序反馈等问题。本小节首先介绍检索模型和查询重构，其他技术将在后续章节中结合具体场景和实例进行介绍。

1. 检索模型

文本检索有 3 种基本检索模型，即布尔(Boolean)模型、向量空间模型(VSM)和概率模型。

(1) 布尔模型

在布尔模型中,查询被假设为由关键词及逻辑关系符构成的布尔表达式,文档被视为索引词的集合。文档与查询是否相关被定义为其索引词的集合是否满足查询的布尔表达式。

布尔模型的优点是形式简单、检索效率高且易于实现,布尔表达式所构建的逻辑关系也易于理解,这些特点使得布尔模型在早期的搜索引擎中得到了实际的应用。但布尔模型的缺点也很明显。第一,它的检索策略是基于二元决策的,即一个文档与查询之间要么相关,要么不相关,没有相关程度的度量。第二,虽然布尔表达式可以通过关键词来表达比较精确的语义,但是人们常常不容易将一个信息需求转换成布尔表达式。一般的用户往往只是同时输入多个关键词,隐含地应用"与"逻辑。在 Web 检索中,布尔模型通常需与网页质量评价算法结合使用。

(2) 向量空间模型

向量空间模型利用索引词出现的绝对和相对频度,对索引词赋予非二值的权重来表达文档和查询,从而使得它们之间的相关性成为一个连续的度量指标。

具体来说,文本集中每个不同的索引词构成向量空间的一个维度,这样,m 个不同的索引词便构成了 m 维的特征向量。假设对于索引词 k_i 和文档 d_j,有权重 w_{ij},则文档 d_j 的特征向量 $\boldsymbol{d}_j=[w_{1j},\ w_{2j},\ \cdots,w_{mj}]$;对于一个特定的查询 q,设索引词 k_i 的权重为 w_{iq},则 q 的特征向量 $\boldsymbol{q}=[w_{1q},\ w_{2q},\ \cdots,w_{mq}]$。

有了文档和查询的向量表示,它们之间的相关性或相似性的计算便可方便地进行定义,例如向量夹角的余弦 $\cos(\boldsymbol{q},\boldsymbol{d}_j)$ 和向量之间的相关系数 $r(\boldsymbol{q},\boldsymbol{d}_j)$:

$$\cos(\boldsymbol{q},\boldsymbol{d}_j)=\frac{\sum_{i=1}^{m} w_{ij}\times w_{iq}}{\sqrt{\sum_{i=1}^{m} w_{ij}^2}\times\sqrt{\sum_{i=1}^{m} w_{iq}^2}} \tag{2.10}$$

$$r(\boldsymbol{q},\boldsymbol{d}_j)=\frac{\sum_{i=1}^{m}(w_{ij}-\overline{w}_j)\times(w_{iq}-\overline{w}_q)}{\sqrt{\sum_{i=1}^{m}(w_{ij}-\overline{w}_j)^2}\times\sqrt{\sum_{i=1}^{m}(w_{iq}-\overline{w}_q)^2}} \tag{2.11}$$

式(2.11)中,$\overline{w}_q$ 和 $\overline{w}_j$ 分别表示 q 和 d_j 的均值。注意,由于 w_{ij} 和 w_{iq} 大于等于零,向量夹角余弦的取值范围为$[0,1]$,相关系数的值域为$[-1,1]$。

由此可见,只要定义了索引词权重的计算方法,就可以获得查询与文档之间具有连续值的相关性度量指标,从而得到对文档进行排序的依据。

索引词的权重可以有多种计算方法,但其基本计算思想是相同的,即对能够表达文档特征的词赋予更高的权重。一个词对于表达文档特征的重要程度取决于两个方面:一是该词在本篇文档中出现的频度,出现的次数越多越重要;二是该词在其他文档中出现的频度,越不经常在其他文档出现越重要。基于这一原则,人们提出了 TF-IDF 索引词权重计算方法,经过大量的应用实践,该方法的有效性已经得到了充分的验证。

TF-IDF 中包含两个因子,词频(Term Frequency, TF)和倒文档频度(Inverse Document Frequency, IDF)。对于索引词 k_i 和文档 d_j,TF 和 IDF 的基本定义如下。

$$\text{TF}: f_{ij}=\frac{\text{freq}_{ij}}{\text{MaxFreq}_j} \tag{2.12}$$

$$\text{IDF}: idf_i = \lg \frac{N}{n_i} \tag{2.13}$$

式中，$freq_{ij}$ 为 k_i 在 d_j 中出现的次数，$MaxFreq_j$ 为 d_j 中频度最高的索引词的出现次数；N 为总的文档数量，n_i 为包含索引词 k_i 的文档数量。从而

$$\text{TF-IDF}: w_{ij} = \left(\frac{freq_{ij}}{MaxFreq_j}\right) \times \lg \frac{N}{n_i} \tag{2.14}$$

关于 TF-IDF 的定义还有多种变形，Salton 等人对此进行了深入的讨论[Salt 88]，但应用最广泛的还是上述定义。

对于查询词的权重，Salton 等建议采用式(2.15)：

$$w_{iq} = \left(0.5 + \frac{0.5 freq_{iq}}{MaxFreq_q}\right) \times \lg \frac{N}{n_i} \tag{2.15}$$

式中，$freq_{iq}$ 为 k_i 在查询 q 中出现的次数，$MaxFreq_q$ 为 q 中频度最高的索引词的出现次数。可以看出，式(2.15)对查询词的权重进行了平滑，不包含在查询中的词也赋予了 0.5 的相对词频，而包含在查询中的词的相对词频在 0.5 和 1 之间。这个方法是耐人寻味的，可以理解为查询中不包含的词各有 1/2 的可能性在或不在查询中。

VSM 提供了规范地表达文档及查询的方法，为计算它们之间具有连续值的相关性度量指标打下了基础。VSM 在实际应用中也显示出了超出 Boolean 模型的优越性，使检索系统的性能有了明显的提高。尽管人们注意到 VSM 在理论上有一个明显的不足，即没有考虑索引词之间的相关性，但试图在此方面改善 VSM 的努力在实际中并未取得显著的效果。人们认识到，由于词间的相关性具有局部性，将这种性质推广到全局会带来副作用。

VSM 面临的主要问题是针对查询的模型不够可靠。其实这并不是 VSM 自身的问题，只是由用户喜欢用少量的查询词等简便的方式提出需求而导致。据统计，在 Web 检索中，用户给出的查询词的平均长度是 2。在这种情况下，对查询的建模难以做到可靠和精确。

(3) 概率模型

概率模型可以通过描述对于一个用户查询而言理想的相关文档集的随机特性来进行文本检索，其描述的准确性通过与用户的交互而迭代更新，最终达到满意的效果。在数学概念上给定一个用户查询 q 和一个文档 d，d 与 q 之间相关的概率只取决于它们的表达本身。在此基础上，建立估计 d 与 q 相关的概率的模型，进而在所有文档中找出对应 q 的理想文档集合 R，使得 R 中的文档都是 q 的相关文档，R 之外的文档都是 q 的不相关文档。

二值独立模型是一种基本的概率检索模型。二值是指模型用二值向量表示文档和查询，元素值描述的是所对应的索引词出现与否的状态。独立是指模型假设向量元素之间相互独立，文档之间相互独立。

具体地，在二值独立模型中，文档 d_j 和查询 q 中的第 i 个词分别用 $w_{ij} \in \{0,1\}$，$w_{iq} \in \{0,1\}$ 来表示，R 代表相关文档的集合，$\overline{R}$ 代表 R 的补集，即不相关文档的集合。令 $P(R|q,d_j)$ 为给定 q 和 d_j 后产生相关文档的概率，$P(\overline{R}|q,d_j)$ 为给定 q 和 d_j 后产生不相关文档的概率，则可将 d_j 与 q 的相似性 $sim(d_j, q)$ 定义为：

$$sim(d_j, q) = \frac{P(R|q,d_j)}{P(\overline{R}|q,d_j)} = \frac{P(d_j|R,q) \times P(R)}{P(d_j|\overline{R},q) \times P(\overline{R})} \tag{2.16}$$

式中，$P(d_j|R,q)$ 表示在给定集合 R 的条件下 d_j 的生成概率，$P(R)$ 表示 R 集合产生的先验

概率，而 $P(d_j|\overline{R},q)$ 和 $P(\overline{R})$ 具有与上述两个概率互补的意义。公式的推导用到了 Bayes（贝叶斯）准则。

由于 $P(R)$ 和 $P(\overline{R})$ 对所有文档都相同，所以

$$\mathrm{sim}(d_j,q) \propto \frac{P(d_j|R,q)}{P(d_j|\overline{R},q)}$$

根据索引词独立假设，得

$$\mathrm{sim}(d_j,q) \propto \frac{\prod_{i=1}^{m} P(w_{ij} \mid R,q)}{\prod_{i=1}^{m} P(w_{ij} \mid \overline{R},q)}$$

式中，$P(w_{ij}|R,q)$ 表示索引词 k_i 在 R 的文档中出现（$w_{ij}=1$）或不出现（$w_{ij}=0$）的概率，$P(w_{ij}|\overline{R},q)$ 表示索引词 k_i 在 $\overline{R}$ 的文档中出现（$w_{ij}=1$）或不出现（$w_{ij}=0$）的概率。于是

$$P(w_{ij}=1|R,q)+P(w_{ij}=0|R,q)=1$$

$$P(w_{ij}=1|\overline{R},q)+P(w_{ij}=0|\overline{R},q)=1$$

对上两式取对数并进行简化，去掉在相同查询条件下对所有文档都相同的因子，可得：

$$\mathrm{sim}(d_j,q) \propto \sum w_{ij} w_{iq} \lg \frac{P(w_{ij}-1 \mid R,q)(1-P(w_{ij}-1 \mid \overline{R},q))}{(1-P(w_{ij}=1 \mid R,q))P(w_{ij}=1 \mid \overline{R},q)} \tag{2.17}$$

式(2.17)是利用概率模型进行排序计算的关键表达式。值得注意的是，求和因子中包含 w_{ij} w_{iq}，这意味着不包含任意检索词的文档与查询的相似性为 0。

由于开始时 R 集合是未知的，因此需要给出一个初始化 $P(w_{ij}=1|R,q)$ 和 $P(w_{ij}=1|\overline{R},q)$ 的方法。一种常用方法的处理步骤是：1）对所有的索引词 k_i，令其在相关文档中出现的概率 $P(w_{ij}=1|R,q)$ 为 0.5（最大熵原则）；2）索引词在非相关文档中的分布由它们在所有文档中的分布来近似。因此可得：

$$P(w_{ij}=1|R,q)=0.5$$

$$P(w_{ij}=1|\overline{R},q)=\frac{n_i}{N}$$

这里，n_i 是包含索引词 k_i 的文档数，N 是总文档数。给出这个初始的猜测，便可以检索到一些包含检索词的文档，并对这些文档按照概率进行排序。此后，这个初始排序将按照以下方法进行改进。

令 V 为最初返回的文档集合中前 r 个文档构成的子集合，此处的 r 是预先设定的一个阈值。然后令 V_i 为 V 中包含索引词 k_i 的子集，这样便可以改进对 $P(w_{ij}=1|R,q)$ 和 $P(w_{ij}=1|\overline{R},q)$ 的估计。具体步骤为：1）通过索引词在目前检索回来的文档中的分布来获得 $P(w_{ij}=1|R,q)$ 的近似；2）认为所有未被检索回来的文档都是不相关的，以此来获得 $P(w_{ij}=1|\overline{R},q)$ 的近似。于是

$$P(w_{ij}=1|R,q)=\frac{|V_i|}{|V|}$$

$$P(w_{ij}=1|\overline{R},q)=\frac{n_i-|V_i|}{N-|V|}$$

式中，$|V_i|$ 和 $|V|$ 表示各自集合中元素的数量。

上述改善过程可以通过递归和迭代来完成。通过这个办法，对 $P(w_{ij}=1|R,q)$ 和

$P(w_{ij}=1|\overline{R},q)$ 的估计能够在没有人工介入的条件下得到不断的改善。

二值独立模型提供了文本检索的新方法。经过改进之后，这类方法被商用搜索引擎所采用，其中应用最广泛的是 Okapi BM25 模型。Okapi 是最早应用该模型的检索系统的名称，BM 是最佳匹配(Best Matching)之意，25 来自模型中的参数选择。Okapi BM25 模型简称 BM25，该模型基于 TF-IDF 原理计算查询与文档的实值相关度，从而对相关文档进行排序。排序函数的最常见定义如下。

给定查询 q，设其中的关键词为 $w_1,\cdots,w_n$，则文档 d 的 BM25 相关度为：

$$\text{score}(d,q)=\sum_{i=1}^{n}\text{IDF}(w_i)\frac{f(w_i,d)(k+1)}{f(w_i,d)+k(1-b+b\mid d\mid/\text{avgdl})} \tag{2.18}$$

其中，$\text{IDF}(w_i)=\ln\left(\frac{N-n(w_i)+0.5}{n(w_i)+0.5}+1\right)$，$f(w_i,d)$ 是 w_i 在文档 d 中的词频，$|d|$ 表示文档 d 按词计算的长度，avgdl 表示文档集中文档的平均长度，k 和 b 是两个自由参数，优化结果为 $k\in[1.2,\ 2.0]$，$b=0.75$。IDF 公式中，N 表示文档集中的文档总数，$n(w_i)$ 表示包含关键词 w_i 的文档数。

关于上述 IDF 公式不同学者有不同的解释，但在最初的 BM25 推导中，这一公式来自二值独立模型，因而 BM25 本质上属于概率模型。上述 IDF 公式等效于平滑的 IDF 公式，即出现索引词 w_i 的文档数越少，IDF 值越大，出现索引词 w_i 的文档数越多，IDF 越小。另外，从信息论的角度也可将上述 IDF 公式解释为任意选择一篇文档后发现其包含索引词 w_i 这一事件所包含的信息量。

式(2.18)中，除 IDF 之外剩余的分数因子取决于词频，也可以说是经过平滑之后的词频。文档中出现 w_i 的频度越大，这个因子也越大，反之越小。由此可见，BM25 是将查询中的所有索引词在文档中的 TF-IDF 值求和，以此来表示查询与文档的相关度的。

BM25 有多种变形，较新版本的 BM25F 包含文档结构和锚文本，即链接文本信息，具有更好的排序效果。

2. 查询重构

检索模型不但要解决查询与文档的相关性计算问题，还要解决如何构成有效的查询这一关键问题。一个有效的查询往往不能依赖用户的首次输入，而需要对其进行重构，即将用户的第一个查询看作初始的尝试，借助对获得的文档的相关分析，对初始查询进行重构，以获得更有用的文档。查询重构包含两个基本步骤：其一，利用新的索引词扩展初始查询；其二，对扩展后的查询中的词重新加权。

查询重构的方法主要有 3 类：1) 相关反馈的方法；2) 基于初始反馈文档的局部分析法；3) 基于全部文档集合的全局分析法。

相关反馈是一种需要用户参与的查询重构策略。在一个相关反馈周期内，先将检索出的文档清单提交给用户，用户查阅后，对相关的文档进行标记。定义符号 D_+ 为用户标记的相关文档的集合，D_- 为反馈文档中非相关文档的集合，则查询重构可采用 Rocchio 公式：

$$\boldsymbol{q}'=\alpha\boldsymbol{q}+\beta\sum_{D_+}\boldsymbol{d}-\gamma\sum_{D_-}\boldsymbol{d} \tag{2.19}$$

这里 $\boldsymbol{q}$ 是初始查询向量，$\boldsymbol{q}'$ 是修改的查询向量，α,β 和 γ 都是可调的参数，最简单的设置是令它们都为 1。通常情况下，与非相关文档相比，相关文档中包含更重要的信息，这提示人们应当将 β 的值设得比 γ 大一些。一种极端的方法是将 γ 设为 0，即采取单纯正反馈的策略。

Rocchio 反馈是一种既简单又有效的方法，简单性体现在直接利用检索回来的文档对词的权重进行修改，有效性则已通过实际应用得到了证实。Rocchio 公式的主要缺点是没有参数的优化标准。

在不要求用户手工选择的情况下，D_+ 和 D_- 要自动生成。这时，将用户选择阅读的文档作为相关文档。由于通常不宜将用户没有阅读的文档作为不相关文档，因此常将 γ 取 0，即不采用 D_-。在这种情况下，式(2.19)被称为伪相关反馈(Pseudo-Relevance Feedback)，或 PRF。

在用户的相关反馈中，系统通过用户标记的相关文档获得对更大的相关文档集合的描述。能否自动地获得对更大的相关文档集合的描述呢？在各种尝试中，人们首先想到的是查询词的扩展，即通过同义词扩充、近邻词(在文本中与查询词邻近的词)扩充、词干化等方法对查询词进行补充。这种扩展可以在相关文档集合内实现，也可以在整个文档集合内实现。前者被称为局部分析法，后者被称为全局分析法。

在局部分析法中，初始查询检索回来的文档被作为进行查询词扩展操作的文本空间，在此条件下，基于近邻词获取的方法进行查询扩展。具体可通过建立关联矩阵等全局结构来定量描述词间的关联关系，例如两个词的共现次数、两个词共现的文档数等，用词的关联性测量它们的近邻度。

概念空间法是一种有效的全局分析查询扩展方法。这一方法的基本思想是利用文本集的所有文档构建一个概念空间，将每个文档作为概念空间中的一个维度。于是，在此概念空间中，每个基本概念，即每个概念维度，都由一个文档定义。无论是检索词、词组，还是查询，都被看作概念空间中的数据点，即概念，由基本概念组合表达。这种方法的特点是不再为查询中的各个词分别寻找近邻词，而是寻找整个查询的近邻词，并在此基础上进行扩展。在该方法中，由于比较的是整个查询与各索引词之间的距离，因此回避了词与词之间的全局相关性与查询语境不能自动适应的问题。

2.6.3 视觉检索

视觉检索包括图像检索(Image Retrieval)和视频检索(Video Retrieval)两种类型。图像和视频是人们通过视觉感知的媒体形式，是网络大数据的主体。据估计，Web 图像和视频文档占网络大数据的比重至少能达到 80%。近年来，人工智能技术的蓬勃发展也与图像及视频的处理、分类和理解等应用密切相关。在这种背景下，Web 视觉检索越来越受到学术界和产业界的重视，相关的研究工作十分活跃。图像和视频有许多共通的特性，事实上，视频只是将图像按照每秒钟 24 帧或 25 帧进行播放的一种媒体形式。但图像文档和视频文档在文件格式、编码方式、内容特点等方面的差异却是巨大的，需要采用不同的技术来实现对它们的检索。例如，静止图像文档中常常包含文本信息，有些文档本身就是图像和文本混排的，视频文档中常常包含语音信息等，在检索中这些文本和语音信息可以被用来提高检索的性能。

视觉检索首先要解决检索方法问题，即用户如何提出查询请求，查询与文档如何匹配以及文档如何组织等问题。用户提出查询的方法可以有两种，一种是类似于文本检索的关键词查询，或称元数据查询，另一种是提交示例图像或视频进行的查询。前一种查询方法的优点是可以采用现有文本检索的技术架构，检索效率比较高，前提是先要对图像文档进行文本描述或标注。后一种方法的优点是可以提交基于视觉特征的准确的查询请求，查询与文档可以在视觉特征层面进行匹配，从而获得精确的结果，但通常需要对文档和查询进行特征抽取，在此基础上进行建模匹配，因而需要较复杂的技术支撑。

实际上，无论是基于元数据检索还是基于示例检索，视觉检索系统的实现都离不开图像分类和理解技术。基于元数据检索是事先对图像和视频文档进行描述或自动识别，在此基础上抽取文本标注词，建立图像和视频文档的文本索引，从而将视觉检索问题转化为文本检索问题。而基于示例的检索是要在线地进行图像分类和理解，抽取示例图像的视觉描述子，将其与图像和视频文档的视觉描述子进行对比，即对示例与图像和视频文档的视觉相似性进行计算，取出与示例最具视觉相似性甚至语义相似性的文档。

由此可见，视觉检索的核心问题是图像分类和理解。早期的基于关键词的视觉检索系统采用人工分类的方法，这难以适应 Web 视觉检索这种大规模的应用，因此图像自动分类与理解成为视觉检索的核心技术。经过几十年的发展，特别是随着深度学习的广泛应用，文字识别、人脸识别、物体识别、视频理解等技术得到了快速的发展，技术已经趋向成熟。这十分有力地促进了视觉检索技术的发展。

为了自动获得图像文档的语义特征，还可以采取结合实际图像文档特点的便捷方法。例如，采用网页中与图像相关的文字信息，包括图像文件名及其网址、图像周围文字、图像所在网页标题、图像超链接等来表征图像的语义特征。通过对这些信息进行分析，可以有效地对图像文档进行文本语义标注，提高系统的检索性能。另外，通过图像识别技术自动地对图像文档进行文本标注也是基于关键词的图像检索系统所需要的关键技术。

视频本身所具有的特点，如有运动、含音频、数据量大等使其检索任务面临更多的问题和更大的挑战，这些特点使得视频检索成为一个与图像检索相对独立的技术领域。2001 年 TREC 启动了视频检索任务 TRECVID。2003 年开始，TRECVID 成为一个独立的测试会议，并越发受到研究者的重视。之后，每年都有来自全球各地的多家单位参加 TRECVID 测试，在镜头切分、高层特征抽取、检索系统、视频摘要等方面进行探索和交流。

视频是帧的序列，帧序列没有结构和层次，是一种“顺序流”的形态。这个特点给视频的浏览和检索带来了不便。因此，对视频进行有效的切分，用层次化、结构化的方式对视频进行表示是视频检索的基础任务。

视频的切分和组织常常在物理和语义两个层次上进行。物理层次上的切分和组织以镜头(Shot)为单位，镜头被定义为在同一地点连续拍摄的视频帧的序列。语义层次上的切分和组织以场景(Scene)或故事(Story)为单位，场景或故事一般由一个或多个镜头构成，具有相对完整和独立的语义。由于场景和故事是由镜头构成的，它们的切分效果很大程度上依赖于镜头的切分效果，因此视频组织的基础是镜头切分。

语义切分是镜头切分的上层处理。对视频检索任务来讲，只有镜头切分常常是不够的，还需要利用语义切分按照故事和场景来组织视频。由于人们的理解和需求不同，视频的语义结构并不是唯一的。例如在两个人聊天的一段视频中讲了两个不同的故事，那么这段视频是一个语义片段还是两个语义片段没有统一的判断标准。相对于其他种类的视频，新闻视频具有比较强的结构性，人们对于新闻的语义切分的标准也相对统一，同时新闻视频语义切分也具有较高的应用价值。正是由于这些特点，在视频语义切分的研究中，新闻视频语义切分是重要的研究内容。

在新闻视频里，一些简单而重要的特征可以作为故事切分的依据，例如主持人镜头、字幕、受访人镜头、说话人的声音、语音内容、背景音乐等。为了利用这些特征，人脸检测与识别、文字检测与识别、语音识别、说话人识别等成为故事切分的关键性支撑技术。

在一些启发式算法中，通常先根据新闻字幕和主持人镜头出现的基本特点在视频中寻找字幕信息和主持人镜头，然后根据先验规则大致定位镜头切分点，最后再通过比较切分点附近镜头的相似性最终定位。

为了表示镜头的特征，常常要从其中挑选一个代表帧(representative frame)，也称关键帧(key frame)。选取关键帧需要综合考虑关键帧在一个镜头内和在不同镜头间的相似性，使关键帧既能代表本镜头内各帧的共性，又能反映出与其他镜头中的帧的差别，即关键帧既要与本镜头内的其他帧有较高的相似性，又要与其他镜头中的帧有较高的差异性。

视频切分完成后，需要对所形成的物理基本单位——镜头和语义基本单位——故事的视频特征进行描述，以便进行检索。基本的视频特征主要包括颜色、纹理、形状、边缘等，通过这些特征可以对一段视频的基本视觉特点，如色调、光照、多彩性、复杂性等进行描述。基本视频特征便于提取，是对视频进行初级描述的主要工具。

但是，要进一步理解视频，还需要借助于高层语义特征。TRECVID 测试过的几十种高层特征(high-level feature)分属于图 2.4 所示的分类体系，从图中可见，高层特征主要包括场景特征、物体特征、运动特征和音频特征等，它们各自的内涵和特点如下。

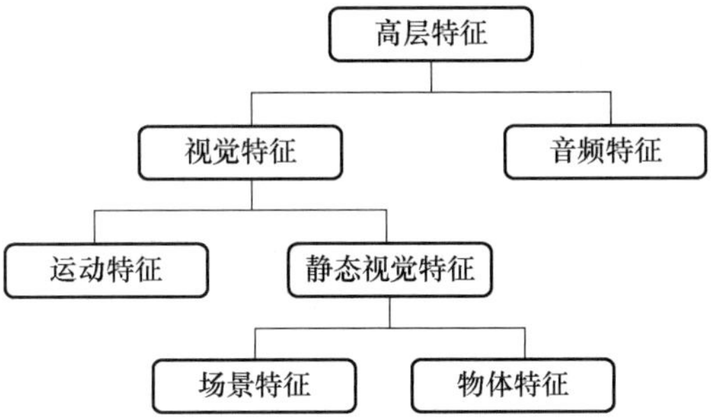

图 2.4 视频高层特征的分类

1) 场景特征：这类特征侧重于图像整体信息的刻画，能够反映全局的场景，例如室内、室外、城市、乡村、道路、建筑物、风景点、体育场等，这些特征往往直接由颜色、纹理、边缘等初级视觉特征表达。

2) 物体特征：这类特征用于刻画视频中的语义对象，例如人脸、文字、动物、飞机、汽车等，其提取方法与场景特征类似，但若具体到某一类物体，往往有专门的方法，例如上述的物体识别特征、文字识别特征以及人脸检测和识别特征的提取方法。

3) 运动特征：运动特征是视频的特有特征，是视频分析和检索所依赖的关键特征。运动特征的提取需要在视频中跟踪运动目标，在跟踪过程中提取目标的运动特征。

4) 音频特征：视频中常常包含音频信息，这也是视频区别于静止图像的一个特点。利用音频特征对视频进行描述，这一做法对视频检索很有帮助。音频特征包括音频的类型(语音、音乐、噪音、静音等)、性别、说话的方式(独白、对话)等。

为了实现视频的语义检索，需要对各镜头和故事进行文本语义标注。手工标注只能应用在小规模的问题中,在线网络视频检索这类问题则离不开自动标注技术。视频语义标注的方法与一般的图像语义标注方法类似,即用文本词描述各个镜头和各个故事之中的人物、动物、环境、事件等。

对视频进行自动语义标注的基础支撑技术是人脸检测与识别、文字检测与识别、物体识别、语音识别、说话人识别等技术,此外,还包括专门用于图像文本标注的各种算法。但是,上述技术直接用于视频标注会存在严重的计算效率问题,除了适用于代表帧等特殊帧的处理,一般难以普遍应用。因此,如何针对视频的特点来对其中的对象进行高效识别和判断,进而进行语义标注是一个非常值得专门研究的问题。问题的关键是如何提高计算效率。

在 Web 2.0 技术的支撑下,网络视频,特别是短视频大量涌现,视频社交平台,如 YouTube、抖音、快手等应运而生。这些平台的一大功能就是视频检索,其背后的系统是视频搜索引擎,这类搜索引擎既可以提供对上载到自有服务器上的视频文件的检索,也可以提供对他人服务器上的视频文件的检索。该类视频搜索引擎的出现为用户从海量 Web 视频文档中获取感兴趣的内容提供了非常便捷的手段,很快成为一个技术热点。

视频搜索引擎利用多种技术进行搜索,包括元数据、语音识别、文本识别、帧分析等。元数据提供视频文档的基本信息,包括标题、作者、创建时间、视频长度、简要描述、编码质量、文件名、标签等。这些信息通常以 XML 语言的形式记录在视频文档中,非常便于抽取。具体地,元数据还可分为包含在视频编码中的元数据和视频所在网页中的元数据两类,二者均会在索引中得到有效的利用。

语音识别用于对视频文档中音频轨道中的信息进行识别,将其中的语音转换为文本,以此来支撑基于文本关键词或短语的检索。基于这类语音识别,系统还可以提供对视频内容的定点检索,例如直接跳至出现某个特定词声音的时间点。

所谓文本识别是指对视频中的"字幕"进行识别,与上述的语音识别类似,文本识别允许用户直接从某个感兴趣的点开始播放视频。文本识别可基于印刷体光学字符识别(OCR)技术实现,印刷体 OCR 技术是文字识别中比较成熟的一项技术。

帧分析用于对视频帧自动建立视觉描述子,并将其作为元数据保存。视觉描述子可以描述帧的多方面特性,例如颜色、形状、运动、环境等。对视频帧建立视觉描述子是视频分析和理解的一项基础性研究,具有较长的历史和丰富的算法。

Web 视频搜索引擎的检索结果排序算法是一个核心而敏感的问题,不仅影响用户的感受,还涉及经济和社会等相关的问题。排序标准有多种,包括相关性、流行度、权威度、时效性等。理论上讲,相关性是最重要的排序标准,因为搜索引擎的使命就是为用户寻找与其查询最相关的信息。然而,相关性的判断往往是模糊的和缺少客观条件支撑的。相关性标准是否有效很大程度上取决于搜索引擎所采用的算法。因此,除了相关性之外,还要考虑文档的下载量、网页被链接指向的数量、用户的评级等因素。

2.6.4 音频检索

相对于文本检索和图像检索,音频检索起步较晚。但随着人们对网络视频检索和音乐检索的需求的迅速增长,音频检索起步之后发展很快,目前已经形成了比较系统的技术体系。

语音类音频检索的一个自然策略是通过语音识别将语音文档转换为文本文档，然后再按照文本检索的方法进行处理。语音到文本的转换可以是全文转换，也可以只是关键词转换。前者需要应用大规模连续语音识别技术，后者需要应用关键词检测技术，由于效率和难度等因素，基于关键词检测的语音检索在早期得到了更多的研究和应用。深度学习在语音识别和自然语言处理中的成功应用为音频检索提供了强有力的新的技术支撑，显著降低了大词汇量音频检索系统的构建难度。

基于语音识别的策略只能检索语音文档，无法检索非语音音频文档。即使对于语音文档，如果背景噪声等干扰较大，也难以应用基于语音识别的方法。因此，直接基于声学特征进行检索也是一个重要的检索方法，它的优点是索引易于建立，抗干扰能力强，并且可以直接借鉴图像检索中的成功算法。机器学习在基于声学特征的检索中发挥着核心作用。通过学习，建立起声学特征与文本语义之间的联系，从而实现基于声学特征的文本自动标注和基于文本关键词的音频检索双向功能。

与图像检索类似，音频检索也有两种基本模式。一种是基于示例的检索，另一种是基于查询词的检索。在基于示例的检索中，用户提供一段音频信号，请求系统找出与其具有相似声学特征的一个或多个音频文档，因此它是一种音频到音频的检索。例如，哼唱检索就是通过用户哼唱的旋律来进行歌曲或乐曲的检索的。在基于示例的检索系统中，不需要建立被检索音频的文本索引，因而不必进行音频识别或文本标注。在基于查询词的音频检索中，用户提供文本查询词，请求系统找出包含这些查询词或声学特征与查询词相符的音频文档，因此它是文本到音频的检索。基于查询词的音频检索需要通过语音识别、文本标注等方法对被检索的音频建立文本索引。

音频检索是一个与语音信号处理、语音识别、机器学习、计算语言学等密切相关的交叉领域，涉及多方面的基础理论和专业技术。音频信号种类繁多，环境噪声差异性大，导致难以采用统一的方法进行处理。一些问题，如冲击性噪声、多信号混响等至今尚未找到有效的解决方法。

声学特征提取是语音检索的基础，无论是在基于示例的系统中，还是在基于查询词的系统中都会涉及。从早期的语音识别开始，声学特征提取就成为一个重点研究课题，经过长期的研究，建立了有效的方法，如线性预测系数（Linear Prediction Coefficients，LPC）和 Mel 频率倒谱系数（Mel Frequency Cepstral Coefficients，MFCC）。LPC 基于声道模型及模型参数估计方法，利用历史信号预测当前信号，已经广泛地应用于语音信号处理领域。利用人耳对频率感应具有非线性的特点，对各带通滤波器组频率带宽内所有的信号幅度进行加权求和，经取对数和 DCT 变换处理后，便获得 MFCC。在广播语音和朗读式语音中，MFCC 特征应用较多；而在语音合成和说话人识别中，LPC 特征应用较广。在音频检索研究中，这两种方法的有效性均得到了验证。

尽管直接基于声学特征的检索是一个行之有效的检索方法，语音识别仍然是音频检索的一个核心技术。对于语音文档来说，要实现基于理解的深度检索离不开语音识别。另外，关键词检测、说话人识别、语种识别、性别识别等语音识别技术对许多类型的音频检索都有重要的帮助。语音识别是一个经过了长期研究的课题，近年来，深度学习的兴起使语音识别技术取得了突破性进展，这为音频检索提供了很好的支撑。

如何建立音频文档的语义模型是音频检索中的一个重要问题。对于语音文档，一种方法是通过全文语音识别将其转换为文本文档，然后建立基于文本词的向量空间模型；另一种方法是通过语音关键词发现及检测、说话人识别等技术提取其中的文本信息，然后建立适当的语义模型。对于非语音音频文档，则要对人工文本标注的各类样本进行学习，通过分类聚类的方法建立每一类音频的声学特征模型和语义模型。要获得一段音频的语义，首先要看它的声学特征与哪一类已知音频的声学特征模型相匹配，然后通过对应的语义模型获得该段音频的语义描述。这与图像检索中按类建立视觉特征模型和语义模型，然后获得一幅图像的语义是类似的。

语音关键词发现(SKS)和语音词汇检测(STD)是早期开发的两项与音频检索密切相关的技术，二者各自拥有自身的技术特色。语音关键词发现技术的最初目的是使人机口语对话系统能够从自然口语中辨认和确定一些特定的词，这些词常常是驱动系统工作的“命令”。随着 Web 搜索的发展，关键词发现开始在音频检索中发挥重要作用，而这时的关键词发现不仅针对自然口语，也开始面向朗读式语音，目的是对不同类型的语音文档进行关键词检测，以便对其进行检索。

与语音关键词发现技术类似，语音词汇检测也是用以检测语音文档中是否存在指定的词汇的一项技术。不同之处在于：在语音关键词发现系统中目标词是一个预定的集合，而在语音词汇检测系统中可检测的词是不限定的，或者说语音关键词发现系统的目标词是一个较小的封闭集合，而语音词汇检测系统的目标词是一个不确定的开放集合。语音词汇检测系统一般由索引器(indexer)和搜索器(searcher)两部分组成。索引器利用语音识别事先对数据库中的语音文档中包含的集内词及集外词音素串建立索引，搜索器根据用户的查询对索引进行访问，获得包含查询词的语音文档标识及查询词对应的语音片段在文档中的位置。

在语音词汇检测系统中，索引中可能包含的词汇(即索引词)是所采用的语音识别系统的词表词，以及集外词音素串所能生成的词汇(如人名、机构名、缩略语等)；查询词是用户所关心的任意词汇。这便是语音词汇检测系统词汇开放的意义，也是使其能够支持音频检索的关键技术特征。

音乐检索是非语音音频检索的典型代表，也是社会需求十分旺盛的一种网络服务，经过几十年的研究已经形成了一套相对完整的技术体系。哼唱检索是较早出现的音乐检索技术，已有一些系统实现了商用。音乐语义检索是一种新兴的音乐检索形式，它采用声音—语义双向检索方法，能够提供文字描述与音乐信号之间的双向查询，例如，给出一段音乐查询其风格、使用的乐器等，给出一段文字描述查询满足要求的音乐或歌曲等。

音乐检索是一个涉及音乐理论、心理声学、心理学、信息学、信号处理等多个学科的交叉领域，其研究在学术界受到了高度重视。随着音乐检索系统的研究和开发，与人工智能技术紧密结合的相关研究不断取得进展，主要包括：音乐分类、音乐源分离、自动音乐转写、音乐特征表示等。

音乐分类是音乐检索的一个经典研究课题，其目标是识别音乐的不同风格，如经典、爵士、摇滚等。此外，情感分类、艺术家分类、音乐标注等也是音乐分类中的重要课题。

音乐源分离的研究目的是从混合音频信号中分离出原始成分，用以从合成的音频中提取出各分轨道音频。这是一种很有实用价值的技术，例如，可用于将普通音乐文件制作成卡拉 OK 音频文件。

自动音乐转写是一种将音频记录转换为符号标记，如乐谱、MIDI 文件的技术。自动音乐转写过程包含多个音频分析任务，如多基音检测、起点检测、时长估计、乐器识别、和声抽取、节奏抽取、旋律抽取等。上述任务多需要借助机器学习算法加以解决。

当采用机器学习对音乐内容进行分析的时候，通常利用音乐特征来表示降低学习难度所需要处理的数据量，以使学习得以在合理的时间内完成。音乐特征表示的对象主要为一段音乐的音质，包括键音、弦音、和声、旋律、主音高、节奏等因素的特征。

2.7 信息过滤系统

2.7.1 概述

信息搜索第二个方面的技术是信息过滤技术，这是一项与信息检索既有联系又有显著区别的技术。在信息检索中，每次查询所反映的用户信息需求都是不同的，而被检索的文档是相对稳定的。这种情形与人们所熟悉的图书馆服务类似，每个读者提出自己的借阅请求，图书管理员从同一个书库中找出满足不同请求的图书。与此不同，信息过滤所面对的信息资源环境是不断变化的，而用户的需求是相对固定的，因为用户需要从源源不断的新生信息中筛选出特定的信息。也就是说，在信息检索中，被检索数据相对稳定，信息需求一次一变；而在信息过滤中，新的数据不断产生，信息需求相对固定。

信息过滤的上述特点使得它在技术上与信息检索有明显差异，研究上有不同的侧重。从本质上讲，信息过滤是"流环境"下的二元分类问题。这里的"流环境"是指过滤系统处于信息持续新生的环境之中，新的数据源源不断地流经过滤系统。二元分类是指每个过滤系统将流经的数据分成两类，一类是需要筛选出来的，另一类是用户不关心的。这样的本质决定了信息过滤的技术核心和难度，即以分类为技术核心，高效、高精度地处理数据流。在信息检索中，系统与用户有较多的交互机会，因此用户对系统在性能上的不足有较大的容忍度。但在信息过滤中，系统与用户的交互机会很少，系统的低性能会直接给用户带来损失，例如对非垃圾邮件的误判和对重要信息的漏检不但会增加用户的工作量，还有可能会造成严重贻误。另外，信息过滤系统常常在大数据流的环境下工作，计算效率方面的要求通常很高。

在信息过滤系统中，需要建立用户的需求描述，以此来确定用户需要过滤的信息特征。用户的需求描述应由用户建立，或由系统自动建立后由用户修改确认。这是信息过滤系统与信息推荐系统的一个关键差别，因为在信息推荐系统中，用户的信息需求是系统自动推测建立的。总体上，可以将信息过滤系统的功能划分为两类，一类是屏蔽信息功能，另一类是筛选信息功能。

屏蔽信息是指阻止网络中那些非法、有害的信息和垃圾信息等向所服务的用户传播。这种功能既是普通民众的需求，也是政府的需求。例如，普通民众有过滤垃圾邮件、防止青少年阅览有害信息等现实要求，各国政府有根据本国法律阻止非法、有害信息传播的重要义务。因此，以屏蔽信息为目的的过滤系统具有非常重要的应用价值，在信息社会发挥着不可或缺的关键作用。在实际应用中，各大商用搜索引擎均配置了信息过滤功能，以满足民众和政府的要求。

筛选信息是指根据用户的需求从信息洪流中将对用户最有价值的部分挑选出来予以送阅，以节约用户宝贵的阅览信息的时间和精力。尽管以往此类信息过滤服务就已存在，例如，报社的编辑记者为客户挑选其感兴趣的消息，图书馆为读者提供相关书目等。但进入Web 2.0时代后，由于任何人都可以随时随地地在Web上发布信息，导致信息洪流汹涌无际，内容质量良莠不齐，这使得筛选信息这一功能突然变成人人所需，与之前的作用完全不可同日而语。于是，筛选信息一跃成为与屏蔽信息同等重要的信息过滤功能。此类信息过滤器可以优选不同主题的信息，对优选的信息进行有效的组织，为人们提供方便和提高获取信息的效率，正在得到越来越广泛的应用。

信息过滤的简单化方法是通过站点和协议进行过滤。通过站点过滤就是为用户设置可以访问和不可访问的站点名单，即所谓的白名单和黑名单，对站点的全部内容整体进行取舍。通过协议过滤就是将指定的协议或协议端口所提供的服务进行屏蔽，其作用类似于防火墙。这两种简单的过滤方法尽管武断，但在许多场合却不失为有效的手段，因而在实际中依然得到了广泛的应用。

基于内容的过滤方法是信息过滤的理想方法，其技术难度较大，与人工智能结合紧密，一直是研究和开发的重点。经过多年的技术积累，基于内容的过滤已经成为信息过滤的主要方式。基于内容的信息过滤系统的核心是内容分类器，如何有效地构建和便捷地学习内容分类器是研究信息过滤系统要解决的主要问题。为此，除要研究适当的分类器模型及其学习方法之外，还要研究用户的过滤需求如何表达，以使其与分类器能够紧密耦合，完成精准有效的信息过滤。

在实际应用当中，屏蔽信息类过滤器在国家信息内容安全、网络环境净化等重大任务中发挥着关键的作用，这类过滤器通常由政府运营和管理。对于普通民众而言，最常见的屏蔽信息类过滤器是垃圾信息过滤器，包括垃圾邮件过滤、垃圾短信过滤等。另外，有些家长也会选择一些过滤软件来保护子女(青少年)免受不良信息的侵害。

筛选信息类过滤器的普遍应用晚于屏蔽信息类过滤器。随着内容发现平台(content discovery platform)等技术的逐渐成熟，筛选信息类过滤器才开始为普通用户提供服务，其目前较多应用于学术领域和娱乐领域。例如，在学术领域，过滤系统根据用户提供的信息需求描述，从指定的论文数据库中筛选出最相关的论文目录发送给用户；在娱乐领域，过滤系统主要用于互联网电视节目的筛选，根据用户设置的观览偏好提供节目清单。

如上所述，信息过滤系统的核心技术是分类器的构建和学习，这部分内容将在后续章节进行讨论和讲解。下面将对信息过滤系统的其他关键技术进行介绍，并以垃圾邮件过滤为例介绍信息过滤的流程和简单实现方法。

2.7.2 信息过滤的关键技术

信息过滤的简单实现方法是基于站点或协议对信息进行屏蔽或筛选，这类方法简单易行，但仅限于特定的场合使用。理想的信息过滤系统应是基于内容完成过滤任务的系统，而这类系统的实现十分具有挑战性，主要问题在于：用户的信息过滤需求如何有效表达，大数据量信息流环境下分类器的效率如何保障，分类器如何适应信息环境的变化而自动演进等。

1. 用户信息过滤需求的有效表达

用户的信息过滤需求是系统开发的基本依据，因而对其进行准确和有效的表达是一个关键问题。用户需求的提出方式可以有多种，例如关键词清单、文字描述、文本样例、图像样例、音频样例、视频样例等。所谓用户需求的有效表达就是将用户提出的需求转换为一个用户模型，以便以此为根据对信息进行过滤。用户模型的有效性体现在其既能准确地表达用户的需求，又便于高效计算。为此，通常以紧凑的线性结构或高效的非线性结构来描述用户模型。

关键词列表和特征向量是两种基本的线性结构。关键词列表对应用户给出的关键词清单，但列表中词的顺序往往需要根据高速匹配的要求进行排列。特征向量通过特定的特征抽取算法从用户提交的用户描述或各类样例中抽取，可以对应文本、图像、语音等各类媒体，各维特征空间有各自的语义或潜在语义。以往的特征抽取算法多基于传统的统计学习方法实现。目前，基于深度学习的各类序列转写模型，包括词向量模型、Transformer 模型等正越来越多地得到应用。

所谓非线性结构主要是指神经网络模型等数学模型。利用非线性结构描述用户模型就是要通过机器学习来确定结构中的具体参数。例如，用循环神经网络（RNN）描述用户时，可以将 RNN 作为用户偏好分类器来训练，正负两类样本由用户标注提供。训练完成后 RNN 的参数便被提供样本的用户所特化，如此参数的 RNN 模型便是提供样本的用户信息过滤需求模型。可以看到，这样的模型本身已具有为用户过滤信息的能力，因为它可以判断一个输入样本是否为用户所需。但理论上讲，它仍只是用户需求模型，即内容分类器的分类依据。

神经网络类的用户模型多采用监督学习的方式建立，为此，常需要用户提供充足的标注样本。这会使得用户建模花费较高的人力和时间成本，影响系统的开发效率。小样本学习和迁移学习是解决这一问题的有效方法，应加以采用。不同于监督学习，采用强化学习的方式建立用户模型可以回避标注样本这一问题。这种方式通过用户对系统过滤结果的奖惩来迭代修改模型，在使用过程中进行模型的完善，可以提高开发效率。

2. 分类器的效率

信息过滤系统常常部署在信息流量很大的节点上，为了不导致明显的处理时延，不降低网络服务质量，过滤系统必须有很高的分类效率。这是对此类信息过滤系统中的分类器的一个特殊要求，在严格的条件下，这一要求甚至优先于对精度的要求。为此，需要对分类器进行多方面的考虑和优化。

首先，要选择和构建运行速度快的分类器。从结构上来讲，线性分类器一般运行速度较快，快速哈希函数、高速串匹配逻辑等可被用于开发专用的分类器。对于神经网络模型，则需要对其进行结构和参数的简化，以降低数值精度。并行计算结构是提高分类器效率的终极性方法，在许多关键和重要的场合均得到采用。

粗细分类结合的串行处理也是提高分类器效率的有效方法。这种方法将运算速度快的粗分类器放在前端，对流入节点的所有信息进行分类。经过粗分类器后，大部分或绝大部分信息已经不需要进一步判别，剩余需要进一步判别的信息再由细分类器处理。这样，由于需处理的数据量不大，设计细分类器时可以将精度指标作为首要要求，而不再首先要求高速。如此粗细分类结合的方法可以兼顾速度和精度两个方面的要求。

例如，将基于规则匹配的高速分类器与具有较高精度的深度神经网络分类器串联，构成一个粗细分类结合的系统。总体来讲，基于规则匹配的方法具有处理速度快，但对细节特征建模时易陷入复杂化的特点；而深度神经网络分类器特征建模能力强，但处理速度相对较慢。

将用户的需求转化为规则时，通常会产生大量的规则。在存在大量规则需要匹配的情况下，可以采用正则表达式的方法提高效率。

正则表达式(Regular Expression)由数学家 Stephen Kleene 于 1951 年提出。具有完整语法的正则表达式最早应用于字符的格式匹配，后来被推广到其他方面，并在许多脚本语言，如 Perl、PHP、JavaScript 中得到支持，现已被国际组织 ISO 和 The Open Group 标准化。

正则表达式由模式修正符(Modifier)、元字符(Meta-characters)、子模式(Sub-patterns)、量词(Quantifiers)和断言(Assertions)等元素组成，通过一系列模式对字符串进行匹配。模式是一组描述字符串特征的字符，是正则表达式的基本元素。正则表达式最突出的价值在于它具有强大而灵活的文本处理能力，它的全面模式匹配表示法可以快速地分析大量的文本，以找到特定的字符模式，提取、编辑、替换或删除字符串。

3. 分类器的自动演进

在网络信息过滤中，被过滤信息的数据分布特征是随时间而变化的。例如网络病毒的特征在不断地变化，垃圾邮件的特征在不断地变化，社会热点话题在不断地变化等。实际上，网络信息环境是高度动态且迅速演变的。在这种条件下，如果过滤系统中的分类模型是静态不变的，那么系统的作用将会随着模型的“老化”和“过时”而逐渐减弱。在实际应用中，用户会不断地提出新的需求，系统需要相应地更新分类模型。更新分类模型的简单方法是将新数据和老数据结合，重新训练分类模型，而理想的方法则是通过少量新数据实现过滤系统的演进，即使过滤系统的分类模型随时间而变。

为了实现分类模型的演进，可以考虑用随机过程而不是随机变量来动态描述数据分布，使分类模型随着分布的变化而自动演进。这样一来，演进式学习就不再估计静态的“总体分布”，而只考虑当前时刻随机变量的分布如何从上一时刻的分布演进过来。演进学习将通过小样本完成，因而可以提高学习效率。

演进式学习要不断地从应用环境中获取新样本，以实现模型的演进。所谓模型的演进，是指改变分类器类别模型中特征分布的类型或参数，使其更加符合当前时刻的分布。通常情况下可假设类型不变，而只改变参数。

在分类系统中，模型表达是指描述某类数据特征的数学建模方法。将某类别的数据看作一个随机过程的产物$\{X(t)\}$，$X(t)$ 表示 t 时刻的随机变量。假设 $S(t_i)$是$\{X(t)\}$在 t_i 时刻的能够获得的一个学习样本集，要求 $S(t_i)$能够比较准确地反映随机变量 $X(t_i)$的分布，则相邻时刻学习样本集的关系是：

$$S(t_i)=S(t_{i-1})\backslash E(t_i) \cup A(t_i) \tag{2.20}$$

上式的含义有两个，一是 $X(t_i)$和 $X(t_{i-1})$的分布不同，二是 $S(t_i)$可以采用从 $S(t_{i-1})$中剔除样本集 $E(t_i)$后添加样本集 $A(t_i)$的方法获得。

模型演进的第一个关键问题是 $A(t_i)$和 $E(t_i)$的获得方法，即在 t_{i-1}时刻的学习样本集的基础上，用增减少量样本的方法获得 t_i 时刻的学习样本集。第二个关键问题是利用$A(t_i)$和 $E(t_i)$对 t_{i-1}时刻的模型进行演进，高效获得 t_i 时刻的模型。

获得 $A(t_i)$ 和 $E(t_i)$ 的一种简单方法是：t_i 时刻以一种随机的方式从采集的样本和反馈的识别样本中选出一个集合 $N(t_i)$，再从中选出 $|A(t_i)|$ 个识别得分最低的样本组成 $A(t_i)$，在 $S(t_{i-1})$ 中选出 $|E(t_i)|$ 个识别得分最低的样本组成 $E(t_i)$，$|N(t_i)|=|S(t_{i-1})|+|A(t_i)|-|E(t_i)|$。这种方法的物理意义是通过更换边缘样本来移动学习样本集的类中心。图 2.5 是学习样本集演进示意图。

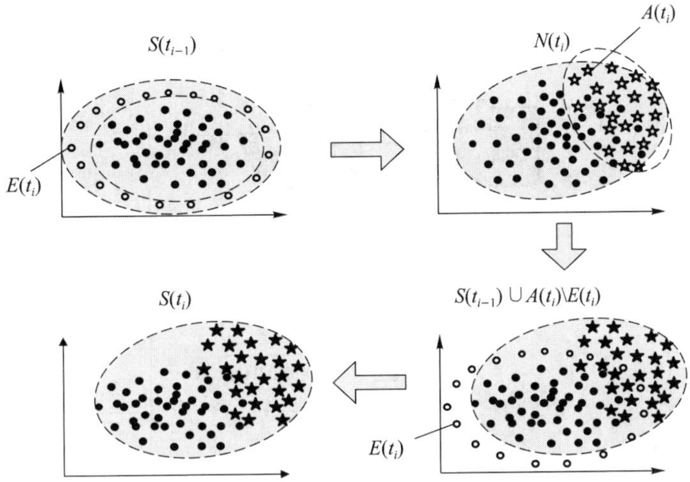

图 2.5　学习样本集演进示意图

有了 $A(t_i)$ 和 $E(t_i)$，模型的演进就有了根据。增量式学习（incremental learning）、提升式学习（adaboost learning）、对比学习（contrastive learning）等方法均可应用于模型的演进。

2.7.3　垃圾邮件过滤系统

垃圾邮件（spam）过滤系统是面向普通用户的一种常见信息过滤系统，此类系统一般部署在网络的末端，即用户主机之上，而非骨干节点，该系统对处理效率的要求并不高，但对处理精度，即准确性要求很高。垃圾邮件的判别是一个十分复杂的问题，相关的技术研究和开发已经持续开展了几十年，至今未得到令人满意的效果。在网络信息洪流更加"汹涌"的背景下可以预料，人们与垃圾邮件和垃圾信息的斗争还将长期持续，以垃圾过滤为目的的信息过滤系统将具有长期的市场需求。

垃圾邮件过滤的简单方法是构建黑白名单、设置过滤关键词、邮件地址分析及跟踪等，此类方法已经内嵌于邮件客户端软件，得到了用户的普遍采用。但仅凭此类简单方法是远远不够的，基于内容的准确判别才是过滤垃圾邮件的根本方法。长期以来，相关研究也主要集中在这一方向上。为了对基于内容的垃圾邮件过滤技术的研究进行规范和促进，TREC 在 2005 年专门设立了一个 Spam 任务，对垃圾邮件过滤系统的技术进行公开测试。这项测试活动对引导技术方向、规范技术架构和评估技术水平都发挥了重要的作用。

TREC Spam 给出的垃圾邮件过滤系统架构如图 2.6 所示[Corm 05]，过滤器将收到的邮件分成有用邮件 Ham 和垃圾邮件 Spam 两类，通过用户对错分的 Ham 和 Spam 的反馈，改进过滤器的分类模型(Memory)。

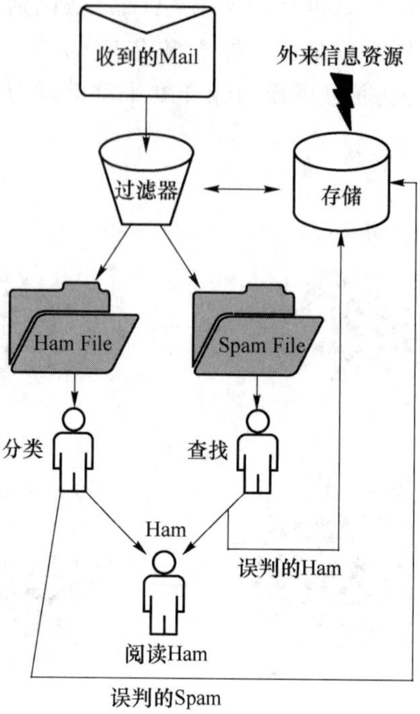

图 2.6　垃圾邮件过滤系统架构

用户对 Ham 目录中的邮件进行及时的阅读,对错分其中的垃圾邮件进行拒绝。系统对这一拒绝行为进行学习。另外,用户对 Spam 目录中的邮件也会定期清理,以挽回被错分其中的有用邮件,一旦发生这样的情况,系统将对被挽回的邮件进行学习。同时,系统还可以利用外来的信息资源,如黑白名单来改善过滤性能。

过滤器有两个基本性能:一是 Ham 邮件被放到 Spam 目录而不是 Ham 目录的概率,二是 Spam 邮件被放到 Ham 目录而不是 Spam 目录的概率。这两方面的性能可分别用 Ham 错分百分比 hm%和 Spam 错分百分比 sm%来描述。具体地,hm%表示被错分到 Spam 目录中的 Ham 占 Ham 总数的百分比;sm%表示被错分到 Ham 目录中的 Spam 占 Spam 总数的百分比。

显然,一个有效的过滤器既要使 hm%足够小,也要使 sm%足够小。但是这两个指标对用户的影响却有很大的不同。sm%直接反映过滤器在检测垃圾邮件方面的欠缺程度,它所代表的是给用户带来的不便和骚扰;而 hm%反映的是过滤器产生的副作用的大小,它所代表的是用户丢失有用甚至重要信息的风险。通常情况下,用户认为 Ham 的错分比 Spam 的错分更有害,因此会更加重视 hm%。

hm%和 sm%之间存在着自然的联系,系统可以通过牺牲一方来换取另一方的改善。大多数系统根据计算得到的一个邮件为 Spam 的可能性来对邮件进行过滤,如果这个可能性大于事先设定的阈值 t,则将其投入 Spam 目录,否则投入 Ham 目录。提高 t 有利于降低 hm%,但会升高 sm%;反之,降低 t 有利于降低 sm%,但会升高 hm%。给出每封邮件为垃圾邮件的得分 score,可以通过改变 t 值获得 sm%相对 hm%的函数关系,反之亦然。这种函数关系的图形表示就是著名的ROC(Receiver Operating Characteristic)曲线。ROC曲线下的面积表示过滤器在各种可能的阈值下累积的性能测度。ROC面积还有一个概率解释:有用邮件得到的score高于垃圾邮件得到的score的概率。当然,人们希望ROC面积越小越好,因此要评价系统的有效性,应当用"1－ROC面积"这个指标。这也是TREC Spam所采用的指标。

系统中的过滤器是核心部件,它本质上就是一个文本分类器。传统上,多采用支持向量机(SVM)或基于规则的分类器实现。深度学习技术的发展,极大地提升了文本分类器的性能。如今,基于深度学习的文本分类器已经成为基于内容的邮件过滤的关键技术。

作为信息过滤系统,垃圾邮件过滤的一个典型意义在于:系统面对的"活的"对手——spam制造者,会不断地变换spam的特征,以突破系统的拦截(即被过滤信息的特征是动态变化的)。因此,如何使得系统中的分类器能够自动跟踪特征在动态变化的被过滤信息是一个需要解决的关键问题。这一问题引发了人们对动态特征分类器的研究,其中一个别具特色的工作是对动态数据压缩中的局部匹配预测(Prediction by Partial Matching, PPM)技术的借鉴[Brat 05]。

PPM是一种自适应概率编码压缩技术。每处理被压缩数据的一个符号,PPM的概率模型(生成符号条件概率分布)$P(x|\text{context})$就会随之更新,其中context代表前文条件。这样,每处理完一个符号,都会得到一个新的$P(x|\text{context})$。系统根据$P(x|\text{context})$获得一个熵编码方案,并根据这个方案对下一个符号进行编码。可见,这是一项编码方案随着context的演变而自适应调整的编码压缩技术。

[Brat 05]通过训练数据获得PPM的两个概率模型$P(x|\text{context-spam})$和$P(x|\text{context-ham})$,并利用它们进行Spam/Ham分类。分类的标准是:分别用这两个模型对邮件进行压缩,然后比较它们的效果,哪个模型获得更高的压缩率便将邮件判断为它所对应的类。值得注意的是,在上述分类过程中,分类模型$P(x|\text{context-spam})$和$P(x|\text{context-ham})$是随着邮件的处理过程而改变的。如果希望一直用训练数据获得的模型进行分类,则每处理一个邮件后,都要恢复原来的两个模型。但是,也可以选择模型随着处理的邮件而逐步演进的方式来进行分类,这时,每处理一个邮件后,只需恢复压缩率较低的那个模型,而保留另外一个模型的演进结果。

上述基于PPM的Spam过滤方法与常见的方法相比有显著的差别,它不需要假设变量(符号)之间相互独立,也不需要假设它们符合高斯或其他某种特定类型的概率分布,唯一的前提就是假设信源产生符号的过程符合k阶Markov过程。该方法的另一个重要特点是它的模型会随着处理的进行而自动演进,这恰好对应了Spam特征的动态性。为了加深对这一方法的理解,下面通过一个简单的例子对PPM的建模细节进行讲解。

在PPM中,概率模型$P(x|\text{context})$的建立是核心问题。$P(x|\text{context})$是一个k阶前文模型,由到目前为止出现的符号串所形成的所有k阶转移模式、$k-1$阶转移模式,直至0阶转移模式的出现概率表示,未出现过的转移模式用→Esc表示。在PPM中,通常约定用-1阶模式指出系统的字符集A,并且假定所有字符以相同的概率$1/|A|$出现。例如,假设到目前为止输入的字符串为"abracadabra",则对应的2阶前文模型见表2.1,表中Patterns表示模式,c表示出现的次数,p表示出现的概率。

表 2.1 字符串“abracadabra”的 2 阶 PPM 模型

Order $k=2$ Patterns	c	p	Order $k=1$ Patterns	c	p	Order $k=0$ Patterns	c	p	Order $k=-1$ Patterns	c	p
ab → r	2	$\frac{2}{3}$	a → b	2	$\frac{2}{7}$	→ a	5	$\frac{5}{16}$	→ A	1	$\frac{5}{\lvert A\rvert}$
→ Esc	1	$\frac{1}{3}$	→ c	1	$\frac{1}{7}$	→ b	2	$\frac{2}{16}$			
ac → a	1	$\frac{1}{2}$	→ d	1	$\frac{1}{7}$	→ c	1	$\frac{1}{16}$			
→ Esc	1	$\frac{1}{2}$	→ Esc	3	$\frac{3}{7}$	→ d	1	$\frac{1}{16}$			
ad → a	1	$\frac{1}{2}$	b → r	2	$\frac{2}{3}$	→ r	2	$\frac{2}{16}$			
→ Esc	1	$\frac{1}{2}$	→ Esc	1	$\frac{1}{3}$	→ Esc	5	$\frac{5}{16}$			
br → a	2	$\frac{1}{2}$	c → a	1	$\frac{1}{2}$						
→ Esc	1	$\frac{1}{3}$	→ Esc	1	$\frac{1}{2}$						
ca → d	1	$\frac{1}{2}$	d → a	1	$\frac{1}{2}$						
→ Esc	1	$\frac{1}{2}$	→ Esc	1	$\frac{1}{2}$						
da → b	1	$\frac{1}{2}$	r → a	1	$\frac{1}{3}$						
→ Esc	1	$\frac{1}{2}$	→ Esc	1	$\frac{1}{3}$						
ra → c	1	$\frac{1}{2}$									
→ Esc	1	$\frac{1}{2}$									

PPM 的一个关键问题是如何给出未出现过的转移模式→Esc 的出现概率。虽然缺乏理论指导，但要解决该问题有多种实用的方法可供选择。本书采用的是被称为 Method-C 的方法，令→Esc 的出现次数等于在同一模型中已出现的符号类数。

PPM 在预测下一个符号时，默认采用 k 阶模式。例如，字母“c”在字符串“abracadabra”之后出现的概率可直接从 2 阶模式 ra→c 中获得(为 1/2)。如果要预测的下一个符号与已经输入的最后 k 个符号构成的模式不在已有的 k 阶模式之内，则需要由 k 阶模式向 $k-1$ 阶模式后退。例如，要预测“d”在字符串“abracadabra”之后出现的概率，需要首先从 2 阶模式 ra→Esc 获得概率 1/2，然后从 1 阶模式 a→d 获得概率 1/7，二者相乘后得到概率为 1/14。后退过程可能会一直持续下去，直到包含所有字符的 -1 阶模式。例如，要预测“e”在“abracadabra”之后出现的概率，需要首先从 2 阶模式 ra→Esc 获得概率 1/2，再从 1 阶模式 a→Esc 获得概率 3/7，再从 0 阶模式→Esc 获得概率 5/16，最后从 -1 阶模式获得 $1/|A|$，总的概率等于这 4 个概率的乘积。正是这种后退机制，使得 PPM 将 k 阶、$k-1$ 阶，直至 -1 阶模式组合在一起，可对任意一个字符作为下一个符号出现的概率进行预测。需要说明的是，上述两个有后退过程的概率计算是不精确的。例如，在预测“d”的出现概率时，直接利用了 1 阶模式 a→d 的概率 1/7。实际上，考虑到同组模式 a→c 是不可能出现的(否则就不会从 2 阶模式退回 1 阶)，a→d 的概率应调整为 1/6(相应地，a→b 为 2/6，a→Esc 为 3/6)。

2.8 信息推荐系统

2.8.1 概述

信息推荐是信息搜索第三个方面的技术。如上所述,信息检索的特点是每次查询所反映的用户需求不同,而被检索的信息资源相对不变。信息过滤的特点是用户需求是相对固定的,而信息资源是不断变化的,信息过滤的目的是从流动的信息中筛选出用户感兴趣的信息。与二者均不相同,信息推荐的特点是用户的需求不确切,只能通过历史数据和相关数据进行挖掘和预测;信息资源也是不断变化的,系统要根据预测得到的用户需求主动向用户推荐信息。

随着网络信息服务范围的不断扩大,信息推荐系统的作用也在日益增大。如今的信息推荐系统不仅为用户推荐信息,如消息(包括博文、推文等)、网页、文章、书籍等,也为其推荐商品和服务,如食品、电影、旅游项目、驾车路线等。为了便于描述,人们常用物品(item)这一名称统称系统所推荐的信息、商品、服务等各类内容。

总体来讲,现有的信息推荐技术主要分为基于内容(content based)的信息推荐技术和基于关联(association based)的信息推荐技术两大类。基于内容的信息推荐首先对用户需求和物品分别建模,然后基于内容分类的方法从物品集合中选择物品进行推荐。基于关联的信息推荐常用于电子商务等推荐物品的场合。这种方法不需要关于用户或物品的描述信息,而是通过历史交易或评价数据挖掘用户之间、物品之间、用户-物品之间的关联性,进而预测用户对物品的态度。

基于内容的信息推荐与以信息筛选为目的的信息过滤在技术上十分类似,其核心技术均是用户需求建模和内容分类器的构建与学习。因此,人们常常混淆二者的区别,将信息推荐系统称为信息过滤系统,或者反之,将信息过滤系统称为信息推荐系统。实际上,只要把握用户的需求是否为其自身所提出或由其自身所确认这条原则,是推荐系统还是过滤系统便是易于区分的。理论上讲,信息过滤系统中的用户需求是明确的,是经用户确认的,过滤服务往往是用户主动要求的;而信息推荐系统的用户需求由系统预测,推荐服务由系统主动提供,并不一定得到用户的接受。

基于内容的信息推荐通过对物品的描述和用户偏好进行建模,适用于被推荐的物品有可被利用的描述数据的场合,描述数据包括名称、作者、厂家、功能、性能、属性、特色等。这类方法将物品推荐作为面向用户的分类问题,根据各个用户的偏好为其学习特定的分类器,以选出其所喜爱的物品。用户偏好根据用户以往的行为数据建立,建模过程无须用户确认,所建模型也会不断更新。

基于内容的信息推荐需解决的一个重要问题是如何让从某个特定的内容平台上获得的用户偏好适用于其他内容平台。例如,用户在新闻网站上浏览新闻的行为对推荐新闻具有很大帮助,而如果能将这类行为也用于推荐音乐、视频、产品等其他物品,将是更有帮助的。为此,基于内容的信息推荐需要研究异构信息和跨模态信息融合的问题。

基于观点的信息推荐也是基于内容的信息推荐的一种类型。这类系统通过分析用户对物品的评论来进行物品推荐。用户的评论既可能反映用户对物品的评价和情感,也可能会描述物品的特征和样貌,是推荐系统所亟需的信息。利用这些信息可抽取出用户普遍关心的物品特点,将其作为物品的元数据加以利用。利用这些信息还可以抽取出用户情感,将其转换为用户对物品的评分数据。此类系统需充分利用文本挖掘和情感分析等技术加以实现。

基于内容的信息推荐还可以利用检索技术来实现。为此,需将用户模型转换为用户的查询,并为备选物品建立基于其特征的索引,以此将推荐问题转化为检索问题。只是此时的查询并不是真正的用户查询,而是由系统生成的查询。这类方法虽然在理论研究上并无很大价值,但不失为一种有效的具有实用价值的方案。

基于关联的信息推荐方法的优点除了不需要关于用户和物品的描述信息,通常也不需要领域知识。换句话说,这类方法无须对物品的特点进行分析和理解。例如社交网络最初为用户推荐新朋友便是基于关联的方法实现的,这种方法只利用网络中的连接,即用户与朋友之间的关系进行相关性判断。因而,相对于信息检索和信息过滤,基于关联的信息推荐方法具有更多的技术特点和内容。其中,关联规则挖掘(Association Rule Mining)和协同过滤(Collaborative Filtering)是其常用的两类主要算法。

基于协同过滤的信息推荐系统存在的主要问题包括冷启动、大尺度和数据稀疏等。冷启动问题是指系统缺少足够的数据来对新用户或新物品进行推荐;大尺度问题是指在很多应用中,系统中的用户数和物品数达百万、千万甚至以上量级,致使其对计算和存储资源的需求难以得到满足;数据稀疏问题是指即使最活跃的用户也只可能对系统众多的物品中的极少部分给出评价,致使协同效果难以得到保证。

为了通过优势互补实现性能更强的信息推荐,异构式推荐系统已经逐渐成为主流。这类系统综合运用基于关联的方法和基于内容的方法,利用不同的方式对二者进行组合。第一种方式是用两种方法分别进行预测,然后对两个结果进行整合;第二种方式是以基于内容的方法为主,辅以基于关联的方法,或者相反,以基于关联的方法为主,辅以基于内容的方法;第三种方式是将两种方法互洽地统一在一个模型中。

为了建立用户行为模型,推荐系统需要搜集用户数据。搜集数据有显性搜集和隐性搜集两类方式。显性搜集包括请用户为物品打分,对物品排序,对呈现的物品进行挑选,列出所喜爱的物品清单等。隐性搜集包括观察用户对在线物品的浏览,分析物品/用户浏览次数,记录用户对物品的在线订购情况,分析用户的社交网络等。

移动推荐系统是具有显著技术特征和功能特点的一类推荐系统,这类系统以智能手机功能为依托,能够实现精准的个性化及环境敏感推荐。这类推荐需要处理多类异构数据,包括时空敏感数据、社交关系数据等,具有较高的处理难度,同时也会涉及用户隐私保护问题。手机出行服务 App 是一种已得到广泛应用的移动推荐系统。

信息推荐系统应解决对用户的打扰问题,在推荐信息时不仅考虑信息与用户的相关性,还应注意推荐的时机和场合。为避免在用户不方便浏览信息的时候进行打扰式推荐,常常需要对用户的习惯进行一般性及个性化建模。

本节接下来的内容将对基于关联的信息推荐系统的核心技术——关联规则挖掘和协同过滤进行介绍。基于内容的信息推荐系统的关键技术主要是分类器的构建和学习。监督学习是开发推荐系统的基本方法，而基于强化学习开发推荐系统则有其独特的优势。后续章节将对这些内容进行深入的讲解。

2.8.2 关联规则挖掘

关联规则挖掘是数据挖掘的一个重要研究方向。1993 年，IBM 的 R. Agrawal 等人提出在大型商品交易数据库中挖掘物品项(Item)之间的关联规则的问题，并提出了一种高效的挖掘算法 Apriori [Agra 93]。在此之后，关联规则挖掘算法研究引起了广泛的重视。人们提出了多种改进方法，以减小该算法的计算量或内存的占用量。关联规则挖掘算法最初主要应用在大型超市商品关系的挖掘等方面，随着电子商务等应用的普及，挖掘用户需求和兴趣已经成为关联规则挖掘算法的另一重要应用。例如，可以利用超团模式(一种特殊的关联规则)挖掘算法从用户众多的特征中筛选出若干有效特征来判断其消费类型。关联规则挖掘的形式化定义如下。

设 $I=\{i_1,i_2,\cdots,i_m\}$ 是 m 个不同物品项(Item，以下简称项)的集合，给定一个交易数据库 $D=\{T_1,T_2,\cdots,T_n\}$，其中每个交易 T_i 是 I 的元素的集合(以下简称项集)，$T_i \subset I$。

关联规则：它是一个表示为 $X \rightarrow Y$ 的蕴含式，意为 X 一旦出现 Y 便出现，其中 $X \subset I$，$Y \subset I$，而且 $X \cap Y=\varnothing$。

支持度：如果 D 中 $s\%$ 的事务同时包含 X 和 Y，则定义关联规则 $X \rightarrow Y$ 的支持度为 $s\%$，记 $\text{Support}(X \rightarrow Y)=s\%$。

置信度：若 D 中包含 X 的事务中有 $c\%$ 包含 Y，则定义关联规则 $X \rightarrow Y$ 的置信度为 $c\%$，记 $\text{Confidence}(X \rightarrow Y)=P(Y|X)=c\%$。

同时满足最小支持度阈值和最小置信度阈值的规则称为强规则。挖掘关联规则就是发现支持度和置信度分别大于用户给定的最小支持度和最小置信度的关联规则，也就是发现强规则。

Apriori 算法是关联规则挖掘的基本算法，它以生成频繁项集为核心操作来发现强规则。

关联规则挖掘的抽象表述为从 D 中寻找 $A \rightarrow B$ 的蕴含关系，其中 $A \subset I$，$B \subset I$，且 $A \cap B=\varnothing$。根据定义，关联规则 $A \rightarrow B$ 的“强度”和“真度”可用支持度和置信度来表示。Apriori 算法分为两个步骤：第一步，找出 D 中满足 minSup 的 k 项集，由这些项集生成关联规则；第二步，找出置信度不小于 minConf 的规则。在第一步的基础上完成第二步比较容易，所以研究的重点在第一步。为了提高搜索频繁项集的效率，Apriori 算法利用了频繁项集的向下封闭性，即频繁项集的所有非空子集也必须是频繁项集。应用这一性质，Apriori 算法通过连接和剪枝两个步骤由频繁 $k-1$ 项集的集合 F_{k-1} 生成频繁 k 项集的集合 F_k。两个步骤的操作如下。

连接步完成由 F_{k-1} 中的项集相互连接产生候选频繁 k 项集的集合 C_k 的操作。假设 f_1 和 f_2 是 F_{k-1} 中的项集，记 $f_i[j]$ 为 f_i 的第 j 项，并令 $f_i[j-1] \leqslant f_i[j]$。如果 f_1 和 f_2

满足$(f_1[1]=f_2[1]) \wedge \cdots \wedge (f_1[k-2]=f_2[k-2]) \wedge (f_1[k-1]<f_2[k-1])$,那么称$f_1$和$f_2$是可连接的,进行连接操作,得到一个$k$项集:$f_1[1]\ f_1[2]\cdots f_1[k-1]\ f_2[k-1]$。

剪枝步的任务是删除C_k中的非频繁项集。如果C_k中的某个候选频繁k项集不满足所有$k-1$项子集都在F_{k-1}中的条件,则该候选频繁k项集将被删除。剪枝步完成之后,C_k中保留下来的k项集构成F_k。

为了生成所有频繁项集,Apriori算法采用了递推的方法:首先产生频繁1项集F_1,然后是频繁2项集F_2,直到某个r值使得F_r为空,算法停止。在第k次循环中,先产生候选k项集的集合C_k,C_k中的每一个项集是对两个只有一项不同的、属于F_{k-1}的频繁项集做一个$(k-2)$连接所产生的。C_k中的项集是用来产生频繁项集的候选集,最后的频繁项集F_k是C_k的一个子集。C_k中的每个元素需在交易数据库中进行验证,来决定其是否加入F_k,此验证过程是算法性能的一个瓶颈。该方法要求多次扫描交易数据库,如果频繁项集最多包含N个项,那么就需要扫描交易数据库N遍。

可能产生大量的候选集以及通常需要重复扫描数据库是Apriori算法的两大缺点,这两个缺点使得关联规则挖掘的效率不高。[Han 00]提出的利用频繁模式树(Frequent Pattern Tree, FPT)进行频繁模式挖掘的FP-growth算法很好地解决了这一问题。该算法采用FPT存放数据库的主要信息,只需扫描数据库两次,不需要产生候选项集,从而减少了产生和测试候选项集所耗费的时间。实验结果表明,FP-growth算法的效率比Apriori算法高一个数量级。下面具体讲解基于FPT的关联规则挖掘中的主要概念和算法。

定义2.1 FPT FPT是一种树结构,其构成规则如下。

1) FPT整体上由一个标记为"null"的根节点(root)、根节点的子节点——项前缀子树(item prefix subtrees)的集合以及一个频繁项头表(frequent-item header table)构成。

2) 项前缀子树中的每个节点包含5个域:item-name,count,node-link,children-link以及parent-link。item-name表示节点代表的项,count表示包含根节点到本结点之间所有节点的交易数目,即支持度计数。node-link指向树中下一个与本节点具有相同item-name的节点,使树中所有具有相同item-name的节点构成一个节点链表。children-link指向本节点的所有子节点。parent-link指向本节点的父节点。

3) 频繁项头表中的每行包含两个域:item-name和node-link。item-name表示该行对应的项,node-link指向树中第一个具有相同item-name的节点。这样,所有项的节点链表的表头都存储在频繁项头表中。为了便于遍历,一般将频繁项头表中的各项按支持度进行排序。

[Han 00]给出的构造FPT的算法如下。

算法2.1 CreateFPtree().

输入:事务数据库DB,最小支持度ξ。

输出:FPT。

符号:t_i代表DB中的第i个事务;F代表项集;r_i代表事务t_i的所有项中已按支持度排序的频繁项集。

Step1 扫描DB中的每个事务t_i,收集由所有项构成的集合F及其支持度。

Step2 根据最小支持度 ξ,获得 F 中的频繁项,并按照支持度降序的顺序将它们放入 FPT 的项头表。

Step3 建立 FPT 的根节点 T,并将其标记为“null”。

Step4 对 DB 中的每个事务 t_i,根据项头表选择 t_i 中的频繁项并对它们进行排序以构成 r_i;如果 r_i 不为空,调用 insert_tree(r_i,T)。

Step5 输出以 T 为根节点的 FPT。

算法 2.1 中,Step1 得到所有项的支持度,Step2 采用最小支持度剪枝策略去除非频繁项,Step4 得到每个事务中的所有频繁项并排序,在频繁项不为空时调用 insert_tree()函数将已排序的频繁项集 r_i 添加到以 T 为根节点的树中。

算法 2.2 给出了 insert_tree()函数的处理过程。算法中第一个参数传递项集,格式定义为$\{p_1,P\}$,其中 p_1 是 r_i 的第一项,即 r_i 中支持度最高的项;P 是 r_i 中的剩余项。第二个参数指定节点。算法 2.2 是一个递归处理过程。

算法 2.2 insert_tree().

输入:项集$\{p_1,P\}$,节点 N。

输出:无。

符号:n 代表树中节点 N 的子节点。

Step1 如果找到 N 的某个子节点 n,使得 n.item-name = p_1.item-name,则 n.count = n.count + 1,否则转 Step2。

Step2 建立 N 的子节点 n,执行

n. item-name = p_1.item-name;

n. parent-link = N;

n. count = 1;

将节点 n 加入项 p_1.item-name 的节点链接 node-link 中。

Step3 如果 P 不为空,则继续调用 insert_tree (P,n)。

例:表 2.2 中的前两列给出一个包含 8 个事务的数据库。设最小支持度计数 $\xi=2$,则由算法 2.1 中 Step1 得到表 2.3 所示的项集 F,Step2 去掉不满足最小支持度条件的项 g,并按剩余物品的支持度降序排列,如图 2.7 左侧的频繁项头表所示。对于每个事务 t_i,由算法 2.1 中 Step4 得到的 r_i 如表 2.2 中的第 3 列所示。图 2.7 是算法最终产生的 FPT。

表 2.2 数据库中的物品

TID	List of Item ID	Ordered Frequent Items
1	b c d e f h	c f b d h e
2	a b d f	a f b d
3	a c d f h	a c f d h
4	a c f g h	a c f h
5	a b c d e	a c b d e

续 表

TID	List of Item ID	Ordered Frequent Items
6	a b e	a b e
7	a c	a c
8	a c f h	a c f h

表 2.3　数据库中的各项目支持度计数

item	a	c	f	b	d	h	e	g
support	7	6	5	4	4	4	3	1

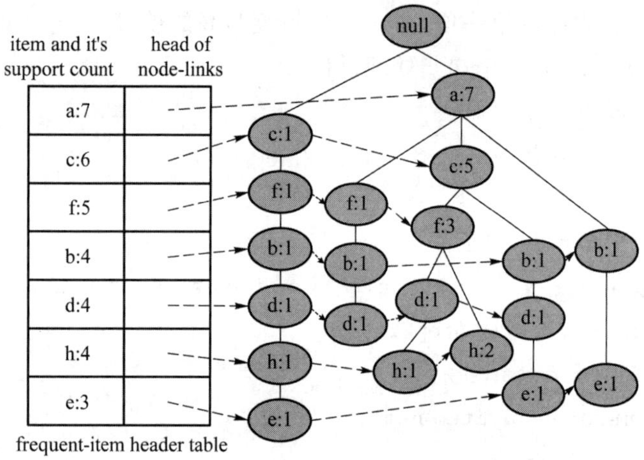

图 2.7　由表 2.2 生成的 FPT

FPT 包含了挖掘频繁模式所需的事务数据库的所有信息，并且其高度不大于数据库中各事务的最大长度。基于 FPT 的关联规则挖掘就是利用 FPT 中的条件频繁模式树(cond. fp-tree of some item)，以包含特定物品为条件取出其条件模式树，进而挖掘与该物品相关的关联规则。

2.8.3　协同过滤

协同过滤的基本思想是通过他人对某一物品已知的需求来预测一个用户对该物品未知的需求，其基本假设是如果历史上的需求类似，则当前的需求也类似。因此协同过滤算法的核心就是通过历史数据找出与被预测用户有类似需求的用户。根据具体的计算策略，协同过滤算法可分为基于用户(user based)和基于物品(item based)两大类。

对于用户 A 是否喜欢物品 x 这个问题，基于用户的协同过滤推荐系统寻找与 A 的偏好相近者，根据他们对 x 的评价来预测 A 对 x 的态度；而基于物品的协同过滤推荐系统寻找 x 的类似物品，根据 A 对这些类似物品的评价来预测 A 对 x 的态度。

协同过滤推荐系统的基本数据是用户对物品的评分表。假设有 m 个用户，n 个物品，则评分表 $\boldsymbol{R}$ 就是一个 $m \times n$ 的矩阵，其中的元素 $r_{i,j}$ 表示用户 i 对物品 j 的评分。值得注意的是，$\boldsymbol{R}$ 通常是一个稀疏矩阵，因为一个用户通常只对少数几个物品给出评分。事实上，推荐系统的任务就是预测这个稀疏矩阵中的空缺项的值。显然，$\boldsymbol{R}$ 矩阵越稀疏，预测的难度越高。

在基于用户的协同过滤推荐系统中，只要找出用户 A 的偏好相近者，那么根据这些相近者对 x 的评价预测 A 对 x 的评价就是一个相对简单的问题。同样，在基于物品的协同过滤推荐系统中，只要找出 x 的类似物品，根据 A 对这些类似物品的评价预测 A 对 x 的评分也不困难。因此如何计算用户之间或物品之间的相似度是协同过滤推荐系统的核心问题。下面以用户间的相似性度量为例，介绍最常用的 3 种相似度：余弦相似度、相关度和修正的余弦相似度。

1）余弦相似度（cosine）

将用户评分看作 n 维物品空间上的向量，如果用户对某物品没有进行评分，则将用户对该物品的评分设为 0，用户间的相似性通过向量间的夹角余弦来度量。设用户 i 和用户 j 在 n 维物品空间上的评分分别为向量 $\boldsymbol{i}$ 和 $\boldsymbol{j}$，则用户 i 和用户 j 之间的余弦相似度 $\cos(i,j)$ 为：

$$\cos(i,j)=\frac{\boldsymbol{i}\cdot\boldsymbol{j}}{\|\boldsymbol{i}\|\times\|\boldsymbol{j}\|} \tag{2.21}$$

式中，分子为两个用户评分向量的内积，分母为它们模的乘积。

2）相关度（correlation）

用 I_{ij} 表示经用户 i 和用户 j 共同评分的物品集合，则用户 i 和用户 j 之间的相似性可通过 Pearson 相关系数度量：

$$\text{Pearson}(i,j)=\frac{\sum_{c\in I_{ij}}(r_{i,c}-\bar{r}_i)(r_{j,c}-\bar{r}_j)}{\sqrt{\sum_{c\in I_{ij}}(r_{i,c}-\bar{r}_i)^2}\sqrt{\sum_{c\in I_{ij}}(r_{j,c}-\bar{r}_j)^2}} \tag{2.22}$$

式中，$r_{i,c}$ 和 $r_{j,c}$ 分别表示用户 i 和用户 j 对物品 c 的评分，$\bar{r}_i$ 和 $\bar{r}_j$ 分别表示用户 i 和用户 j 对物品的平均评分。

3）修正的余弦相似度（adjusted cosine）

在余弦相似性度量方法中没有考虑不同用户的评分尺度问题，相似性的度量只依据用户评分的绝对值。修正的余弦相似性度量方法通过减去用户对物品的平均评分来改善上述缺陷。用 I_{ij} 表示经用户 i 和用户 j 共同评分的物品集合，I_i 和 I_j 分别表示用户 i 和用户 j 评分的物品集合，则用户 i 和用户 j 之间的修正的余弦相似度 ad-cos(i,j) 为：

$$\text{ad-cos}(i,j)=\frac{\sum_{c\in I_{ij}}(r_{i,c}-\bar{r}_i)(r_{j,c}-\bar{r}_j)}{\sqrt{\sum_{c\in I_i}(r_{i,c}-\bar{r}_i)^2}\sqrt{\sum_{c\in I_j}(r_{j,c}-\bar{r}_j)^2}} \tag{2.23}$$

与式（2.22）相同，$r_{i,c}$ 和 $r_{j,c}$ 分别表示用户 i 和用户 j 对物品 c 的评分，$\bar{r}_i$ 和 $\bar{r}_j$ 分别表示用户 i 和用户 j 对物品的平均评分。

上述三个相似度在 $\boldsymbol{R}$ 比较稀疏时分别存在各自的问题。在 $\cos(i,j)$ 中，用户没有评分的物品均被设为 0。这一方面满足了向量内积计算要求（因为只有等长的向量之间才能进行内积），另一方面也提高了计算效率（因为有很多乘积为 0 的项）。但这样做等于假设用户对所有未评分的物品给出相同的评价，这与真实情况之间存在误差，当数据的稀疏性较高时，这个误差将会很大。Pearson(i,j) 和 ad-cos(i,j)不存在上述问题，但在这两个相似度中两个用户的相似性只能通过它们打分物品的交集来计算。当数据稀疏时，这个交集可能很小，因而计算结果的可靠性不高。由此可见，如何应对数据稀疏问题是协同过滤推荐系统需要克服的难点。

在获得了 k 个对 x 进行了打分的 A 的最相近者后，A 对 x 的打分可以通过这 k 个相近者对 x 的打分的加权平均进行预测，所加的权重就是 A 与各相近者的相似度。一种具体的计算方法是：

$$r_{A,x}=\bar{r}_A+\frac{\sum_{i=1}^{k}(r_{i,x}-\bar{r}_i)\mathrm{sim}(A,i)}{\sum_{i=1}^{k}\mathrm{sim}(A,i)} \tag{2.24}$$

式中，$\bar{r}_A$ 和 $\bar{r}_i$ 分别是 A 及其第 i 个相近者对各物品打分的平均值，$r_{i,x}$是 A 的第 i 个相近者对 x 的打分，$\mathrm{sim}(A,i)$是 A 与第 i 个相近者的相似度。

开发协同过滤推荐算法面临两个相互制约的挑战，一个是精度问题，一个是尺度问题。在实际应用中，用户数 m 和物品数 n 通常都很大，由于用户只会对很少一部分物品给出评价，因此 $\boldsymbol{R}$ 矩阵具有天然的稀疏性，这使得推荐算法的精度受到了限制。为了保证精度，推荐系统需要尽量利用所有可以利用的信息，因此，利用整个 $\boldsymbol{R}$ 矩阵进行计算的方法得到了采用。人们将这种方法称为基于存储的(memory based)方法。但是，当 $\boldsymbol{R}$ 矩阵非常大的时候，受存储容量和计算开销的制约，基于存储的方法常常无法被采用。为了使算法适用于大尺度问题，人们提出了基于模型的(model based)方法。基于模型的方法事先对 $\boldsymbol{R}$ 矩阵建立描述模型，然后通过模型预测用户对物品的评分，而不再直接利用 $\boldsymbol{R}$ 矩阵。例如，将用户通过聚类等方法分成若干组，然后对各个组(类)建立描述模型。当对指定用户进行推荐时，首先求出用户所在的组，然后只利用该组的数据进行计算，以降低算法对存储容量的要求。但这通常是以牺牲精度为代价的。因此，如何在精度和可伸缩性之间寻求平衡是协同过滤推荐算法研究中的一个主要问题。

一些研究发现，基于物品的协同过滤推荐系统常常比基于用户的协同过滤推荐系统的抗数据稀疏性的能力强。这是因为在一般的应用当中，用户数量远大于被推荐的物品数量，因此寻找物品之间的近邻关系相对容易一些。

不难看出，基于存储的协同过滤推荐所要解决的主要问题只是 $\boldsymbol{R}$ 矩阵中的行向量之间(基于用户协同过滤的推荐)或列向量之间(基于物品的协同过滤推荐)的相关性计算，任意一种高效的向量内积算法都可很好地解决这一问题，因此，无须更多的算法研究。与之不同，基于模型的协同过滤推荐研究如何建立高效、准确的计算模型，其中包含对多种算法的选择，有较大的创新和提升空间，是信息推荐研究的主要内容之一。本书将在第 6 章对此问题进行具体论述。

2.9 系统性能指标

无论哪种类型的信息搜索系统，其设计和开发的目的都是面向广大用户提供服务。系统除了应具备可为用户提供帮助的功能，还必须具有较高的性能，以使用户能够快捷、方便、准确地获得所需要的信息。

信息搜索系统的性能指标主要包括系统的速度和精度。速度取决于系统所采用算法的复杂度，在实际应用中与系统的硬件性能关系很大。精度通常需要与人工标注结果(ground truth)进行比较来计算，是开发系统时进行性能评价的主要指标。对应不同的应用，有多种精度指标，而且这些指标之间常常存在相关性。

总体上，无论是检索系统、过滤系统，还是推荐系统，其性能都可以利用二元分类问题的指标进行评价。对于二元分类问题，准确率、召回率、平衡点、F 值等是常用的指标。为了给出这些指标的定义，将分类器的分类结果与标注结果的各种对应关系的频次列于表 2.4，基于这些频次，各个指标的定义如下。

表 2.4 分类与标注对应关系的频次

分类结果	真实类别	
	标注为 L 类	标注为非 L 类
判别为 L 类	a	b
判别为非 L 类	c	d

1) 准确率(Precision)

准确率表示所有被分类器分到 L 类的数据中正确的数据所占的比例，被定义为：

$$P=\frac{a}{a+b} \tag{2.25}$$

2) 召回率(Recall)

召回率表示所有实际属于 L 类的数据被分类器分到 L 类中的比例，被定义为：

$$R=\frac{a}{a+c} \tag{2.26}$$

3) 平衡点(Break-even Point)

对于分类器来说，P 和 R 的值是互相关联的。一般情况下，P 会随着 R 的升高而降低，反之亦然。因此，为了全面地反映分类器的性能，一种做法是选取 P 和 R 相等时的值来指示系统性能，这个值叫作平衡点(Break-even Point，BEP)值。有时通过测试的方法不易得到 P 和 R 相等时的值，这时取 P 和 R 最接近时的值的平均值作为 BEP 值，称为插值 BEP。

4) F 值(F-measure)

另一种常用的综合考虑准确率和召回率的评价方法是 F-Measure，它的定义如下：

$$F_\beta=\frac{(\beta^2+1)\cdot P\cdot R}{\beta^2\cdot P+R} \tag{2.27}$$

其中，β 是一个用来调节查全率和查准率权重的参数。β 一般取值为 1，这时式(2.27)转化为：

$$F_1=\frac{2\cdot P\cdot R}{P+R} \tag{2.28}$$

实际上，BEP 是 F_1 的特殊形式，因为当 $P=R$ 时，有 $F_1=\text{BEP}$。

在以上几个总体性指标之外，对于不同的系统还可定义更加具有针对性和特点的指标。例如在各类文档检索系统中，经常应用以下几项指标。

1）平均准确率（Average Precision，AP）与平均准确度均值（Mean Average Precision，MAP）

AP 为所有检出的相关文档的检索精度的均值，即

$$AP(q) = \frac{\sum_{i=1}^{r_q} \frac{i}{\# Doc_q(i)}}{R_q} \tag{2.29}$$

其中 R_q 为查询 q 在文档集合中相关文档的总数，r_q 为检索出的相关文档数，$\# Doc_q(i)$ 为在检索结果中，第 i 篇相关文档被检索出时已被检索出的文档数。

MAP 为多次查询得到的 AP 的平均值，定义为：

$$MAP(Q) = \frac{1}{|Q|}\sum_{q \in Q} AP(q) \tag{2.30}$$

2）R-准确率（R-Precision，R-Prec）

R-准确率指全部 R_Q 个相关文档找到时的精度，即

$$R-Prec(Q) = \frac{R_Q}{\# Doc_Q(R_Q)} \tag{2.31}$$

3）二元偏好（binary Preference，bPref）

bPref 指每篇相关文档前出现的非相关文档所占的比率，即

$$bPref(Q) = \frac{1}{R_Q}\sum_{i=1}^{r_Q}\left(1 - \frac{|d_k \in S_N : l_k < l_i|}{R_Q}\right) \tag{2.32}$$

其中 S_N 为检索结果中前 R_Q 个不相关文档构成的集合，d_k 为 S_N 中的不相关文档，l_k 是文档 d_k 在结果列表中的排序位置。

4）前 10 项准确率（Precision at 10 documents，P@10）。

P@10 指检索结果中前 10 篇文档中的相关文档所占的比率。

需要特别指出的是，评价协同过滤推荐算法的常用测度是平均绝对误差（Mean Absolute Error，MAE），它的定义非常简单：设 $\{p_1, p_2, \cdots, p_N\}$ 为用户对物品的实际评分，$\{q_1, q_2, \cdots, q_N\}$ 为通过某推荐算法预测得到的对这些物品的评分，则

$$MAE = \frac{\sum_{i=1}^{N} |p_i - q_i|}{N} \tag{2.33}$$

上述各种指标在评价不同类型的系统和服务时具有不同效力，在应用时需要根据测试条件和要求进行适当的选择。

小　结

本章以信息检索、信息过滤和信息推荐等 3 种服务为线索对信息搜索技术的基础进行了系统梳理和讲解，主要内容为 3 类系统的公共基础和各自的技术体系。尽管信息搜索与人工智能在技术上密不可分，但本章尽量不涉及人工智能技术的具体细节，以便学生了解和掌握信息搜索系统自身的基本概念、关键问题和技术体系，为后续的学习打下基础。

本章的教学目的是使学生了解信息采集、信息保存、信息索引和超链接分析的基本原

理、关键问题和典型算法，掌握信息检索系统中的向量空间模型、查询扩展方法、视觉检索的技术特点、音频检索的技术特点等内容，掌握信息过滤系统中的用户需求模型构建、分类模型演进、垃圾邮件过滤系统结构等内容，掌握信息推荐系统中的用户需求模型预测方法、关联规则挖掘算法、协同过滤算法等内容，以及了解信息搜索系统的基本性能指标。

问题与练习

2-1 信息搜索包含哪几种服务，它们之间的区别和联系是什么？

2-2 尝试编制一个具有基本网页抓取功能的爬虫程序。

2-3 给出一种倒排文件(即索引)的数据结构及其查询的流程描述。

2-4 比较 PageRank 和 HITS 两种网页排序算法，并编程实现其核心过程。

2-5 讨论 Boolean 检索模型和 VSM 检索模型的异同以及各自的优劣之处。

2-6 讨论查询词 TF-IDF 公式(2.15)的意义及其合理性。

2-7 通过式(2.18)分析 BM25 检索模型中各个因素对文档排序得分的作用。

2-8 阐述 Rocchio 相关反馈公式(2.19)的意义，并讨论可调参数 α,β 和 γ 的作用。

2-9 试描述基于样例的视觉检索的系统架构，包括其主要功能单元及工作流程。

2-10 对比分析信息过滤系统与信息检索系统的主要差别，指出各自的技术难点。

2-11 根据 2.7.2 小节给出的原则，试设计一种具体的演进式学习算法，并利用伪代码进行描述。

2-12 编写一个面向英文字母字符集的局部匹配预测(PPM)的概率模型的计算程序。

2-13 讨论垃圾信息过滤系统的技术特点。

2-14 分析信息推荐系统与其他信息搜索系统相比所具有的特点，讨论其应用领域。

2-15 编程实现 Apriori 关联规则挖掘算法，并讨论算法的效率。

2-16 分析基于 FPT 的关联规则挖掘算法的效率，指出其提高效率的关键环节。

2-17 适当设计一个面向 m 个用户 n 个物品的评分表，并通过某种方式获得用户评分，以此为基础分别用基于用户和基于物品两种方法预测表中的空白元素。

第3章 文本表示与分析

3.1 引　言

文本分析(text analytics)传统上多被称为文本挖掘(text mining),是从文本文档中获取和提炼信息的关键技术。这一技术在各类信息搜索服务中均发挥着基础作用,是决定各类系统能力的关键因素。在信息检索系统中,文本分析被用于查询建模、查询扩展、文本聚类、文本分类等重要任务;在信息过滤系统中,文本分析被用于信息抽取、信息摘要、命名实体识别等重要任务;在信息推荐系统中,文本分析被用于用户需求分析、用户行为建模、物品特征抽取等重要任务。

文本分析也是人工智能的重要内容,因为它与人工智能语境下的自然语言处理(NLP)具有许多相互重叠的内容,甚至可以说文本分析与自然语言处理之间没有清晰的界限。大体上讲,文本是自然语言的忠实载体,自然语言是文本的原本内容,二者在许多场合可以相互指代。自然语言,即人类语言,是人类思维和交流的主要工具,既运用智能,也表现智能。因此,自然语言的处理和理解一直是人工智能研究的重要领域,从根本上说,甚至是决定机器能否通过图灵测试的终极因素。

文本分析是指对一个文本文档(text document)进行分析。而所谓文本文档就是一个文本单元,单元尺度可大可小,可以是一句话、一段文字、一段对话、一篇文章、一个网页等。文本分析的基本目的是从文档中抽取所需要的信息,如句法结构、人物名称、动作意图、情感特征、物品名称、事件类型、时间地点等。以这些重要信息为特征,可以对文档进行聚类和分类等进一步分析,以支撑多种多样的下游任务。

文本分析的方法主要有基于句法规则的方法和基于统计学习的方法两大类。基于句法规则的方法以句子为单位进行处理,通过对各个词的词性及其在句子中的成分作用对整个句子的意义进行分析,分析结果常以句法依存树的形式展现。基于句法规则的方法能够准确获得词语在句子中的成分作用,在一些有特定需要的场合具有不可替代的作用。但此类方法依赖手工制定的句法规则,兼具繁琐和僵硬两个缺点,在大尺寸文档分析和语义分析方面的能力常常难以满足要求。

长期以来，基于统计学习的方法一直与基于句法规则的方法平行发展。近年来，随着深度学习技术不断取得突破，基于统计学习的方法已经成为文本分析的主流方法。早期的统计学习方法主要采用概率语言模型，如 n 元模型（n-gram model）、隐马尔可夫模型（HMM）等描述文档特征，在此基础上进行分析。随着神经网络语言模型的逐渐成熟，词向量（word vector）或称词嵌入（word embedding）为文本分析提供了越来越有力的支撑。词向量将词的上下文信息嵌入向量中，形成了语义的分布式表示，极大地方便了词语义的代数运算。词语义的分布式表示引发了各种尺度文本单元的语义分布式表示，使得文本分析可基于代数运算方便地进行，不仅提高了文本分析的效率，也显著地提高了文本分析的能力。

由此可见，在基于统计学习的文本分析中，文本表示是一个关键问题。有了好的文本表示，文本分析才能有效地进行。在基于统计学习的文本分析中，文本的向量表示已经成为标准方法。向量表示技术的发展经历了直观统计和机器学习两个不同的阶段：直观统计阶段的文本向量表示以 n 元模型为基础，向量的各个元素为物理意义明确的词汇统计量或概率分布；机器学习阶段的文本向量是文本的非线性映射，映射多由神经网络模型来实现。机器学习的文本向量试图用紧致而完备的概念空间来表示文本，向量空间的各个维度不再对应简单的词汇统计量或概率分布，但拥有潜在概念语义。词向量是此类文本向量表示的基础，多数变换模型以文本中各个词的词向量为输入来获得整个文档的向量表示。

文本的向量表示提供了文本分析的代数计算基础，长短不一的文档被转变为同等长度的向量，文本的相似性和相关性可以方便地通过其向量的距离或相关性来进行度量，文本集的特征可以通过由各个文档向量所构成的矩阵特征来进行分析。特征值分析、奇异值分解等线性代数的基本方法成为文本分析的重要工具。

无论是直观统计的文本向量，还是机器学习的文本向量，其获取方法都是多种多样的。不同的方法有各自的优势和特点，在应用时应根据需要进行选择。例如，在信息检索任务中，直观统计的向量空间模型（VSM）得到了广泛的应用。其中，基于 TF-IDF 的文档向量表示已经成为信息检索系统中文本分析的基础。而在信息过滤和信息推荐任务中，需要利用描述文档来提取丰富的语义信息以进行用户需求分析，机器学习的文本向量更适合于此类要求。

直观统计的文本向量通常以词为元素构成词袋模型，模型长度随着词表尺度线性增加。在一般的文本分析任务中，词表长度可达十万量级，致使词袋模型具有高维特性。另外，词袋模型不考虑词间的相关性，致使特征之间存在信息冗余。因此，采用词袋模型进行文本分析之前，往往需要进行特征选择，以降低特征维度和特征之间的相关性。特征选择可采取多种方法进行，其核心是计算特征的类别区分性和特征之间的条件独立关系。

文本聚类和文本分类是文本分析的重要手段，也是信息搜索系统赖以提高质量和效率的关键技术。聚类属于无监督学习，分类属于有监督学习。二者均是模式识别、机器学习等领域研究的主要问题，长期以来已经积累了大量有效的算法。不过将这些算法应用于文本时，仍有一些特殊问题需要考虑和解决。其中，文本特征的表示和选取具有突出的重要性。深度学习的应用为文本聚类和分类提供了新的强有力的手段，但对深度学习方法的理解和掌握不能脱离传统方法中的基本概念和基本原理。

文本的语义分析是文本分析的重要目标，也是提高信息搜索系统能力的必由之路。文本分析方法的研究一直向着语义分析的方向发展，使得语义表达和理解的能力不断增强。

本章首先系统地阐述文本的向量表示方法，然后在此基础上对文本的特征选择、聚类和分类的主要方法和模型进行讲解，最后通过深度哈希映射模型和转换模型 Transformer 介绍基于深度学习的文本语义分析方法。

3.2 文本的向量表示

3.2.1 n 元模型

n 元模型，即 n-gram 模型，是各类直观统计文本向量的基础。n-gram 模型是对符号序列进行建模的通用工具。在自然语言处理领域，符号可以是字母、文字、单词、音素、音节等多种不同的元素。以单词 n-gram 语言模型为例，该模型假设文档集中的单词序列符合 $n-1$ 阶马尔可夫过程，即每个词的出现概率只依赖于其前面的 $n-1$ 个词。模型的概率函数表示为 $p(w_k|w_{k-n+1},\cdots,w_{k-1})$，即给定当前词的前 $n-1$ 个词 $w_{k-n+1},\cdots,w_{k-1}$，当前词 w_k 为各个可选词的概率分布。常用的语言模型有 bigram 和 trigram，分别对应一阶和二阶马尔可夫模型，可分别用 2 维和 3 维矩阵表示。马尔可夫过程的假设使得每个词的出现概率都只依赖于其前面的 $n-1$ 个词，从而极大地简化了语言模型。并且，对于给定词汇表，各个文本的 n-gram 模型均为等长的向量，文本之间的相似度可通过向量之间的相关度高效计算。

在 n-gram 模型中，给定前 $n-1$ 个词，当前词的概率分布符合多项分布，即词表中所有词的出现概率之和为 1。这是 n-gram 模型的一个重要性质。在实际应用中，所用的词表通常由有限的词汇构成，因而需要处理集外词(out-of-vocabulary，OOV)的问题。一个通行的方法是用一个符号词代表所有的集外词，并将该符号词加入词表，这种方法会使问题得到有效的简化，处理得当还可以提升模型的效果。

尽管上述 n-gram 模型没有直接对语言中的句法进行建模，也不能获得大于 n 个词间距的长距离依赖信息，但其语言建模的有效性却在多种应用中得到了验证。尤其是其向量模型所带来的便利，为语言的高效计算打下了基础。此外，也可以将 n-gram 模型用于文本的句法依存树或词性序列，生成句法 n-gram 模型。句法 n-gram 模型具有与普通 n-gram 语言模型不同的特点，可在一些应用中发挥独特作用。

n-gram 模型存在稀疏性问题，即模型中会有大量元素在被建模的文本中不曾出现。模型的稀疏性会随着 n 的增加而指数加重。如果对于这些在被建模的文本中未出现的元素直接采用统计值，则会导致模型禁止对应的词序列出现，这是不合理的。因此，在建立 n-gram 模型时通常要在统计值的基础上进行平滑，即对稀疏项进行小概率赋值。平滑的方法有多种，需要根据情况进行选择。

在减轻模型的稀疏性问题上，skip-gram 具有明显的优点。skip-gram 模型是对标准 n-gram模型的泛化，它不再仅基于连续的 n 个词对文本进行建模，而允许 n 个词之间存在间隙。具体地，一个 k-skip-n-gram 表示一个长度为 n 的子序列，子序列中任意两个相邻词在文本中的间距不大于 k。这种统计方法显著提升了每个 n-gram 在文本中被观测到的概率，从而减轻了模型的稀疏性。

假设词之间相互独立，则将获得 unigram (1-gram)模型，模型中的各个元素对应词的先验概率。由于词的独立假设，unigram 模型丢失了词间相关信息，只能捕获一阶语言特征。但这一简单模型所具有的优势也十分显著。一方面，这一模型极大地缩短了文本特征向量的长度，使其与词表的长度相等（而普通 n-gram 模型的向量长度随着 n 的增大而指数上升），这一优势带来了文本分析计算效率的显著提升。另一方面，稀疏性问题在这类一阶特征向量模型中得到极大的缓解，模型平滑所带来的影响降低，模型自身的准确性得到提升。基于这样的优势，unigram 模型逐渐发展成为文本分析的基本模型，并在信息检索等应用中得到修改和完善，其中，具有代表性的模型便是向量空间模型(VSM)。

VSM 是由 unigram 模型直接演变而来的模型。由于不包含词的位置信息和词间相关信息，VSM 被称为词袋(bag of words)模型。在具体的应用中，VSM 的元素既可以是所对应词的词频(TF)值，也可以是其词频-倒文档频度(TF-IDF)值，还可以是其是否出现的逻辑值 0 或 1。采用不同取值方法的 VSM 有不同的实用价值。TF 值型 VSM 与 unigram 模型最为接近，可看作用词频观测值代表先验概率的 unigram 模型；TF-IDF 值型 VSM 用词的信息量(IDF 值)对词频进行了加权，使其更适用于查询匹配、文档排序等任务；二值 VSM 构造简单、易于表示，适用于文本分析中的高效逻辑计算。

n-gram 模型是文本向量表示的基础模型，能够为文本分析提供计算上的便利。为了进一步提高文本向量的语言特征表示能力，在 n-gram 模型之后，文本的向量表示问题得到了持续的研究，并产生了具有不同特点的多种方法。

3.2.2 基于潜语义标号的文本向量

潜语义标号(Latent Semantic Index，LSI)是对词-文档矩阵进行奇异值分解(Singular Value Decomposition，SVD)所获得的表达文档的潜语义特征，是对基本 VSM 去除相关性后的线性压缩。从直观上讲，LSI 文本向量的每个元素都是基本 VSM 元素的线性组合，不再具有直接的语义，故称“潜语义”标号。

对于由词集合 T 所描述的文档集合 D，令 $\boldsymbol{A}=\{a_{ij}\}$ 为词-文档矩阵，a_{ij} 表示词 i 在文档 j 中是否出现(二值模型)或其相应的 TF-IDF 值(多值模型)，$i=1,\cdots,|T|$，$j=1,\cdots,|D|$，即 $\boldsymbol{A}$ 中的每一列对应一个文档的 VSM。在由原始词表构成的 VSM 中，词之间存在着很高的相关性，从而造成了特征的严重冗余。特征冗余在数学上的表现就是矩阵 $\boldsymbol{A}$ 的秩远远小于 $\min\{|T|,|D|\}$。$\boldsymbol{A}$ 的低秩性，说明其包含的向量之间存在很大的相关性，$\boldsymbol{A}$ 可以用更紧致的方式进行表达。获得这种表达的一种有效方法就是 SVD。SVD 的矩阵分解采用如下方式：

$$\boldsymbol{A}_{|T|\times|D|}=\boldsymbol{U}_{|T|\times r}\begin{pmatrix}\sigma_1 & \cdots & 0\\ \vdots & & \vdots\\ 0 & \cdots & \sigma_r\end{pmatrix}\boldsymbol{V}_{r\times|D|}^{\mathrm{T}} \tag{3.1}$$

这里，r 是 $\boldsymbol{A}$ 的秩，远远小于 $\min\{|T|,|D|\}$；矩阵 $\boldsymbol{U}$ 和 $\boldsymbol{V}$ 都是列正交的，即 $\boldsymbol{U}^{\mathrm{T}}\boldsymbol{U}=\boldsymbol{V}^{\mathrm{T}}\boldsymbol{V}=\boldsymbol{I}$；$\boldsymbol{U}$ 和 $\boldsymbol{V}$ 之间的对角矩阵被称为 $\boldsymbol{\Sigma}$ 矩阵，按 $\sigma_1\geqslant\cdots\geqslant\sigma_r\geqslant0$ 构造。

按照文本向量之间的余弦相似性测度，矩阵$(\boldsymbol{A}^{\mathrm{T}}\boldsymbol{A})_{|D|\times|D|}$的元素可被解释为两个文档之间的相似性。与之对称，两个词之间的相似性可以用矩阵$(\boldsymbol{A}\boldsymbol{A}^{\mathrm{T}})_{|T|\times|T|}$中的元素来表示。利

用式(3.1),两个文本和两个词之间的相似性矩阵可分别表示为$(\boldsymbol{V\Sigma}^2\boldsymbol{V}^{\mathrm{T}})_{|D|\times|D|}$和$(\boldsymbol{U\Sigma}^2\boldsymbol{U}^{\mathrm{T}})_{|T|\times|T|}$。这意味着$|T|$行$r$列的矩阵$\boldsymbol{U\Sigma}$给出了各个词的精炼向量表示(即词向量),而$|D|$行$r$列的矩阵$\boldsymbol{V\Sigma}$给出了各个文档的精炼向量表示,两种精炼向量表示的维度都是r。换言之,只用r个LSI(而不是$|T|$个词)来表示一个文档,只用r个LSI(而不是$|D|$个文档)来表示一个词。

LSI的本质是计算矩阵$\boldsymbol{U}$、$\boldsymbol{V}$和$\boldsymbol{\Sigma}$。可以通过标准的SVD程序对矩阵$\boldsymbol{A}$进行求解。实际上,$\boldsymbol{U}$是矩阵$(\boldsymbol{AA}^{\mathrm{T}})_{|T|\times|T|}$的特征向量矩阵,$\boldsymbol{V}$是矩阵$(\boldsymbol{A}^{\mathrm{T}}\boldsymbol{A})_{|D|\times|D|}$的特征向量矩阵,而$\boldsymbol{\Sigma}$是$(\boldsymbol{A}^{\mathrm{T}}\boldsymbol{A})_{|D|\times|D|}$和$(\boldsymbol{AA}^{\mathrm{T}})_{|T|\times|T|}$公共的特征值矩阵。

在应用LSI进行特征变换的文本检索系统中,将一个查询q看作一个文档,并按式(3.2)将其投射到LSI空间:

$$\hat{\boldsymbol{q}}=\boldsymbol{\Sigma}_{r\times r}^{-1}\boldsymbol{U}_{r\times|T|}^{\mathrm{T}}\boldsymbol{q}_{|T|} \tag{3.2}$$

这样,$\hat{\boldsymbol{q}}$便可与LSI空间中的r维文档进行相似性计算。

在具体实现一个LSI文本检索系统时,并不需要保留所有的r个特征值,一般只取最大的200～300个特征值。尽管进行了简化,在实践中LSI通常能够对系统的准确率(precision)和召回率(recall)这两个指标实现改善,这已经被大量的研究工作所证实。

3.2.3 基于自组织映射的文本向量

自组织映射(Self-Organization Mapping,SOM)是一种神经网络算法,如图3.1所示,它通过将输入向量并联地馈入线性或平面排列的神经元阵列,可将连续值的输入向量映射为离散值的新向量。新向量的每个元素对应一个输出神经元的位置,输出神经元之间的拓扑距离代表激活它们的数据在原空间中的亲疏关系,使得同一神经元激活的数据被认为是一类。因此,SOM具有将文本的VSM映射为文本的类别标签向量的作用,且标签向量间的距离可以描述文本类之间的聚类。

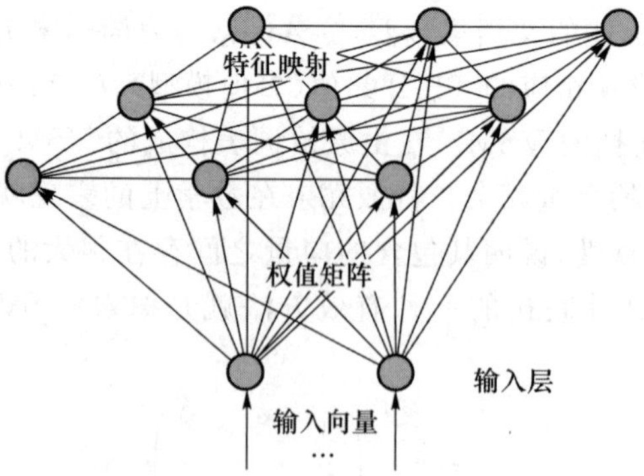

图3.1 SOM神经网络

SOM的工作过程包括竞争、协作和权值调整3个阶段。在竞争阶段,对于一个输入向量,所有的神经元受到激励,但只有受到最大激励的神经元才能成为"胜者",产生激活性输出。在协作阶段,"胜者"会根据拓扑距离选择一个邻域,使得邻域之内的神经元都有通过对输入数据的学习来调整权值的机会。在权值调整阶段,邻域之内的各个神经元根据学习算法进行自身权值的调整。初始化时,用某种随机的方法为各个神经元的权值赋值,之后通过对训练数据的学习,神经元的权值逐步改变,直至趋于收敛。

在文本检索中,SOM 的一个突出作用是将检索出的文档的相似性在二维平面上进行可视化。这被认为是提高搜索引擎质量的一个有效方法。基于此目的,SOM 的算法可以简化。例如,对于一个排列在矩阵网格上的神经元 c,定义它的近邻为与它的距离为 2 跳(hop)的所有神经元。按如下规则确定 c 与其他神经元 r 的亲密度函数 $h(r,c)$:如果 $r=c$,则 $h=1$;如果 r 与 c 的距离超过 2 跳,则 $h=0$;其他的情况可适当地进行插值。在上述条件下,对于一个文档特征向量 $\boldsymbol{d}$ 的输入,如果"胜者"神经元为 c,则神经元 r 的权值 $\boldsymbol{w}_r$ 的调整公式为:

$$\boldsymbol{w}_r \leftarrow \boldsymbol{w}_r + \eta h(r,c)(\boldsymbol{d}-\boldsymbol{w}_r) \tag{3.3}$$

式中的 η 是学习率。

3.2.4 基于分布式词向量的文本表示

2003 年,Bengio 等人提出了一种对文本中的词 n-gram 进行建模的神经网络模型,被称为神经网络语言模型(NNLM)。NNLM 具有将 one-hot 编码的高维稀疏词向量映射为低维稠密词向量的功能。这个方向的研究在 2010 年之后取得了重要突破,模型的训练速度和词向量的质量都有了显著的提高。其中,以 Mikolov 为核心的 Google 团队的工作最为出色。他们建立了 Word2vec 词嵌入工具包,可以快速地建立大规模文本集的词向量,该词向量既包含词的语法特征也包含语义特征,能较好地度量词间的相似性,甚至能够进行线性计算。例如,vec("Madrid")－vec("Spain")＋vec("France") → vec("Paris")。

Word2vec 采用二层前馈神经网络模型,通过对词的上下文进行建模来获取词向量。词的上下文特征由大规模文本集提供,训练结果形成一个几百维的实值向量空间,词表中的每个词被映射为该向量空间中的一点,并且,拥有类似上下文的词在该空间中相互邻近。

Word2vec 有两种模型结构,一种是 CBOW,即连续词袋模型(Continuous Bag-of-Words),另一种是连续 Skip-gram 模型。CBOW 模型通过指定窗口内的上下文词预测当前词,与此相反,Skip-gram 模型通过当前词预测指定窗口内的上下文词。两种模型的结构如图 3.2 所示。

在 CBOW 中,输入层输入各个词的编号(one-hot 向量);映射层通过共享的参数矩阵将词编号变换为词向量,并求和(CBOW 由此得名),这个共享的参数矩阵便是训练的目标,即词向量表;输出层是一个 Softmax 全连接层,其任务是对输入的向量和进行分类,计算词表中各个词的生成概率,将概率最大的词作为当前词输出。训练时,将输出误差相对各层参数的梯度进行反向传播,并对各层参数按梯度下降法进行更新(学习),直至收敛。在此过程中,词向量作为映射层参数得到学习。Skip-gram 的工作和训练过程与 CBOW 类似,差别在于 Skip-gram 输入的是当前词,输出的是对应上下文多个位置的预测词。相对于 CBOW,Skip-gram 的实际效果通常更优,因而这里重点对此类网络结构的数学模型进行分析。

给定训练数据,即文字序列 $w_1,w_2,\cdots,w_N$,Skip-gram 训练时将以下函数最大化:

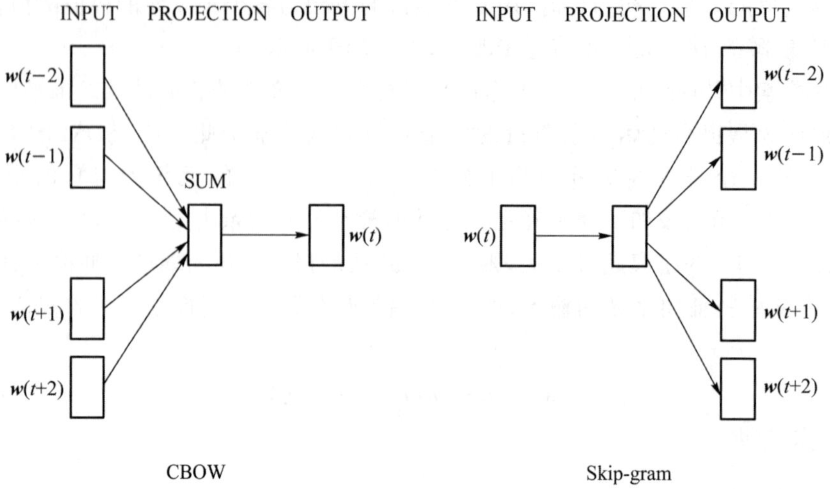

图 3.2 Word2vec 的模型结构

$$\frac{1}{N}\sum_{t=1}^{N}\sum_{-c\leqslant j\leqslant c,j\neq 0}\lg p(\boldsymbol{w}_{t+j}\mid \boldsymbol{w}_t) \tag{3.4}$$

这里,c 是上下文窗口的长度,可根据任务和训练数据的特点进行适当的选择。可以看出,式(3.4)是给定文字序列关于网络模型(参数及词向量)的对数似然度的一种近似度量,其中用到了上下文之间 Skip-gram 的依赖关系假设。用 $\boldsymbol{v}_w$ 和 $\boldsymbol{u}_w$ 分别表示词 w 的输入词向量和输出词向量,$|W|$表示词表尺度,则 Skip-gram $p(w_{t+j}|w_t)$的概率函数为:

$$p(w'\mid w)=\frac{\exp(\boldsymbol{u}_{w'}^{\mathrm{T}}\boldsymbol{v}_w)}{\sum_{i=1}^{|W|}\exp(\boldsymbol{u}_i^{\mathrm{T}}\boldsymbol{v}_w)} \tag{3.5}$$

即利用当前词的词向量与某上下文词的词向量内积的 Softmax 函数来度量当前词条件下该上下文词的生成概率。

上述模型的计算量主要在输出层,因为每个输出单元都涉及词表中所有词的向量内积及其指数的计算。为了提高计算效率,Word2vec 在输出层采用基于二叉 Huffman 树的层次 Softmax 结构对概率计算进行近似,使其计算量降至 $\lg|W|$。另外,考虑到高频词与低频词在模型训练时的作用不平衡,Word2vec 采用一种下采样技术来进行样本均衡。具体地,在训练时按概率 $P(w_i)=1-\sqrt{t/f(w_i)}$对样本进行丢弃,其中,$f(w_i)$是词频,t 是设定的阈值,即词频大于 t 的词以此概率进行下采样。按这种方法,词频越高,被丢弃的概率越大,同时下采样后词频的顺序不变。

获得词向量表示后,人们进一步研究基于词向量的文本表示。Mikolov 在 2014 年提出了段落向量表示(Paragraph Vector,PV)模型 PV-DM 和 PV-DBOW,两种网络模型分别采用 Word2vec 中的 CBOW 和 Skip-gram 的变换原理,训练过程和方法与词向量的训练十分类似。

上述词向量及段落向量基于大规模的训练文本集生成,词向量和段落向量具有静态性质,这使其无法处理多义词及集外词,因而限制了其语义表示能力。而多义词和集外词问题只有根据当前上下文才能得到判断和解决。于是,基于当前上下文的文本向量表示成为新的研究课题。2018年,Google公司基于Transformer模型提出了一种双向编码表示模型BERT,较好地解决了利用当前上下文生成语义文本向量的问题。BERT是一种预训练架构,它基于静态词向量和预训练获得的网络参数,将当前输入的一段文本转变为新的编码向量。新的编码向量利用当前文本的上下文表达各个词的语义,具有处理多义词和集外词的能力。

BERT出现之后,很快被应用于信息搜索的各项任务之中。但在文本检索系统中应用BERT需要采取适当的方法进行辅助,因为BERT限定输入文本的长度上限为512个词汇,而大多数文档会突破这个限度。为此,人们通过设计基于段落取样的文档排序算法来解决这一问题。在文档排序算法中,被取样的段落首先来自文档的头部和尾部,其次来自随机选取的其他位置,取样的数量因排序算法而异,文档与查询的相关度根据所有取样段落的集成得分进行排序。

3.3 文本特征选择

当文本分析任务采用基本VSM来表示文档时,文本向量通常是以词为元素的高维向量,因为面向一般文本分析任务的词表规模常为十万量级或以上。高维文本向量不仅带来高额的运算开销,而且会产生由训练样本不足所导致的模型过拟合问题。故此,常常需要对基本VSM进行特征选择,以减少特征的数量,降低对训练样本的需求量。

特征选择可以采用基于语言学和领域知识的启发式的方法,也可以采用基于统计的方法。某些系统通过剔除标准的停词(stopword),如汉语中的助词、连词、介词,英语中的冠词、连词、介词等,可以使精度获得一些改善。有些系统简单地通过设定经验阈值,将出现频度过高或过低的词进行排除,也可以改善性能。但是对于许多应用来说,这些简单的方法并不能满足要求。而且,词的特征性会随着语境变化。例如,在层次式主题目录结构中,主题越具体,语境越特殊,在普通语境中一些很好的有鉴别性的词越会逐渐显现出停词的特性。

特征选择算法有两类:一类是包含算法,从空集开始选择越来越多好的特征,直到适当为止;另一类是排除算法,从初始特征集开始逐步排除差的特征,直到适当为止。

3.3.1 包含算法

包含算法的基本步骤为:1) 对每个词,计算其类区分性测度;2) 按区分性测度对词进行降序排序;3) 保留用于表达文档的区分性最高的n个词。

由于各个词的类区分性一般是独立计算的,并且每次都选择区分性测度最大的词,因此包含算法具有贪心(greedy)的特点。这种贪心的特点使得这类算法仅具有次优性。这是因为,如果词t和t'具有很高的相关性,那么在独立计算时若词t鉴别性很高,词t'的鉴别性也可能很高,因此二者都可能被选为特征。而事实上,当其中之一被选为特征后,另外一个作为特征的作用已经不大了。

目前,已有多种区分性测度被提出和采用。尽管不同的测度会使词的排序产生一些差别,但所产生的特征集合之间却有很大的重合。因此文本分析算法本身对区分性测度的选择似乎并不敏感。

下面介绍几个常用的区分性测度。

1. χ^2 测度

以二类问题为例。假设类标签用随机变量 C 表示，取值为 0 或 1，词 t 在文档中是否出现用随机变量 O_t 表示，取值也为 0 或 1。设 k_{00} 为类 0 中不包含词 t 的文档数，k_{01} 为类 0 中包含词 t 的文档数，k_{10} 为类 1 中不包含词 t 的文档数，k_{11} 为类 1 中包含词 t 的文档数，文档总数 $n=k_{00}+k_{01}+k_{10}+k_{11}$，则可以获得如下边缘分布的估计：

$$P(C=0)=(k_{00}+k_{01})/n$$
$$P(C=1)=1-P(C=0)=(k_{10}+k_{11})/n$$
$$P(O_t=0)=(k_{00}+k_{10})/n$$
$$P(O_t=1)=1-P(O_t=0)=(k_{01}+k_{11})/n$$

如果 C 与 O_t 相互独立，则有 $P(C=0,O_t=0)=P(C=0)P(O_t=0)$。而对 $P(C=0,O_t=0)$ 的经验估计是 k_{00}/n。C 与 O_t 的其他 3 种组合也有类似的关系。因此，在 C 与 O_t 相互独立的情况下，事件 $(C=p,O_t=q)$ 发生次数的计算值应为 $nP(C=p)P(O_t=q)$，它的观测值是 k_{pq}。χ^2 测度被定义为 C 与 O_t 4 种组合条件下事件发生的计算值与观测值相对平方差之和，即

$$\chi^2=\sum_{p,q}\frac{(k_{pq}-nP(C=p)P(O_t=q))^2}{nP(C=p)P(O_t=q)}$$

对上式进行化简，可得

$$\chi^2=\frac{n(k_{11}k_{00}-k_{10}k_{01})^2}{(k_{11}+k_{10})(k_{01}+k_{00})(k_{11}+k_{01})(k_{10}+k_{00})} \tag{3.6}$$

由于 χ^2 越大，类与词之间的相关性也越大，所以在特征选择时，可以按 χ^2 值的大小对词进行降序排序。

2. 互信息

在采用多值文档模型时，可以通过互信息来计算文档类与词之间的相关性，进而进行特征选择。互信息测度的定义来自信息论。假设 X 和 Y 是两个离散的随机变量，它们的值分别用 x 和 y 表示，则它们之间的互信息被定义为：

$$\mathrm{MI}(X,Y)=\sum_x\sum_y P(x,y)\lg\frac{P(x,y)}{P(x)P(y)} \tag{3.7}$$

互信息通过联合分布 $P(x,y)$ 对两个边缘分布的乘积 $P(x)P(y)$ 的偏离程度进行测量。如果 X 和 Y 相互独立，则对于所有的 x 和 y，$P(x,y)/P(x)P(y)=1$，从而导致 $\mathrm{MI}(X,Y)=0$。相反，互信息越大，X 和 Y 越相关。

应用互信息进行特征选择需要将上述定义向文档模型映射。对于一个确定的词 t，定义与其相关的事件为 $E_t=\{e_t\}$。E_t 的定义与文档模型有关，对于二值模型，$e_t\in\{0,1\}$，对于多值文档模型，e_t 可为任意非负整数。于是，式(3.7)中的 $P(x)$ 即为 $P(e_t)$，表示事件 e_t 在训练集合中发生的比例，作为概率的估计值，而 $P(y)$ 即为 $P(c)$，表示训练集合中属于 c 类文档的比例。

3. Fisher 鉴别指数

当文档向量的长度固定，词频为实数时，可用 Fisher 鉴别指数进行特征选择。以二类学习问题为例，令 X 和 Y 分别表示一类文档向量的集合，文档向量的元素是使向量长度归

一的实数(经过伸缩的词频)。

令 $\boldsymbol{\mu}_X = (\sum_X \boldsymbol{x})/|X|$ 和 $\boldsymbol{\mu}_Y = (\sum_Y \boldsymbol{y})/|Y|$ 为各个类的均值向量,它们的协方差矩阵分别为 $\boldsymbol{S}_X = (1/|X|)\sum_X(\boldsymbol{x}-\boldsymbol{\mu}_X)(\boldsymbol{x}-\boldsymbol{\mu}_X)^{\mathrm{T}}$ 和 $\boldsymbol{S}_Y = (1/|Y|)\sum_Y(\boldsymbol{y}-\boldsymbol{\mu}_Y)(\boldsymbol{y}-\boldsymbol{\mu}_Y)^{\mathrm{T}}$。

Fisher 鉴别试图寻找一个向量 $\boldsymbol{\alpha}$,使得$[\boldsymbol{\alpha}^{\mathrm{T}}(\boldsymbol{\mu}_X-\boldsymbol{\mu}_Y)]^2$ 与 $\boldsymbol{\alpha}^{\mathrm{T}}(\boldsymbol{S}_X+\boldsymbol{S}_Y)\boldsymbol{\alpha}$ 之比达到最大,其中前者为两个均值向量投射到 $\boldsymbol{\alpha}$ 上的差值,后者为投射后两类向量分散的平均值。这一最佳鉴别方向的数学定义为:

$$\boldsymbol{\alpha}^* = \arg\max_{\boldsymbol{\alpha}} J(\boldsymbol{\alpha}) = \arg\max_{\boldsymbol{\alpha}} \frac{[\boldsymbol{\alpha}^{\mathrm{T}}(\boldsymbol{\mu}_X-\boldsymbol{\mu}_Y)]^2}{\boldsymbol{\alpha}^{\mathrm{T}}(\boldsymbol{S}_X+\boldsymbol{S}_Y)\boldsymbol{\alpha}} \tag{3.8}$$

换句话说,Fisher 鉴别的目的就是寻找使 X 和 Y 两个数据集质心间的距离与集合内数据的展开幅度之比达到最大的方向。

令 $\boldsymbol{S}=(\boldsymbol{S}_X+\boldsymbol{S}_Y)/2$,可以得到:当 $\boldsymbol{S}^{-1}$ 存在时,$\boldsymbol{\alpha}=\boldsymbol{S}^{-1}(\boldsymbol{\mu}_X-\boldsymbol{\mu}_Y)$ 是一个极值点。

将 Fisher 鉴别用于计算词的类区分性的方法是将词方向向量代入式(3.8)进行计算。对应词 t,$\boldsymbol{\alpha}_t=(0,\cdots,1,\cdots,0)^{\mathrm{T}}$,其中的 1 只在词 t 的位置出现,于是定义 t 的 Fisher 鉴别指数为:

$$\mathrm{FI}(t) = J(\boldsymbol{\alpha}_t) = \frac{[\boldsymbol{\alpha}_t^{\mathrm{T}}(\boldsymbol{\mu}_X-\boldsymbol{\mu}_Y)]^2}{\boldsymbol{\alpha}_t^{\mathrm{T}}\boldsymbol{S}\boldsymbol{\alpha}_t} \tag{3.9}$$

由于 $\boldsymbol{\alpha}_t$ 的形式特殊,上述表达式可以得到很大的简化。$\boldsymbol{\alpha}_t^{\mathrm{T}}\boldsymbol{\mu}_X=\boldsymbol{\mu}_{X,t}$,即 $\boldsymbol{\mu}_X$ 的第 t 个元素,$\boldsymbol{\alpha}_t^{\mathrm{T}}\boldsymbol{\mu}_Y=\boldsymbol{\mu}_{Y,t}$,即 $\boldsymbol{\mu}_Y$ 的第 t 个元素。$\boldsymbol{\alpha}_t^{\mathrm{T}}\boldsymbol{S}_X\boldsymbol{\alpha}$ 可简化为$(1/|X|)\sum_X(\boldsymbol{x}_t-\boldsymbol{\mu}_{X,t})^2$,$\boldsymbol{\alpha}_t^{\mathrm{T}}\boldsymbol{S}_Y\boldsymbol{\alpha}$ 可简化为$(1/|Y|)\sum_Y(\boldsymbol{y}_t-\boldsymbol{\mu}_{Y,t})^2$。因此式(3.9)化为

$$\mathrm{FI}(t) = \frac{(\boldsymbol{\mu}_{X,t}-\boldsymbol{\mu}_{Y,t})^2}{(1/|X|)\sum_X(\boldsymbol{x}_t-\boldsymbol{\mu}_{X,t})^2+(1/|Y|)\sum_Y(\boldsymbol{y}_t-\boldsymbol{\mu}_{Y,t})^2} \tag{3.10}$$

对于多类问题,上式可推广为

$$\mathrm{FI}(t) = \frac{\sum_{c1,c2}(\boldsymbol{\mu}_{c1,t}-\boldsymbol{\mu}_{c2,t})^2}{\sum_c(1/|D_c|)\sum_{d\in D_c}(\boldsymbol{x}_{d,t}-\boldsymbol{\mu}_{c,t})^2} \tag{3.11}$$

这里,D_c 为标注为类 c 的文档集合。根据 FI(t),可以评估词 t 的鉴别性,进而进行特征选择。

要完成特征选择,还需要在将特征按区分性排序后进行确认(validation),以确定取前多少位特征最佳。确认的方法有两种,一种是普通确认,一种是交叉确认。普通确认是指将训练数据分成两部分,一部分用于特征排序,另一部分用于测试。在测试时,用相同的数据测试不同截取特征方法的效果。交叉确认可采用留一法(leave-one-out)进行,即每次从训练数据中留出一个文档用于测试。这种方法比较耗时,一般只用于训练数据较少的情况。

3.3.2 排除算法

与包含算法相反,排除算法从全部词特征集 T 开始,逐步对“无用”特征进行排除,直至获得一个满意的特征子集 F,$F\subseteq T$。该算法的核心问题是确定 F 与 T 的关系。

类在特征条件下的概率分布常常是文本分析的基础，在这里将其记为 $P(C\mid T)$，其中 C 表示类标签随机变量。当将特征集缩小为 F 时，这个分布变为 $P(C|F)$。排除算法的目标是在尽可能保持 $P(C|F)$ 与 $P(C|T)$ 相同的条件下，使 F 的规模最小。两个分布的相似性或距离可以用多种测度来衡量，其中一个被广泛采用的方法是 KL 距离 ：

$$\mathrm{KL}(P(C\mid F)\mid\mid P(C\mid T))=\sum_{c}P(c\mid F)\lg\frac{P(c\mid F)}{P(c\mid T)} \tag{3.12}$$

式中 $\{c\}$ 为 C 的值域。

在概率论中，如果对于随机变量 P、Q 和 R，存在 $P(P|Q,R)=P(P|R)$，则称 P 在 R 条件下独立于 Q。直观上，这表示在已知 R 的条件下，P 的分布与 Q 无关。

为了对排除算法进行理论描述，需要引入概率分析中的 Markov 覆盖的概念。令 X 是 T 中的一个特征，定义 M 为 T 减掉 X 后的一个特征子集，即 $M\subseteq T\backslash\{X\}$。如果联合随机变量 $(T\cup C)\backslash(M\cup\{X\})$ 在 M 条件下独立于 X，则称 M 是 X 的 Markov 覆盖。直观上，这表示 M 的存在导致 X 没有必要再作为类 C 的特征。可以证明，在 X 的 Markov 覆盖已经被包含在特征中的条件下，删除 X 不会增加 $P(C|T)$ 与 $P(C|F)$ 之间的 KL 距离。因此，排除算法的核心是寻找各个特征的 Markov 覆盖。遗憾的是，在实际中一个变量的完美 Markov 覆盖通常是不存在的。为了控制计算成本，在实际中常常用与 X 最相关的若干特征来代替它的 Markov 覆盖。

上述包含算法和排除算法有不同的优势和特点，在应用时要根据具体任务的性质和难易程度加以选择。总体上讲，包含算法的复杂度一般与特征的数量呈线性关系，复杂度远远低于排除算法。排除算法的优势主要在于可以缓解包含算法因采用贪心策略而难以解决的如下两个问题。

1) 两个特征 X_1 和 X_2 都与类 C 强相关，但如果 X_1 和 X_2 也强相关，选择了 X_1 后再选择 X_2 的必要性大大降低。

2) 两个特征 X_1 和 X_2 都与类 C 弱相关，但 X_1 和 X_2 同时被选择可能会成为 C 的强相关特征。

3.4 文本聚类

文本聚类是文本分析的重要内容和核心技术，具有十分重要的理论研究和实际应用价值。在文本检索中，文本聚类可以帮助提供更好的用户界面，将查询结果分门别类地向用户展示，以方便用户选择。文本聚类还可以为那些按目录提供服务的检索系统提供帮助。在这些检索系统中，文档目录是手工建立的。在手工操作之前，先将大量的 Web 文档进行聚类，将会显著地提高检索效率。另外，文本聚类还可以加快检索的速度。如果一个查询是对已经聚类的文档集进行的，则相关文档的选择可以利用类别之间的差异性得到明显的加快。

聚类算法的研究已经有很长的历史，它一直是模式识别、机器学习、数据挖掘等领域的重点课题，研究成果十分丰富。聚类是一种无监督学习(unsupervised learning)，即聚类算法不需要样本的类别标签信息。无监督学习在机器学习乃至深度学习的研究中具有基础地位。总体上，聚类算法可以分成两种：一种是通过比较元素与各个类中心的距离来对其进行归类(聚类),这种方法被称为区分法(discriminative method);另一种是将元素看作由若干个随机过程生成的样本,每个随机过程对应一个类,对于一个特定的元素,哪个随机过程生成它的可能性大,就将其归到哪个随机过程所对应的类,因而这种方法被称为生成法(generative method)。区分法和生成法各自包含多种算法,在此,仅对在文本分析中应用的典型算法进行介绍和分析。

3.4.1 区分法

给定一个文档集合 $D=\{\boldsymbol{d}_i \mid i=1,\cdots,N\}$,其中 $\boldsymbol{d}_i=(d_{i1},\cdots,d_{iM})$ 为文档 d_i 的 VSM,M 为 VSM 的维度。定义 $\mathrm{sim}(\boldsymbol{d}_i, \boldsymbol{d}_j)$ 为元素 d_i 和 d_j 之间的相似度,则聚类问题可以定义为:将集合 D 划分为 k 个子集 $D_1,\cdots,D_k$,以使类内相似度总和 $S=\sum_{i=1}^{k}\sum_{d_u,d_v\in D_i}\mathrm{sim}(\boldsymbol{d}_u,\boldsymbol{d}_v)$ 达到最大。这是区分法的基本思想。由于这里的核心操作是将集合中的元素划分为若干子集,所以这种方法也被称为划分聚类。

划分聚类有两种方式,一种是自底向上(bottom-up),另一种是自顶向下(top-down)。自底向上法初始时将每个文档看作一个类,然后对最相似的类进行合并,直至类别数目或类内相似度达到设定的阈值。与此相反,自顶向下法初始时将所有的文档放在一个类中,然后以增大类内相似度为目标,对类进行分裂操作,直至类别数目或类内相似度达到设定的阈值。下面分别介绍一种自底向上算法和两种自顶向下算法。

1. 层次汇合聚类(Hierarchical Agglomerative Clustering,HAC)

HAC 的算法如下:

```
1) 令每个文档 d 在一个单独的组中,形成 N 个组{d}
2) 令 G 为这 N 个组的集合
3) while |G| > 1 do
4)    选择 u, v∈G,标准为合并它们将带来最大的收益测度
5)    将 u 和 v 从 G 中移除
6)    令 w = u∪v
7)    将 w 插入 G
8) end while
```

在 HAC 中,随着合并次数的增加,两个被合并类 u 和 v 之间的相似度 $\mathrm{sim}(u,v)$ 一般会越来越低。聚类过程可通过设定最小相似度阈值中途停止,这时将获得多个聚类树。

HAC 中第 4 步的收益测度是需要选择的,不同的测度导致不同的结果。一个常用的测度是 $w=u\cup v$ 的类内相似度 $S(w)$,它被定义为 w 内元素对之间相似度的平均值:

$$S(w)=\frac{1}{C_{|w|}^{2}}\sum_{d_i,d_j\in w}\mathrm{sim}(\boldsymbol{d}_i,\boldsymbol{d}_j)$$

这里,$C_{|w|}^{2}$ 表示 $|w|$ 个元素中取 2 个元素的组合数,而两个向量间夹角的余弦常作为元素对之间的相似度函数 $\mathrm{sim}(\boldsymbol{d}_i,\boldsymbol{d}_j)$。如果文档向量的长度已经归一化,则向量间夹角的余弦的计算可简化为它们的内积 $\boldsymbol{d}_i\cdot\boldsymbol{d}_j$。在文档向量和类向量(通常为类内文档向量的均值,或称质心)的维数固定的情况下,HAC 具有 $O(N^2\lg N)$ 的计算复杂度和 $O(N^2)$ 的空间复杂

度，其中 N 为文档总数。

2. k 均值算法（k-means algorithm）

上述自底向上的聚类算法 HAC 的计算复杂度和空间复杂度是元素数的二次幂，在文档集很大时，这个算法是很耗时的。自顶向下的算法由于效率更高，因此得到了更多的应用。k 均值算法是自顶向下的聚类算法的典型代表。

在基本 k 均值算法中，元素和类用相同的向量形式表达。类的质心，即类中所有元素的均值。初始时可随机（或根据启发性信息）设定 k 个质心，或将元素分为 k 个组，计算出各个组的质心。然后按照以下算法进行类间元素的调整。

```
1)  初始化 k 个类的质心向量
2)  while 还可以继续改进 do
3)      for 每个元素(文档)d do
4)          找出质心向量与 d 最相似的类 c
5)          将 d 调整到类 c 之中
6)      end for
7)      for 每个类 c do
8)          重新计算质心向量
9)      end for
10) end while
```

概括而言，k 均值算法是在以下两个步骤之间循环：一是根据各类的质心计算各元素的所属，二是根据各元素的所属计算各类的质心。终止循环的标准可以有多种，主要考虑将元素调整到新类后各类的质心是否还发生明显变化。

以上算法是硬 k 均值聚类算法，即对于任意一个类，一个元素要么属于它，要么不属于它，不能部分属于，部分不属于。在计算一个类的质心时，类内所有元素都具有相同的权重。与之不同，软 k 均值聚类算法允许一个元素部分地分别属于不同的类，在计算类的质心时各个元素的贡献可以不同。具体地，在上述 k 均值算法中，第 3 步到第 6 步的循环被去除，在第 8 步计算第 c 个类的质心向量时，采用下式计算它的偏移量：

$$\Delta\boldsymbol{\mu}_c = \eta\sum_{i=1}^{N}\frac{1/|\boldsymbol{d}_i-\boldsymbol{\mu}_c|^2}{\sum_j 1/|\boldsymbol{d}_j-\boldsymbol{\mu}_c|^2}(\boldsymbol{d}_i-\boldsymbol{\mu}_c) \tag{3.13}$$

式中，η 是一个常数，被称为学习率。在每次循环中，按照式(3.13)对每个类的质心向量的偏移量进行计算。每个元素对每个类的偏移量都有贡献，但贡献的大小不同。离质心越近贡献越大。

无论是硬 k 均值算法还是软 k 均值算法，其计算复杂度都是 $O(N^2)$。

自底向上的算法和 k 均值算法可以结合起来应用。先从整个数据集中随机选出 $O(\sqrt{kN})$ 个样本，通过自底向上聚类产生 k 个类中心向量，这需要的运算开销是 $O(kN\lg N)$，然后再用 k 均值方法对剩余的样本进行聚类，运算开销是 $O(kN)$。因此总的运算开销是 $O(kN\lg N)$。

k 均值算法在机器学习中具有非常基础的意义，它给出了对一个未标注的训练样本集同时求解类模型及样本所属的基本方法，即先给出类模型的初始值，然后对样本所属及类模型进行迭代寻优，直至收敛。这种思想被直接应用到即将在下一小节讲解的EM算法之中。

3. 谱聚类算法

谱聚类算法是在传统聚类算法的基础上发展起来的，它以矩阵特征值分析为基础，理论严谨、性能优越，得到了广泛的研究和应用。

谱聚类算法建立在相似度图(Similarity Graph)分析基础上。相似度图可用$\boldsymbol{G}(V,E)$来表示，其中，V是顶点的集合，E是边的集合。对于数据集$\{x_1,\cdots,x_n\}$，V中的元素v_i与数据点x_i一一对应，如果两个数据点x_i和x_j之间的相似度s_{ij}大于设定的阈值，则v_i和v_j之间存在一条边e_{ij}，并且e_{ij}的权重被设为s_{ij}。建立了相似度图后，数据聚类问题便可转变为图的划分问题：寻找一种方法将图划分为k部分，以使连接不同部分之间的边的权重和越小越好，而各部分内部的边的权重和越大越好。图划分问题可以通过图的Laplacian矩阵的特征值和特征向量求解，矩阵的特征值也被称为矩阵的谱，谱聚类由此得名。

具体地，令$\boldsymbol{G}(V,E)$为一个加权无向图，即任意两个顶点v_i和v_j之间的边e_{ij}拥有一个非负的权重$w_{ij}\geqslant 0$。由此获得$\boldsymbol{G}$的邻接矩阵$\boldsymbol{W}=[w_{ij}]$，$i,j=1,\cdots,n$。如果$w_{ij}=0$，意味着v_i和v_j之间没有边相连。由于$\boldsymbol{G}$为无向图，所以有$w_{ij}=w_{ji}$。顶点v_i的度被定义为$d_i=w_{i1}+\cdots+w_{in}$。度矩阵$\boldsymbol{D}$被定义为对角线元素为$d_1,\cdots,d_n$的对角矩阵。

谱聚类的关键步骤是构建图Laplacian矩阵，然后对该矩阵进行特征值分解。由于图Laplacian矩阵的定义并不是唯一的，且不同的图Laplacian矩阵具有不同的性质，所以相应的谱聚类结果也存在差异。在这里，介绍3种图Laplacian矩阵及其谱聚类算法。

第1种图Laplacian矩阵用符号$\boldsymbol{L}$表示，定义为：$\boldsymbol{L}=\boldsymbol{D}-\boldsymbol{W}$。容易证明，矩阵$\boldsymbol{L}$具有如下重要性质：

1）对于任意一个n维向量$\boldsymbol{f}$，$\boldsymbol{f}^{\mathrm{T}}\boldsymbol{L}\boldsymbol{f}=\dfrac{1}{2}\sum_{i,j=1}^{n}w_{ij}(\boldsymbol{f}_i-\boldsymbol{f}_j)^2$；

2）$\boldsymbol{L}$为对称和半正定的；

3）常数向量$\mathbf{1}$是$\boldsymbol{L}$的特征向量，对应的特征值为0；

4）$\boldsymbol{L}$具有n个非负实值特征值，$0=\lambda_1\leqslant\cdots\leqslant\lambda_n$。

此外，人们还发现$\boldsymbol{G}$和$\boldsymbol{L}$之间存在一个重要的关系：$\boldsymbol{G}$中包含多少个连通子图，$\boldsymbol{L}$便有多少个0特征值。这一关系为$\boldsymbol{G}$的划分提供了方便，也为分析$\boldsymbol{G}$所代表的数据的聚类形态提供了重要依据。

由于$\boldsymbol{L}$元素的绝对值并未限定在$[0,1]$，因此称其为非规范图Laplacian矩阵。与此相对应，人们又定义了两种规范图Laplacian矩阵$\boldsymbol{L}_{\mathrm{sym}}$和$\boldsymbol{L}_{\mathrm{rw}}$，即$\boldsymbol{L}_{\mathrm{sym}}=\boldsymbol{D}^{-1/2}\boldsymbol{L}\boldsymbol{D}^{-1/2}$，$\boldsymbol{L}_{\mathrm{rw}}=\boldsymbol{D}^{-1}\boldsymbol{L}$。$\boldsymbol{L}_{\mathrm{sym}}$的名称表示其为对称矩阵，而$\boldsymbol{L}_{\mathrm{rw}}$表示其可描述随机游走(random walk)过程，因为$\boldsymbol{L}_{\mathrm{rw}}=\boldsymbol{D}^{-1}\boldsymbol{L}=\boldsymbol{I}-\boldsymbol{D}^{-1}\boldsymbol{W}$，而$\boldsymbol{D}^{-1}\boldsymbol{W}$恰好是随机游走中的转移概率矩阵。矩阵$\boldsymbol{L}_{\mathrm{sym}}$和$\boldsymbol{L}_{\mathrm{rw}}$具有如下重要性质：

1）对于任意一个n维向量$\boldsymbol{f}$，$\boldsymbol{f}^{\mathrm{T}}\boldsymbol{L}_{\mathrm{sym}}\boldsymbol{f}=\dfrac{1}{2}\sum_{i,j=1}^{n}w_{ij}\left(\dfrac{\boldsymbol{f}_i}{\sqrt{d_i}}-\dfrac{\boldsymbol{f}_j}{\sqrt{d_j}}\right)^2$；

2）设λ和$\boldsymbol{w}$是$\boldsymbol{L}_{\mathrm{sym}}$的一个特征值和对应的特征向量，则$\lambda$和$\boldsymbol{u}=\boldsymbol{D}^{-1/2}\boldsymbol{w}$是$\boldsymbol{L}_{\mathrm{rw}}$的一个特征值和对应的特征向量；

3）常数向量$\mathbf{1}$是$\boldsymbol{L}_{\mathrm{rw}}$的特征向量，所对应的特征值为0；

4）向量 $\boldsymbol{D}^{1/2}\mathbf{1}$ 是 $\boldsymbol{L}_{\mathrm{sym}}$ 的特征向量，所对应的特征值为 0；

5）$\boldsymbol{L}_{\mathrm{sym}}$ 和 $\boldsymbol{L}_{\mathrm{rw}}$ 都是半正定的且各自具有 n 个非负的实值特征值，$0=\lambda_1\leqslant\cdots\leqslant\lambda_n$。

与非规范 Laplacian 图相同，$\boldsymbol{G}$ 中包含多少个连通子图，$\boldsymbol{L}_{\mathrm{sym}}$ 或 $\boldsymbol{L}_{\mathrm{rw}}$ 便有多少个 0 特征值。

给定一个图 Laplacian 矩阵，谱聚类的一种实现方法是利用图 Laplacian 矩阵的前 $m(m\leqslant n)$ 个特征值所对应的特征向量所形成的矩阵 $\boldsymbol{U}=[\boldsymbol{u}_1,\cdots,\boldsymbol{u}_m]\in\mathbb{R}^{n\times m}$ 表示原始的 n 个数据（每行对应一个数据点），然后用 k 均值等算法进行聚类。

另一种实现方法是利用图 Laplacian 矩阵的第二个特征向量（第一个特征向量是常数向量 $\mathbf{1}$）将图一分为二，即以特征向量元素的中值为阈值，将对应结点分为两类。对子图重复这一过程，直至达到目标聚类数。可见，这是一个自顶向下的二分裂法。

可以证明，谱聚类算法是图划分问题最优理论解的近似解法，这是其能够获得优越性能的主要原因。同时，谱聚类算法基于线性代数方法求解，具有计算上的便捷性和理论上的清晰性。但需要注意的是，这种近似解法并不能保证与最优解的差距足够小（某些条件下的结果甚至不能令人满意）。

此外，也有学者从随机游走和扰动理论等不同的方面阐释谱聚类的物理意义，这些研究有利于帮助理解谱聚类算法的实质。

在实现谱聚类算法时还需要考虑一些具体问题，包括数据相似度函数的选取、相似度图的类型（最小邻域图、k 近邻图、全连通图等）的确定、聚类个数 k 的确定等。而图 Laplacian 矩阵的选取尤为重要。研究表明，3 种图 Laplacian 矩阵往往带来不同的聚类效果。一般情况下，基于规范图 Laplacian 矩阵方法的效果优于非规范图 Laplacian 矩阵的方法，因为前者既有使类间差异性最大的目标，也有使类内相似性最大的目标，而后者只有使类间差异性最大的目标。而在两种规范图 Laplacian 矩阵中，$\boldsymbol{L}_{\mathrm{rw}}$ 的效果一般更好，因为在一些情况下，其特征向量就是类别指示向量，而 $\boldsymbol{L}_{\mathrm{sym}}$ 却没有这样的性质。

3.4.2 生成法

应用区分法对文档进行聚类的优点一是步骤直观、物理意义明显，二是能用统一的算法完成所有类的划分。这种方法的一个潜在问题是在计算文档对不同文档类的归属度时，其 VSM 向量没有进行相应的改变。考虑到词在不同的文档类中的 IDF 是不同的，这种相应的改变是有必要的。

采用生成法进行聚类是另一种选择，它将不同类别的数据看作是由不同的随机过程所生成的。而聚类算法的主要任务是通过学习获得各个随机过程的概率模型。对于文本聚类问题，每个文档类别被看作对应一个主题的文档集合，其概率生成模型由集合中的文档样本进行估计。于是，每个主题类别可获得一个关于文档的概率生成模型，各个类别的模型相互独立地利用本类文档进行学习。有了类模型之后，一个测试文档应该归属哪个类别，就看哪个类别的模型产生该文档的概率更大。整个过程的关键是各个类别概率模型的估计。在估计概率模型时，各文档属于哪个类是未标注的潜变量，也是需要学习的，因此生成式聚类仍是一种无监督学习。模型估计分为两个阶段，一个是模型估计，另一个是参数估计。前者往往通过先验知识进行假设，后者通过样本利用优化算法进行计算。

由于自然语言具有高度灵活性，因此提出一种精确的文档生成概率模型是很困难的。在实际应用中，必须对复杂问题进行大幅度的简化才能获得可实现的模型。词间的相关性是进行文档生成概率建模的一个复杂制约因素，如果考虑这个相关性，模型的复杂度将是难以承受的。为此，[Chak 03]假设词的出现是相互独立的事件，并只考虑词是否出现而不论出现的次数，提出了一种文档生成的二值概率模型。在这个模型中，一个文档事件是二值元素的一个向量。每个元素对应词表 W 中的一个词 t，它以概率 ϕ_t 出现。所有的 ϕ_t 构成一个参数集合 Φ。给定 Φ，该模型生成文档 d 的概率为：

$$P(d \mid \Phi) = \prod_{t\in d}\phi_t \prod_{t\in W, t\notin d}(1-\phi_t) \tag{3.14}$$

此模型中所有的 ϕ_t 均不能为 0 或 1，从而模型能以不同的概率生成 $2^{|W|}$ 种可能的文档。这使得文档的出现概率在整个定义空间被平滑，从而致使真实文档的出现概率从总体上被低估。

如果考虑词的出现次数，则可使模型更加精准。假设文档的总长度 L 符合一个概率分布 $P(l)$，给定文档的长度为 l。将文档的书写过程看作一个掷 $|W|$ 个面的骰子的过程(各个面的出现概率不一定相同)，每个面对应词表中的一个词。设投掷时出现第 t 面的概率是 θ_t，则有 $\sum_t \theta_t = 1$。将所有参数，包括文档的长度和所有 θ_t 用参数集合符号 Θ 表示。书写一个长度为 l 的文档的过程就是投掷骰子 l 次的过程。假设第 t 面出现了 n_t 次，则有 $\sum_t n_t = l$。若将文档特征用其长度 l 和各个词出现的次数 $\{n_t\}$ 表示，则其在参数 Θ 条件下的生成概率等于：

$$\begin{aligned} P(l,\{n_t\} \mid \Theta) &= P(L=l \mid \Theta)P(\{n_t\} \mid l,\Theta) \\ &= P(L=l \mid \Theta)\binom{l}{\{n_t\}}\prod_{t\in d}\theta_t^{n_t} \end{aligned} \tag{3.15}$$

这里，$\binom{l}{\{n_t\}} = \dfrac{l!}{n_1!\ n_2!\ \cdots}$，是多项分布的系数。该模型被称为多值模型，其中的长度分布是一个关键因素，如果没有这个因素，空文档的生成概率将为 1。

多值模型仍然假设各词的出现之间是相互独立的，而且它还假设同一个词的先后出现之间相互独立，即一个词当前是否出现与它前面是否已经出现无关。这显然也是一个硬性的简化，因为前文出现过的词再次出现的可能性显然要高一些。

尽管从语言学的角度看，上述模型的简化比较生硬，但是从工程应用的角度看，它们是一种有效的近似，这种近似使得概率模型的参数估计成为可能。在实际中，二值模型和多值模型也获得了良好的效果，多值模型的效果更好一些。

下面讨论如何用非监督的方法为多个类建立各自的概率生成模型。用 m 表示可能的话题数量，即类别数。假设文档作者在书写前以概率 α_i 选择第 i 个话题，$\alpha_1+\cdots+\alpha_m=1$，然后以概率模型 Θ_i 来产生文档。这个概率模型可以是上述的二值模型、多值模型以及其他任何模型，并且不同的话题可以采用不同的模型。假设在话题 i 的模型中，有关词 t 的参数为 $\theta_{i,t}$，则可以用一个参数集合 Θ 将所有的模型参数包含在内，即 $\Theta=(m;\alpha_1,\cdots,\alpha_m;\{\theta_{i,t},\forall i,t\})$。

确定了描述多话题类别的模型以后，下一步要解决的问题便是如何通过训练数据将模型中的参数估计出来。这个任务可以通过 EM(期望最大化)算法来完成。

为了简化描述，假设每个类别只有一个词参数 μ_i，即 $\Theta=(m;\alpha_1,\cdots,\alpha_m;\mu_1,\cdots,\mu_m)$，并设 x 为生成的文档，则有

$$P(x \mid \Theta) = \sum_{j=1}^{m} \alpha_j P(x \mid \mu_j)$$

假设有 n 个独立同分布的(Independent Identically Distributed, IID)样本构成集合 $X=\{x_1,\cdots,x_n\}$，按照最大似然估计(MLE)准则，可通过对以下函数进行最大化来估计参数 Θ：

$$P(\boldsymbol{X} \mid \Theta) = \prod_{i=1}^{n} P(x_i \mid \Theta) \equiv L(\Theta \mid \boldsymbol{X}) \tag{3.16}$$

对上式取对数，获得参数 Θ 的对数似然度函数：

$$\lg L(\Theta \mid \boldsymbol{X}) = \sum_{i=1}^{n} \lg\left(\sum_{j=1}^{m} \alpha_j P(x_i \mid \mu_j)\right) \tag{3.17}$$

如果各个样本所属的类别向量 $\boldsymbol{Y}=[y_1,\cdots,y_n]$ 是已知的，则最大化式(3.16)时所定义的函数 L 是个简单的最大似然问题。在不知道各个样本的类别所属(聚类的目的恰好就是试图得到这些所属)时，L 的最大化问题就变得复杂了。因为 L 既是 Θ 的函数，也是 $\boldsymbol{Y}$ 的函数。在 $\boldsymbol{Y}$ 未知的情况下，Θ 的最优值无法通过解析的方法令 L 获得最大化。EM 算法正是解决这类问题的有效方法。

EM 算法通过设定初始值然后迭代寻优来对这类问题进行逼近求解，其求解思想与 k 均值算法的思想一脉相承，即先给定模型参数 Θ 一个初始值，然后对样本的类别所属和模型参数进行迭代寻优。具体地，先对 Θ 给出一个初始"猜想"Θ'，然后求解在给定 $\boldsymbol{X}$ 和 Θ' 的条件下 Θ 的对数似然关于类别的期望值 Q：

$$\begin{aligned} Q(\Theta,\Theta') &= E_Y(\lg L(\Theta \mid \boldsymbol{X},\boldsymbol{Y}) \mid \boldsymbol{X},\Theta') \\ &= \sum_{Y} \{P(\boldsymbol{Y} \mid \boldsymbol{X},\Theta')\}\{\lg P(\boldsymbol{X},\boldsymbol{Y} \mid \Theta)\} \\ &= \sum_{Y} \{P(\boldsymbol{Y} \mid \boldsymbol{X},\Theta')\}\{\lg(P(\boldsymbol{Y} \mid \Theta)P(\boldsymbol{X} \mid \boldsymbol{Y},\Theta))\} \\ &= \sum_{y_1=1}^{m} \cdots \sum_{y_n=1}^{m} \{\prod_{j=1}^{n} P(y_j \mid x_j,\Theta')\}\{\sum_{i=1}^{n} \lg(\alpha_{y_i} P(x_i \mid \mu_{y_i}))\} \end{aligned}$$

化简可得

$$Q(\Theta,\Theta') = \sum_{l=1}^{m} \sum_{i=1}^{n} P(l \mid x_i,\Theta') \lg(\alpha_l P(x_i \mid \mu_l)) \tag{3.18}$$

由于 Q 是在 Y 的分布上获得的期望，因此这一步被称为期望(E)步。

为了在 Θ' 基础上获得更好的 Θ 值，下一步求 Q 最大化条件下的 Θ，该步被称为 M 步。这一步骤有一个限定条件，即 $\sum_{i} \alpha_i = 1$。通过 Lagrange(拉格朗日)乘子将这一条件代入优化方程，并令其对 α_k 的偏导数等于 0：

$$\frac{\partial}{\partial \alpha_k}\left[\sum_{l=1}^{m} \sum_{i=1}^{n} \{\lg \alpha_i + \cdots\} P(l \mid x_i,\Theta') - \lambda \sum_{i} \alpha_i\right] = 0$$

由上式可得

$$\alpha_k = \frac{1}{\lambda} \sum_{i=1}^{n} P(k \mid x_i,\Theta') \tag{3.19}$$

根据约束条件 $\sum_i \alpha_i = 1, \lambda = n$。

Θ 中除 m 和 α 之外还有 μ，它的求解同样需要采用求偏导数的方法获得一个方程组。为了给出具体求解的例子，这里假设各类别的词概率分布服从均值为 μ 的 Poisson(泊松)分布，即 $P(x|\mu) = \mathrm{e}^{-\mu}\mu^x / x!$，则

$$\frac{\partial}{\partial \mu_k}\left[\sum_{l=1}^{m}\sum_{i=1}^{n}P(l \mid x_i, \Theta')(-\mu_l + x_i \lg \mu_l)\right] = 0$$

由上式可得

$$\sum_{i=1}^{n}\left(-1 + \frac{x_i}{\mu_k}\right)P(k \mid x_i, \Theta')$$

化简后可得

$$\mu_k = \frac{\sum_{i=1}^{n} x_i P(k \mid x_i, \Theta')}{\sum_{i=1}^{n} P(k \mid x_i, \Theta')} \tag{3.20}$$

最大化步可以保证 Q 不会降低，因此通过迭代，它会逐渐趋向一个局部最大值。这就是 EM 算法的原理和步骤。

在上述算法中，假设类别数 m 是已知的。但在很多情况下，m 是事先未知的。那么如何对 m 进行估计呢？一种办法是在进行模型参数估计的时候保留一些测试样本不参加训练，通过其余的样本利用从小到大假定 m 值的方法来估计不同模型的参数。每获得一个模型后，检查其生成测试样本的似然度，找出似然度最高的模型。

3.5 文本分类

分类是最基本和最重要的智能活动之一。人类之所以能够对纷繁复杂的事物进行恰当的处理，很大程度上依赖于对事物进行的合理分类。在人工智能领域，分类问题是最基本的问题之一。深度学习中的经典模型大部分是针对分类问题提出的。例如，为模式识别系统构造性能优良的分类器。

在信息搜索中，对网页及其他文档进行分类一直是人们研究的核心问题之一。信息搜索中的基本服务，如基于目录的浏览、基于主题的新闻门户、知识图谱的构建等都离不开文本分类。

与聚类模型的学习不同，分类模型的学习是通过有监督的学习实现的，即训练样本中包含类别标签。在学习中，利用这些有类别标签的样本对分类器进行训练。在训练的过程中，通常会留出部分标注样本对分类器的训练效果进行确认。分类器一旦训练完毕，便可以对未知样本(测试样本)进行分类，以判定样本的类别。样本的类别可以具有层次结构，大类中包含小类，例如层次主题结构。

文本分类的研究已有很长的历史，但 Web 文本分类有其特殊的难度。Web 文档中的词汇数量差别很大，长短不一，主题类别繁多，层次结构复杂。这在普通的文本分类中是不常见的。

k-NN 分类器、Bayes 分类器、最大熵分类器、SVM 分类器等是文本分类中常用的分类器，它们在理论上具有典型的意义，在应用上也有各自的特点。基于深度神经网络的分类器综合了经典分类器的优点，在性能上实现了新的突破，目前已经成为文本分类的主要工具。

3.5.1 k-NN 分类器

k-NN 分类器的基本思想是利用 k 个与未知样本最接近的已知样本的类别分布来决定未知样本的类别。这里包含两个步骤：1）寻找未知样本的 k 个最近邻；2）利用 k 近邻的类别对未知样本的类别分布进行预测。当用 VSM 表示样本时，第一步可利用相似度、相关系数等测度很简单地完成。第二步可以是简单投票，也可以是加权投票，即用训练样本与未知样本之间的相似度对训练样本的类别票进行加权。

事实上，除了对训练样本进行标注外，构建一个 k-NN 分类器并不需要进行学习，因此它也被称为“懒惰的”学习器。需要下工夫的是 k 的选择和调整，因为其大小决定着分类器的性能。

k-NN 分类器常常可以“免费”获得。因为在很多系统中，文档的词倒排索引及类别标注已经完成，只要适当地选择 k 参数，就可以构成分类器，并可获得与其他分类器相匹敌的性能。这是 k-NN 分类器的显著优点。同时，它的缺点也很明显，即计算开销和存储开销都很大。用 k-NN 分类器进行文本分类，对于一个包含 n 个不同词的测试文档 d_q，要对倒排索引进行 n 次查询，将与 d_q 至少有一个相同词的文档全部找出，计算所有文档与 d_q 的相似度，并找出相似度最大的 k 个文档。与找出的候选文档的总数相比，k 通常是非常小的，因此 k-NN 查询被称为“冰山查询”，因为用户只看到冰山的顶尖。相应地，k-NN 分类器的存储开销也非常大，因为它要存储每个训练样本的特征，而不是像其他分类器那样通过样本特征训练出类模型进行保留。

尽管 k-NN 分类器的思想非常朴素，但其中的核心思想，即寻找关键已知样本，并将其特征直接作为模型变量的思想成为 SVM 及其他基于核方法的分类器的思想基础。因而，在原理上 k-NN 分类器与基于核方法的分类器是相通的。这一点会在后续的学习中得到更好的理解。

3.5.2 Bayes 分类器

Bayes 分类器无论在理论上还是在应用中都十分重要。在理论上，它有坚实的概率论基础和普遍的指导意义；在应用中，它在包括文本分类在内的广泛领域发挥了很好的作用。Bayes 分类器是基于 Bayes 推理的分类模型，它被用于在获得一个观测数据后通过类别的先验概率和类别相对数据的似然度函数计算类别的后验概率。下面我们对用于文档分类的 Bayes 分类器进行介绍。

假设每个文档只属于一个类别或主题，则文档的 Bayes 分类器基于以下条件建立。

1）每个主题类 c 都有一个相应的先验概率 $P(c)$，$\sum_c P(c)=1$。该条件给出在测试文档 d 未给定之前各类文档的生成概率。

2）对于每个类 c，存在一个类条件文档分布 $P(d|c)$，在给定 d 的条件下，该分布被称为类别 c 关于 d 的似然度函数。需要说明的是，似然度函数不是概率分布函数，因为它在类别空间上的求和或积分不一定为1。

这样，生成一个主题为 c 的文档 d 的概率便是 $P(c)P(d|c)$。根据 Bayes 准则，给定的测试文档 d 来自类 c 的后验概率便等于：

$$P(c \mid d) = \frac{P(c)P(d \mid c)}{\sum_r P(r)P(d \mid r)} \tag{3.21}$$

其中，r 的范围遍及所有的类。

式(3.21)中的 $P(d|c)$ 通过类条件下的词分布模型来估计，整个 Bayes 分类器模型用参数集合 Θ 来描述。对 Θ 的估计依靠两方面的信息：1）与训练样本无关的先验知识，这种知识由关于 Θ 自身的分布来表达；2）训练样本（文档）集 D 中的词汇。

通过观察训练样本 D，获得关于 Θ 的后验概率 $P(\Theta|D)$，从而后验概率 $P(c|d)$ 又可表示为：

$$\begin{aligned} P(c \mid d) &= \sum_{\Theta} P(c \mid d, \Theta) P(\Theta \mid D) \\ &= \sum_{\Theta} \frac{P(c \mid \Theta) P(d \mid c, \Theta)}{\sum_r P(r \mid \Theta) P(d \mid r, \Theta)} P(\Theta \mid D) \end{aligned} \tag{3.22}$$

在更普遍的情况下，参数 Θ 的空间是连续的，上式的求和将变成积分。由于只确切知道训练数据 D，而并不知道参数 Θ，所以要对所有可能的参数值求和。但在实际中这种计算是不可行的，除非特征的维数很小。通行的方法是用被积函数 $P(c|d,\Theta)$ 对于某个特定 Θ 的值来代替上述积分，例如 Θ 的最大似然估计 $\arg\max_{\Theta} P(\Theta|D)$。

在 Bayes 分类器中，一个广泛应用的模型是朴素 Bayes 模型（Naive Bayes Model）。这个模型假设样本的各个特征之间是相互独立的，因而使模型得到了很大的简化。在文本分类中应用时，朴素 Bayes 分类器假设词间相互独立，因而词的联合分布就等于边缘分布的乘积。以二值文档概率模型为例，采用参数 $\phi_{c,t}$ 表示类 c 中的文档至少包含词 t 一次的概率，则

$$P(d \mid c) = \prod_{t \in d} \phi_{c,t} \prod_{t \in W, t \notin d} (1 - \phi_{c,t})$$

其中 W 为词特征集合。为了避免对每个测试文档计算一次 $\prod_{t \in W, t \notin d} (1 - \phi_{c,t})$，可将上式改写为

$$P(d \mid c) = \prod_{t \in d} \frac{\phi_{c,t}}{1 - \phi_{c,t}} \prod_{t \in W} (1 - \phi_{c,t}) \tag{3.23}$$

这样就可以事先计算出 $\prod_{t \in W} (1 - \phi_{c,t})$，而在测试时只需计算前一个乘积。

式(3.23)给出的是大量的小概率的乘积，因此得到的 $P(d|c)$ 通常是非常小的。在实际应用中要特别注意防止下溢出问题。

最大似然估计通常不能直接用于朴素 Bayes 分类器。例如，如果某个测试文档 d_q 中包含了一个在训练文档中从未出现的词 t，则 $\phi_{c,t}^{\mathrm{MLE}} = 0$。根据式(3.23)，$P(c|d_q)$ 将为零，而不管有多少其他词提示类 c 很可能生成文档 d_q。这样的情况在实际中并不少见。

为了避免产生这个问题，需要进行参数平滑。Bayes 参数平滑方法是对参数 ϕ 假定一个先验分布 $\pi(\phi)$，一个简单的方法是假定均匀分布 $u(0,1)$。这样，根据 Bayes 准则，对在 n 个文档中有 k 个包含特定词的情况（用 $<k, n>$ 表示），ϕ 的后验分布可以写成

$$\pi(\phi \mid <k,n>) = \frac{\pi(\phi)P(<k,n> \mid \phi)}{\int_0^1 \pi(p)P(<k,n> \mid p)\mathrm{d}p} \tag{3.24}$$

获得 ϕ 平滑参数的一个方法是应用式(3.24)求 ϕ 的期望，即

$$\tilde{\phi} = E(\pi(\phi \mid <k,n>)) = \frac{\int_0^1 p\pi(p)P(<k,n> \mid p)\mathrm{d}p}{\int_0^1 \pi(p)P(<k,n> \mid p)\mathrm{d}p}$$

应用二值模型及标准 B 函数和 Γ 函数，可求出 $\tilde{\phi}=\frac{k+1}{n+2}$。其他模型的平滑参数也可按类似方法求得。

朴素 Bayes 模型给出了文档类别与各个词汇在文档中出现的概率之间的关系，即词的类条件概率分布，但假设词汇之间不存在统计相关性。这种简单关系可以用一个“中心-辐射(hub-and-spoke)”概率图模型来表示，图 3.3(a) 给出了一个简单的例子。中心-辐射概率图模型将包括类和词在内的各个随机变量表示为节点，表示依赖关系的边由类 c 指向每个词 t。

在中心-辐射图的基础上，要增加词之间的依赖关系就要引入由词指向词的边。这样，如图 3.3(b)所示，中心-辐射图就变成了网络。这种网络便是 Bayes 网络。

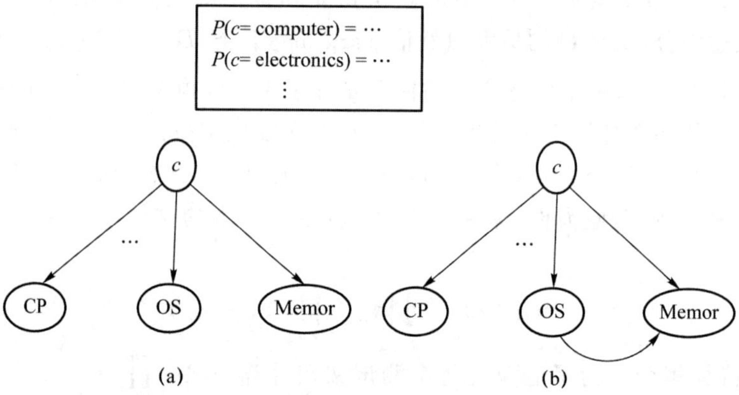

图 3.3 Bayes 网络

Bayes 网络通过一个有向非循环图表示一组随机变量之间的依赖关系，用来对这组随机变量的联合分布进行建模。具有指向节点 X 的边的节点被称为 X 的父节点，表示为 $\mathrm{Pa}(X)$，X 的一个实例父节点集合由 $\mathrm{pa}(X)$ 表示。给定父节点的值将会完全确定 X 的条件分布，而与其他变量无关。对于离散随机变量，可用列表等方法清楚地表示 X 的条件分布，每一行对应父节点的一组值，X 的一个值和一个条件概率。

在 Bayes 网络中，$P(d|c)$ 不再是所有词出现的概率的乘积，而被表示为多个条件概率的乘积：

$$P(X)=\prod_{x}P(x \mid \mathrm{pa}(X)) \tag{3.25}$$

式中,x 是 X 的一个值,X 是 x 的集合。对应 $P(d|c)$,X 是 d 中词的集合。

应用 Bayes 网络进行文本分类,解决了朴素 Bayes 模型中词间相互独立这一生硬假设所带来的问题,因此通常可获得更好的效果。

给出 Bayes 网络的结构和训练数据,获得概率列表是比较简单的,困难的是获得网络结构本身,特别是当节点的数量很大时。一个降低复杂性的方法是限制父节点的数量,例如每个节点只允许拥有依赖性最大的 k 个父节点。这样,在构造 Bayes 网络结构时,就要寻找每个节点最相关的 k 个节点。

3.5.3 最大熵分类器

最大熵分类器是一种基于最大熵原理建立的后验概率模型。最大熵原理源自统计物理学,由 Jaynes E T 于 1957 年在"Information Theory and Statistical Mechanics"一文中提出。最大熵原理指出,当需要对一个随机事件的概率分布进行预测时,只应使全部已知条件得到满足,同时不应对未知情况做任何主观假设,这样的约束将使获得的概率模型保持分布的平衡性,拥有最大的信息熵。简单地说,就是要保留全部的不确定性,将概率模型的预测风险降到最小。

最大熵原理的实质就是,在已知部分知识的前提下,关于未知分布最合理的推断就是符合已知条件的最不确定或最随机的推断,这是人们可以作出的唯一不偏不倚的选择,任何其他的选择都意味着增加了约束和假设,这些约束和假设根据已经掌握的信息无法作出。

下面推导用于文本分类的最大熵分类器模型。设有训练数据$\{(\boldsymbol{d}_i, c_i), i=1,\cdots, n\}$,这里 $\boldsymbol{d}_i$ 为文档的特征向量,c_i 为类标签。$P(c|\boldsymbol{d})$的最大熵模型将通过 m 个反映已知条件的特征函数来建立,特征 f_j 的期望为:

$$E(f_j)=\sum_{d,c}P(\boldsymbol{d},c)f_j(\boldsymbol{d},c) \tag{3.26}$$

根据联合概率乘积法则

$$\begin{aligned}E(f_j)&=\sum_{d,c}P(\boldsymbol{d})P(c \mid \boldsymbol{d})f_j(\boldsymbol{d},c)\\&=\sum_{d}P(\boldsymbol{d})\sum_{c}P(c \mid \boldsymbol{d})f_j(\boldsymbol{d},c)\end{aligned} \tag{3.27}$$

用训练数据估计 $P(\boldsymbol{d},c)$和 $P(\boldsymbol{d})$的估计值 $\widetilde{P}(\boldsymbol{d},c)$和 $\widetilde{P}(\boldsymbol{d})$,并将式(3.26)和式(3.27)相结合,则可以获得对特征 f_j 的如下约束:

$$\sum_{i}\widetilde{P}(\boldsymbol{d}_i,c_i)f_j(\boldsymbol{d}_i,c_i)=\sum_{i}\widetilde{P}(\boldsymbol{d}_i)\sum_{c}P(c \mid \boldsymbol{d}_i)f_j(\boldsymbol{d}_i,c) \tag{3.28}$$

假设训练数据中没有重复的文档并且每个文档只有一个类标签,则 $\widetilde{P}(\boldsymbol{d}_i,c_i)=\widetilde{P}(\boldsymbol{d}_i)=1/n$。于是,式(3.28)可化简为:

$$\sum_{i}f_j(\boldsymbol{d}_i,c_i)=\sum_{i}\sum_{c}P(c \mid \boldsymbol{d}_i)f_j(\boldsymbol{d}_i,c) \tag{3.29}$$

在上述约束条件下,$P(c|\boldsymbol{d})$并不能被唯一确定。如果在所有的已知约束条件下问题仍是松弛的,便可应用最大熵原理求解 $P(c|\boldsymbol{d})$,即在保持已知约束的条件下,最大化 $P(c|\boldsymbol{d})$

的熵。为此，利用 Lagrange 乘子法，为对应每个特征函数的式(3.29)设一个 Lagrange 乘子 λ_j，所有乘子构成集合 $\Lambda=\{\lambda_j\}$。构造函数

$$G(P(c \mid d),\Lambda) = -\sum_{d,c} P(\boldsymbol{d})P(c \mid \boldsymbol{d})\lg P(c \mid \boldsymbol{d}) + \sum_j \lambda_j\Big(\sum_i f_j(\boldsymbol{d}_i,c_i) - \sum_{i,c} P(c \mid \boldsymbol{d}_i) f_j(\boldsymbol{d}_i,c)\Big) \tag{3.30}$$

等式右边的第一项是 $P(c|\boldsymbol{d})$的熵。通过最大化函数 G，可获得

$$P(c \mid \boldsymbol{d}) = \frac{1}{Z(\boldsymbol{d})}\exp\Big(\sum_j \lambda_j f_j(\boldsymbol{d},c)\Big) \tag{3.31}$$

其中 $Z(d)$为配分函数，即伸缩因子，以保证 $0 \leqslant P(c|\boldsymbol{d}) \leqslant 1$ 且 $\sum_c P(c \mid \boldsymbol{d}) = 1$。

综上，获得符合训练数据约束的最大熵后验概率模型 $P(c|\boldsymbol{d})$主要包含以下两个步骤。

1）根据预先确定的 m 个特征函数提取类 c 条件下 d 的 m 个特征$\{f_j(\boldsymbol{d},c)\}$，例如 m 个索引词的词频。为每个特征赋予一个参数变量 λ 和一个限定等式〔式(3.29)〕。

2）最大化 G，求取参数集合 $\Lambda=\{\lambda_j\}$，利用式(3.31)获得 $P(c|\boldsymbol{d})$。

与 Bayes 分类器相同，最大熵分类器通常为每个类-词组合(c, t)选择一个特征。由于 $P(c|\boldsymbol{d})$是类 c 和文档 d 的函数，所以特征函数以 c 和 d 为输入变量，函数值构成一个二维矩阵。对于二值文档模型，函数值矩阵的元素：

$$f_{c',t}(\boldsymbol{d},c)=\begin{cases}1, & c=c' \text{ 且 } t \in d,\\ 0, & \text{其他}\end{cases}$$

对于多值文档模型，函数值矩阵的元素：

$$f_{c',t}(\boldsymbol{d},c) = \begin{cases} 0, & c \neq c',\\ \dfrac{n(d,t)}{\sum_\tau n(d,\tau)}, & \text{其他}\end{cases}$$

最大熵分类器没有特征间相互独立的假设，词的相关性在模型中得到了体现。例如，如果在类 c 中，词 t_1 和 t_2 经常同时出现，则 λ_{c,t_1} 和 λ_{c,t_2} 将会被打折扣。因此最大熵分类器的分类精度在理论上优于朴素 Bayes 分类器。另一个值得注意的是，最大熵分类器导出的后验概率模型〔式(3.31)〕恰好是广泛应用在深度神经网络输出层中的 Softmax 函数。

3.5.4 SVM 分类器

Bayes 方法和最大熵方法都属于生成式分类方法。生成式方法分别考虑各个类别条件下给定样本的生成概率。与此相对应，区分式分类器将各个类别的样本在一个空间中作统一考虑，寻找最优分类函数，将样本的特征向量直接映射为类别标签。例如，用如下方法构造二元文档分类器：在特征空间中找到一个向量 $\boldsymbol{\alpha}$，使得 $\mathrm{sgn}(\boldsymbol{\alpha}\cdot\boldsymbol{d}+b)$等于文档 d 的类别标签，其中 $\boldsymbol{d}$ 为文档的特征向量，b 为一适当的常数。

线性最小二乘回归是获得上述分类器参数 $\boldsymbol{\alpha}$ 和 b 的有效方法，即利用训练数据$\{(d_i, c_i), i=1,\cdots, n\}$，通过最小化类标签预测的均方误差 $\varepsilon = \sum_i (\mathrm{sgn}(\boldsymbol{\alpha}\cdot\boldsymbol{d}_i + b) - c_i)^2$ 来求解参数。最小均方优化问题可利用梯度下降等方法求解。

为了不失一般性，可令 $\|\boldsymbol{\alpha}\|=1$。在这种情况下，可以对该分类器获得如下两种等效的解释：

1）该分类器是尽可能将正、负样本分离在两侧的一个超平面（hyperplane）；

2）将样本投影到 $\boldsymbol{\alpha}$ 方向上，正、负样本会得到很好的分离。

由于该类分类器的优化目标是使不同类别的训练样本得到最大程度的分离，因此被称为区分式分类器。

支持向量机（SVM）分类器是区分式分类器的典型代表。它的基本思想是将超平面两侧的样本距超平面的最小距离最大化，以获得最佳的正负样本分离性。在理论上，它是建立在统计学习的结构风险最小化原则基础上的，根据有限的样本信息在模型的复杂性（即对特定训练样本的学习精度）和学习能力（即无差错地识别任意样本的能力）之间寻求最佳折衷，以期获得最好的泛化能力。

考虑图 3.4 所示的线性可分的两类样本。实心点和空心点分别表示两类不同的训练样本，H 是两类样本的分类面，H_1，H_2 分别为过两类样本中离分类面最近的点的平行超平面，二者之间的距离叫作两类样本的分类间隔（margin）。显然，在分类间隔之内存在多个分类面，均可将两类样本无误地分开。SVM 的目的在于求解一个唯一的最优分类面，它不但能将两类样本无误地分开，而且使两类样本的分类间隔最大。前者可保证经验风险最小，后者能使泛化风险最小。

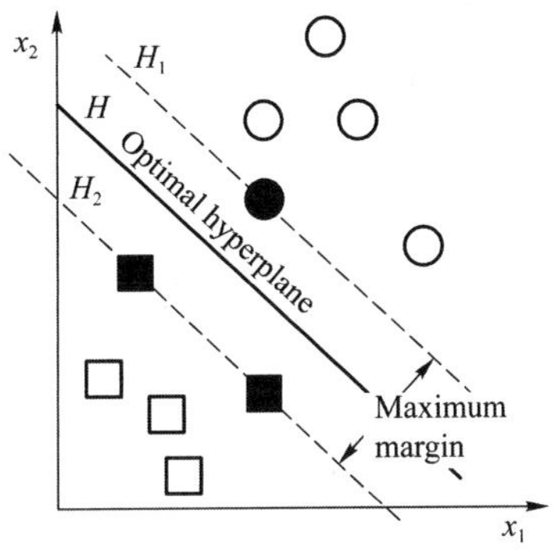

图 3.4　最优分类面示意图

在文档向量空间中，将线性判别函数的一般形式定义为 $g(\boldsymbol{d})=\boldsymbol{\alpha}\cdot\boldsymbol{d}+b$，则分类面方程为 $\boldsymbol{\alpha}\cdot\boldsymbol{d}+b=0$。将判别函数归一化，即使离分类面最近的样本的 $|g(\boldsymbol{d})|=1$，则借助求取从 H_1 或 H_2 至 H 的垂直向量的长度可以证明分类间隔 margin$=2/\|\boldsymbol{\alpha}\|$。使间隔最大等价于使 $\|\boldsymbol{\alpha}\|$ 最小，而要求 H 对所有样本正确分类，则应满足：

$$c_i(\boldsymbol{\alpha}\cdot\boldsymbol{d}+b)\geqslant 1\quad \forall\, i=1,\cdots,n$$

考虑到一些样本可能被错分，故引入正的松弛因子 ξ_i 允许其存在，则上式的约束变为：

$$c_i(\boldsymbol{\alpha}\cdot\boldsymbol{d}+b)\geqslant 1-\xi_i\quad \forall\, i=1,\cdots,n$$

根据上述讨论，寻找最优分类面问题可以表示成如下二次优化问题：

$$\begin{aligned}&\text{Minimize} && \frac{1}{2}\boldsymbol{\alpha}\cdot\boldsymbol{\alpha}+C\sum_i\xi_i\\ &\text{subject to} && c_i(\boldsymbol{\alpha}\cdot\boldsymbol{d}+b)\geqslant 1-\xi_i\quad \forall\, i=1,\cdots,n\end{aligned}\tag{3.32}$$

其中，$C>0$，是一个常数，为控制错分样本的惩罚因子。利用 Lagrange 优化方法，可将式(3.32)转化为如下对偶问题：

$$\begin{aligned}&\text{Minimize} \quad \sum_i \lambda_i - \frac{1}{2}\sum_{i,j}\lambda_i\lambda_j c_i c_j (\boldsymbol{d}_i \cdot \boldsymbol{d}_j)\\ &\text{subject to} \quad \sum_i c_i\lambda_i = 0 \text{ and } 0 \leqslant \lambda_i \leqslant C \ \forall i = 1,\cdots,n\end{aligned} \tag{3.33}$$

上式的解中，一般只有少数 λ_i 不为零，记为 λ_i^*，其对应的样本就是支持向量(Support Vector)。分类阈值为 b^*，可利用最优分类面方程通过任意一对不同类别的支持向量求得。

获得上述参数后，文档 d 的最优分类函数可写为 $f(d) = \text{sgn}\{\sum_{SV}\lambda_i^* c_i(\boldsymbol{d}_i \cdot \boldsymbol{d}) + b^*\}$。

值得注意的是，上述最优分类函数本质上是利用支持向量的类别标签 c_i 加权预测文档 d 的类别。这在某种程度上与 k-NN 分类器具有相似性，因为 k-NN 分类器也是用若干已知样本(未知样本的 k 个近邻)的类别标签来预测未知样本的类别的。两者之间的重要差别是：SVM 的支持向量无论对哪个未知样本都是固定的，而 k-NN 中的近邻样本是随着未知样本的变化而变化的。

上述支持向量机是线性的，对应样本线性可分的情况。对于样本非线性可分的情况，可以用一个非线性映射 Φ: $R^d \rightarrow H$ 将样本映射到高维特征空间 H 中，使之在高维空间中线性可分。Φ 的具体形式也许并不容易求得，但注意到 SVM 仅涉及样本的内积运算 $\boldsymbol{d}_i \cdot \boldsymbol{d}_j$，对应到高维空间样本的内积也就是 $\Phi(\boldsymbol{d}_i) \cdot \Phi(\boldsymbol{d}_j)$。如果能找到函数 K(这种函数称为核函数)，使得 $K(\boldsymbol{d}_i,\boldsymbol{d}_j)=\Phi(\boldsymbol{d}_i) \cdot \Phi(\boldsymbol{d}_j)$，就没有必要求出 Φ 的具体形式。这样，样本非线性可分的情况下式(3.33)就变为：

$$\begin{aligned}&\text{Minimize} \quad \sum_i \lambda_i - \frac{1}{2}\sum_{i,j}\lambda_i\lambda_j c_i c_j K(\boldsymbol{d}_i, \boldsymbol{d}_j)\\ &\text{subject to} \quad \sum_i c_i\lambda_i = 0 \text{ and } 0 \leqslant \lambda_i \leqslant C \ \forall i = 1,\cdots,n\end{aligned} \tag{3.34}$$

相应地，最优分类函数为 $f(d) = \text{sgn}\{\sum_{SV}\lambda_i^* c_i K(\boldsymbol{d}_i, \boldsymbol{d}) + b^*\}$。

采用不同的核函数会产生不同的算法，目前研究最多的有 3 类：多项式核函数 $K(\boldsymbol{d},\boldsymbol{d}_j)=[\boldsymbol{d} \cdot \boldsymbol{d}_j + 1]^q$，径向基函数 $K(\boldsymbol{d},\boldsymbol{d}_j) = \exp\left\{-\frac{(\boldsymbol{d}-\boldsymbol{d}_j)^2}{\delta^2}\right\}$ 和 Sigmoid 函数 $K(\boldsymbol{d},\boldsymbol{d}_j) = \tanh[v(\boldsymbol{d} \cdot \boldsymbol{d}_j)+c]$。

以往的研究结果表明，SVM 在文本分类中展现了良好的性能。更为有趣的结果是，在许多典型的文本分类任务中，文档类别几乎是线性可分的。因此，通常认为对于文本分类任务线性 SVM 就可以满足要求，而不必采用复杂的非线性 SVM。

3.5.5 神经网络分类器

在人工智能领域，神经网络特指人工设计的可用来完成各种特定任务的通用计算模型。事实上，神经网络模型就是在模拟和改善前述的各种经典的聚类和分类模型的过程中发展起来的，与经典模型有着密切的关系。神经网络也是深度学习研究的主要对象，是目前应用最普遍的模型。

神经网络的本质是将一组被称为“神经元”的单元组合起来，以形成将输入信号转换为输出结果的复合函数。作为神经网络中的基本单元函数，神经元将输入向量通过连接权重向量进行加权求和后再进行非线性激活，即先进行输入向量与连接权重向量的内积，然后对内积进行非线性变换。非线性变换常用逻辑 Sigmoid 函数实现，用以判断输入向量与连接权重向量的内积，亦即二者的相关性是否达到某个设定的阈值。神经元的连接权重和阈值是可以通过学习调整的，这正是神经网络实现各种不同功能的关键。典型的神经网络是分层组织的，不同的层对输入进行不同的变换。信号从输入(第一层)到输出(最后一层)可以经由多个中间的层次。

形式上，由神经网络模型所定义的数学函数为 $f: X \to Y$。其中，X 为输入变量集合，Y 为输出变量集合。将该函数应用于文本分类问题时，$x \in X$ 为给定文档的文本表示，如 VSM，$y \in Y$ 为文本的类别标签。源于神经网络的层次结构，$f(x)$ 是其他函数 $g_i(x)$ 的一个复合函数，而 $g_i(x)$ 又可进一步由其他函数复合而成。最典型的复合形式是加权和的非线性激活，即 $f(x) = h(\sum_i w_i g_i(x))$，这里，$w_i$ 是第 i 个复合成分(输入信号)的权重，h 是激活函数，常见的函数形式包括 Sigmoid 函数、Softmax 函数以及线性整流函数(ReLU)。激活函数的一个重要特点是对输入进行平滑的伸缩。当神经网络的结构是一个有向无环图时，称其为前馈网络；当网络出现环形结构时，称其为循环网络。

神经网络的全部价值都源于它的学习能力。所谓学习，就是神经网络通过调整自身的参数，如连接的权重、神经元的激活阈值等，使得 $f(x)$ 对于给定的任务而言达到最优。设 F 为给定的神经网络通过调整参数所能实现的全部函数的集合，L 为实现的函数对给定任务的损失函数，如分类的错误率，即 $L: F \to \mathbf{R}$，则学习便是寻找 f^*，使得 $L(f^*) \leq L(f), \forall f \in F$。

损失函数 L 在学习中具有承担评价学习效果，即参数优化效果的重要作用。换句话说，学习算法在参数空间中寻找最优解时要基于损失函数进行。损失函数通常被定义为某统计量的近似值。例如，在分类问题中，设数据对 (x, y) 是从某个分布 D 中抽取的样本，x 是观测特征，y 是其类别标签，则可定义 $L = E_D[(f(x) - y)^2]$。实际中，人们只能获取有限个样本，因而用方差的均值来近似 L 所定义的方差的期望。原则上，损失函数可以有多种多样的定义方法，具体选择何种形式由所完成的任务决定。

包括深度神经网络在内的各类神经网络均可由反向传播算法，即 BP 算法进行训练。训练通过梯度下降原理来实现，即计算损失函数 L 相对于连接权重等可调参数的梯度，然后对参数进行调整：$w_{ij}(t+1) = w_{ij}(t) + \eta \partial L / \partial w_{ij}$，其中，$\eta$ 是学习率。BP 算法早在 20 世纪 60 年代就被提出，后经多次改进和发展，成为当今神经网络模型的主流训练方法。在深度学习中，BP 算法中的参数更新通常采用随机梯度下降法(stochastic gradient descent)完成。在分类问题中，损失函数常选择交叉熵(cross entropy)函数。设 p_j 为神经网络输出的类别 j 的概率，d_j 为类别 j 的目标概率，则交叉熵损失函数定义为 $L = -\sum_j d_j \lg(p_j)$。

最基本的前馈网络是多层感知器(Multilayer Perceptron，MLP)，在这种网络中，当前层的每个神经元对下一层的各个神经元都有连接，被称为全连接。卷积神经网络(Convolutional Neural Network，CNN)对这种结构进行了改造，在全连接的输出层之前插入多个卷积层和池化层，加之正则化和激活函数的改进，可以构建包含众多隐层的深度神经网络。深度 CNN 在包括文本分类等众多的应用中展现了卓越的性能，目前已经成为一种主流的分类模型。

在 CNN 中,一个卷积层可拥有多个卷积核,各层的卷积核个数可以不同。每个卷积核对输入向量的卷积产生一个特征图(feature map),因而 d 个卷积核便产生 d 个特征图。输入向量和卷积核通常被排列为二维矩阵(类似图像的方式)进行卷积运算,产生的各个特征图也是二维矩阵,其行列尺度取决于输入矩阵的尺度和卷积的步幅(stride)。相对于输入矩阵,特征图的行列尺度以步幅的倍数缩小,当步幅为 1 时,特征图的尺度与输入矩阵的尺度相同。

CNN 的卷积核通常是 $k\times k$ 的方阵,随着深度网络层次的逐渐增多,采用的卷积核的尺度越来越小,如 7×7、5×5、3×3 等。对于某一卷积层 l,其特征图上的某个位点的卷积响应 $\boldsymbol{y}_l=\boldsymbol{W}_l\boldsymbol{x}_l$,其中 $\boldsymbol{x}_l$ 是 k^2c 维的列向量,排列着来自 $l-1$ 层的 c 个特征图的某一 $k\times k$ 卷积区域中的全部数据;$\boldsymbol{W}_l$ 是 d 行 k^2c 列的卷积核参数矩阵,每一行对应一个卷积核;卷积响应 $\boldsymbol{y}_l$ 是对应特征图某位点的 d 维列向量,该位点的特征值是 $f(\boldsymbol{y}_l)$,即 $\boldsymbol{y}_l$ 的激活函数。值得注意的是,如果将卷积核设为 1×1,则 $\boldsymbol{W}_l$ 成为 $d\times c$ 的线性变换,它将 $l-1$ 层的特征图每个位点的 c 维向量变为 l 层特征图对应位点的 d 维向量,运算中并不包含卷积操作。这种变换在新近出现的深度网络,如 ResNet 和 DenseNet 中得到了采用。

LSTM(Long Short-term Memory)网络是一种能进行长时间段内的短期记忆,同时能避免梯度消失的循环网络,其结构特点是带有控制循环的 3 种类型的门(gate)。一个 LSTM 基元由一个记忆单元(cell)、一个输入门、一个输出门和一个遗忘门构成。记忆单元是一列神经元,输出一个向量,用来记忆任意一个时间周期之内的信息。无论哪种门,都是用一系列神经元实现的调节器,每个门都输出一个与记忆单元输出向量维度相同的向量信号,这些信号被直连到记忆单元,对记忆单元的输入和输出信号逐维进行缩放及开关的调节。

无论是记忆单元还是各种门,都有两类输入信号,一是当前时刻的外部输入 x_t,二是前一时刻记忆单元的输出 c_{t-1}。这两类输入信号分别通过输入连接权重矩阵 $\boldsymbol{W}$ 和记忆单元到各类门的内部连接权重矩阵 $\boldsymbol{U}$ 进入记忆单元和各类门。设外部输入信号 x 的维度为 d,记忆单元输出信号 c 的维度为 h,则 $\boldsymbol{W}$ 的尺度为 $h\times d$,$\boldsymbol{U}$ 的尺度为 $h\times h$。记忆单元和各个门都有各自不同的 $\boldsymbol{W}$ 和 $\boldsymbol{U}$,分别对两类输入信号进行变换。$\boldsymbol{W}$ 和 $\boldsymbol{U}$ 是可学习的参数。输入门控制记忆单元的外部输入 x_t,遗忘门控制记忆单元前一时刻的输出 c_{t-1} 对记忆单元的反馈,输出门控制记忆单元当前值 c_t 对外部的输出,这 3 个门的当前状态也受到记忆单元前一时刻输出 c_{t-1} 的影响,即记忆单元与门之间存在循环控制的关系。门的激活函数一般为 Sigmoid 函数,而记忆单元的激活函数常取恒等变换,等效于无激活函数。记忆单元的恒等激活配置使得在利用时序反向传播算法(BPTT)训练 LSTM 网络时,即使对循环结构进行深度展开,也不易出现梯度消失问题,因而成为 LSTM 既能实现短期记忆也能实现长期记忆的一个关键。这一特点也使得 LSTM 在文本分类问题中显现出了很强的效能,因为文本的上下文序列中既包含短距离结构,也包含长距离结构,适于用 LSTM 建模。

CNN 和 LSTM 是两类基本的神经网络结构,近年来,在此基础上,人们通过对网络的深度、宽度(各层的通道数)、卷积核尺度、短接通道、循环机制等结构性因素进行调整,构造出了多种多样的解决不同问题的模型,充分展现了深度神经网络的灵活性和强大功能。

3.6 文本的语义哈希分析

文本的语义分析是文本分析的重要内容。潜语义标号(LSI)可被看作文本语义分析的最初方法。它通过对词-文档矩阵进行奇异值分解,即 SVD,抽取 VSM 中的低维语义结构。但由于 LSI 是一种线性模型,所以只能获取由词间的线性相关性所蕴含的语义类别。其后发展起来的概率潜语义分析(pLSA)等概率模型实现了对潜语义更加灵活的建模,但仍存在难以精确进行潜语义的概率推断和需要用耗时的方法加以近似等问题。这使得这类概率语义分析模型难以用大数据驱动。而对于信息搜索问题,快速推断是至关重要的。因此这些模型很少在包括文本检索和图像检索的任务中发挥作用。

为了实现潜语义的快速推断,人们提出了基于神经网络的受限玻尔兹曼机(RBM)模型和指数分布模型,并利用梯度下降法进行学习。在实验中,这类方法取得了良好的效果。

随后的研究发现,浅层神经网络由于只采用一层隐变量,所以其表达语义结构的能力仍然有限,于是人们开始了对基于深层神经网络语义表示的研究。面向信息搜索任务,这类模型中的语义哈希模型具有典型意义[Rusl 09]。

3.6.1 语义哈希模型

语义哈希模型利用一个特殊的深度神经网络结构实现词计数向量向低维二进制哈希码的映射。哈希码具有语义相似性,即相似文档的哈希码相互邻近。检索时将查询进行哈希映射,便可极其迅速地生成一个与文档集尺度无关的短列表,给出最相关的文档地址。同时,通过微调查询向量的少许比特进行近似匹配,可使检索更加灵活。

语义哈希模型从数学上讲是一个深度概率图模型。图 3.5 是[Rusl 09]提出的一个具体模型,各层中的数字表示随机变量的个数。该模型整体上是一个生成模型,最底层表示文档的词计数向量,最高层表示二进制哈希码。最上两层形成一个无向二部图,其余各层形成一个自上而下连接的置信网络(belief net)。网络参数利用玻尔兹曼机神经网络模型逐层学习,然后再进行整体微调(fine-tune)。

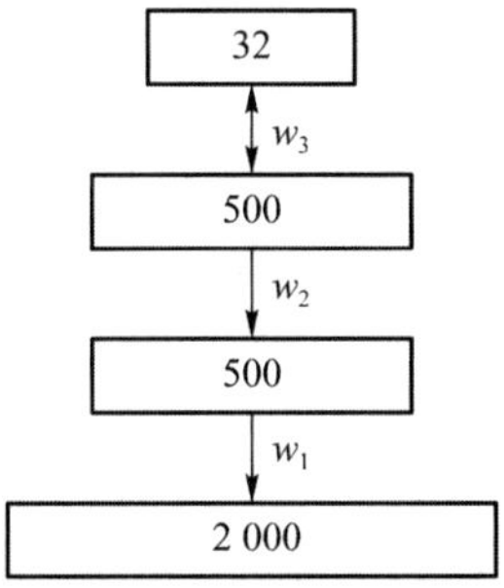

图 3.5 语义哈希概率生成模型

[Rusl 09] 将文档词计数向量作为可见变量 $\boldsymbol{v}$,采用受限泊松模型〔式(3.35)〕对其进行

建模；将主题特征作为隐变量 $\boldsymbol{h}$，采用条件伯努利模型〔式(3.36)〕对其进行建模。

$$p(v_i = n \mid \boldsymbol{h}) = \mathrm{Ps}\left(n, \frac{\exp(\lambda_i + \sum_j h_j w_{ij})}{\sum_k \exp(\lambda_k + \sum_j h_j w_{kj})} N\right) \tag{3.35}$$

$$p(h_j = 1 \mid \boldsymbol{v}) = \sigma(b_j + \sum_i w_{ij} v_i) \tag{3.36}$$

这里，$\mathrm{Ps}(n,\lambda) = \mathrm{e}^{-\lambda}\lambda^n / n!$；$\sigma(x) = 1/(1+\mathrm{e}^{-x})$；$w_{ij}$ 是词 i 与特征 j 的对称交互项，即底层可见变量 i 与其上一层隐变量 j 之间的连接权重；$N = \sum_i v_i$ 为文档长度；λ_i 为受限泊松模型对词 i 的偏置量；b_j 是对特征 j 的偏置量。称式(3.35)为受限泊松分布，是因为它令所有词的平均泊松率之和等于文档长度 N。这一条件具有重要意义，它提高了学习的稳定性，并使得受限泊松分布能适当地处理不同长度的文档。

图 3.6 是上述受限泊松分布的马尔可夫随机场解释示意图。可见变量 $\boldsymbol{v}$ 代表词计数向量，二值化的隐变量 $\boldsymbol{h}$ 代表话题。可见变量 $\boldsymbol{v}$ 的概率分布取决于隐变量 $\boldsymbol{h}$ 当前的状态，即何种话题，而隐变量 $\boldsymbol{h}$ 的下一个状态又取决于可见变量 $\boldsymbol{v}$ 的当前输入。

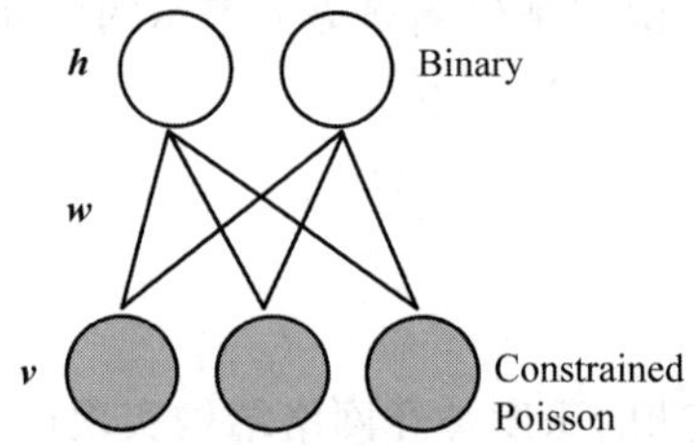

图 3.6 受限泊松分布的马尔可夫随机场解释：无向二部图模型

可见变量 $\boldsymbol{v}$ 的边缘分布为：

$$p(\boldsymbol{v}) = \sum_{\boldsymbol{h}} \frac{\exp(-E(\boldsymbol{v},\boldsymbol{h}))}{\sum_{\boldsymbol{u},\boldsymbol{g}} \exp(-E(\boldsymbol{u},\boldsymbol{g}))} \tag{3.37}$$

其中的能量项为：

$$E(\boldsymbol{v},\boldsymbol{h}) = -\sum_i \lambda_i v_i + \sum_i \lg(v_i!) - \sum_j b_j h_j - \sum_{i,j} v_i h_j w_{ij} \tag{3.38}$$

参数更新所需要的梯度可由式(3.37)推导得出：

$$\Delta w_{ij} = \varepsilon \frac{\partial \lg p(v)}{\partial w_{ij}} = \varepsilon(<v_i h_j>_{\mathrm{data}} - <v_i h_j>_{\mathrm{model}})$$

这里 ε 为学习率，$<\cdot>_{\mathrm{data}}$ 代表关于数据分布的期望，$<\cdot>_{\mathrm{model}}$ 代表关于模型定义的分布的期望。由于 $<\cdot>_{\mathrm{model}}$ 不能直接获得，为此，需要用另一个目标函数“Contrastive Divergence”的梯度来进行近似，以实现参数学习，该目标函数的公式为：

$$\Delta w_{ij} = \varepsilon(<v_i h_j>_{\mathrm{data}} - <v_i h_j>_{\mathrm{recon}}) \tag{3.39}$$

这里，期望 $<v_i h_j>_{\mathrm{data}}$ 的定义是：观测到的词计数激活特征时，词 i 与特征 j 的平均共现频度。激活后的特征通过式(3.35)重构各个词的泊松率。而期望 $<v_i h_j>_{\mathrm{recon}}$ 的定义是：重构的词计数激活特征时，词 i 与特征 j 的平均共现频度。

经过同样的推导和近似，可得到偏置量 $\boldsymbol{b}$ 的学习公式：

$$\Delta b_j = \varepsilon(<h_j>_{\mathrm{data}} - <h_j>_{\mathrm{recon}}) \tag{3.40}$$

3.6.2 语义哈希模型的训练

语义哈希模型的训练对象是受限泊松模型和条件伯努利模型中的参数 $\boldsymbol{W}$ 和 $\boldsymbol{b}$。训练包括预训练和微调两个阶段，其中预训练阶段是获得模型参数大致范围的关键阶段。预训练的核心问题是如何有效地训练多隐层中的二值特征。如图 3.7 所示，预训练时，先将模型分解为 3 个受限玻尔兹曼机(RBM)，然后对它们逐个进行训练。每个 RBM 由下层的数据层和上层的特征层构成，数据层的单元是可见变量 $\boldsymbol{v}$，特征层的单元是隐变量 $\boldsymbol{h}$。这 3 个 RBM 是一个特殊的堆叠结构，它将最下面的第一个 RBM 的特征输出作为第二个 RBM 的数据输入，将第二个 RBM 的特征输出作为第三个 RBM 的数据输入。训练从第一个 RBM 开始，利用式(3.39)和式(3.40)进行参数 $\boldsymbol{W}_1$ 和 $\boldsymbol{b}_1$ 的学习。

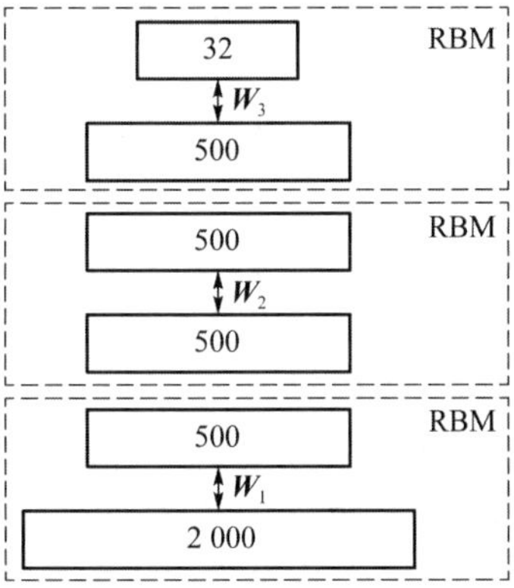

图 3.7 语义哈希模型的预训练

第一个 RBM 预训练完成后开始第二个 RBM 的预训练，这时要解决的关键问题是通过已获得的第一层概率模型获取训练数据。第一层参数完成学习后，通过式(3.38)的能量函数可获得一个无向概率模型 $p(\boldsymbol{v},\boldsymbol{h})$。该模型也可由一对相容的条件概率 $p(\boldsymbol{v}|\boldsymbol{h})$和 $p(\boldsymbol{h}|\boldsymbol{v})$所定义，以便于对模型进行取样。另外，也可以将学习结果表示为 $p(\boldsymbol{v}|\boldsymbol{h})$和 $p(\boldsymbol{h})$。不同于标准的有向模型，$p(\boldsymbol{h})$ 没有自己独立的参数，而是一个由权重参数 $\boldsymbol{W}_1$ 所蕴含定义的非因子化的复杂先验。这种独特的分解暗示着一个迭代：保持学到的 $p(\boldsymbol{v}|\boldsymbol{h})$不变，而将 $p(\boldsymbol{h})$更新为一个更好的先验，即 $\boldsymbol{h}$ 在所有数据条件下的平均后验概率 $1/N\sum_{n}p(\boldsymbol{h}\mid\boldsymbol{v}_n)$。

将 $p(\boldsymbol{h}|\boldsymbol{v})$用于训练数据，便可以对上述平均后验概率分布的 $\boldsymbol{h}$ 进行采样。将如此采样获得的 $\boldsymbol{h}$ 作为上一级 RBM 的输入数据，对其进行训练，以学习高一层特征。上一级 RBM 的参数可以用当前 RBM 的参数进行初始化，但要使数据单元和特征单元在参数中的角色翻转，使上一级 RBM 的 $p(\boldsymbol{v})$从当前 RBM 的 $p(\boldsymbol{h})$开始学习。

如图 3.5 所示，在最终形成的概率图模型中可见层和第一隐层之间的连接是单向的，这是因为在模型构建中只保留了第一级 RBM 中的 $p(\boldsymbol{v}|\boldsymbol{h})$，而舍弃了 $p(\boldsymbol{h})$(从而舍弃了 $p(\boldsymbol{h}|\boldsymbol{v})$)。出于同样的原因，第一隐层和第二隐层之间的连接也是单向的。只有最上面的两层之间存在双向连接，因为最高级 RBM 的 $p(\boldsymbol{h})$没有被舍弃。

第一层特征利用受限泊松 RBM 进行学习，其中的数据单元为词计数变量，特征单元为二值特征变量。其余所有上级的 RBM 均利用二值变量表示可见数据单元和隐藏特征单元，变量的随机取值规则为条件伯努利模型：$p(\boldsymbol{h}_j=1\mid\boldsymbol{v})=\sigma(\boldsymbol{b}_j+\sum_i \boldsymbol{w}_{ij}\boldsymbol{v}_i)$ 和 $p(\boldsymbol{v}_i=1\mid\boldsymbol{h})=\sigma(\boldsymbol{b}_i+\sum_j \boldsymbol{w}_{ij}\boldsymbol{h}_j)$。

这种逐层的贪心式学习可以重复进行多次，以获得一个深层的金字塔结构，使每层特征能够提取下层特征之间的相关关系。在预训练中，为了抑制学习信号中的噪声，各级 RBM 中的可见单元均为激活概率值的实值变量。与此相反，为了防止隐藏单元从数据到重建传递大于一个比特的信息，隐藏单元始终为二值随机变量。预训练的目标是在参数空间找到位于有利区域的一个点，以使后续的微调可以通过局部梯度搜索在该点附近找到更好的解。

综上，可将预训练的主要步骤归纳如下：

1) 学习条件泊松模型的参数 $\theta^1=(\boldsymbol{W}^1,\lambda^1,\boldsymbol{b}^1)$；

2) 固定该条件泊松模型的参数，利用二进制特征单元被训练数据激活的概率作为训练上层二进制特征的数据；

3) 固定表示第二层特征的参数 θ^2，将这些特征被其“数据”激活的概率作为训练第三层二进制特征的数据；

4) 继续循环，最终达到所希望的特征层数。

预训练完成后，将各级 RBM 展开，就形成了如图 3.8 所示的自编码器(AutoEncoder)。自编码器是一个编码器-解码器结构，编码层以下为编码器，编码层以上为解码器。这时，如果将描述二进制隐层特征单元随机性的实数值概率函数作为其激活函数，则可以对整个网络进行反向传播，以重建计数数据为目标微调网络参数。为此，需要用最底层输入的计数向量除以文档长度 N，使其成为关于词的概率分布。在最上层的输出层，利用 Softmax 函数获得解码器输出的关于词的概率分布。利用交叉熵损失函数衡量这两个概率分布的偏差，以进行误差反向传播梯度下降学习。

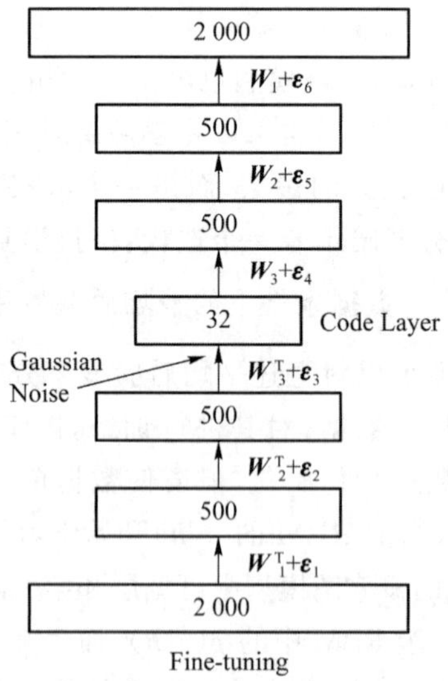

图 3.8　自编码器

在微调过程中,要求编码层(Code Layer)得到的编码既能很好地重建输入的计数向量,又尽量接近二值向量,以便于二值化。为此,可在每个编码单元接收的自下而上的输入中加入高斯噪声。原理在于:解码器网络对编码单元输出的微小变化(微弱信号)通常不敏感,加入噪声后会迫使编码单元在训练中收到更强的信号输入(大的负值或大的正值),否则将难以有效地传递信息。但是,为了防止加入的噪声干扰梯度学习,需对其幅度进行严格控制,并在训练中保持不变,以便后续对受影响的参数进行噪声修剪。

在文本检索和图像检索实验中,语义哈希编码展现了良好的效果,其最突出的优点是具有极高的检索速度。通过将获得的哈希编码与文档的存储地址相对应,可使查找语义相似文档所花费的时间独立于文档集合的大小,十分有利于大规模的文档语义检索。

3.7 转换模型——Transformer

3.7.1 基本结构

Transformer 是 Google 公司于 2017 年提出的一种用于自然语句表示学习的神经网络架构[Vasw17],其性能最初在机器翻译任务中获得验证,现已广泛用于各类自然语言处理乃至于图像和语音处理,成为一种与 CNN 和 RNN 并列的性能优越的通用神经网络结构。

在机器翻译等序列转写任务中,编码器-解码器(encoder-decoder)架构是一种标准范式。传统上,编码器和解码器多基于 RNN 或 CNN 构建。Transformer 依然是一种编码器-解码器架构,但是在编码器和解码器的构建中,它用注意力(attention)机制完全取代了 RNN 和 CNN。这种改变为 Transformer 带来了并行程度高、训练速度快、转写性能好等诸多优点。

基于编码器-解码器架构的序列转写模型是一个两阶段变换模型。第一阶段由编码器将输入的符号序列$(x_1,\cdots,x_n)$映射为连续变量序列$(\boldsymbol{z}_1,\cdots,\boldsymbol{z}_n)$,作为内部编码向量。第二阶段由解码器基于向量$(\boldsymbol{z}_1,\cdots,\boldsymbol{z}_n)$顺序地生成符号序列$(y_1,\cdots,y_m)$,即生成过程包含 m 个时序,每个时序输出一个符号。解码器是一个自回归模型,每个时序的输入不仅包含内部编码向量$(\boldsymbol{z}_1,\cdots,\boldsymbol{z}_n)$,还包含前面各时序输出的符号的反馈。整个模型以端到端的形式进行训练,训练数据为输入符号序列和对应的输出符号序列的集合$\{\boldsymbol{x}_i,\boldsymbol{y}_i\}$。

Transformer 的体系架构如图 3.9 所示。其中的编码器和解码器均由包含独特注意力机制的多层结构堆叠而成,二者之间的连接也通过类似的注意力机制实现,具体如下。

编码器包含 6 个具有相同结构的层,每层由一个多头自注意力机制子层和一个按符号划分的多单元并行的全连接前向网络子层构成。两个子层均采用残差连接和归一化变换,即每个子层的输出为 $\mathrm{LayerNorm}(x+\mathrm{Sublayer}(x))$,其中的 $\mathrm{Sublayer}(x)$表示由子层实现的变换。为了进行残差连接,模型中的所有子层,包括词向量嵌入层均输出相同的维度(512维)。

解码器也由 6 个具有相同结构的层构成。除了在编码器中采用的两个子层,每一层中还加入了第三个子层,用以完成对编码器输出的内部编码向量$(\boldsymbol{z}_1,\cdots,\boldsymbol{z}_n)$的多头注意。与

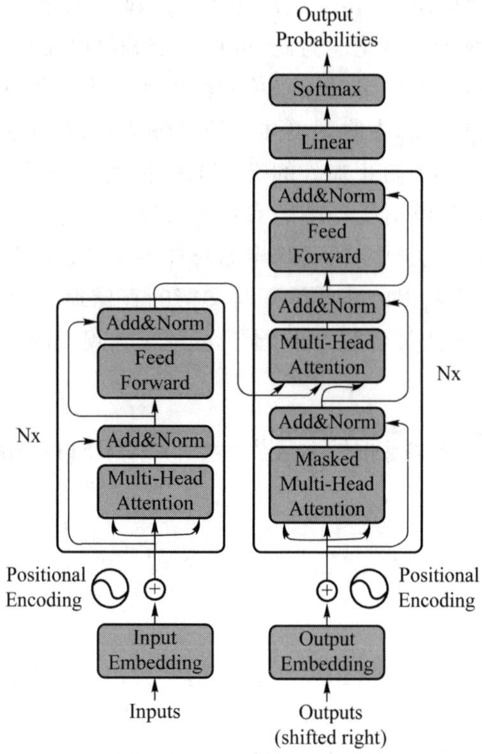

图 3.9　Transformer 体系架构

编码器类似，解码器每个子层都采用残差连接和层归一化变换。在自注意子层利用屏蔽(mask)机制防止对后续字符产生注意，以使对输出字符的预测仅依赖业已输出的字符。

3.7.2　注意力机制

一般性地，注意力函数将一个查询(query)和一个键-值对(key-value pairs)的集合映射为一个输出。这里，查询、键、值以及输出均为向量。输出是各个值向量的加权和，各个值向量的权重由其所对应的键与查询的匹配度决定。匹配度函数有不同的定义。

Transformer 采用的注意力函数被称为尺度伸缩点积注意(Scaled Dot-Product Attention)。查询和键具有相同的维度 d_k，值和输出的维度为 d_v。该函数首先计算查询与各个键的点积，得出的结果除以 $\sqrt{d_k}$后，输入 Softmax 函数以获得各个值向量的权重。实际应用中，需要对多个查询同时计算注意力函数。这时，若将多个查询所构成的集合用矩阵 $\boldsymbol{Q}$ 表示(每行对应一个查询)，键和值的向量集合分别用矩阵 $\boldsymbol{K}$ 和 $\boldsymbol{V}$ 表示，输出矩阵则可表示为 $\text{Attention}(\boldsymbol{Q},\boldsymbol{K},\boldsymbol{V})=\text{Softmax}(\boldsymbol{Q}\boldsymbol{K}^{\mathrm{T}}/\sqrt{d_k})\boldsymbol{V}$。

常用的注意力函数有加性注意(additive attention)和点积注意两种。加性注意函数利用单隐层前向网络实现，与点积注意的计算复杂度相当。但点积注意可以利用优化矩阵乘法获得更高的计算和空间效率。尺度伸缩点积注意与普通点积注意只差一个伸缩因子，其作用是抑制高维度的查询与键向量点积的标准差范围，因为过大的标准差易导致 Softmax

函数进入饱和。

为了使模型能够在不同的子空间对各个位置进行注意，Transformer 对维度为 d_{model} 的查询、键和值向量的输入进行多个线性变换后并行地进行多头注意（Multi-Head Attention）。变换后，每头输入的查询和键向量的维度为 d_k，值向量的维度为 d_v。经过尺度伸缩点积注意函数处理后，每头输出的值向量的维度依然为 d_v。将各头输出的值向量串接后，进行线性变换，最终获得一个 d_{model} 维的值向量输出。其数学描述为 $\text{MultiHead}(\boldsymbol{Q},\boldsymbol{K},\boldsymbol{V})=\text{Concat}(\text{head}_1,\cdots,\text{head}_h)\boldsymbol{W}^{\text{O}}$，其中，$\text{head}_i=\text{Attention}(\boldsymbol{QW}_i^{\text{Q}},\boldsymbol{KW}_i^{\text{K}},\boldsymbol{VW}_i^{\text{V}})$。这里的线性变换 $\boldsymbol{W}_i^{\text{Q}}\in\mathbf{R}^{d_{\text{model}}\times d_k}$，$\boldsymbol{W}_i^{\text{K}}\in\mathbf{R}^{d_{\text{model}}\times d_k}$，$\boldsymbol{W}_i^{\text{V}}\in\mathbf{R}^{d_{\text{model}}\times d_v}$，$\boldsymbol{W}_i^{\text{O}}\in\mathbf{R}^{hd_v\times d_{\text{model}}}$。在具体的实现中，采用 8 头并行，即 $h=8$，输入向量维度 $d_{\text{model}}=512$，$d_k=d_v=d_{\text{model}}/h=64$。

尺度伸缩点积注意与多头注意的流程如图 3.10 所示。

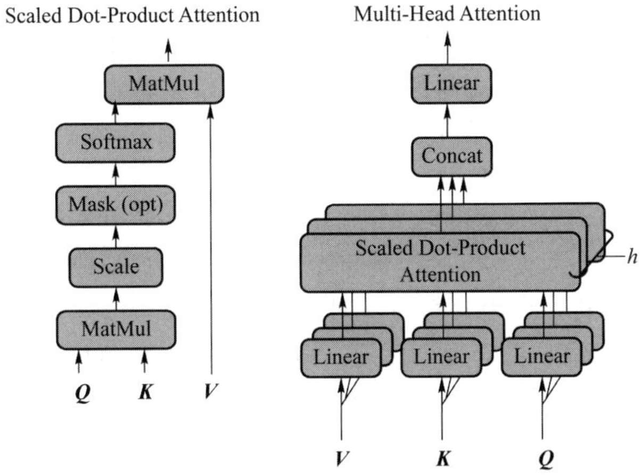

图 3.10 尺度伸缩点积注意与多头注意流程图

如图 3.9 所示，多头注意机制在 Transformer 中有 3 种应用。一是“编码器-解码器注意”。在这种用法中，多头注意机制在解码器各层中实现，查询向量是解码器前一层的输出，键和值向量来自编码器的输出，以此实现解码器中的各个位置对输入序列所有位置的注意。二是“编码器自注意”。在这种用法中，键、值及查询向量同为编码器前一层的输出，以使编码器各层的每个位置都能注意前一层的所有位置。三是“解码器自注意”。与“编码器自注意”相同，其键、值及查询向量同为前一层的输出，但它只允许每个位置对其之前及其自身位置进行注意，为了屏蔽对后续位置的注意，需要将尺度伸缩点积注意中 Softmax 函数对应后续位置的输入值设为负无穷。

在编码器和解码器的各层之中，除了“注意”子层，还包括一个全连接前馈子层。它由面向各个符号特征的全连接前馈网络(FFN)并列组成，所有的 FFN 共享一组参数。具体地，每个 FFN 由两个线性变换和一个处于其中的 ReLU 激活函数构成，数学上可表示为 $\text{FFN}(x)=\max(0,\ x\boldsymbol{W}_1+\boldsymbol{b}_1)\boldsymbol{W}_2+\boldsymbol{b}_2$。其中的 x 是符号特征。尽管同层中的 FFN 参数相同，但不同层的 FFN 参数不同。可以看出，全连接前馈子层也等效于基于卷积核 $\boldsymbol{W}_1$ 和 $\boldsymbol{W}_2$ 的两级卷积网络。全连接前馈子层的输入和输出维度均是模型维度 $d_{\text{model}}=512$，中间的隐层维度 $d_{\text{ff}}=2\ 048$。

3.7.3 外围技术

类似通常的方法，Transformer 采用训练完毕的嵌入变换矩阵将词表中的各个词变换为 d_{model} 维词向量，特别之处在于，Transformer 对编码器输入符号和解码器输出反馈符号的嵌入变换采用相同的矩阵，同时，该矩阵也被用于解码器堆叠层与顶端 Softmax 函数之间的线性变换。

为了在编解码过程中利用符号的位置信息，Transformer 对符号在序列中的位置进行编码，并在编码器和解码器堆叠层的底部将其附加到符号的嵌入向量之中。为此，位置编码的维度要与词向量的维度 d_{model} 相同。位置编码有多种方法，Transformer 采用的是一种基于正弦和余弦函数的编码方法。

理论分析表明，Transformer 所采用的自注意机制在各层计算复杂度、可并行的计算量、网络中长距离相互依赖特征之间的路径长度等方面显著优于 RNN 和 CNN。并且，实验结果表明，自注意机制具有更好的可解释性，在多头注意中，各头所执行的任务分别展现了句子中不同的语法和语义结构。

在机器翻译任务中，Transformer 采用源语言和目标语言共享的词表，即将源语言的词和目标语言的词放在同一词表中。这类词表中的词通常是词片段(word-piece)，或称子词，是一种小于词的符号结构。采用共享的子词词表有利于词表规模的压缩，在英-德和英-法翻译系统中，子词的数量在 3 万至 4 万之间。同时，也正是源-目标共享词表的采用，才使得编码器和解码器的嵌入变换矩阵相同。共享子词词表的方法已被基于神经网络的机器翻译系统所普遍采用。

Transformer 发表之后，后续的研究工作对其进行了多方面的改善。如，针对长序列输入时计算量问题的解决，关于多头注意的解释和配置优化，围绕表示学习能力的结构调整等。在对 Transformer 进行结构调整的研究中，有些方案放弃了 Transformer 的多头注意这一基本结构，重新引入了卷积和门控线性单元，这类方法通过对各层模块的维度进行灵活的伸缩，可构造出深度更深、参数更少的编解码器序列转写结构，在机器翻译等任务中获得了与 Transformer 性能相当的结果。但由于结构上与 Transformer 差异过大，这类模型似乎已失去了 Transformer 的特点。

小　结

文本表示和分析是信息搜索的基础，也是人工智能的基本内容。本章讲解的有关文本表示与分析的基本方法和基本原理将贯穿于整个课程的学习之中，需要牢固掌握。本章系统地阐述了文本的向量表示方法，展现了从直观统计法到机器学习模型的发展过程，分析了各种表示方法的特点及其相互关系。在此基础上，讲解了文本特征选择、文本聚类和文本分类的主要方法和模型，揭示了新旧方法之间的联系。最后，介绍了一种基于深度哈希映射的文本语义分析模型和文本转换模型 Transformer，详细讲解了深度哈希映射模型的训练方法和 Transformer 的注意力机制。

本章的教学目的是使学生重点掌握各类文本向量表示方法及其特点，熟悉文本特征选择、文本聚类、文本分类等文本分析的典型算法，通过深度哈希映射模型和 Transformer 了解深度文本语义分析的典型方法及其数学基础。深度学习技术为文本表示和分析带来了巨大的变革，但这些技术与经典技术有密切的内在联系。因此，在学习这些新技术的时候要注重理解其中所包含的经典问题和经典算法。

问题与练习

3-1 编写实现获取文档集 unigram 和 bigram 模型的程序，对模型的稀疏性进行分析，并选择一种方法对模型进行平滑。

3-2 给定词-文档矩阵 $\mathbf{A}_{|T|\times|D|}$，如何用 LSI 的方法对其中的词和文档进行精炼表示？

3-3 选择一个文本集，确定适当的词表规模，尝试实现对应该词表的基于 Skip-gram 模型的词向量。

3-4 利用 χ^2 测度实现一种特征选择的包含算法，分析这种算法的贪心性所导致的次优性。

3-5 编程实现层次汇合聚类（HAC）算法。

3-6 描述 k-means 聚类算法和 EM 模型参数求解算法的主要步骤，分析二者的内在联系。

3-7 Bayes 分类器模型中的因子 $P(d|c)$ 被称为类 c 的似然度函数，但有时它也被称为文档 d 的类 c 条件概率，这两个名称分别在何种条件下使用？

3-8 推导最大熵分类器模型中参数 λ_j 的求解方法。

3-9 证明在令距 SVM 分类面最近的样本的判别函数为 ± 1，即 $|g(\boldsymbol{d})|=1$ 时，分类间隔为 $2/\|\boldsymbol{\alpha}\|$。

3-10 分析 k-NN 分类器与 SVM 分类器的异同之处。

3-11 深度神经网络模型训练的关键是避免误差梯度反传时随着层次的加深而消散，现有哪些方法可以解决这个问题？

3-12 构建一种用于文本分类的深度神经网络模型，确定网络结构超参数、训练数据获取方法、损失函数表达式以及网络参数训练流程。

3-13 编写基于式（3.39）和式（3.40）的语义哈希模型底层参数 $\boldsymbol{W}_1$ 和 $\boldsymbol{b}_1$ 的预训练程序。

3-14 编程实现注意力机制函数 $\text{Attention}(\boldsymbol{Q},\boldsymbol{K},\boldsymbol{V})=\text{Softmax}(\boldsymbol{Q}\boldsymbol{K}^{\mathrm{T}}/\sqrt{d_k})\boldsymbol{V}$，并利用模拟数据进行性能实验。

3-15 列举几项 Transformer 的实际应用，对比在不同的应用中模型的调整方法。

第4章 视觉信息理解

4.1 引　　言

视觉是人类接受和感知信息的主要渠道之一，也是人类思维和行动的重要基础。随着数字图像技术和网络技术的飞速发展，网络中的视觉信息数量呈爆炸式增长。另外，作为人工智能的重要内容，计算机视觉长期以来受到学术界的高度关注。当前，在深度学习的推动下，这项技术正在高速发展，在一些实际应用中取得了超乎想象的效果。这意味着，无论是网络信息搜索还是人工智能，视觉信息处理都是一项基本任务。而视觉信息处理的核心正是视觉信息理解。

网络中的视觉信息以视觉文档的形式存在，总体上包括图像文档(image)和视频文档(video)两种。它们在文件格式、编码方式、内容特点等方面存在着差异。就视觉文档而言，所谓视觉信息理解是指对文档中的物体和场景进行分类、检测、识别、跟踪、分析等智能处理。例如，场景分类、目标检测、人脸识别、表情识别、人物行为分析等。视觉信息理解的基础是图像处理，但文档中所包含的文本和音频信息也可加以利用。例如，图像文档中常常包含文本信息(有些图像文档本身就是图像、文本混排文档)，视频文档中常常包含语音信息，对这些文本和语音信息进行识别可以为视觉信息理解提供帮助。

视觉信息理解的前提是图像特征抽取。在深度学习技术出现之前，对于不同的视觉理解任务，人们开发了多种多样的图像特征抽取方法，总体上，在追求特征的类内不变性和类间鉴别性的方向上不断地改进和创新。深度学习技术产生之后，图像特征抽取和具体的理解任务被融为一体，由深度神经网络模型端到端地加以完成，从而使得特征抽取不再成为一个独立的技术环节。但需要看到的是，深度神经网络末端之前的处理本质上仍然是图像特征的抽取和表达，与传统的方法存在着紧密的内在联系。

对于信息搜索系统的开发而言，图像分类、物体识别、图像标注、文字识别、人脸识别等视觉理解任务具有基础性的支撑作用。同时，这些任务也是计算机视觉中的核心任务，经过了长期的发展历程。虽然深度学习已经统一为完成这些任务提供了模型，但传统技术包含了深度模型中的基本原理，是理解和解释深度模型的基础知识。

本章将首先介绍几种经典的图像特征抽取方法和图像特征编码表示方法，然后，结合信息搜索系统的应用环境对图像分类与标注、物体识别、文字识别、人脸识别等技术进行阐述和讲解，最后对视频搜索中的镜头切分、视频摘要、视频描述等技术进行介绍。在全章的讲述中，注重挖掘传统技术和深度模型之间的联系，以使二者相得益彰。

4.2 图像特征抽取

最基本的图像特征在其位置所对应的像素点的局部进行抽取，局部二值模式（Local Binary Pattern，LBP）是这类特征的典型代表。LBP 特征是描述给定像素点与其 8 个相邻像素点大小关系的一个 8 维二值向量。用各元素的 0/1 值表示两个像素点的相对大小。在 LBP 的基础上，还可以构建局部三值模式（LTP）。LTP 的抽取通过设定一个阈值 t 来实现，相邻点与中心点的幅度差小于 $-t$ 时取 -1，大于 t 时取 1，位于二者之间时取 0。

此类局部特征虽然意义明确、便于抽取，但容易受噪声影响，且位置过于敏感，缺少稳健性和宏观性。因此，需要在此基础上构建更高层次的特征。本节通过用于图像分类的 SIFT 特征、用于文字识别的方向线素特征、用于人脸识别的仿生人脸特征和用于视频分析的视频高层特征来阐述高层特征的抽取原理和方法。

4.2.1 SIFT 特征

英属哥伦比亚大学的 David Lowe 于 1999 年提出的 SIFT（Scale Invariant Feature Transform）特征是一种应用广泛的经典图像特征。它是基于尺度空间理论的一种基于图像梯度分布的局部特征，是在尺度空间抽取的具有位置、尺度和旋转不变性的极值点特征。

SIFT 特征的抽取有 4 个主要步骤：尺度空间的极值点检测、关键点定位、梯度方向分配和关键点描述。各个步骤的主要原理和操作如下。

1. 尺度空间的极值点检测

尺度空间理论是通过对图像进行多分辨率处理来抽取其固有特征的一种数学模型。它利用不同尺度的高斯核对图像进行卷积变换，获得图像在不同分辨率下的多尺度表示序列，然后对这些序列进行特征抽取。这种处理与卷积神经网络（CNN）在原理上具有共通之处。

在尺度空间中，一幅图像 $I(x,y)$ 被变换为基于观测尺度的图像：

$$L(x,y,\sigma)=I(x,y)*G(x,y,\sigma) \tag{4.1}$$

其中，$*$ 是卷积符号，$G(x,y,\sigma)$ 是有如下定义的尺度可变的二维高斯函数：

$$G(x,y,\sigma)=\frac{1}{2\pi\sigma^2}\mathrm{e}^{\frac{-(x^2+y^2)}{2\sigma^2}}$$

其中，(x,y) 是空间坐标，σ 是尺度因子。可见，原始图像通过与高斯核的卷积被变换为尺度空间的特征图，σ 的值越大，图像被平滑的程度越高，σ 的值越小，图像的细节越被突出。

为了有效地在尺度空间检测稳定的关键点，Lowe 首先利用高斯差分法（Difference of Gaussians，DoG）构造高斯差分尺度空间（DoG scale-space），即对两个相邻的高斯尺度空间（$k\sigma$ 和 σ）的图像做差分，定义为：

$$
\begin{aligned}
D(x,y,\sigma) &= (G(x,y,k\sigma) - G(x,y,\sigma)) * I(x,y) \\
&= L(x,y,k\sigma) - L(x,y,\sigma)
\end{aligned}
\tag{4.2}
$$

其中，k 是一个常数。

下一步是将多尺度的图像构成 DoG 金字塔，简称高斯金字塔，如图 4.1 所示。高斯金字塔由若干组(octave)构成，通过对当前图像做降采样获得下一组图像，组内利用不同尺度的高斯核进一步分层。通过对每组上下相邻两层的高斯尺度空间图像做减法得到 DoG 金字塔。高斯金字塔每组包含 5 层(level)，对其做 DoG 运算可以得到 4 层的结果。

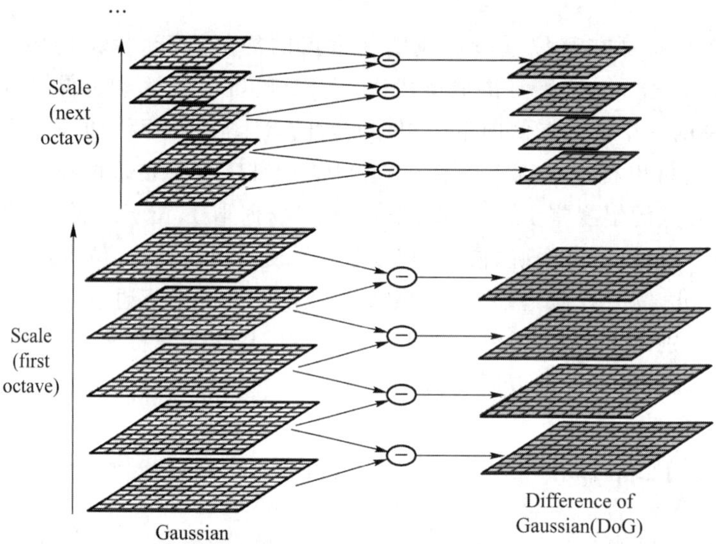

图 4.1　DoG 金字塔的构建

极值点的检测在如上构建的 DoG 金字塔中进行，通过对同一个组内的某层及相邻两层之间的对比来实现。具体地，DoG 尺度空间中间两层图像的每一个像素点都要和同一层的 8 个相邻像素点以及它上一层和下一层的 9 个相邻像素点，也就是总共 26 个相邻像素点进行比较，以寻找在尺度空间和二维图像空间都满足极值条件的点。如图 4.2 所示，X 代表当前的像素点，将其与 3×3 邻域内的 26 个相邻点进行比较，这 26 个相邻点位于当前和相邻的尺度内。整个检测过程从 DoG 的第 2 层开始，然后搜索第 3 层。如果 X 像素点均大于(或小于)相邻的 26 个像素的 DoG 值，则将其作为一个局部极值点。

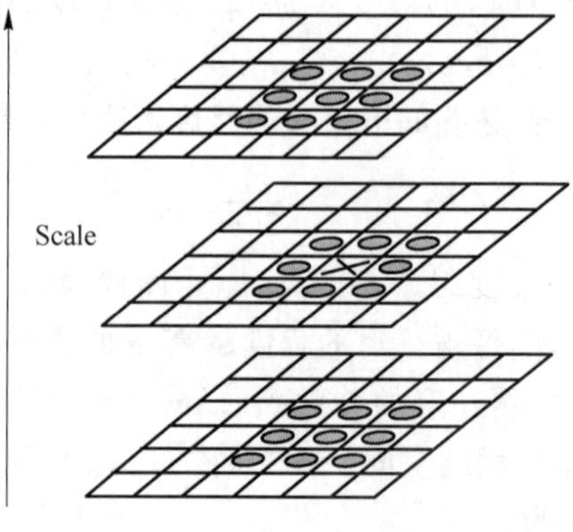

图 4.2　DoG 极值点搜索示意图

2. 关键点定位

DoG 算子对噪声比较敏感，而且会产生较强的边缘响应。为了提高 SIFT 关键点的抗噪能力，在上述 DoG 尺度空间中检测到的局部极值点还需要进一步处理才能被确认为 SIFT 特征点。处理步骤包括：1）通过对局部极值点进行三维二次函数插值拟合来确定关键点的精确位置和尺度（精度可达到亚像素级）；2）去除对比度较低的极值点和由于边缘效应而产生的极值点。

插值拟合利用对以候选关键点为原点的 DoG 尺度空间函数 $D(x,y,\sigma)$的二次泰勒展开式完成，即

$$D(\boldsymbol{X})=D+\frac{\partial D^{\mathrm{T}}}{\partial \boldsymbol{X}}\boldsymbol{X}+\frac{1}{2}\boldsymbol{X}^{\mathrm{T}}\frac{\partial^2 D}{\partial \boldsymbol{X}^2}\boldsymbol{X} \tag{4.3}$$

其中 $\boldsymbol{X}=(x,y,\sigma)^{\mathrm{T}}$ 是候选关键点的矢量表示，$D(X)$及其一阶和二阶导数在候选关键点处通过其附近区域的差分来近似估计。通过对 $D(X)$求导并令其等于 0，可以得出极值点的精确位置：

$$\hat{\boldsymbol{X}}=\frac{\partial^2 D^{-1}}{\partial \boldsymbol{X}^2}\frac{\partial D}{\partial \boldsymbol{X}} \tag{4.4}$$

为了去除对比度较低的极值点，将式(4.4)代入式(4.3)，保留前两项可得：

$$D(\hat{\boldsymbol{X}})=D+\frac{1}{2}\frac{\partial D^{\mathrm{T}}}{\partial \boldsymbol{X}}\hat{\boldsymbol{X}}$$

通过上式计算 $D(\hat{\boldsymbol{X}})$的值，如果其绝对值超过设定的阈值，则该极值点就作为 SIFT 关键点保留，否则丢弃。

剔除不稳定的边缘响应点的原理是：此类极值点在边缘方向上主曲率较大，在垂直边缘的方向上主曲率较小。主曲率可以通过一个 2×2 的 Hessian 矩阵 $\boldsymbol{H}$ 求出：

$$\boldsymbol{H}=\begin{bmatrix} D_{xx} & D_{xy} \\ D_{xy} & D_{yy} \end{bmatrix}$$

其中的偏导数是极值点处的偏导数，它们也可以通过附近区域的差分来近似估计。由于 D 的主曲率和 $\boldsymbol{H}$ 的特征值成正比，令 α 为最大特征值，β 为最小特征值，则有

$$\mathrm{tr}\,(\boldsymbol{H})=D_{xx}+D_{yy}=\alpha+\beta$$

$$\det\,(\boldsymbol{H})=D_{xx}D_{yy}-(D_{xy})^2=\alpha\beta$$

令 $\alpha=\gamma\beta$，则

$$\frac{\mathrm{tr}\,(\boldsymbol{H})^2}{\det\,(\boldsymbol{H})}=\frac{(\alpha+\beta)^2}{\alpha\beta}=\frac{(\gamma+1)^2}{\gamma}$$

其中，$\frac{(\gamma+1)^2}{\gamma}$的值随着 γ 的增大而增大。因此，为了检测主曲率是否在某阈值 γ 下，只需检查是否满足$\frac{\mathrm{tr}\,(\boldsymbol{H})^2}{\det\,(\boldsymbol{H})}\leqslant\frac{(\gamma+1)^2}{\gamma}$即可。

3. 梯度方向分配

SIFT 利用特征点邻域像素的梯度方向分布特性给出特征的旋转不变描述参数。图像中点(x, y)处的梯度的模值和方向分别为：

$$m(x,y)=\sqrt{[L(x+1,y)-L(x-1,y)]^2+[L(x,y+1)-L(x,y-1)]^2}$$

$$\theta(x,y)=\arctan\{[L(x,y+1)-L(x,y-1)]/[L(x+1,y)-L(x-1,y)]\}$$

其中 L 为特征点所在的尺度。在实际计算中，以特征点为中心，在以 $3\times1.5\sigma$ 为半径的邻域窗口内采样，并用梯度直方图统计邻域内像素点的梯度幅值和梯度方向。梯度直方图的范围是 0～360°，分为 36 个柱(bin)，每 10°为一个柱。梯度直方图的横轴代表梯度方向角，纵轴代表梯度方向角对应的梯度幅值的累加。梯度直方图的峰值则代表了关键点处邻域梯度的主方向，即作为关键点的方向。

至此，图像的 SIFT 特征点已经检测完毕，每个关键点有 3 个信息：位置、所在的尺度以及方向。

4. 关键点描述

为了保证 SIFT 特征具有旋转不变性，首先以关键点的方向为基准旋转坐标轴，然后以关键点为中心，构建一个包含 16×16 像素的窗口(特征点所在的行和列不在此范围内)。对窗口进行 4×4 子块划分后，在每个小块内计算 8 个方向(相邻方向相差 45°)的梯度直方图，累计每个梯度方向的模值，形成子块描述。关键点的 SIFT 特征便由这 16 个子块描述构成，每个子块有 8 个方向的梯度强度信息，所以关键点的 SIFT 特征为 128 维的向量描述子。

4.2.2 方向线素特征

方向线素特征是在脱机汉字识别中广泛使用的一种特征，它是通过统计汉字图像笔划中心线或边缘线上各像素的 8 邻域像素的分布情况来得到的。方向线素由水平、垂直、+45° 或 −45°方向上的两个相邻黑像素构成。抽取过程如下。

首先将文字图像用网格划分，产生多个面积相等的小区域。例如，图 4.3 是抽取粗分类特征用的 5×5 划分和抽取细分类特征的 8×8+7×7 二重划分示意图。前者产生 25 个小区域，后者产生 113 个小区域。采用二重划分的目的是使一个在 8×8 划分中靠近小区域边界的像素在 7×7 划分中位于中心(反之亦然)，以解决单重划分中靠近小区域边界的特征不稳定的问题[郭 93]。

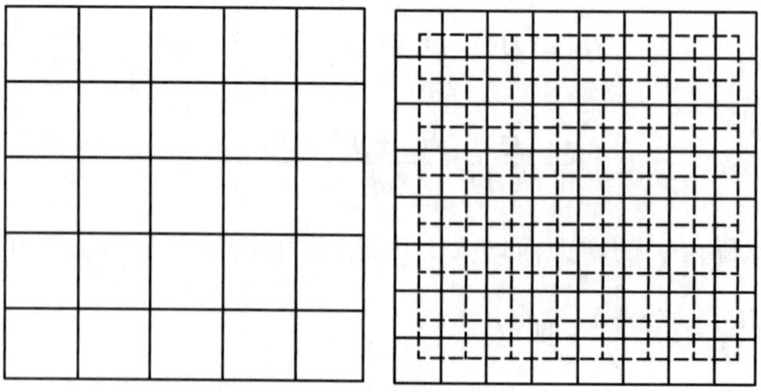

图 4.3　两种典型的网格划分

然后对汉字图像进行中心线或轮廓线的抽取，得到汉字笔划的细线分布。以细线上的每个像素为中心，考察 8 邻域中黑像素的分布情况是否符合线素抽取掩膜，进行线素抽取。例如，图 4.4 中的每个掩膜对应两个线素。

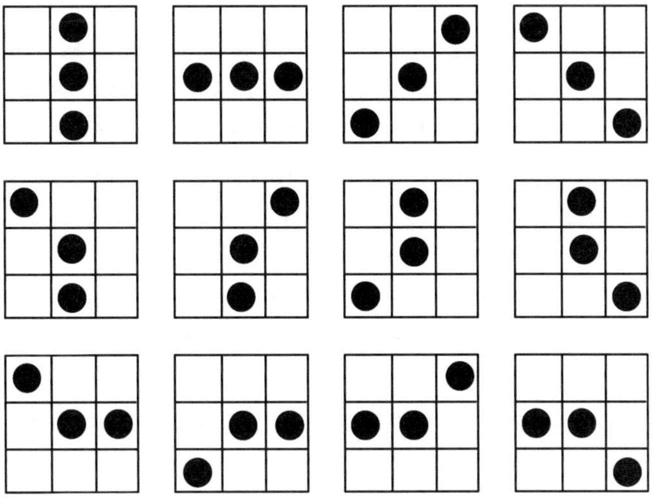

图 4.4 抽取方向线素的 12 种掩膜

对应每个小区域,可抽取 4 个对应不同方向线素的特征值。因此,基于 5×5 网格划分的粗分类特征向量的维数为 100,而基于 8×8+7×7 网格划分的细分类特征向量的维数为 452。

可以看出,方向线素是一种特殊的局部二值模式,它通过预先设定的掩膜确定了汉字线素的局部特点,以此加入先验知识,以使特征具有更好的抗噪能力。例如,图 4.4 的掩膜中不存在直角相邻的像素便是缘于此。

4.2.3 仿生人脸特征

在手工设计的人脸识别特征中,仿生人脸特征是一种十分有效的特征,它对生物视觉机制进行模拟,具有良好的可解释性。

初级视觉皮层中的结构特征(texture feature)选择和视网膜中的中心环绕(center-surround)是生物视觉中两个十分重要的机制。前者捕捉图像中特征的位置、方向、空间频率等特性,后者过滤由于光线变化所引起的图像中的亮度差。在数学上,人们也已经找到了适当的模型来描述这两个机制。

结构特征选择模型是用一族二维 Gabor 小波函数对图像进行卷积。一个复值的二维 Gabor 小波函数是一个具有 Gauss 包络的平面波:

$$\psi_{u,v}(z)=\frac{\|\boldsymbol{k}_{u,v}\|^2}{\sigma^2}e^{(-\|\boldsymbol{k}_{u,v}\|^2\|z\|^2/2\sigma^2)}(e^{i\boldsymbol{k}_{u,v}z}-e^{-\sigma^2/2}) \tag{4.5}$$

这里,$z=(x,\ y)$,u 和 v 分别定义 Gabor 核的方向和尺度,波向量 $\boldsymbol{k}_{u,v}=\boldsymbol{k}_v e^{i\phi_u}$,$\boldsymbol{k}_v=k_{\max}/f^v$,$\phi_u=\pi u/8$,$k_{\max}$ 是频率的最大值,f 是频率域中 Gabor 核间的间隔因子。

视网膜的中心环绕机制可以用自商操作(self-quotient operator)来建模,即用一个图像的低通图像作为除数,对原图像进行除法运算。数学模型是:

$$R_i(z)=\lg I_i(z)-\lg[F(z)*I_i(z)] \tag{4.6}$$

这里,$I_i(z)$是图像在颜色谱 i 上的分布,$F(z)$是环绕函数,* 表示卷积,$R_i(z)$是图像经环绕机制作用后的输出。

人类对于颜色的区分能力来自于视网膜上的3类颜色感知细胞,任何颜色都被表达为这3类细胞的信号响应。由此,人们提出了红绿蓝(RGB)三基色理论来描述人类视觉对不同颜色的感受度。但是,人脸的色素中较多的是红色和黄色(红与绿的混合),而绿色和蓝色较少。这意味着,当白光投射到人脸上时,光谱中的红色和黄色成分较多地被反射,而其他成分较多地被吸收。因此在人脸图像中,三基色中的R成分携带较多的信息,其次是G,最低的是B。

上述生物视觉知识为进行仿生人脸特征抽取提供了指导,对其进行模拟,可分别抽取人脸图像的结构特征和颜色特征。为了体现对视网膜机制的模拟,分别将这两种特征称为RTF(Retinal Texture Feature)和RCF(Retinal Color Feature)。

在具体介绍RTF和RCF抽取之前,需要先确定人脸图像的表示方法。如图4.5所示,纯脸(pure face)和全脸(full face)是两种不同的人脸图像表示方法。在以往的人脸识别中大多采用纯脸图像,因为实验证明纯脸图像比全脸图像更易于识别。

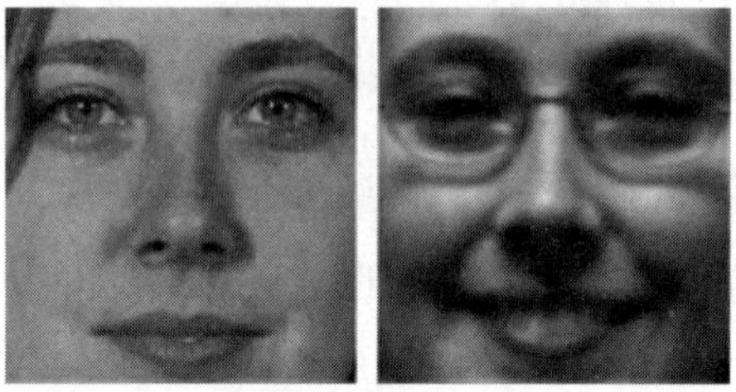

(a) 纯脸

(b) 全脸

图4.5 纯脸与全脸图像

尽管如此,在有些场合下只根据纯脸图像进行判别是困难的。例如在图4.5中,只看(a)中的两幅人脸图像,不易分辨是否是同一个人,但通过参考(b)中的头型、发型、头发颜色等信息,就会给出正确的判断。这说明,纯脸信息与全脸信息在人脸识别中是可以相互补充的。因此,应该考虑同时采用这两种表示来提供更多的人脸识别线索。

纯脸图像的截取方法是:将人脸图像进行线性缩放,令两眼的间距为70像素,将其置于128×128像素的空间中,并将两眼分别定位在(29,34)和(99,34)坐标上。全脸图像的截取方法是:通过线性缩放,使两眼的间距为35像素,将其置于128×104像素的空间中,并将两眼分别定位在(46,52.5)和(81,52.5)坐标上。

模拟生物视觉中的结构特征抽取和中心环绕等机制,并考虑人脸色素较少包含B成分,从纯脸和全脸图像中抽取RTF的过程如下。

1) 令$I_R(z)$和$I_G(z)$分别表示RGB人脸图像中的R和G成分,则人脸的外观$I(z)$表示为:

$$I(z)=0.6125I_R(z)+0.3875I_G(z)$$

2) 通过中心环绕机制对光线变化所带来的影响进行滤除。设环绕区域为一个椭圆Gauss核:

$$F(z)=e^{-[(x-x_0)^2/2\sigma_x^2+(y-y_0)^2/2\sigma_y^2]}$$

这里,(x_0,y_0)为核的中心,$(\sigma_x,\sigma_y)=(4\sqrt{2},2\sqrt{2})$为核的尺度。用$F(z)$对$I(z)$进行卷积,

获得一个低通图像，再用这个低通图像除以 $I(z)$，获得初级视觉图像 $R_{\mathrm{I}}(z)$，即

$$R_{\mathrm{I}}(z)=\frac{I(z)}{F(z)*I(z)}$$

3）利用式(4.5)，对 $R_{\mathrm{I}}(z)$ 进行 Gabor 小波卷积，抽取人脸结构特征，即

$$O_{u,v}(z)=R_{\mathrm{I}}(z)*\psi_{u,v}(z)$$

集合 $S\{O_{u,v}(z): u\in\{0,\cdots,7\},\ v\in\{0,\cdots,4\}\}$ 构成图像 $R_{\mathrm{I}}(z)$ 的 Gabor 小波表示。Gabor 小波参数选取的参考值为 $\sigma=2\pi, k_{\max}=\pi/2, f=\sqrt{2}$。

4）对集合 S 中的每个元素 $O_{u,v}(z)$ 用 Gauss 加权的网格进行采样。具体地，先在空间上将 $O_{u,v}(z)$ 划分为 16×16 个方格子，每个格子的尺寸为 8×8。用 g_i 表示第 i 个格子，$i=1,\cdots,256$，则从每个格子中可以获得一个对其中 64 个点的加权统计量：

$$O_{u,v}^{(g)}(i)=\sum_{z\in g_i}w_v(z,z_i)O_{u,v}(z)$$

其中，$w_v(z,z_i)=\mathrm{e}^{-\|z-z_i\|^2/2\sigma_v^2}$ 为 Gauss 加权掩膜，z_i 为 g_i 的中心坐标，$\sigma_v=2(\sqrt{2})^{-v}$。

构造向量 $\boldsymbol{O}_{u,v}^{(g)}=[O_{u,v}^{(g)}(1),\cdots,O_{u,v}^{(g)}(256)]^t$，并将其进行零均值和单位方差归一化，再将所有的 $\boldsymbol{O}_{u,v}^{(g)}$ 串接为一个向量，以便得到最终的 RTF。需要注意的是，为了进行 Gauss 滤波，全脸图像要通过插值扩展为 128×128 像素。图 4.6 是上述过程的示意图。

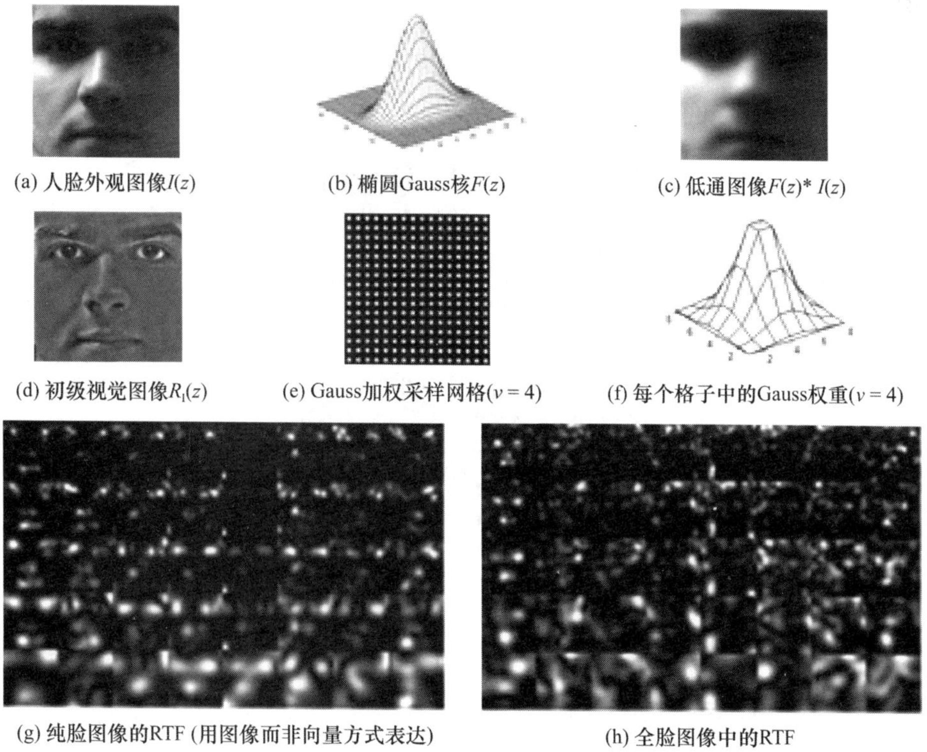

(a) 人脸外观图像 $I(z)$　(b) 椭圆Gauss核 $F(z)$　(c) 低通图像 $F(z)*I(z)$

(d) 初级视觉图像 $R_{\mathrm{I}}(z)$　(e) Gauss加权采样网格($v=4$)　(f) 每个格子中的Gauss权重($v=4$)

(g) 纯脸图像的RTF (用图像而非向量方式表达)　(h) 全脸图像中的RTF

图 4.6　RTF 的抽取过程

与 CNN 对比，上述过程中的第 3 步等效于一个 40 个卷积核的卷积层，只是卷积核的参数由 Gabor 小波函数确定，而非通过学习获得；第 4 步等效于一个平均池化操作，从 8×8 的区域中获取一个加权平均值。

RCF 的抽取方法是对 R、Q 以及 Cr 3 种彩色成分进行集成。因为这 3 种成分对光照变化不敏感，所以基于它们的特征可望具有光照不变性。令 $I_R(z)$、$I_G(z)$、$I_B(z)$分别表示图像的 R、G、B 成分。$I_Q(z)$和 $I_{Cr}(z)$的定义如下：

$$I_Q(z)=2.11\ I_R(z)-5.22\ I_G(z)+3.11\ I_B(z)$$
$$I_{Cr}(z)=11.1\ I_R(z)-9.37\ I_G(z)-1.82\ I_B(z)$$

对 R 成分进行中心环绕处理以获得更好的光照不变性，即

$$R_R(z)=\frac{I_R(z)}{F(z)*I_R(z)}$$

研究表明，在人类的视觉中，彩色信息对人脸识别的贡献主要来自于低空间频率[Yip 02][Sinh 06]。从计算角度来讲，低分辨率的人脸图像对图像退化和人脸变形也具有更高的鲁棒性。因此，可通过降低 $R_R(z)$、$I_Q(z)$和 $I_{Cr}(z)$的空间分辨率的方法获得 RCF。具体地，首先对上述 3 个图像的成分进行低通滤波，然后进行双线性插值，最终将纯脸和全脸图像的空间分辨率分别降至 42×42 和 36×30。

令 $\boldsymbol{R}_R$、$\boldsymbol{I}_Q$ 和 $\boldsymbol{I}_{Cr}$分别代表由低分辨率的 $R_R(z)$、$I_Q(z)$和 $I_{Cr}(z)$构成的向量，则 RCF 特征向量 $\boldsymbol{x}$ 被定义为：

$$\boldsymbol{x}=\left(\frac{\boldsymbol{R}_R^T}{\|\boldsymbol{R}_R\|},\frac{\boldsymbol{I}_Q^T}{\|\boldsymbol{I}_Q\|},\frac{\boldsymbol{I}_{Cr}^T}{\|\boldsymbol{I}_{Cr}\|}\right)^T \tag{4.7}$$

图 4.7 展示了纯脸和全脸 RCF 的实例。

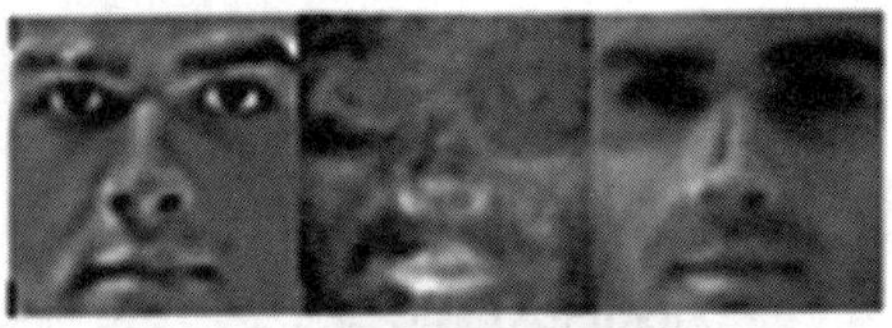

(a) 纯脸RCF(每个彩色通道的分辨率为42×42)

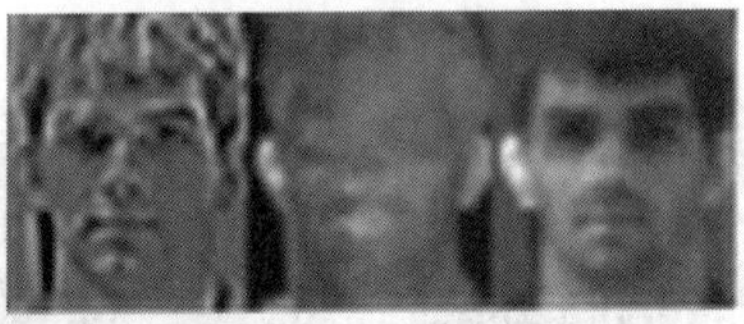

(b) 全脸RCF(每个彩色通道的分辨率为36×30)

图 4.7　RCF 实例

4.2.4　视频高层特征

基本的视频图像特征主要包括颜色、纹理、形状、边缘等，通过这些特征可以对一段视频的基本视觉特点，如色调、光照、多彩性、复杂性等进行表达。但要进一步理解视频，还需要借助于高层语义特征。这些特征包括运动特征、物体特征、场景特征等。下面对基于 TRECVID 标准的视频特征抽取方法进行介绍。

为了排除屏幕边缘不完整信息、宽银幕中的黑带等影响，特征抽取区域需要向图像中心进行收缩。如图 4.8 所示，TRECVID 图像的尺寸为 240×352，而兴趣区域 ROI(Region of Interest)的尺寸为 192×288。ROI 被进一步分割为 24 个 48×48 的块，以便以块为单位进行运动特征抽取。

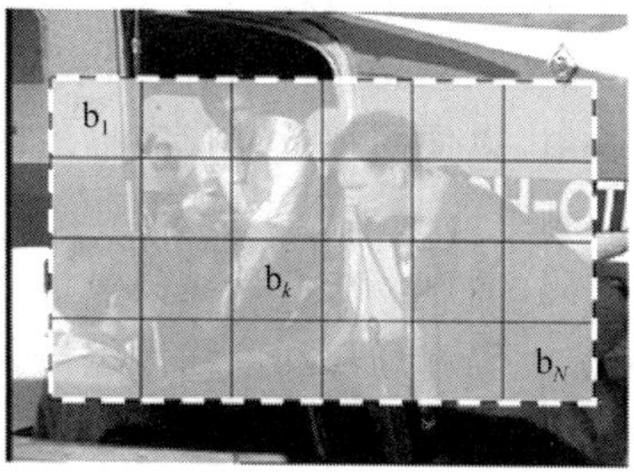

图 4.8 视频特征抽取

抽取的特征有两类，一类是帧内特征，另一类是帧间特征。前者反映当前帧的颜色直方图、边沿及相关统计量，后者反映帧间的变化特性及运动特征。

抽取帧内特征时，分别计算 ROI 区域中红、绿、蓝及亮度通道的直方图统计量，包括直方图的均值(HM)、方差(HV)、陡峭度(HS)(3 阶矩)、平坦度(HF)(4 阶矩)、动态范围 HDR 等。为了抽取边沿特征，对 ROI 中的每个像素，用 Sobel 算子计算水平方向和垂直方向的非连续性值，如果该值超过设定的阈值，则将该像素标注为水平或/和垂直方向的边沿像素。最后，将水平边沿像素占 ROI 总像素的比例，以及垂直边沿像素占 ROI 总像素的比例作为边沿特征。

帧间特征可取两组，一组反映当前帧与前 1 帧之间的变化，另一组反映当前帧与前 6 帧之间的变化。前者捕捉较快的变化，对快速变化具有敏感性；后者捕捉较缓慢的变化，对渐变式的场景活动具有敏感性。每组帧间特征又包含导数(delta)特征和运动特征两类。

导数特征基于当前帧与前 1 帧(或前 6 帧)的直方图统计量的差值进行计算，具体包括直方图均值的差值(DHM)、直方图方差的差值(DHV)和直方图动态范围的差值(DHDR)。为了减小波动性，可用 2 阶多项式函数对这些导数特征进行平滑。此外还抽取了 RGB 空间和 HSV 空间中两两直方图的距离。对于 R、G、B 等各通道中的两个直方图 $\boldsymbol{g}$ 和 $\boldsymbol{h}$，定义它们的距离 $d(\boldsymbol{g},\boldsymbol{h})=(\boldsymbol{g}-\boldsymbol{h})^{\mathrm{T}}\boldsymbol{A}(\boldsymbol{g}-\boldsymbol{h})$，这里 $\boldsymbol{A}=[a_{ij}]$为相似性矩阵，$a_{ij}=1-|i-j|/255$。

运动特征在图 4.8 所示的块内抽取。对于前 1 帧(或前 6 帧)的各中心子块 b_k，查找在当前帧中的最佳匹配块位置，以此抽取运动矢量(MV_k)、最小匹配误差(ME_k)和匹配率(MR_k)等运动特征。这里，MR_k 被定义为最小匹配误差与平均匹配误差之比。匹配得越好以及 b_k 的结构性越强，MR_k 越小。

基于所有 24 个块的运动特征，选择支配性的运动矢量及其所占的比例(拥有这种矢量的块占总数的比例)作为帧一级的运动特征，然后对所有的 ME_k 及 MR_k 进行排序，计算它们的均值($\mathrm{ME_A}$和 $\mathrm{MR_A}$)、中值($\mathrm{ME_M}$和 $\mathrm{MR_M}$)、前 1/3 的均值($\mathrm{ME_H}$和 $\mathrm{MR_H}$)、后 1/3 的均值($\mathrm{ME_L}$和 $\mathrm{MR_L}$)等。这些统计值对于局部视觉的变化具有敏感性。

采用上述方法抽取的特征可以用于视频场景分类、镜头边界检测、物体运动分析等任务。

4.3 图像特征编码表示

借鉴文本表示中的词袋模型，图像表示也将词袋模型作为一种基本方法，而此时的词是视觉词，即图像中有代表性的图像小块(patch)。在图像表示过程中，需要将从图像中抽取的特征向码本中的视觉词进行映射，以便用视觉词代替抽取的特征，实现基于词袋模型的图像特征编码表示。矢量量化是最基本的基于码本的图像编码方法，也是理解基于码本的图像编码意义的范例。为了提高编码的精度和效率，在矢量量化方法的基础上，有多种改进的编码方法，其中比较重要的是稀疏编码和局部约束线性编码。下面对这 3 种方法进行介绍。

4.3.1 编码表示方法

1. 矢量量化

矢量量化(vector quantization)编码将图像特征向最邻近的视觉词进行映射(量化)，在数学上被表示为以下带约束的最小二乘拟合问题：

$$\arg\min_{\boldsymbol{C}}\sum_{i=1}^{N}\|\boldsymbol{x}_i-\boldsymbol{B}\boldsymbol{c}_i\|^2 \tag{4.8}$$

这里，$\boldsymbol{x}_i$ 是 p 维列向量，$\boldsymbol{B}$ 为 $p\times m$ 码本矩阵，$\boldsymbol{c}_i$ 为 m 维 one-hot 列向量，$\boldsymbol{C}=[\boldsymbol{c}_1,\boldsymbol{c}_2,\cdots,\boldsymbol{c}_N]$ 即为图像特征的编码。上述问题的求解意义是对从图像中抽取出来的每个(共 N 个)p 维特征 $\boldsymbol{x}_i$，在码本中找到一个最邻近的码字(p 维)对其进行表示。该码字的编号由 $\boldsymbol{c}_i$ 中的唯一一个非零元素的位置给出。

值得指出的是，在通过训练数据利用以上优化目标和约束求解码本 $\boldsymbol{B}$ 和编码矩阵 $\boldsymbol{C}$ 时，算法本质上与 k-means 聚类相同，$\boldsymbol{B}$ 的各个码字对应各个聚类的中心，$\boldsymbol{C}$ 的各列向量对应各个数据点的类别所属标签。

2. 稀疏编码

矢量量化编码对一个特征只用一个码字表示，使得这种编码方式容易产生较大的量化误差。为了提高表示精度，需要放宽矢量量化中的约束条件，允许对一个特征用多码字组合表示。但为了防止用过多的码字表示一个特征，需要对使用的码字数进行约束，由此产生了稀疏编码(sparse coding)。稀疏编码通过取消矢量量化中编码向量的原约束条件，同时加入稀疏正则化项 l^1 范数实现，其数学描述如下：

$$\arg\min_{\boldsymbol{C}}\sum_{i=1}^{N}\|\boldsymbol{x}_i-\boldsymbol{B}\boldsymbol{c}_i\|^2+\lambda\|\boldsymbol{c}_i\|_{l^1} \tag{4.9}$$

3. 局部约束线性编码

对稀疏编码的改进产生了局部坐标编码(Local Coordinate Coding，LCC)。理论分析表明 LCC 在特定条件下优于稀疏编码，因为保持局部性必然会导致编码的稀疏性，而稀疏性却不一定能保持局部性。沿用 LCC 的思想，以局部约束代替稀疏编码中的稀疏约束，便出现了局部约束线性编码(Locality-constrained Linear Coding，LLC)，其数学表达如下：

$$\arg\min_{\boldsymbol{C}}\sum_{i=1}^{N}\|\boldsymbol{x}_i-\boldsymbol{B}\boldsymbol{c}_i\|^2+\lambda\|\boldsymbol{d}_i\otimes\boldsymbol{c}_i\|^2$$

$$\text{s.t.}\ \mathbf{1}^{\mathrm{T}}\boldsymbol{c}_i = 1,\quad \forall i \tag{4.10}$$

其中,⊗表示向量元素相乘;$\boldsymbol{d}_i$是局部适配矢量,其元素给出各码字被 $\boldsymbol{x}_i$ 约束后的自由度,其值是码字与特征 $\boldsymbol{x}_i$ 的距离的单调递增函数。$\boldsymbol{d}_i$ 可定义如下:

$$\boldsymbol{d}_i = [\exp(\mathrm{dist}(\boldsymbol{x}_i, \boldsymbol{b}_1)/\sigma), \cdots, \exp(\mathrm{dist}(\boldsymbol{x}_i, \boldsymbol{b}_m)/\sigma)]^{\mathrm{T}}$$

这里,$\mathrm{dist}(\boldsymbol{x}_i, \boldsymbol{b}_j)$指 $\boldsymbol{x}_i$ 和 $\boldsymbol{b}_j$ 之间的欧式距离。σ 调整 $\boldsymbol{d}_i$ 的衰退速度。通常,从 $\mathrm{dist}(\boldsymbol{x}_i, \boldsymbol{b}_j)$ 减去 $\max(\mathrm{dist}(\boldsymbol{x}_i, \boldsymbol{b}_j))$,将 $\boldsymbol{d}_i$ 各元素归一化到(0,1)区间。

LLC 的目标函数存在解析解,并可用以下方法快速地近似求解:先执行 k-NN 搜索,然后求解带约束的最小二乘拟合问题。该算法的计算复杂度仅为 $O(m+k^2)$。

4.3.2 码本及编码学习算法 K-SVD

在上述图像特征编码表示中,码本和编码的学习是问题的核心。K-SVD 将矩阵奇异值分解(SVD)和泛化的 k-means 聚类算法相结合,实现了码本和编码交替迭代式的优化求解。K-SVD 不仅在图像处理中得到应用,还被广泛地用在语音信号处理、生物信息学和文本分析中。

码本学习的目标是获得一个超完备的码本矩阵 $\boldsymbol{B}\in\mathbf{R}^{p\times m}$,其中包含 m 个 p 维向量的码字。而特征向量 $\boldsymbol{x}\in\mathbf{R}^{p}$ 将被表示为这些码字的稀疏线性组合。为了表示 $\boldsymbol{x}$,表示向量(编码)$\boldsymbol{c}\in\mathbf{R}^{m}$或者满足 $\boldsymbol{x}=\boldsymbol{Bc}$,或者满足 $\boldsymbol{x}\approx\boldsymbol{Bc}$。对于后者,总是要求 $\|\boldsymbol{x}-\boldsymbol{Bc}\|_p\leqslant\varepsilon$,其中 ε 为一个足够小的值,p 表示 L_p 范数。

如果 $p<m$,并且 $\boldsymbol{B}$ 是满秩矩阵,则该特征表示问题有无穷多个解向量 $\boldsymbol{c}$,因此需要对解向量设置限制条件。同时,为了保证稀疏,解向量中的非零元素越少越好。因此,稀疏表示的解应当是:

$$\min_{\boldsymbol{c}}\|\boldsymbol{c}\|_0\quad \text{s.t.}\ \boldsymbol{x}=\boldsymbol{Bc}\quad \text{或者}$$

$$\min_{\boldsymbol{c}}\|\boldsymbol{c}\|_0\quad \text{s.t.}\ \|\boldsymbol{x}-\boldsymbol{Bc}\|_2\leqslant\varepsilon$$

求解上述问题的 K-SVD 算法是 k-means 聚类算法的扩展。如上所述,k-means 聚类也可被看作一种稀疏编码,即通过对下述问题求解最佳码本 $\boldsymbol{B}$ 来表示特征集 $\boldsymbol{X}=\{\boldsymbol{x}_i\}_{i=1}^{N}$:

$$\min_{\boldsymbol{B},\boldsymbol{C}}\{\|\boldsymbol{X}-\boldsymbol{BC}\|_{\mathrm{F}}^2\}\quad \text{s.t.}\ \forall i, \|\boldsymbol{c}_i\|_0=1, \|\boldsymbol{c}_i\|_1=1$$

上述解只用一个码字来表示每个特征,而 K-SVD 允许用码字的线性组合来表示每个特征,为此,它放松了稀疏约束,使得编码向量的非零元素可以大于 1,但小于一个阈值 T_0,目标函数变为:

$$\min_{\boldsymbol{B},\boldsymbol{C}}\{\|\boldsymbol{X}-\boldsymbol{BC}\|_{\mathrm{F}}^2\}\quad \text{s.t.}\quad \forall i, \|\boldsymbol{c}_i\|_0\leqslant T_0$$

求解时,首先固定 $\boldsymbol{B}$ 来寻找最佳的编码矩阵$\boldsymbol{C}$(m 行 N 列)。由于难以找到最优解,因此在实际中采用一种正交匹配逼近(Orthogonal Matching Pursuit,OMP)的方法来寻找满意解,使其满足非零元素数不大于 T_0 的约束。完成这一步稀疏编码后,下一步是寻找更好的码本 $\boldsymbol{B}$。但是,由于这个任务难以在一次更新中完成,因此采用了在固定 $\boldsymbol{C}$ 的条件下,每次只更新 $\boldsymbol{B}$ 的一列(一个码字)的方式。下式给出更新第 k 个码字时的损失函数:

$$\|\boldsymbol{X}-\boldsymbol{BC}\|_{\mathrm{F}}^2 = \left\|\boldsymbol{X}-\sum_{j=1}^{m}\boldsymbol{b}_j\boldsymbol{c}_{\mathrm{T}}^{j}\right\|_{\mathrm{F}}^2 = \left\|\left(\boldsymbol{X}-\sum_{j\neq k}\boldsymbol{b}_j\boldsymbol{c}_{\mathrm{T}}^{j}\right)-\boldsymbol{b}_k\boldsymbol{c}_{\mathrm{T}}^{k}\right\|_{\mathrm{F}}^2 = \|\boldsymbol{E}_k-\boldsymbol{b}_k\boldsymbol{c}_{\mathrm{T}}^{k}\|_{\mathrm{F}}^2$$

这里，$\boldsymbol{c}_{\mathrm{T}}^{k}$ 表示编码矩阵 $\boldsymbol{C}$ 的第 k 行（N 个元素，下标 T 表示行向量）。

上式的意义是：将乘积 $\boldsymbol{BC}$ 分解为 m 个秩为 1 的矩阵的和，然后假定除了第 k 个矩阵未知外，其他的 $m-1$ 个矩阵是确定的。设从 $\boldsymbol{X}$ 中减去确定项之和，形成一个残余矩阵 $\boldsymbol{E}_k$，则损失函数成为 $\boldsymbol{E}_k$ 与第 k 个码字的编码贡献矩阵之差的 F-2 范数。将由码字 $\boldsymbol{b}_k$ 参与编码的特征向量用以下标号集合指示：

$$\omega_k=\{i \mid 1\leqslant i\leqslant N, c_{\mathrm{T}}^{k}(i)\neq 0\}$$

然后，定义一个 $N\times|\omega_k|$ 的{0,1}二值矩阵 $\boldsymbol{\Omega}_k$，令其$(\omega_k(j),j)$ 位置的元素为 1，其他元素为 0，则 $\boldsymbol{\Omega}_k$ 的每一列都是指示由 b_k 参与编码的特征向量标号的一个 one-of-N 的二值向量。计算 $\boldsymbol{c}_{\mathrm{R}}^{k}=\boldsymbol{c}_{\mathrm{T}}^{k}\boldsymbol{\Omega}_k$，将行向量 $\boldsymbol{c}_{\mathrm{T}}^{k}$ 中的零元素丢弃而使其缩短。同时容易看出，$\boldsymbol{X}_k^{\mathrm{R}}=\boldsymbol{X}\boldsymbol{\Omega}_k$ 是使用了码字 $\boldsymbol{b}_k$ 的特征向量的集合，而 $\boldsymbol{E}_k^{\mathrm{R}}=\boldsymbol{E}_k\boldsymbol{\Omega}_k$ 是由使用码字 $\boldsymbol{b}_k$ 的特征向量集合计算出的编码误差。采用这些变换可将损失函数化简为：

$$\|\boldsymbol{E}_k\boldsymbol{\Omega}_k-\boldsymbol{b}_k\boldsymbol{c}_{\mathrm{T}}^{k}\boldsymbol{\Omega}_k\|_{\mathrm{F}}^{2}=\|\boldsymbol{E}_k^{\mathrm{R}}-\boldsymbol{b}_k\boldsymbol{c}_{\mathrm{R}}^{k}\|_{\mathrm{F}}^{2}$$

该损失函数的最小化问题可直接应用 SVD 来求解，即将 $\boldsymbol{E}_k^{\mathrm{R}}$ 分解为 $\boldsymbol{U}\Delta\boldsymbol{V}^{\mathrm{T}}$，$\boldsymbol{b}_k$ 的解为 $\boldsymbol{U}$ 矩阵的第一列，而 $\boldsymbol{c}_{\mathrm{R}}^{k}$ 为 $\boldsymbol{V}\times\Delta(1,1)$ 的第一列。更新整个码本之后，再开始一个新的求解 $\boldsymbol{C}$ 和 $\boldsymbol{B}$ 的循环，如此反复，直至收敛。

4.4 图像分类与标注

4.4.1 概述

图像分类是视觉信息理解中的一项重要而基础的任务。在不同的语境中，图像分类有不同的含义。在一些场合中，分类与识别具有相同的意义。在本书中，将图像分类定义为不同于识别的一项宽泛任务，指根据图像所包含的信息，将其划分到事先定义的某个类别之中。而事先定义的类别既可以是具体的事物，如动物、车辆、建筑等，也可以是抽象的事物，如体育比赛、文艺演出、上课、聚餐等。无论是针对具体事物还是针对抽象事物，所划分的类别均可粗可细。这样定义的目的，一是这类任务是实现信息搜索系统所需要完成的基本任务，二是与之后所讨论的物体识别、文字识别、人脸识别等相区分。

在信息搜索系统中，图像标注是完成为图像建立文本索引等任务所必需的一项基础工作。面对数据量浩大的网络图像，自动标注是不可或缺的技术。而图像自动标注（以下简称图像标注）的具体实现就是对图像进行宽泛的分类，判别其中所包含的人物、物体、场景、抽象语义等信息。因此，上述图像分类的定义与图像标注任务特别契合。与图像识别不同，面向标注的图像分类通常在较少的预定义类别中进行判别，并且它允许一幅图像同属多个类别。例如，一幅既包含狮子也包含老虎的图像同时属于狮子和老虎两个类别。

图像标注不仅对开发信息搜索系统十分重要，对人工智能技术本身也十分重要，因为它可以为开发人工智能的模型和算法提供训练数据。同时，图像标注也是一个非常有挑战性的课题，多年来尽管人们进行了各种努力，但许多问题尚未得到很好的解决。

图像标注是从大类标注开始的，以区分图像是文字图像类还是非文字图像类，是图形类还是照片类，是城市还是风景，是室内还是室外等。这样的标注虽然有一定的帮助，但标注的信息粒度太大，信息量太少。在大类标注之后开始进行基于区域划分的标注，即先将图像按内容划分为若干区域，对每个区域进行类别标注。这样做提高了文本标注的精细度，丰富了对图像的描述，但区域划分难度较大，没有高效可靠的算法。此后，以 one-vs-all 二值分类器为基础的标注方法受到了关注。这种方法为每个索引词设计一个二值分类器，如“人-非人”“马-非马”“树-非树”等，每个二值分类器利用正负两类样本进行训练。一幅图像经过所有分类器的分类，就会获得其中包含的所有检索概念，从而实现多概念文本标注。这是一个合理和简单的策略，但其缺点也十分明显，只适用于小规模系统。在此之后，有监督的多类标注算法被提出，这种方法可对训练图像进行多类标注，通过有监督的学习，自动从训练样本中获得各个语义类的模型。多类标注算法显著地降低了训练和标注的计算量。深度模型为图像分类提供了更加有效的方法。这些方法越来越多地被用于图像标注。

本节对图像分类和图像标注的两个传统方法进行介绍，以使读者具体了解其中的技术内涵，为理解深度模型中的相关技术提供帮助。

4.4.2 空间金字塔匹配

不难看出，当对图像完成了特征编码表示之后，图像分类问题便无异于第 3 章所讲述的文本分类问题，因而适用于文本分类的各种分类器都是候选的完成图像分类任务的方法。然而，由于图像是二维空间上的信息，所以当用词袋模型表达特征时，丢失的是二维空间位置信息，这一点与文本特征存在差别。因此，在基于词袋模型的图像分类中，常采用空间金字塔匹配(Spatial Pyramid Matching，SPM)的方法多粒度表达空间位置特征。

如图 4.9 所示，SPM 先将图像分割成金字塔结构的多层子区域，然后计算每个子区域内的局部特征直方图，并将在所有区域中获得的特征直方图加权后串接为整个图像的特征向量。

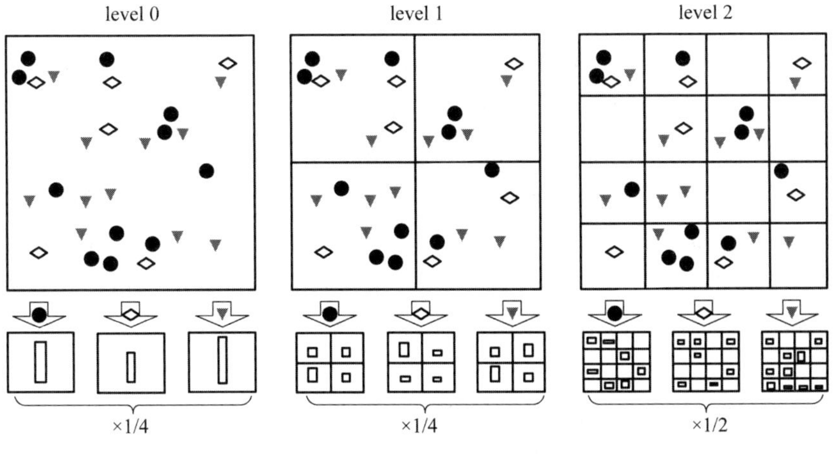

图 4.9 SPM 特征抽取示意图

用上述方法获得的特征向量需要专门的匹配算法。假设 X 和 Y 是 2 维图像空间中的两个特征向量集。在空间金字塔匹配中，首先构造标号为 $0,1,\cdots,L$ 的多层网格(l 级的网

格上的子区域数为 $D=2^{2l}$ 个）。设 H_X^l 和 H_Y^l 分别表示 X 和 Y 在 l 级上的直方图，$H_X^l(i)$ 和 $H_Y^l(i)$ 是 X 和 Y 落入 l 级网格中第 i 个区域的某类特征点的数目，则 l 级特征点的匹配数用以下直方图的交来计算：

$$I(H_X^l, H_Y^l) = \sum_{i=1}^{D} \min(H_X^l(i), H_Y^l(i)) \tag{4.11}$$

为了计算简便，以下将 $I(H_X^l, H_Y^l)$ 缩写为 I^l。

因为 $l+1$ 级的匹配数也包含在 l 级中，因此 $l(l=0,\cdots,L-1)$ 级的匹配数等于 I^l-I^{l+1}。设定 l 级的权重为 $1/2^{L-l}$，即权重与其子区域精度（分辨率）成正比，将所有等级的匹配加权求和，得到如下金字塔匹配核：

$$\begin{aligned} k^L(X,Y) &= I^L + \sum_{l=0}^{L-1} \frac{1}{2^{L-l}}(I^l - I^{l+1}) \\ &= \frac{1}{2^L}I^0 + \sum_{l=1}^{L} \frac{1}{2^{L-l+1}} I^l \end{aligned} \tag{4.12}$$

深度模型出现之后，图像分类任务有了更加有效的解决方法，上述基于词袋模型的方法正逐渐被放弃。但需要看到的是，SPM 的原理在深度模型中依旧发挥着作用。例如，CNN 的各个卷积层的特征图便构成一种具有图像特征的金字塔结构。

4.4.3 有监督的多类标注

2007 年，Carneiro 等人提出了有监督的多类标注（Supervised Multiclass Labeling, SML）[Carn 07]，该模型经多方引用后，成为图像标注的一个经典模型。SML 将有监督的二类标注和无监督的多类标注的优点加以结合，将图像标注定义为多个图像类的分类问题。在标注时，所有类都是候选对象，避免了串行地进行多个二值分类。同时，SML 保留了有监督二类标注在分类和检索任务上的优势，避免了标注词与视觉特征之间的独立性假设。另外，与无监督多类标注一样，SML 能够自然产生标注词的顺序。

SML 的实现需要解决两个问题。第一，如何从仅进行了弱语义标注的一组图像中计算语义类的概率分布。这里的弱语义标注是指：1) 标注中不包含的语义在图像中不一定不存在；2)不标注语义区域。第二，如何在每个类所包含的所有数据的约束下高效地计算概率分布。

对于这两个问题，SML 的总体解决方案是：将图像简单地表示为各局部特征向量的口袋集合，以此估计每幅图像的概率密度的 Gauss 混合模型（GMM）。将具有相同语义标注的图像的概率密度混合模型汇集在一起，对该语义类的概率密度进行估计。获得各语义类的概率密度后，语义标注和检索就能在最小错误概率准则下实现。SML 的基本过程如图 4.10 所示。

图 4.10(a)描述一幅图像的模型学习过程：图像被表示为局部图像块特征的口袋（忽略特征的空间位置信息），图像的 GMM 通过该口袋特征（特征空间的点群）学习获得。图 4.10(b)描述图像语义类模型的建立过程：具有相同语义标注（图中为 mountain）的 GMM 被汇聚在一起生成类模型。图 4.10(c)描述语义图像标注或检索的过程：基于类概率密度，用最小错误概率准则实现。

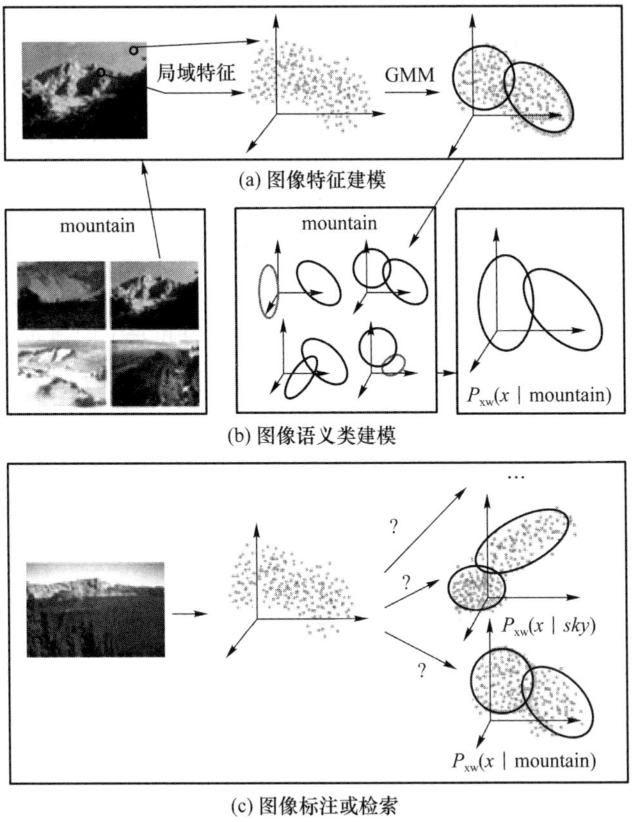

图 4.10 SML 的基本过程

具体地，SML 将语义辞典中的标注词直接与图像语义类相对应，即第 $i(i=1,\cdots,T)$ 个标注词对应第 i 个图像语义类。在训练阶段，第 i 类训练图像的集合由包含第 i 个图像语义的所有图像构成。例如，设定“熊猫”是第 i 个图像语义，则所有包含“熊猫”标注词的图像构成第 i 类训练图像的集合。需要注意的是，由于一幅图像可以根据其包含的内容有多个标注词，所以它可能作为多个类的训练样本。这样，便可以获得 T 个类条件下的样本生成概率 $P(\boldsymbol{x}|i), i\in\{1,\cdots,T\}$。对于给定样本 $\boldsymbol{x}$，图像文本标注问题由 Bayes 准则来解决，即

$$P(i|\boldsymbol{x})=\frac{P(\boldsymbol{x}|i)P(i)}{P(\boldsymbol{x})} \tag{4.13}$$

式(4.13)中，$P(i|\boldsymbol{x})$ 是给定图像特征 $\boldsymbol{x}$ 后语义类 i 的后验概率，$P(\boldsymbol{x}|i)$ 是语义类 i 相对图像特征 $\boldsymbol{x}$ 的似然度函数，$P(i)$ 是语义类 i 的先验概率，$P(\boldsymbol{x})$ 是图像特征 $\boldsymbol{x}$ 出现的概率。于是，假设从测试图像中抽取的视觉特征为 $\boldsymbol{x}$，则在最小错误概率准则下，该图像的类别标注应为：

$$i^*(\boldsymbol{x})=\arg\max_i P(i|\boldsymbol{x}) \tag{4.14}$$

SML 的优点在于：1) 它回避了普通的二分类模型需要估计非类(nonclass)分布这一计算瓶颈，使计算复杂度降低到与无监督多类标注相同的程度，明显降低了模型估计的计算量；2) 语义类概率密度的训练样本均包含相应的图像语义，受弱标注的影响显著小于二分类方法；3) 在标注时，由式(4.13)产生的后验概率自然成为选择标注词的顺序，而多个二分

类串行的方法中不同分类器产生的概率相互之间不能直接比较。

SML 的关键步骤是对图像语义类的概率分布进行估计。其中涉及两个问题:第一,在不对图像进行语义分割的情况下,是否可以获得各语义类相对准确的视觉特征概率分布?第二,如果数据库很大,用所有包含某语义类标注词的图像来估计类概率分布在计算量上是否可行?下面将具体讨论这两个问题。

1. 无图像分割的类概率分布建模

在很多情况下,语义标注词所对应的图像概念在整幅图像中只占据部分区域。“熊猫”“旗帜”等是这类概念的典型例子。即使像“天空”“草地”等更一般的概念,也具有同样的性质。就是说,大多数图像是由不同的概念共同构成的。因此对不同概念进行概率分布建模,理想的方法应当是预先进行图像分割,在各自的概念区域抽取它们的视觉特征。但在目前的技术水平下,这是难以做到的。因此,面临的挑战是:在不事先对图像进行分割,并且图像中包含其他语义的情况下,如何实现语义特征分布的估计。

多实例学习法(multiple instance learning perspective)是解决这个问题的一个有效途径。与经典的基于正负样本的学习不同,多实例学习法基于正负样本口袋(bags of examples)进行建模。每个口袋是样本的一个集合,如果其中至少有一个正样本,则口袋被看作正的,否则被看作负的。该学习法的直观意义是:正口袋中的负样本趋向于分散在整个特征空间,而正样本却趋向于集中在一个较小的区域之中。因此,正口袋的经验分布可由以下两个分量很好地近似:描述负样本的均匀分布分量和描述正样本分布的分量。而概率分布的积分为 1,这个强约束令口袋中负样本分量的相对幅度很小(特别是在高维特征空间中)。根据这一点,尽管各口袋中的公共概念在每幅图像中不占支配地位,但所有的正口袋累加以后,公共概念将占据支配地位。多实例学习法在应用中的成功,验证了上述直观推论的正确性。

给定包含概念 w_i 的训练图像数据集 D_i,概念 w_i 的概率密度分布可以采用直接估计、模型平均等不同的方法来进行估计。不同的估计方法有不同的性能和资源开销,下面对此进行讨论。

直接估计法将 D_i 中所有图像的特征向量构成训练集,对类条件密度函数进行估计。这个方法的主要缺点是对于图像数量多的类,训练集太大,在实际中,常常需要大量的存储开销,使得一些复杂度较高的密度估计方法变得不可行。

模型平均法分两步对类条件密度函数进行估计。第一步,对每幅图像的密度函数进行估计,产生一个密度函数序列 $P(\boldsymbol{x}|l,i), l\in\{1,\cdots,|D_i|\}$。第二步,通过对密度函数序列 $P(\boldsymbol{x}|l,i)$ 进行平均,获得类条件密度函数,即

$$P(\boldsymbol{x} \mid i)=\frac{1}{|D_i|}\sum_{l=1}^{|D_i|}P(\boldsymbol{x} \mid l,i) \tag{4.15}$$

模型平均法在空间开销和计算量上与直接估计法相比均有显著的降低,但简单平均的方法在对测试图像标注等应用中会遇到运算开销过大的问题。

例如,假设采用 Gauss 混合模型(GMM)表达每幅图像的分布,即

$$P(\boldsymbol{x}|l,i)=\sum_k \pi_{i,l}^k G(\boldsymbol{x}|u_{i,l}^k,\Sigma_{i,l}^k)$$

其中,k 表示 Gauss 模型的编号,$\sum_k \pi_{i,l}^k=1$。如果直接用式(4.15)计算类条件密度,则

$$P(\boldsymbol{x} \mid i) = \frac{1}{|D_i|}\sum_{k}\sum_{l=1}^{|D_i|}\pi_{i,l}^{k}G(\boldsymbol{x} \mid \mu_{i,l}^{k},\Sigma_{i,l}^{k}) \tag{4.16}$$

这意味着在类条件概率的计算中包含$|D_i|$个 Gauss 混合模型,而且这些混合模型不能事先合并,只能在测试阶段逐一计算,其耗时是难以忍受的。

为了解决这个问题,[Vasc 01]提出了一种基于层次结构的密度函数估计方法。在该方法的层次结构中,上层密度函数(称为父密度函数)由下层密度函数(称为子密度函数)生成。在图像标注问题中,每幅图像对应的是子密度函数,类对应的是父密度函数。基于这样的层次结构,需要将图像密度函数的参数作为训练数据,对类密度函数的参数进行学习,具体步骤如下。

第一步,利用式(4.16)获得类的训练数据集合。假设图像的 GMM 中包含 K 个 Gauss 分量,则训练数据集合中包含 $K|D_i|$组高斯分量参数。将每组参数作为一个数据点,则训练数据集合中包含 $K|D_i|$个数据点。

第二步,采用一种扩展 EM 算法将上述各组 Gauss 分量参数所代表的数据点聚类为 M 个分量的 GMM。

由于一幅图像的 GMM 的参数数量远小于图像中特征向量的数量,所以与估计各个图像的 GMM 的参数相比,估计类 GMM 参数的复杂度是可以忽略的。因此,基于层次结构的密度估计方法的训练复杂度与模型平均法相当,而计算似然度的复杂度,即测试复杂度与直接估计法完全相同。

下面分别给出图像 GMM 的 EM 训练算法和图像类 GMM 的扩展 EM 训练算法。

记一幅图像的块特征向量集合为 $\boldsymbol{X}=\{\boldsymbol{x}_1,\cdots,\boldsymbol{x}_N\}$,则相对该特征集合,图像的 GMM 的对数似然度为 $\ln p(\boldsymbol{X} \mid \boldsymbol{\mu},\Sigma,\pi) = \sum_{n=1}^{N}\ln\left\{\sum_{k=1}^{K}\pi_k G(\boldsymbol{x}_n \mid \mu_k,\Sigma_k)\right\}$,令 $\gamma(z_{nk})$表示第 k 个高斯分量生成第 n 块图像的特征向量的后验概率,则标准 EM 算法给出图像 GMM 参数的迭代步骤如下。

E 步:

$$\gamma(z_{nk}) = \frac{\pi_k G(\boldsymbol{x}_n \mid \mu_k,\Sigma_k)}{\sum_{j=1}^{K}\pi_j G(\boldsymbol{x}_n \mid \mu_j,\Sigma_j)}$$

M 步:

$$\mu_k^{\text{new}} = \frac{1}{N_k}\sum_{n=1}^{N}\gamma(z_{nk})\boldsymbol{x}_n$$

$$\Sigma_k^{\text{new}} = \frac{1}{N_k}\sum_{n=1}^{N}\gamma(z_{nk})(\boldsymbol{x}_n - \mu_k^{\text{new}})(\boldsymbol{x}_n - \mu_k^{\text{new}})^{\mathrm{T}}$$

$$\pi_k^{\text{new}} = \frac{N_k}{N}$$

对图像的 GMM 参数随机设定初值后,反复迭代上述 E 步和 M 步,直至收敛,便可得到图像的 GMM。

训练图像类模型时,记第 j 幅图像的第 k 个高斯分量的参数为 $\{\pi_j^k,\mu_j^k,\Sigma_j^k\}$,$j = 1,\cdots,|D_i|$,$k = 1,\cdots,K$,类 GMM 的参数为 $\{\pi_c^m,\mu_c^m,\Sigma_c^m\}$,$m = 1,\cdots,M$,则这 M 组参数按如下扩展 EM 算法求解。

E 步：

$$h_{jk}^{m}=\frac{\left[G(\mu_j^k \mid \mu_c^m,\Sigma_c^m)\exp\left(-\frac{1}{2}\text{trace}\{(\Sigma_c^m)^{-1}\Sigma_j^k\}\right)\right]^{\pi_j^k}\pi_c^m}{\sum_l\left[G(\mu_j^k \mid \mu_c^l,\Sigma_c^l)\exp\left(-\frac{1}{2}\text{trace}\{(\Sigma_c^l)^{-1}\Sigma_j^k\}\right)\right]^{\pi_j^k}\pi_c^l} \tag{4.17}$$

M 步：

$$(\pi_c^m)^{\text{new}}=\frac{\sum_{jk}h_{jk}^m}{|D_i|K} \tag{4.18}$$

$$(\mu_c^m)^{\text{new}}=\sum_{jk}w_{jk}^m\mu_j^k \quad \left(\text{这里},w_{jk}^m=\frac{h_{jk}^m\pi_j^k}{\sum_{il}h_{il}^m\pi_i^l}\right) \tag{4.19}$$

$$(\Sigma_c^m)^{\text{new}}=\sum_{jk}w_{jk}^m[\Sigma_j^k+(\mu_j^k-\mu_m^c)(\mu_j^k-\mu_m^c)^{\text{T}}] \tag{4.20}$$

对照标准 EM 算法，扩展 EM 算法的 E 步求取的 h_{jk}^m 是图像类的第 m 个高斯分量生成第 j 幅图像的第 k 个高斯分量这组参数的后验概率。理解了这一点，M 步各个公式的意义就清楚了。

2. 算法描述

下面将对[Carn 07]在实验中采用的 SML 训练和标注算法进行描述。

假定训练图像是一个图像-标题集合，即 $D=\{(I_1,w_1),\cdots,(I_{|D|},w_{|D|})\}$，这里，$w_i\in L$ 并且 $L=\{w_1,\cdots,w_T\}$，则训练算法为如下。

对每个图像语义类 $w\in L$，进行如下操作。

(1) 建立一个训练图像集合 $T_D\subset\{I_1,\cdots,I_{|D|}\}$，且 T_D 中所有图像的标题都包含 w。

(2) 对于 T_D 中的每幅图像 I：

① 通过一个像素数为 8×8，每次滑动两个像素的窗口，将 I 分解为相互重叠的 N 个区域。

② 用 YBR(YCbCr)颜色空间表达每个区域，计算每个区域的离散余弦变换(DCT)，获得图像特征 $\{[\boldsymbol{x}^{\text{Y}},\boldsymbol{x}^{\text{B}},\boldsymbol{x}^{\text{R}}]_1,\cdots,[\boldsymbol{x}^{\text{Y}},\boldsymbol{x}^{\text{B}},\boldsymbol{x}^{\text{R}}]_N\}$，其中的 $[\boldsymbol{x}^{\text{Y}},\boldsymbol{x}^{\text{B}},\boldsymbol{x}^{\text{R}}]_m$ 表示从第 m 个区域中获得的对应 YBR 3 个通道的 DCT 变换系数，共 3×64=192(维)。由于 DCT 会把每个通道的能量都集中在前面的系数中，因此为了便于维度压缩，该算法将 YBR 3 个通道的系数交错排列。为了简化标记，以下用 $\boldsymbol{x}$ 表示 $[\boldsymbol{x}^{\text{Y}},\boldsymbol{x}^{\text{B}},\boldsymbol{x}^{\text{R}}]$。

③ 假设图像中各区域的特征向量是独立抽取的样本，利用 EM 算法估计具有 8 个 Gauss 分量的混合模型，则每幅图像的分布为

$$P(\boldsymbol{x}\mid I)=\sum_{k=1}^{8}\pi_I^kG(\boldsymbol{x}\mid\mu_I^k,\Sigma_I^k) \tag{4.21}$$

这里，$\pi_I^k,\mu_I^k,\Sigma_I^k$ 是图像 I 的第 k 个混合分量的最大似然参数。

(3)在获得每幅图像的分布后，应用式(4.17)至式(4.20)，获得包含 64 个 Gauss 分量的语义类 w 的条件分布：

$$P(\boldsymbol{x}\mid w)=\sum_{k=1}^{64}\pi_w^kG(\boldsymbol{x}\mid\mu_w^k,\Sigma_w^k) \tag{4.22}$$

上述图像特征表达方法被称为 GMM-DCT。该算法中影响标注效果的参数包括 DCT

特征的维数和类模型中的混合分量数，这些参数在具体的应用中需要专门加以研究。

对于一个测试图像 $\boldsymbol{I}_t$，标注算法如下。

(1) 执行训练算法的(2)-①步。

(2) 执行训练算法的(2)-②步。

(3) 对于每个类 $w_i \in L$，计算

$$\lg P(w_i|B)=\lg P(B|w_i)+\lg P(w_i)-\lg P(B)$$

其中，B 是从图像 $\boldsymbol{I}_t$ 中抽取的特征向量口袋集合。

$$\lg P(B \mid w_i) = \sum_{x\in B}\lg P(\boldsymbol{x} \mid w_i)$$

$P(w_i)$通过训练集合中包含标注词 w_i 的图像所占的比例来估算，对于不同的 w_i，$P(B)$ 是常数。

(4) 用后验概率 $\lg P(w_i|B)$最大的 5 个类 w_i 对测试图像 $\boldsymbol{I}_t$ 进行标注。

在基于 Corel5K 和 Corel30K 基准数据库的实验中，[Carn 07]将 SML 与以往方法的结果进行了比较，验证了 SML 在召回率、精度和时间开销等方面均具有明显的优越性。

4.5 物体识别

20 世纪 90 年代末期，图像中的物体识别开始成为图像识别的研究热点。早期的图像识别主要研究文字、纹理、指纹等比较单纯的对象，这些对象的识别，通常不考虑光线、色彩、画质、背景、遮挡、拍摄角度等复杂问题。而当识别对象是图像中的物体(如人物、动物、车辆、物品、建筑物等)时，上述复杂问题就是不可回避的。与单纯的对象识别相比，物体识别的难点集中体现在类内图像之间存在较大差异。例如，同样是运动员的图像，有的在操场上，有的在泳池中，有的在多人比赛，有的在单人亮相，有的手臂在上举，有的手臂被遮挡，有的画质清晰、色彩鲜明，有的图像模糊、色彩单调等。

在深度模型出现之前，多用概率模型吸收物体的类内差异性，同时兼以有效的特征工程和关键域检测等技术对物体类进行模型表达。这类方法取得了良好的效果，一度成为物体识别的经典方法，其中最具代表性的是星群模型。深度 CNN 模型在 ImageNet 测试上的成功应用使其迅速成为物体识别的主流方法，原有的各类方法纷纷丧失竞争力而不再受关注。但学习经典方法不仅有助于理解物体识别问题的本质，也有利于理解深度模型。

故此，本节将先后介绍和讲解经典的星群模型和 AlexNet 深度模型，以期使读者对二者的学习和领会相得益彰。

4.5.1 星群模型

星群模型(constellation model)由[Burl 98] [Ferg 03] [Hill 05]等提出，它利用概率分布描述物体部件(part)的外观(appearance)、形状(shape)和尺寸(scale)，直接将部件位置的相对变化和遮挡等随机因素考虑在内，利用图像中的特征块(patch)表达物体。

在特征抽取方面，利用[Kadi 01] [Juri 04] [Felz 05]等提出的关键域检测的方法获取

特征块，然后利用 DCT、Wavelet、PCA、LDA 等变换进行特征维度压缩。

在物体识别中，模型学习有其特殊的难度。由于图像中有背景和其他物体，在大规模图像数据库的场合，图像的物体类别标注是复杂和繁琐的任务。图像物体类别一般是弱标注，使得物体识别的学习通常是“弱监督学习”。另外，为了应对物体图像巨大的类内差异性，在物体模型中需要设置大量的参数，使得对训练样本数量有较高的要求。因此，模型学习的计算复杂度很高。例如，在星群模型中，每类物体模型的计算量为 $O(N^P)$，其中的 N 和 P 分别为训练样本和物体部件的数量。

于是，提高物体模型学习的效率一度成为研究的重点。尝试过的方法包括：将星群模型由全连通结构改为 star 结构，由此将求解 $O(N^P)$ 个联合概率的问题转为求解 $O(PN^2)$ 个条件概率的问题[Ferg 05]；放弃物体模型中的形状特征和尺寸特征，只用外观特征，用 Adaboost 算法进行学习[Hill 05]；将生成式学习和鉴别式学习相结合，通过提高模型的质量，减少学习样本和计算量[Holu 05]；将已学习的其他模型的参数作为先验知识，用少量样本进行 Bayes 增量学习[Li 06]等。

星群模型假设一个物体由若干部件构成，每个部件具有特定的外观、相对的尺度和可被遮挡的属性。物体的形状由各部件的相对位置来描述。整体上，物体的星群模型是生成概率模型，外观、尺寸、形状以及遮挡均由高斯概率密度函数建模。在物体类模型的学习过程中，首先进行关键域及其尺寸的检测，然后利用这些块对上述密度函数的参数进行估计，参数估计的准则是使模型能够对训练数据进行最大似然的描述。在识别阶段，用同样的方法对测试图像进行关键域及其尺寸的检测，然后通过比较各物体类模型生成这组测试图像特征的概率来决定其类别。

下面对星群模型的关键域检测和特征表达方法、分类决策模型及其学习方法进行具体介绍。

星群模型采用[Kadi 01]提出的 Kadir 检测器对关键域进行检测。该方法的基本思想是在各种不同的位置和尺度上寻找特点突出的区域。对图像中的每个点，计算半径为 s 的区域的亮度分布 $P(I)$。在此基础上，计算对应各个尺度 s 的熵 $H(s)$，并根据 $H(s)$ 的局部极大值获得候选区域。每个候选区域的“突出性”由测度 $H\frac{\mathrm{d}H}{\mathrm{d}s}$ 描述。整幅图像中突出性最高的 N 个区域被作为关键域，用于学习和识别，每个关键域由其中心和半径所定义。

说明上述突出性检测原理的一个例子是查找黑暗背景中的一个亮点。如果查找尺度太小，则会只看到亮点内部或者背景，因而不会产生熵的极大值。如果尺度太大，亮点所产生的差异性会被淹没，也不会产生熵的极大值。当尺度比亮点的半径略大一点时，熵会达到极大值。

实验表明，上述提取关键域的方法在尺度以及类内的差异性方面都具有较好的鲁棒性。所定义的突出性测度具有尺度不变性。

上述检测器给出的关键域的特征由位置、尺寸和外观等几个方面描述。关键域的中心坐标用 X 描述，半径尺寸用 S 描述。

关键域外观特征的抽取需要进行尺寸归一化，即将大小不一的关键域缩放成统一尺寸的图像块。一个选择是采用 11×11 的正方形区域，这样，每个图像块都是 121 维空间中的一个数据，图像的外观特征就蕴含在这个数据之中。

根据模型的定义，直接应用这个数据意味着外观特征要用121维的Gauss函数进行表达，这将导致计算量过高。因此，需要进行特征降维。模型中采用主成分分析(Principal Component Analysis，PCA)提取图像块的10～15个主成分，将这些主成分作为其外观特征 $\boldsymbol{A}$。

星群模型基于后验概率比进行分类决策。假设通过学习已经获得了一个物体类 C 的生成模型，部件数为 P、参数为 θ。现需要判决测试图像 I 中是否包含物体类 C 的实例。假设在测试图像 I 中检测到了 N 个关键域，它们的位置、尺寸和外观向量分别为 $\boldsymbol{X}$、$\boldsymbol{S}$ 和 $\boldsymbol{A}$，则后验概率比：

$$R=\frac{p(\boldsymbol{C}|\boldsymbol{X},\boldsymbol{S},\boldsymbol{A})}{p(\widetilde{C}|\boldsymbol{X},\boldsymbol{S},\boldsymbol{A})}=\frac{p(\boldsymbol{X},\boldsymbol{S},\boldsymbol{A}|C)p(C)}{p(\boldsymbol{X},\boldsymbol{S},\boldsymbol{A}|\widetilde{C})p(\widetilde{C})}\approx\frac{p(\boldsymbol{X},\boldsymbol{S},\boldsymbol{A}|\theta)p(C)}{p(\boldsymbol{X},\boldsymbol{S},\boldsymbol{A}|\theta_{\mathrm{bg}})p(\widetilde{C})} \tag{4.23}$$

这里，$\widetilde{C}$ 表示非 C 物体类；θ_{bg}表示通过背景图像获得的统一描述非 C 物体类的模型参数；约等号意味着参数 θ 和 θ_{bg}分别描述的是 C 和 $\widetilde{C}$ 存在的误差，因为实际上物体的类模型参数是一个分布 $p(\theta)$。

式(4.23)中的先验概率之比 $p(C)/p(\widetilde{C})$ 可以通过训练数据进行估计，或者人工设定。式中，分子上的似然度函数可分解为：

$$\begin{aligned}p(\boldsymbol{X},\boldsymbol{S},\boldsymbol{A}\mid\theta)&=\sum_{\boldsymbol{h}\in\boldsymbol{H}}p(\boldsymbol{X},\boldsymbol{S},\boldsymbol{A},\boldsymbol{h}\mid\theta)\\&=\sum_{\boldsymbol{h}\in\boldsymbol{H}}p(\boldsymbol{A}\mid\boldsymbol{X},\boldsymbol{S},\boldsymbol{h},\theta)p(\boldsymbol{X}\mid\boldsymbol{S},\boldsymbol{h},\theta)p(\boldsymbol{S}\mid\boldsymbol{h},\theta)p(\boldsymbol{h}\mid\theta)\end{aligned} \tag{4.24}$$

由于模型中的 P 个部件与检测出的 N 个关键域之间存在各种可能的对应关系，因此引入一个包含 P 个元素的随机向量 $\boldsymbol{h}$ 来指示各种对应关系。$\boldsymbol{h}$ 中元素的取值为 $0,1,\cdots,N$，表示部件所对应的关键域，例如 $h_1=2$ 表示第1个部件对应第2个关键域。如果某元素为0，表示该元素所对应的部件不可见(被遮挡等)。没有被对应到部件上的关键域被认为是背景的一部分。集合 H 为全部有效的部件-关键域分配方案，因此 $|H|$ 的数量级为 $O(N^P)$。

下面对式(4.24)中分解出的各个因子的似然比进行讨论。为了便于表达，定义如下几个符号。$\boldsymbol{d}=\mathrm{sign}(\boldsymbol{h})$，表示各个部件遮挡状态的二值向量；$f=\mathrm{sum}(d)$，表示被分配到前景(物体)上关键域数；$n=N-f$，表示被分配到背景上的关键域数；$\boldsymbol{h}_0$，表示 $\boldsymbol{h}$ 中的所有元素都为0，即假设所有关键域都来自背景。这样，式(4.23)分母上的似然度函数便可表示为：

$$p(\boldsymbol{X},\boldsymbol{S},\boldsymbol{A}|\theta_{\mathrm{bg}})=p(\boldsymbol{A}|\boldsymbol{X},\boldsymbol{S},\boldsymbol{h}_0,\theta_{\mathrm{bg}})p(\boldsymbol{X}|\boldsymbol{S},\boldsymbol{h}_0,\theta_{\mathrm{bg}})p(\boldsymbol{S}|\boldsymbol{h}_0,\theta_{\mathrm{bg}})p(\boldsymbol{h}_0|\theta_{\mathrm{bg}})$$

而式(4.23)的求解便可转变为以下几个似然比的计算。

1) 外观

每个关键域的外观被表示为特征空间中的一点。每个部件 p 在这个特征空间中具有一个与其他部件相互独立的Gauss概率密度函数，参数为 $\theta_p^{\mathrm{app}}=\{\boldsymbol{c}_p,\boldsymbol{V}_p\}$。背景由一个参数为 $\theta_{\mathrm{bg}}^{\mathrm{app}}=\{\boldsymbol{c}_{\mathrm{bg}},\boldsymbol{V}_{\mathrm{bg}}\}$的Gauss密度函数建模。假设 $\mathbf{V}_{\mathrm{p}}$ 和 $\mathbf{V}_{\mathrm{bg}}$协方差矩阵均为对角阵，每个被选为部件的关键域似然度都由对应的部件密度函数来估计，所有未被选为部件的关键域的似然度由背景密度函数来估计，则外观似然比：

$$\frac{p(\boldsymbol{A} \mid \boldsymbol{X},\boldsymbol{S},\boldsymbol{h},\theta)}{p(\boldsymbol{A} \mid \boldsymbol{X},\boldsymbol{S},\boldsymbol{h}_0,\theta_{\mathrm{bg}})}=\prod_{p=1}^{P}\left(\frac{G(\boldsymbol{A}(\boldsymbol{h}_p) \mid \boldsymbol{c}_p,\boldsymbol{V}_P)}{G(\boldsymbol{A}(\boldsymbol{h}_p) \mid \boldsymbol{c}_{\mathrm{bg}},\boldsymbol{V}_{\mathrm{bg}})}\right)^{d_p}$$

这里，G 表示 Gauss 分布，d_p 表示 $\boldsymbol{d}$ 的第 p 个元素，即 $d_p=\boldsymbol{d}(p)$。注意，如果某部件被遮挡，则该部件对应的似然比因子为 $1(d_p=0)$，即对总似然比没有影响。

2）形状

如上所述，每个假设 $\boldsymbol{h}$ 都给出部件和关键域的一个对应关系。因此，在给出假设的条件下，物体的形状可由对应各部件的关键域的位置来确定。星群模型引入一个联合 Gauss 密度函数来描述关键域的相对位置，即物体的形状。为了使模型具有尺度不变性，要对关键域的位置坐标进行归一变换。密度函数的参数为 $\theta^{\mathrm{shape}}=\{\boldsymbol{\mu},\boldsymbol{\Sigma}\}$。这里的 $\boldsymbol{\Sigma}$ 是与外观中的对角协方差矩阵不同的非对角阵。所有未被分配到部件上的关键域被视为来自于背景。背景模型假设关键域在整个图像面积 α 上均匀分布。如果某个部件被遮挡，它将不被考虑在联合密度函数之内。于是，形状似然比：

$$\frac{p(\boldsymbol{X} \mid \boldsymbol{S},\boldsymbol{h},\theta)}{p(\boldsymbol{X} \mid \boldsymbol{S},\boldsymbol{h}_0,\theta_{\mathrm{bg}})}=G(\boldsymbol{X}(\boldsymbol{h}) \mid \boldsymbol{\mu},\boldsymbol{\Sigma})\alpha^f$$

3）相对尺度

每个部件 p 相对于参考帧的尺度由一个参数为 $\theta^{\mathrm{scale}}=\{t_p,U_p\}$ 的 Gauss 密度函数建模。假设各部件之间相互独立，背景中关键域的尺度在 r 区间内均匀分布。于是，尺度似然比：

$$\frac{p(\boldsymbol{S} \mid \boldsymbol{h},\theta)}{p(\boldsymbol{S} \mid \boldsymbol{h}_0,\theta_{\mathrm{bg}})}=\prod_{p=1}^{P}G(\boldsymbol{S}(h_p) \mid t_p,U_p)^{d_p}r^f$$

4）假设

假设 $\boldsymbol{h}$ 和 $\boldsymbol{h}_0$ 的似然比 $p(\boldsymbol{h}|\theta)/p(\boldsymbol{h}_0|\theta_{\mathrm{bg}})$ 与关键域检测器的统计特性和遮挡模式有关。

上述模型以概率的方式描述了物体多方面的属性，不仅可以对有几何约束的物体建模，也可以对几何形状确定性较低，但外观特征明显的物体建模。通过上述公式，给定一组关键域的 $\boldsymbol{X}$，$\boldsymbol{S}$，$\boldsymbol{A}$ 后，就可以计算出总体的似然比。

学习阶段的任务是获得模型的参数 $\theta=(\boldsymbol{\mu},\boldsymbol{\Sigma},\boldsymbol{c},\boldsymbol{V},M,p(\boldsymbol{d}|\theta),t,U)$，采用的方法是最大似然估计，即通过所有训练图像的特征数据 $\boldsymbol{X}$，$\boldsymbol{S}$ 和 $\boldsymbol{A}$ 来寻找参数 $\theta_{\mathrm{ML}}=\arg\max\limits_{\theta} p(\boldsymbol{X},\boldsymbol{S},\boldsymbol{A}|\theta)$。

由于存在隐变量 $\boldsymbol{h}$，所以上述学习任务需采用 EM 算法完成。在 EM 算法中需要计算每个假设 $\boldsymbol{h}$〔共 $O(N^P)$ 个〕的似然度，因此有必要采用高效的搜索方法，如 A^* 或空间搜索(space-search)。尽管这些方法可以明显地提高计算速度，但学习效率仍然是个瓶颈。实验表明，算法收敛的一致性是比较好的，因此不需要再用确认数据进行检验。通常情况下，算法会在 50～100 个 EM 循环内收敛。由于是生成模型，因此不需要背景图像作为训练数据。但在提取图像块的主成分并将其作为外观特征时，用到的 PCA 变换核是从所有图像块的数据中获得的。

物体识别的任务被定义为对某类物体的图像和背景图像进行区分。识别时，首先进行关键域检测，然后利用物体的生成模型来估计似然比，最后将其与设定的阈值相比，来确定图像中是否包含该物体。与学习阶段类似，识别时也需要采用高效搜索技术来提高速度。

4.5.2 AlexNet 模型

在物体识别的研究中，ImageNet 图像数据库的开发是一个里程碑事件，对推动技术创新发挥了十分重要的作用。ImageNet 通过 Web 采集图片，利用 Amazon 开发的 Mechanical Turk 众包工具进行人工标注，形成了 15 M 有标注的高精度图片集。ImageNet 的图片被分为 22 000 个类别。2010 年，ImageNet 中的 1 000 个类别共计 1.2 M 的图片被选作训练数据，以开展基于 ImageNet 的大规模图像识别挑战赛(ILSVRC)。ILSVRC 是一个图像分类任务，要求参赛系统为测试图像打上最贴切的 5 个类别标签。

2012 年，加拿大多伦多大学的 Krizhevsky 和 Hinton 等研究人员在参加 ILSVRC 时提出了一个后来被称为 AlexNet 的深度卷积神经网络模型，取得了 top5 错误率 15.3% 的优异性能，大幅度提高了这项竞赛的技术水平[Krzh 12]。自此之后，AlexNet 模型受到了极大的关注，对图像识别的技术走向产生了深刻的影响。

AlexNet 是一种 CNN 模型，这种模型最早由日本学者 Fukushima 于 1980 年提出，被称作 Neocognitron。1998 年，LeCun 提出了 LeNet 模型，以卷积层和池化层交替设置的方式构建了一种新的 CNN 模型。相对于 LeNet，AlexNet 在模型深度和参数数量上均实现了突破性的提升，它包含 5 个卷积层、3 个全连接层、6 亿条连接、6 000 万个参数和 65 万个神经元，顶层是 1 000 路的 Softmax 函数输出。这样大尺度的网络在当时是罕见的。为了获得训练的成功，AlexNet 引入了多项新技术，包括采用 ReLU 函数作为隐层神经元的激活函数，采用 Dropout 算法进行正则化，以及采用双 GPU 并行结构等。

AlexNet 的体系结构如图 4.11 所示。总体上，AlexNet 包含上、下两个 GPU 通道。两个 GPU 只在第三卷积层和各全连接层存在相互通信。第一卷积层包含 96 个 11×11×3 的卷积核，第二卷积层包含 256 个 5×5×48 的卷积核，第三卷积层包含 384 个 3×3×256 的卷积核，第四卷积层包含 384 个 3×3×192 的卷积核，第五卷积层包含 256 个 3×3×192 的卷积核。从第一卷积层到最终输出层，各层的神经元数量依次为 290,400、186,624、64,896、64,896、43,264、4 096、4 096 和 1 000。

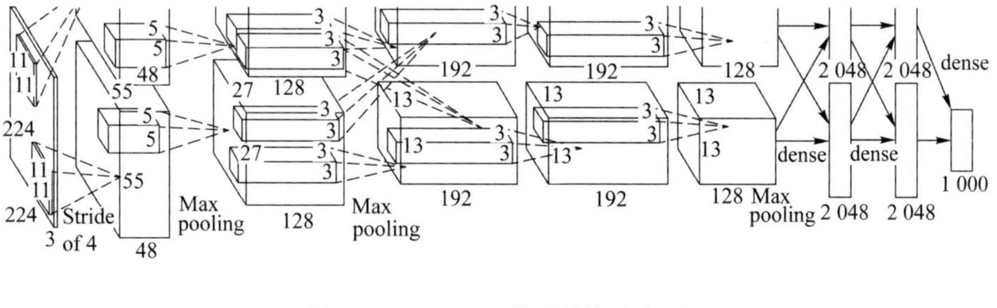

图 4.11　AlexNet 体系结构示意图

在体系结构方面，以下几项技术是使 AlexNet 获得成功的关键技术。

ReLU 非线性函数。传统的神经元激活函数多采用 Sigmoid 函数，这类函数在偏离 0 点后很快进入饱和，在深度模型中会使梯度下降学习丧失效率。ReLU 函数采用 $f(x)=\max(0, x)$ 作为神经元激活函数，拥有非饱和性质，可以明显地加速学习过程，使得大规模深度网络的训练得以实现。

多 GPU 组合。在单个 GPU 内存有限的条件下，大规模网络结构的实现和训练需要多 GPU 组合完成。AlexNet 采用双 GPU 并行结构，总体上实现了将网络中的神经元均衡地部署到两个同样的 GPU 上的目标，二者的通信只需在有限层上进行。这一结构提供了利用多 GPU 组合实现大规模网络的范例。

此外，AlexNet 还采用了局部响应规范化(Local Response Normalization)和重叠池化(Overlapping Polling) 两项操作，分别能够起到增强学习效能和提高识别精度的作用。局部响应规范化模拟神经元的侧抑制机理，使卷积核神经元的输出具有近邻间相互抑制的性质。具体地，每个卷积核神经元的输出都被与其处于同一位置的 n 个序号相邻的其他卷积核神经元输出的平方和的单调函数所除，从而产生相邻者输出的幅度越大，自身的输出越受抑制的效果。该操作在第一和第二卷积层之后进行。与传统池化对各个卷积核产生的二维特征图的无重叠区域划分不同，重叠池化将特征图划分为相互有部分重叠的区域，然后采用 Maxpolling 函数从各个区域中选取最大值。该操作分别在局部响应归一化之后和第五卷积层之后进行。

尽管 ILSVRC2010 是一个拥有 1 000 个类别，每个类别约含 1 000 个样本的数据集，但对于训练 AlexNet 这样大规模的网络来说数据量仍然不足。如果没有进一步的措施，训练中的过拟合问题将难以避免。为此，AlexNet 采用了数据增广和 Dropout 两种技术来防止过拟合。

AlexNet 的数据增广技术十分简单。一是通过图像平移，从一幅图像中生成多个样本。具体方法是从 256×256 的图像中随机截取 224×224 的图像块。二是将截取的图像块进行水平方向的翻转。通过这样的方法，可使训练数据扩充 2 048 倍。测试时，从 256×256 的图像的四角和中心截取 5 个 224×224 的图像块，并对它们进行水平翻转，从而获得 10 个测试图像块。将这 10 个图像块的识别结果进行平均，作为最终结果。

此外，AlexNet 还采用改变像素 RGB 浓度的方法来扩充数据。具体地，将 ImageNet 所有训练图像的所有像素作为数据点(每个数据点为其 RGB 值所对应的 3 维向量)，通过其协方差矩阵进行主成分分析，然后利用获得的主成分向量的随机倍数对图像的像素进行扰动。具体做法是：对于一幅训练图像的各个 RGB 像素 $\boldsymbol{I}_{xy}=[\boldsymbol{I}_{xy}^{R},\boldsymbol{I}_{xy}^{G},\boldsymbol{I}_{xy}^{B}]^{T}$，加入扰动量$[\boldsymbol{p}_1,\boldsymbol{p}_2,\boldsymbol{p}_3][\alpha_1\lambda_1,\alpha_2\lambda_2,\alpha_3\lambda_3]^{T}$，其中 $\boldsymbol{p}_i$ 和λ_i分别是第 i 个主成分的特征向量和特征值，α_i 为由均值为 0，标准差为 0.1 的高斯概率分布产生的随机数。这种变换能够大体捕获物体特征在自然图像中不受颜色和亮度影响的特性。实验结果也验证了它的有效性。

AlexNet 的另一项防止过拟合的措施是采用 Dropout 算法来进行正则化。Dropout 算法在训练网络时，每输入一个训练样本，都对网络中的隐层神经元以 0.5 的概率随机“漏下”，即令其输出为 0。被漏下的神经元及其相应的连接不参与信号的前馈过程及梯度反向传播学习过程。尽管存在漏下的神经元及相应的连接，但在任何时刻网络参数都被所有的结构所共享。这种随机的漏下不仅减少了每次训练的参数，还减少了神经元之间在训练时的协同，从而有利于防止过拟合。训练完成后，将所有的神经元都显现在测试网络中，并令它们输出的幅度减半。AlexNet 在第一和第二全连接层采用了 Dropout 算法，对避免过拟合发挥了关键的作用。

AlexNet 的成功，极大地促进了深度 CNN 的发展。2014 年出现了包含 16 个卷积层的 VGG，2015 年出现了包含 22 个卷积层的 GoogleNet。2016 年，残差网络模型 ResNet 被提出，进一步解决了误差反传的问题，使得网络深度得到突破性的提升，大于 100 个卷积层的深度 CNN 随之问世。随着卷积层的增加，ILSVRC 竞赛 top5 错误率不断下降，VGG 将其降至 8.5%，GoogleNet 将其降至 7.8%，ResNet 将其降至 4.4%。至此，深度 CNN 模型成为物体识别乃至视频信息理解等各主要任务的首选方法。

4.6 文字识别

在视觉信息理解中，文字识别具有十分重要和关键的作用。因为一幅图像中包含的文字很有可能就是场所名称或抽象概念本身，例如门店的匾额、活动的标语、道路的标牌等。相对于早期的文字识别研究，面向视觉信息理解的文字识别具有更高的挑战性。主要原因在于，面向视觉理解的文字识别会遇到图像背景复杂、观测角度倾斜、字体字形多变等问题。这些问题在传统文字识别的研究中不曾涉及，因此，面向视觉信息理解的文字识别的研究重点并非文字识别本身，而是图像中的文字检测、倾斜校正、字体识别等前端技术。通过这些技术，将文字从图像背景中分离出来并进行方向和尺度校正之后，才回归到原本的文字识别问题。

文字识别已经有近 70 年的研究历史，是模式识别最重要的研究领域之一。早期的研究主要解决人机交互瓶颈，以及文字自动录入问题。后期随着技术的发展和需求的转变，文字识别的研究重点转向专用领域，如票据识别、证件识别、名片识别、公式识别等。

传统上，文字识别根据识别方式分为离线文字识别和在线文字识别两种。前者是对已经书写或印刷完成的文字进行识别，通常是将光学扫描或拍照作为文字采集手段，因此又被称为 OCR(Optical Character Recognition)。后者是对正在书写中的文字进行识别，通常用压电传感的方式采集文字，常被称为笔输入或手写输入技术，在掌上电脑等设备中已经得到广泛的应用。

对图像中的文字进行识别与传统的离线识别原理相一致。因此，本节围绕离线文字识别系统中的几个重点问题对相关技术进行介绍。

4.6.1 离线文字识别系统

一个典型的离线文字识别系统由文字图像获取、预处理、特征抽取、分类识别和后处理等模块顺序构成。

文字图像获取通常是采用光学设备，如扫描仪、照相机、摄像机等，获得不同颜色、亮度或灰度像素对文字的描述。设备的主要参数是分辨率，包括空间分辨率和灰度分辨率，其中空间分辨率对识别的影响较大。

预处理一般包括二值化、去噪声、倾斜校正、文字切分和尺寸归一化等。文字识别通常基于二值图像进行，需将灰度图像或彩色图像进行二值化处理。二值化的关键是阈值的选取，简单情况下，可对整幅图像设一个阈值，但对背景比较复杂的图像，常需要按局部选取阈值。噪声是指图像中干扰文字质量的像素，如不去除，会对识别产生严重的影响。去除噪声可以在灰度图像或彩色图像上进行，也可以在二值图像上进行。由于拍摄角度、扫描方向等因素的影响，文字图像可能会出现倾斜。为了提高识别精度，常常需要对倾斜进行校正。倾斜校正的关键是倾斜角度的计算，得到了倾斜角度，校正算法是比较简单的。但通常的校正算法比较耗时，并且还会出现“锯齿”现象。文字切分是指从一个字符串中将文字一个个分离出来。对于印刷文字，由于字宽比较好判断，切分相对容易一些。但手写字符串的切分却是一个难度很高的问题。尺寸归一化是指将文字图像的大小进行统一，以便提取在数值上可比的特征量。尺寸归一化可以简单地通过线性变换实现，为了对字形进行有目标的调整，也可以采用非线性的方法。

特征抽取是文字识别的一个核心问题。特征抽取的主要目的是排除外形变化的影响，获取对文字本质特征的描述。衡量特征是否具有本质性的重要标准是类内一致性和类间差异性，即同一文字的不同样本的特征有较高一致性，而不同文字的样本特征有较高的差异性。文字是由笔划线段构成的，因此文字特征通常用线段来描述。为了获取线段描述，需要对文字进行细线化，即抽取笔划的中心线或轮廓线。相对中心线而言，轮廓线的提取算法比较简单，在笔划粗细影响不大的场合应用比较广泛。4.2.2 小节描述的方向线素特征是汉字识别的常用特征。

分类识别是文字识别的又一个核心问题。理论上讲，任何一种分类器均可以用于文字识别，但传统上应用较多的分类器是模板匹配分类器和 SVM 分类器。深度模型出现之后，dCNN、dRNN 等深度神经网络模型已经成为构造文字识别分类器的主流方法。

后处理通常是文字识别系统的必备过程。通过后处理，可以在分类器输出的若干候选项中挑选出正确率更高的结果。在普通文档的识别中，常用语言模型来进行后处理。而在一些特殊应用中，如票据识别、证件识别等，除了语言模型外，基于语法规则的后处理也十分重要，例如在支票大写金额的识别中，金额的构词规则可以发挥很好的作用。

研究和开发文字识别系统的基础工作是采集样本，建立文字样本数据库。相对印刷文字，手写文字的采集更具难度。一些研究机构较早地认识到了这个问题的重要性，建立了多个著名数据库，例如美国 NIST 的手写字符数据库，日本的 ETL 手写字符数据库等。由于 ETL 中包含手写汉字，所以对于我国更有借鉴意义。ETL 有 ETL1～ETL9 共 9 个版本，其中规模最大的 ETL9 是 1984 年建立的，包含 71 个假名和 2 965 个汉字(共 3 036 个文字)，每个文字有 200 个样本，由 4 000 人书写。ETL 样本库在日本的文字识别技术研究和开发中一直被作为基准数据加以利用。

1998 年，在 863 计划的支持下，本书作者所领导的项目组开发了一个可公开使用的大规模脱机手写汉字样本库，取名 HCL2000[郭 00]。“HCL”是手写汉字库的意思，“2000”表示每个汉字 2 000 个样本。HCL2000 的一个特点是包含书写者的信息，书写者信息与其书写的汉字样本相互关联，研究者可以方便地调查某个字是何人所写，也可以方便地查看某人的书法何如。因此，HCL2000 不仅可以为文字识别的研究提供丰富的训练和测试样本，对于进行汉字书写规律以及书写者与手写汉字特征之间的关系等基础研究也具有重要意义。

HCL2000由汉字样本库和书写者信息库两大部分组成。汉字样本信息和书写者信息分开存放，有利于相对独立地使用这两类信息；汉字样本库也能与现有的手写汉字数据库在格式上兼容。同时，汉字样本信息为图像信息，书写者信息为文字信息，两者分开存放，使得汉字样本库管理系统便于用普通的高级语言开发，而书写者信息管理系统便于用数据库语言开发。汉字样本库管理系统具有对汉字样本库进行增、删、改、浏览等的功能；书写者信息库管理系统具有对书写者信息进行增、删、改、查询、统计、分析等的功能。

4.6.2 余弦整形变换

HCL2000
手写汉字库

为了对文字的形状进行扭转和伸缩，本书作者提出了余弦整形变换[郭93]。该方法用余弦函数来实现对汉字样本在水平和垂直两个方向上的左推、右推以及中心扩展等变换，以产生所需要的字形。对比深度学习中的数据增广，这种整形变换是一种对手写汉字样本进行增广的独特方法。由于余弦函数具有连续性，余弦整形变换可以从一个样本中生成理论上无穷、实际上大量的虚拟样本。基于大量的虚拟样本，无论是传统的识别算法还是深度模型，都可以获得性能的有效提升。

本质上，余弦整形变换是利用余弦函数曲线的非线性部分和准线性部分来实现文字的可控整形。首先，在[0,1]的区间内定义如下函数：

$$X(x)=0.5-0.5\cos \pi x \tag{4.25}$$

如图4.12所示，对应x的等间隔的值a,b,c，函数$X(x)$的值分别为A,B,C，可以看到，通过函数$X(x)$，变量x的等间隔区间被映射成不等间隔区间。并且，利用不同的区间，可以进行多种变换。例如：利用$[0,b]$的区间，可以将x空间向坐标原点方向推拉；利用$[b,1]$的区间，可以将x空间向坐标原点的相反方向推拉。此外，图中曲线存在着$[0,a]$，$[c,1]$的非线性区间和$[a,c]$的准线性区间这样的两种区间，函数$X(x)$具有在非线性区间以渐变的压缩率压缩x空间，在准线性区间较平均地扩展x空间的特点。

函数$X(x)$在任意区间的一般表达式（以下简称整形函数）如下：

$$X^{\phi,\theta}(x)=a-b\cos(\phi x+\theta) \tag{4.26}$$

这里，ϕ和θ分别代表变换域的宽度和初始相位（参照图4.13）：

$$\theta\geqslant 0,\phi>0,\quad 0\leqslant\phi+\theta\leqslant\pi,\quad 0\leqslant x\leqslant 1$$

设变换前后的坐标均在[0,1]区间之内，则有：当$x=0$时，$X=0$；当$x=1$时，$X=1$。因此可得：

$$a=\frac{\cos\theta}{\cos\theta-\cos(\phi+\theta)}$$

$$b=\frac{1}{\cos\theta-\cos(\phi+\theta)}$$

图4.14给出了3种典型的在水平方向上存在变形的手写汉字的例子，(a)，(b)，(c)分别对应偏右、中心收缩、偏左的3种情况（在垂直方向上，情况相同）。为了矫正这样的变形，

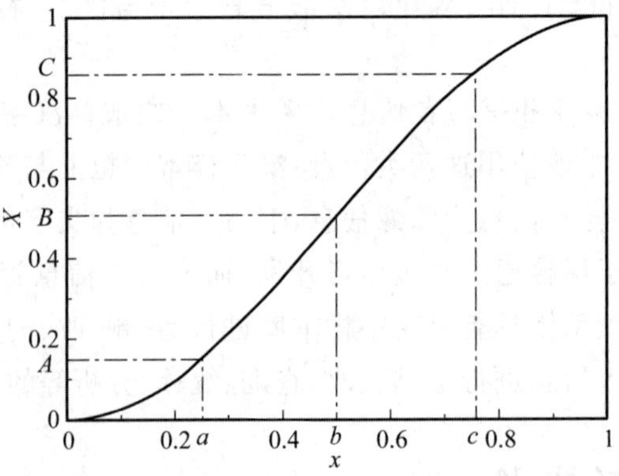

图 4.12　余弦曲线 $X(x)=0.5-0.5\cos\pi x$

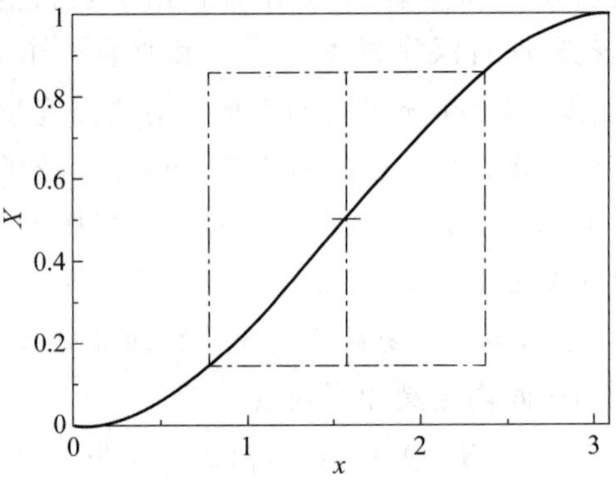

图 4.13　经过变换的余弦曲线 $X^{\phi,\theta}$

需要分别对其进行左向推拉、中心扩展、右向推拉的整形变换。若将整形函数式(4.26)的变换域的中心分别定义为 $\pi/4,\pi/2,3\pi/4$,就会得到如图所示的整形效果。

在实际应用中,水平方向和垂直方向的整形通常是独立进行的,变换模式有如下 6 种:

$$\begin{cases} P^1(X_1^{\theta_1}(x),y)=p(x,y) \\ P^2(X_2^{\theta_2}(x),y)=p(x,y) \\ P^3(X_3^{\theta_3}(x),y)=p(x,y) \\ P^4(x,X_1^{\theta_1}(y))=p(x,y) \\ P^5(x,X_2^{\theta_2}(y))=p(x,y) \\ P^6(x,X_3^{\theta_3}(y))=p(x,y) \end{cases}$$

其中 $\theta_1,\theta_2,\theta_3$ 是初始相位,其取值范围分别为:

$$0\leqslant\theta_1<\pi/4,\quad 0\leqslant\theta_2<\pi/2,\quad \pi/2\leqslant\theta_3<3\pi/4$$

如果分别取其范围内等间隔的 5 个值作为初始相位:

$$\begin{cases}\theta_1=0,\dfrac{\pi}{20},\dfrac{2\pi}{20},\dfrac{3\pi}{20},\dfrac{4\pi}{20}\\ \theta_2=0,\dfrac{\pi}{10},\dfrac{2\pi}{10},\dfrac{3\pi}{10},\dfrac{4\pi}{10}\\ \theta_3=\dfrac{\pi}{2},\left(\dfrac{\pi}{2}+\dfrac{\pi}{20}\right),\left(\dfrac{\pi}{2}+\dfrac{2\pi}{20}\right),\left(\dfrac{\pi}{2}+\dfrac{3\pi}{20}\right),\left(\dfrac{\pi}{2}+\dfrac{4\pi}{20}\right)\end{cases}$$

可以得到 30 种整形函数，因为 x 方向和 y 方向是对称的，所以只有 15 条不同的曲线。这 15 条曲线分别表示对文字图像在 x 方向和 y 方向上不同程度的拉伸效果：包括对图像的左向推拉、x 方向中心扩展以及右向推拉、上向推拉、y 方向中心扩展以及下向推拉的整形效果。

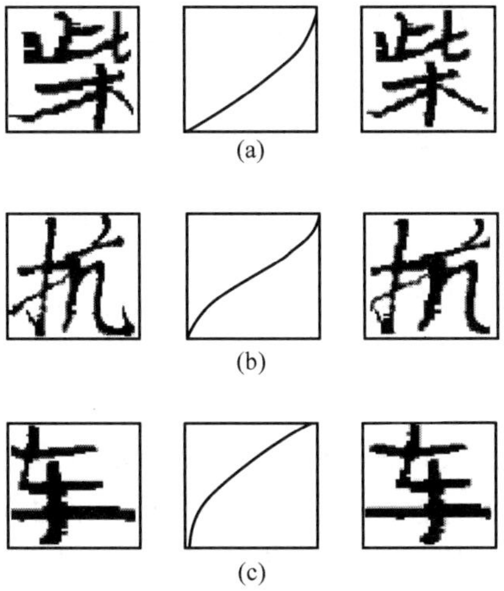

图 4.14　3 种典型的余弦曲线变换效果图

当前，基于数据增广生成伪样本以应对小样本学习等问题已经成为深度学习中的常用方法。余弦整形变换的方法既是生成文字伪样本的有效方法，也是图像样本增广的一种理论原型，对理解和扩展当前的流行方法有重要帮助。

4.6.3 渐进计算的马氏距离分类器

在传统的文字识别算法中，马氏距离(Mahalanobis distance)分类器因其较高的识别精度而得到了广泛的应用。马氏距离分类器等效于特征为高斯分布、各个类的先验概率相等条件下的 Bayes 分类器，其一般形式如下：

$$d(\boldsymbol{x},\boldsymbol{\mu})=(\boldsymbol{x}-\boldsymbol{\mu})^{\mathrm{T}}\boldsymbol{\Sigma}^{-1}(\boldsymbol{x}-\boldsymbol{\mu}) \tag{4.27}$$

其中 $\boldsymbol{x}$ 是输入样本的特征向量，$\boldsymbol{\mu}$ 是某类文字特征向量的均值，$\boldsymbol{\Sigma}$ 是该类文字特征向量的协方差矩阵。

相较于简单的距离分类器，马氏距离分类器的运算量较大，在一些实际应用中受到了制约。为了提高其计算效率，[陈 06]提出了一种渐进式马氏距离计算方法，在不改变计算精度的条件下显著减少了运算量，为马氏距离分类器的高效应用提供了方便。该方法的计算原理如下。

由于式(4.27)中的 $\boldsymbol{\Sigma}_i$ 是正定对称矩阵，利用 Cholesky 分解可以将其分解为 $\boldsymbol{LDL}^t$ 形式，其中 $\boldsymbol{L}$ 是对角线上元素为 1 的下三角阵，$\boldsymbol{D}$ 是对角线上元素均为正的对角阵，代入式(4.27)可得：

$$\begin{aligned} d(\boldsymbol{x},\boldsymbol{\mu}) &= (\boldsymbol{x}-\boldsymbol{\mu})^{\mathrm{T}}\,(\boldsymbol{LDL}^{\mathrm{T}})^{-1}(\boldsymbol{x}-\boldsymbol{\mu}) \\ &= [\boldsymbol{L}^{-1}(\boldsymbol{x}-\boldsymbol{\mu})]^{\mathrm{T}}\boldsymbol{D}^{-1}[\boldsymbol{L}^{-1}(\boldsymbol{x}-\boldsymbol{\mu})] \end{aligned} \tag{4.28}$$

定义一维列向量 $\boldsymbol{w}$：

$$\boldsymbol{w}=\boldsymbol{L}^{-1}(\boldsymbol{x}-\boldsymbol{\mu}) \tag{4.29}$$

式(4.28)可写成

$$d(\boldsymbol{x},\boldsymbol{\mu}) = \boldsymbol{w}^{\mathrm{T}}\boldsymbol{D}^{-1}\boldsymbol{w} = \sum_{i=1}^{N} w_i^2 d_{ii}^{-1} \tag{4.30}$$

这里，N 是特征向量的维数，w_i 是 $\boldsymbol{w}$ 的第 i 个元素，d_{ii} 是 $\boldsymbol{D}$ 对角线上第 i 个元素。由于 d_{ii} 是正定的，所以 $d(\boldsymbol{x},\boldsymbol{\mu})$ 的计算过程是单调不减的，可以进行渐进式计算。

由式(4.29) 可得：

$$\boldsymbol{Lw}=\boldsymbol{x}-\boldsymbol{\mu}$$

注意到 $\boldsymbol{L}$ 为对角元素为 1 的下三角阵，由此线性方程可以得到 $\boldsymbol{w}$ 的前向替换计算过程：

$$w_i = (x_i - \mu_i) - \sum_{k=1}^{i-1} l_{ik} w_k \tag{4.31}$$

式(4.30)和式(4.31)便是渐进式计算马氏距离的两个核心公式。

上述渐进式马氏距离运算过程进行的是单调不减的累加，可以随时根据某些事先确定或处理过程中计算得到的阈值停止运算；运算过程中用到的参数也通过前向替换的方法得到，以保证在渐进过程中每一轮运算量达到最小。在分类过程中使用渐进式的马氏距离计算，其特点是在计算一个输入文字的特征与多个标准文字特征之间的距离时，大部分计算可中途停止。

式(4.30)的渐进计算共有 N 轮，w_i 可以在每一轮的渐进式计算中通过前向替换的方法得到。在此过程中，计算是否在当前轮停止根据 $d(\boldsymbol{x},\boldsymbol{\mu})$ 的当前累加结果是否大于阈值 T 来判断：如果大于 T，则停止，否则继续。

在计算输入文字特征与第 k 个标准文字特征的距离时，阈值 T 的设定可以考虑两个条件，一是与前 $k-1$ 个标准文字特征距离的最小值 $D_{\min}$，二是第 k 类文字样本特征与其标准特征之间距离的最大经验值 D^k，即

$$T=\min\{D_{\min},D^k\}$$

实验表明，采用渐进式马氏距离算法可以在保持识别精度的前提下，成倍地提高系统的识别速度。

4.7 人脸识别

人物分析是视频信息理解的重要内容，而人脸识别是人物分析的基础。长期以来，人脸

识别一直是一个研究热点，随着技术的发展，人脸识别领域积累了大量的方法。这些方法对理解和改进新技术具有基础意义。深度模型的产生，已使传统方法逐渐失去了应用价值。但是传统方法的理论价值依然存在，深度模型与传统方法的联系对解释深度模型也有重要的帮助。

人脸识别系统一般将检测和识别两个过程分开实现。人脸检测是确定给定图像中是否存在人脸以及人脸出现在哪个区域的技术，是图像目标检测的一个专门领域。人脸识别是将待识别的人脸与已知人脸进行比较，根据相似程度进行判定，具体又分为两类过程：一类是确认（Verification），是一对一比较的过程；另一类是辨认（Identification），是一对多比较的过程。

人脸检测和识别的难度主要在于：1）人脸在图像中的姿态有多变性；2）会受装饰或附属物的影响，如胡须、眼镜等；3）会被部分遮挡，造成特征缺失；4）随表情变化；5）会受到摄像距离、拍摄方向、光照角度、光照强弱等条件的影响；6）随着年龄的增长而产生变化等。人脸检测和识别的各类方法均是围绕克服这些困难来进行特征提取和分类判别的。

深度神经网络模型为人脸检测和识别提供了新方法。在检测方面，2013年提出的基于兴趣区域（ROI）的区域卷积神经网络（R-CNN）是当前的主流方法。R-CNN在应用过程中不断改进版本，相继出现了Fast R-CNN、Faster R-CNN和Mask R-CNN，运算效率和检测精度不断提升。2019年提出的Mesh R-CNN增加了从2维人脸图像生成3维人脸网格的功能。在识别方面，CNN模型同样是主流方法；ResNet等深度模型的正脸图像识别率已经超过了人类识别的水平。

由于一般正脸图像的识别问题已经得到基本解决，且在实际场景中得到了广泛的应用，所以人脸识别的研究重点已转向姿态校正、相像人判别、表情识别等更具挑战性的课题。

本节首先讲解基于Adaboost的人脸检测算法，然后对传统的早期人脸识别算法进行分类回顾，最后介绍当前的若干研究热点。

4.7.1 Adaboost人脸检测算法

传统上，人脸检测算法分为基于规则和基于统计学习两大类。

在基于规则的人脸检测算法中，首先根据人脸特征的位置及特征间的相互关系，对描述人脸的规则进行定义，在规则的指导下对输入图像进行特征提取，然后判别是否为人脸。这种算法的关键是如何定义描述人脸的规则，如果规则定义得太严格，就会造成人脸的漏检；如果规则定义得太宽，就会使许多不是人脸的区域被当作人脸区域而误检。

基于统计学习的人脸检测算法将被检测的图像块映射到特征空间，利用获得的特征向量进行学习和判别。在学习阶段，利用人脸和非人脸两类样本建立用于人脸检测的概率分布模型或判别函数。在检测阶段，利用Bayes分类器或某种鉴别分类器（如SVM）进行判别。

2000年以来，采用Boosting算法进行人脸检测成为主流。Boosting在学习过程中，对误判的训练样本赋予较大的权值,使学习算法在后续的学习过程中重点对这些样本进行学习,最后挑选出若干个弱分类器,加权组合成强分类器。实际上,Boosting 也是用多分类器组合策略提高分类性能的一类通用方法,这类方法已发展成为深度学习中的集成学习,在众多领域得到了广泛的应用。

[Viol 01]最早将 Boosting 算法引入人脸检测,使人脸检测的速度和精度都有了突破性的进展。实际上,[Viol 01]成功的因素不仅在于采用了 Boosting,还在于选择了适当的特征和快速的特征计算方法——Haar-like 特征、积分图像(Integral image)和级联结构(Cascade)。

Haar-like 特征通过计算相邻矩形中像素累积值的差来获得。根据需要,相邻矩形可以为两个、三个或四个,矩形相邻的方向可以是水平的,也可以是垂直的。图 4.15 是提取 Haar-like 特征的典型模板。每个模板的特征值由白色矩形中的像素累积值减去深色矩形中的像素累积值获得。

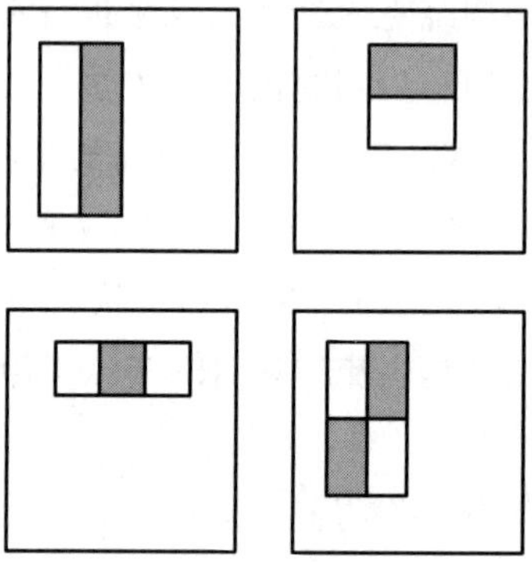

图 4.15 提取 Haar-like 特征的模板

Haar-like 特征的主要计算开销是获得模板内各个矩形中像素的累积值,这一直是 Haar-like 特征在应用中的瓶颈。[Viol 01]提出的积分图像计算方法有效地解决了这个问题,使得基于 Haar-like 特征的人脸检测技术达到了实时的速度。

如图 4.16 所示,坐标点(x, y)的积分图像被定义为从图像坐标原点(左上角点)到(x, y)点所形成的图像区域中所有像素的累积值,如 1 点的积分图像是 A 区域中所有像素的累积值,即$ii(x,y)=\sum_{x'\leqslant x, y'\leqslant y} i(x',y')$,其中$ii(x, y)$为积分图像,$i(x', y')$为原始图像。根据这个定义,遍历图像一次就能获得所有点的积分图像。具体地,算法采用如下迭代公式:

$$\begin{aligned} s(x,y)&=s(x,y-1)+i(x,y) \\ ii(x,y)&=ii(x-1,y)+s(x,y) \end{aligned} \tag{4.32}$$

其中,$s(x, y)$为行积分,并且$s(x,-1)=0$, $ii(-1,y)=0$。

利用积分图像计算矩形区域像素累积值十分方便。例如,图 4.16 中 A 区域的像素累积值等于 1 点的积分图像,B 区域的像素累积值等于 2 点的积分图像减去 1 点的积分图像,C 区域的像素累积值等于 3 点的积分图像减去 1 点的积分图像,D 区域的像素累积值等于 4 点的积分图像减去 2 点和 3 点的积分图像并加上 1 点的积分图像。利用积分图像,图 4.15

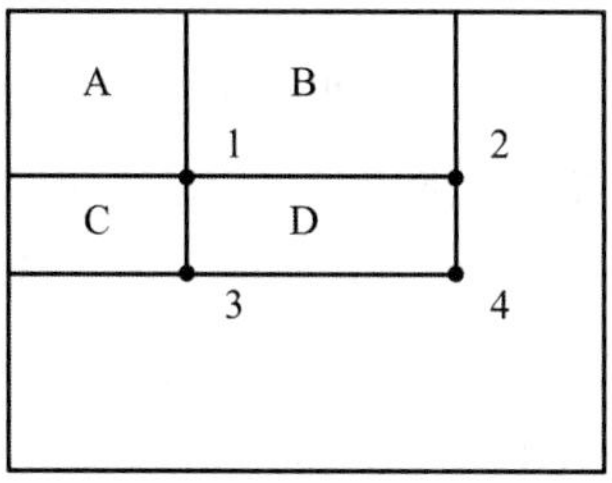

图 4.16 利用积分图像计算矩形域像素累积值

中的二相邻矩形特征可用 6 个点，三相邻矩形特征可用 8 个点，四相邻矩形特征可用 9 个点来计算。

检测器采用 24×24 的窗口，在这样的窗口中，图 4.15 中的各类特征通过尺寸和位置的遍历将获得超过 180 000 个特征，这是一个远大于原数据维数(576)的超完备特征集。在检测中，只需要特征集中很小的子集，因此设计检测器首先要进行特征选择。

[Viol 01]对 Adaboost 学习算法进行了创新性的应用。一般的 Adaboost 算法是在不改变所采用的特征的条件下，逐次改变训练样本的分布，加大误判样本所占的比重，训练出不同的分类器，然后将各次训练出的分类器进行加权组合。[Viol 01]将各次的分类器训练和特征选择结合在一起，每个分类器用不同的特征，通过选择最有效的特征来训练(实际是选择)分类器。分类器的学习算法如下。

算法 4.1

1）给定训练样本集$\{(x_i,\ y_i):\ i=1,\cdots,n\}$，$x_i$ 为第 i 个样本图像，y_i 为样本的极性，0 为负，1 为正。

2）初始化各样本的权重分布 $w_1^i=\begin{cases}1/2N, & y_i=0\\ 1/2P, & y_i=1,\end{cases}$ N 和 P 分别为负样本和正样本的总数。

3）对于 $t=1,\cdots,T$：

① 权重归一化 $w_t^i \leftarrow w_t^i/\sum_{j=1}^{n} w_t^j$；

② 利用每个特征 j，构造一个分类器 h_j，其误识率为 $\varepsilon_j=\sum_i w_t^i\,|h_j(x_i)-y_i|$；

③ 选择误识率最小的分类器 h_t；

④ 更新权重 $w_{t+1}^i=w_t^i\beta_t^{1-e_i}$，这里，如果 x_i 被正确分类 $e_i=0$，否则为 1，$\beta_t=\dfrac{\varepsilon_t}{1-\varepsilon_t}$。

4）最终的强分类器为

$$h(x)=\begin{cases}1, & \sum_{t=1}^{T}\alpha_t h_t(x)\geqslant 1/2\sum_{t=1}^{T}\alpha_t\\ 0, & 其他\end{cases}$$

这里 $\alpha_t=\lg\dfrac{1}{\beta_t}$。

为了进一步提高分类器的性能,[Viol 01]还提出了一种分类器级联结构。其基本思想是,利用少数简单高效的分类器先排除掉大部分非人脸图像,同时保留所有的人脸图像,然后再利用更强的分类器进一步分类。级联的总体结构如图 4.17 所示。只有在第一个分类器输出“真(T)”的结果时才引发第二个分类器的评估,同样地,只有在第二个分类器输出“真”的结果时才引发第三个分类器的评估,以此类推。无论哪一级的分类器输出“假”的结果,都立即中止后续的评估。这里的分类器都是用算法 4.1 生成的,但强度逐级升高。在[Viol 01]的实验中采用了 5 个分类器的级联结构,各分类器采用的特征数分别为 1, 10, 25, 25 和 50,结果速度获得了 10 多倍的提升。

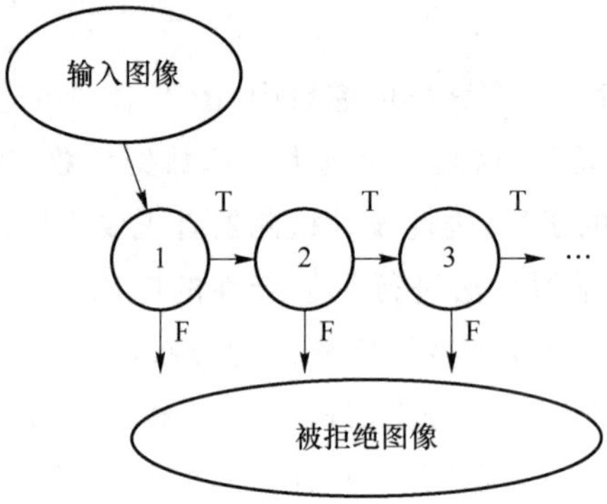

图 4.17　分类器的级联结构

4.7.2　早期人脸识别算法

早期的人脸识别算法多种多样,如何对它们进行分类存在不同的标准。根据特征提取方法可将它们分成两大类:基于观测特征的算法和基于变换特征的算法。

1. 基于观测特征的算法

基于观测特征的算法主要采用观测空间中的直观特征,重点研究眼、鼻、口、耳、额、颊等器官或部位的几何描述方法及匹配方法。例如,[Roed 96] 定义了 12 个测量值来进行聚类分析,研究基于几何特征的人脸识别方法。[Olst 96]提出利用活动轮廓模型(Active Contour Model,ACM)提取眉毛和下巴的轮廓,用于人脸识别。[Yuil 91]利用可变形模板模型(Deformable Template Model,DTM)来提取眼睛和嘴巴的轮廓进行人脸识别。

弹性图匹配 (Elastic Graph Matching,EGM)在 20 世纪 90 年代后期被引入人脸识别[Wisk 97]。在该方法中,用图的顶点表示人脸的局部特征点,用边表示特征之间的连接关系,匹配测度同时考虑顶点和边之间的距离。EGM 等方法对人脸特征的位置变化有一定的适应能力,也比较直观,是匹配几何特征的有效方法。

相对于几何特征的匹配,特征的描述是一个更具挑战性的问题。在纯直观的描述遇到困难以后,人们开始将代数变换引入各个局部特征的描述,其中 Gabor 小波变换的应用最为普遍。

在基于 HMM 的人脸识别中,人脸被作为一个整体来描述。不仅描述人脸各器官的数值特征,还包括各个器官的不同表象和相互关联。在基于 HMM 的人脸识别中,观测到的特征被看成另一组隐状态产生的一系列实现,将不同的人用不同的 HMM 来描述。将基于 HMM 的人脸识别归于观测特征类算法,是因为这类系统的输入特征通常来自观测空间,例如,在[Sama 94]的模型中,用一个矩形窗从上到下对人脸图像进行采样,将窗内的像素点排列成向量,用灰度值作为观测向量。

某些基于神经网络的人脸识别也属于基于观测特征的算法。例如[Lee 96]首先用 6 条规则描述人脸的特征,然后根据这些规则进行人脸五官的定位,最后将人脸五官之间的几何距离输入神经网络进行识别。尽管最后阶段所采用的神经网络的判别函数不一定采用直观测度,但输入的特征是直观的。

2. 基于变换特征的算法

将观测空间中的图像进行代数变换,在变换空间进行特征抽取和匹配——基于变换特征的算法是与上述算法相平行的另一大类算法。

此类算法的基本原理是选取变换空间中的某个子空间,以使数据在该子空间的分布更加紧凑。最早被用于人脸识别的代数变换是主成分分析(PCA),[Turk 91]提出的经典的本征脸(Eigenface)就是通过 PCA 获得的。该方法把人脸图像看成随机变量,采用 K-L 变换获得一组正交基,通过保留主分量,得到低维的人脸特征。奇异值分解(SVD)也较早地被用于人脸识别,如[Hong 91]、[Chen 93]等。但不同图像的奇异值向量所在的基空间不一致,不同图像的 SVD 特征本质上不具有可比性。

用 PCA 提取特征,能很好地保留原始信息。但如果以区分类别为目的,更好的变换则是线性鉴别分析(LDA)。[Mart 01]对 PCA 与 LDA 用于人脸识别的效果进行了比较,发现虽然在训练样本不足时 PCA 有优势,但随着训练样本数的上升,LDA 的优势会逐步显现。为了解决小样本问题,[Belh 97]提出了 Fisherface 的概念,即先用 PCA 方法对人脸样本进行降维,再利用 LDA 进行分类判别。

[Bart 02]指出,图像的一阶和二阶统计量只包含了图像的幅度谱信息,没有包含图像的相位谱信息。实践表明,人类在识别物体时,相位谱信息至关重要。但 PCA 只能去除二阶统计量之间的相关性,不能去除表达相位谱的高阶统计量之间的相关性。而独立分量分析(ICA)却可以做到这一点,因此它在理论上具有优势。不过 ICA 的问题是算法实现比较复杂。

上述 PCA、SVD、LDA 和 ICA 都是线性变换。这类变换用线性近似的方法描述人脸中复杂的可变特征,本质上是一种简化。为了使描述更加精确,人们想到了非线性变换的核方法。核方法的基本思想是,通过某种非线性映射将原空间样本映射到高维特征空间(核空间),使在原空间中线性不可分的样本在核空间中线性可分。目前已应用于人脸识别的非线性子空间方法有核主成分分析(Kernel Principal Component Analysis,KPCA)、核 Fisher 判别分析(Kernel Fisher Discriminant Analysis,KFDA)以及核独立成分分析(Kernel Independent Component Analysis,KICA)等。

基于神经网络的人脸识别算法属于基于变换特征的算法。例如早期，[Vale 94]先提取人脸的 50 个主成分，然后利用自相关神经网络将这些主成分映射到 5 维空间中，再用一个普通的多层感知器进行判别。[Lawr 97]采用的卷积神经网络集成了相邻像素之间的相关性，在一定程度上获得了对图像平移、旋转和局部变形的不变性。目前，用于人脸识别的深度 CNN 通过卷积层和池化层逐级提取特征图，这个过程也等效于基于代数变换提取特征。

4.7.3 若干研究热点

随着正脸识别问题被有效地解决，侧脸识别问题越来越受到关注。识别侧脸图像的一个有效途径是对侧脸图像进行旋转变换，以获得变换后的正脸图像。这类变换也被称为人脸规范化(face normalization)，目前已成为一个重要的研究方向。[Qian 19]提出的人脸规范化模型(FNM)是一种代表性的有效方法。

FNM 将生成对抗网络(GAN)、人脸专家网络 VGGFace2、先验注意区域等技术综合在一个系统中，利用 VGGFace2 提取输入图像的人脸身份特征，利用 GAN 生成侧脸图像的虚拟正脸图像，利用先验注意区域对生成图像关键区域的细节进行特征保持，使得生成图像同时拥有个人身份特征和正脸公共特征。

FNM 系统的训练流程如图 4.18 所示。系统中，生成器为一个编码器-解码器结构，编码器直接采用 VGGFace2，解码器 G_{dec} 是待训练的 CNN 网络。鉴别器是对应人脸不同注意区域的分类器组，各分类器在损失函数中具有相同的权重。参照图 4.18(a)的流程，生成器利用侧脸图像 x 生成其虚拟正脸图像 $\tilde{x}$，同时，生成器利用规范正脸图像 y 生成其虚拟正脸图像 $\tilde{y}$。鉴别器通过鉴别 $\tilde{x}$ 和 $\tilde{y}$ 何者源自侧脸图像/何者源自正脸图像来训练生成器中的解码器 G_{dec}。

图 4.18 彩图

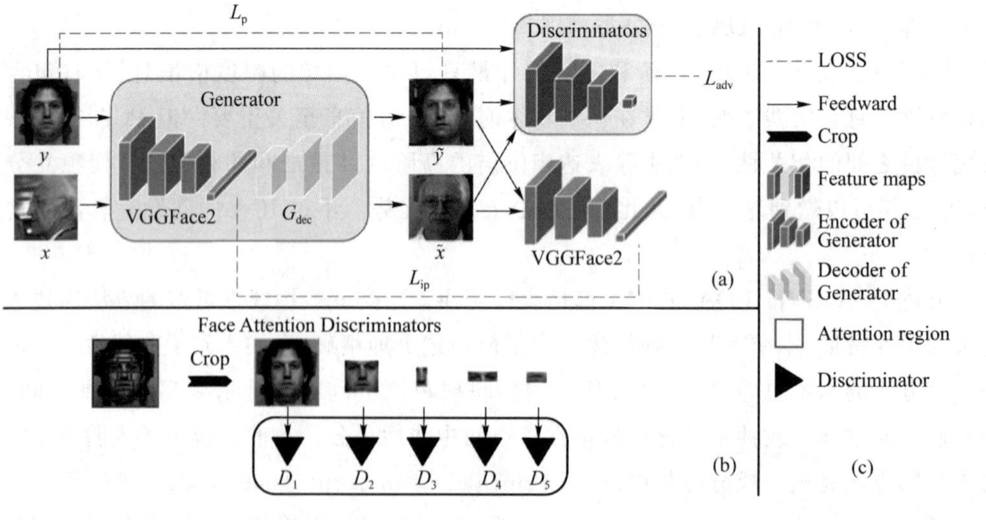

图 4.18 FNM 系统的训练流程

系统的训练在 3 个损失函数的控制下使得 G_{dec} 拥有所希望的如下特性：既保持个人人脸身份特征又赋予公共正脸特征。L_p 计算生成器对正脸图像带来的像素级损失；L_{adv} 是对抗损失，鼓励生成器由侧脸图像生成逼真的正脸图像；L_{ip} 是身份特征损失，利用 VGGFace2 提取生成图像的身份特征，与原图像的身份特征进行比较。在训练中，VGGFace2 的参数保持不变，以不改变其对人脸图像的身份特征提取能力。

图 4.18(b)展示了 5 个先验注意区域及其分类器。图 4.18(c)给出训练流程图中所有符号的定义。图 4.19 所示为基于 FNM 生成的虚拟规范人脸图像的若干样例。

图 4.19 彩图

图 4.19　人脸规范化效果样例

基于三维人脸模型的虚拟样本生成是大量生成虚拟人脸样本的一种有效方法，其原理是先通过公共三维人脸模型和特定人的单张正脸图像生成其三维人脸模型，然后利用特定人的正脸图像和其三维人脸模型生成其三维人脸，过程如图 4.20 所示。将所获得的三维人脸在空间旋转，便可生成特定人的大量虚拟人脸样本。生成的虚拟样本可用于人脸分析和深度学习的不同场景，以帮助改善小样本情况下模型的学习效果，以及人脸识别系统的识别精度和鲁棒性。

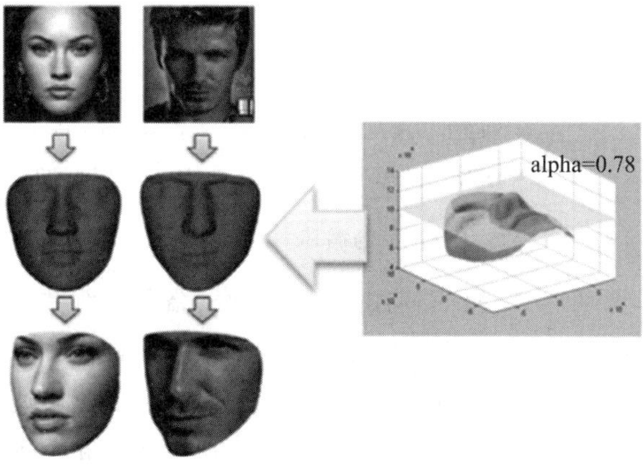

图 4.20 彩图

图 4.20　基于三维人脸模型的虚拟样本生成

人脸照片/草图双向合成是指通过人脸照片生成草图以及通过人脸草图生成照片。这项技术在娱乐和司法等场合有较高的应用价值。循环生成式对抗网络(CycleGAN)为这项技术提供了基本方法，使双向合成得以通过一个模型来高效地完成。尽管通过 CycleGAN 生成的人脸草图和照片已经能够满足许多场合的应用需求，但由于 CycleGAN 并非直接面对人脸识别任务，所合成的草图和照片常常难以识别。为了使合成的人脸草图和照片更好地保持个人身份特征，[Fang 20]提出了保持身份特征的循环 GAN 模型，即 IACycleGAN，将人脸照片/草图双向合成与人脸识别两个任务紧密结合，使身份监督信息在 CycleGAN 的训练之中得以利用。

IACycleGAN 的模型如图 4.21 所示。模型中，G_x 为照片→草图生成器，将人脸照片 x 变换为伪草图 y_f，即 $y_f=G_x(x)$。G_y 为草图→照片生成器，将人脸草图 y 变换为伪照片 x_f，即 $x_f=G_y(y)$。鉴别器 D_y 与 G_x 形成照片→草图方向的 GAN，对真草图 y 和伪草图 y_f 进行鉴别。鉴别器 D_x 与 G_y 形成草图→照片方向的 GAN，对真照片 x 和伪照片 x_f 进行鉴别。两个方向的 GAN 各自拥有一个对抗损失。Φ_s 是基于草图的人脸识别器，利用真草图 y 计算伪草图 y_f 的身份特征损失。Φ_p 是基于照片的人脸识别器，利用真照片 x 计算伪照片 x_f 的身份特征损失。此外，伪草图 y_f 通过 G_y 可生成循环伪照片 x_c，伪照片 x_f 通过 G_x 可生成循环伪草图 y_c。利用 x 与 x_c，y 与 y_c 之间的差异还可构造一个循环损失。上述各类损失被同时应用于模型训练，以使生成的伪草图 y_f 和伪照片 x_f 最大限度地保持个人身份特征。训练数据集由成对的真实照片 x 和真实草图 y 构成。

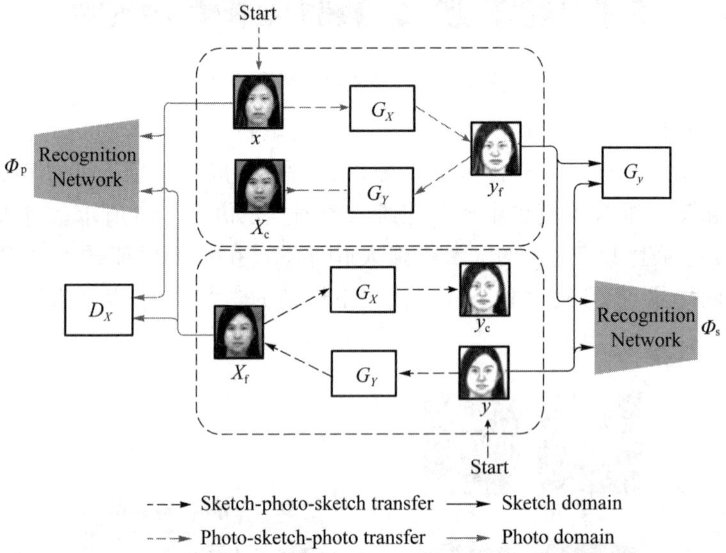

图 4.21 保持身份特征的循环 GAN 模型(IACycleGAN)

在具体的实现中，识别器 Φ_s 和 Φ_p 均由 VGG-16 网络和训练数据微调而得。注意到由 IACycleGAN 生成的伪样本也可用于训练 Φ_s 和 Φ_p，因此可采取循环训练的方式不断改进模型的性能，即先通过真实样本和伪样本微调 Φ_s 和 Φ_p，然后通过微调后的 Φ_s 和 Φ_p 改善生成器 G_x 和 G_y 以使伪样本进一步得到改善，最后通过真实样本和改善的伪样本进一步微调 Φ_s 和 Φ_p。如此循环，不断改进。图 4.22 是由 IACycleGAN 生成的伪样本实例。

研究发现，包括人脸识别在内的图像识别深度模型在人为对抗样本的攻击下具有脆弱性，即通过在测试图像中加入人为设计的噪声，尽管噪声小得令人难以察觉，却足以导致完全错误的识别结果，令模型失效。这种攻击具有隐秘性，常常难以防范。而且，随着人脸识别系统在身份认证中的应用越来越普遍，此类对抗样本攻击的危害性也在不断提升。因此，

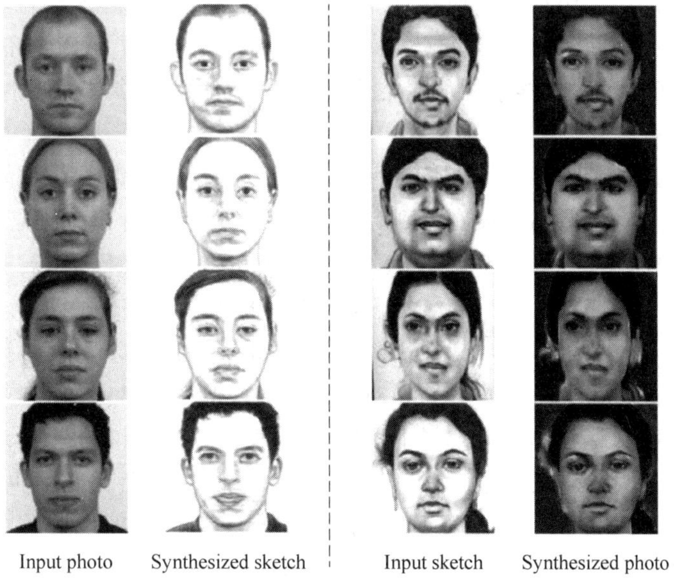

图 4.22 IACycleGAN 生成的伪样本实例

如何抵御此类攻击，已成为一个备受关注的热点问题。

利用对抗样本进行攻击的关键是生成对抗样本。比较初级的方法是基于目标系统的网络模型、损失函数、训练数据等信息有针对性地构造对抗样本，进而进行所谓的“白盒”攻击。如果上述信息无法获得，可通过对目标系统进行大量查询来间接获取相关信息，以构造对抗样本。上述两种方法均是基于目标系统的关键信息的攻击，在无法获取这些信息时攻击将会失效。更具威胁性的是基于可迁移对抗样本的“黑盒”攻击，即攻击者通过替代模型生成适用于不同目标系统的对抗样本，使其具有普遍适用性。如图 4.23 所示，某 4 个著名的商用人脸识别 API 对左侧原始的图像对判定的平均相似度为 17.8%，意味着相互误判二者的

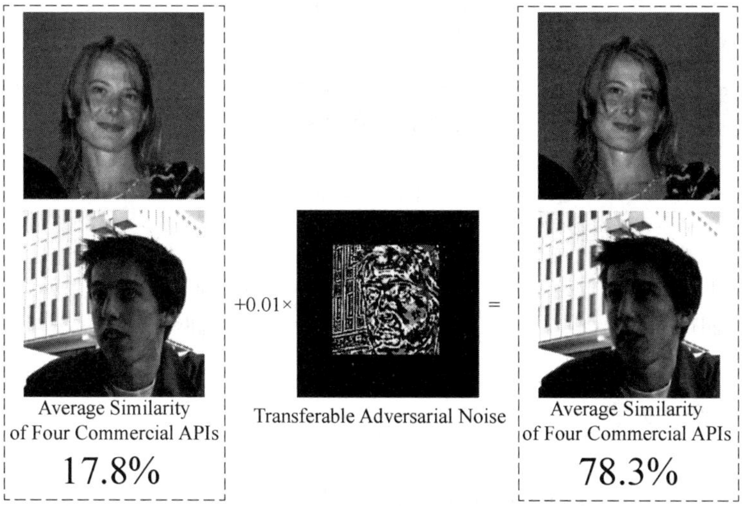

图 4.23 彩图

图 4.23 可迁移对抗样本对 4 个商用人脸识别 API 的攻击

可能性很低。但加入 0.01 倍的可迁移对抗噪声后，尽管不会引起人类视觉的变化，却使这 4 个 API 对二者的平均相似度判定陡增至 78.3%，其中任意一个 API 都有较大的可能性产生误判。这便是可迁移对抗样本的危险之处。因此，防范可迁移对抗样本的攻击是一个十分重要的研究课题。

相像人识别、跨年龄识别、跨姿态识别是人脸识别中具有特殊难度且有特殊应用价值的一些问题。一直以来，这些问题没有得到有效的解决。为了支持相关研究，本书作者所在的实验室通过众包的方式对人脸识别研究领域的权威数据库 LFW(Labeled Faces in the Wild)进行了扩充，分别标注了 3 000 对相像人人脸样本、3 000 对同人跨年龄人脸样本和 3 000对同人跨姿态人脸样本，形成了 SLLFW、CALFW 和 CPLFW 3 个数据库[Deng 17][Zheng 17][Zheng 18]，部分样本见图 4.24。这 3 个数据库的建立，促进了相关研究的深入展开。目前的研究结果表明，以上 3 个问题中，深度 CNN 模型在相像人识别中表现最佳(精度为 96.6%)，识别能力超越人类(精度为 92.0%)。在跨年龄识别问题上，深度 CNN 模型的精度有所下降(精度为 93.8%)，但仍优于人类(精度为 87.3%)。而对于跨姿态识别，深度 CNN 模型的能力大幅下降(精度为 80.5%)，明显不及人类的水平(精度为 88.4%)。

相似人脸数据库　　跨年龄人脸数据库　　跨姿态人脸数据库

图 4.24　SLLFW、CALFW 和 CPLFW

4.8 视频分析

4.8.1 镜头切分

镜头切分 (Shot Boundary Determination，SBD)是视频分析的一个基本任务，经过长期的研究，已经产生了多种有效的算法。这里，以提交在 TRECVID 2006 的算法为例，对 SBD 的基本算法进行介绍。

SBD算法依赖于镜头切换的方式。随着视频设备的技术进步和艺术的不断创新，镜头切换方式也越来越丰富。对于早期的突变(Cut)式镜头切换，简单的基于帧间差(Frame-to-Frame Difference，FFD)的SBD算法就可以获得较高的精度。但是，对于淡入(Fade in)、淡出(Fade out)、叠化(Dissolve)、擦除(Wipe)等渐变式镜头切换，简单的帧间差算法难以应对。因此，人们提出了分别针对不同切换方式的多种检测算法以及将它们进行融合的系统架构[Liuz 06]，如图4.25所示。

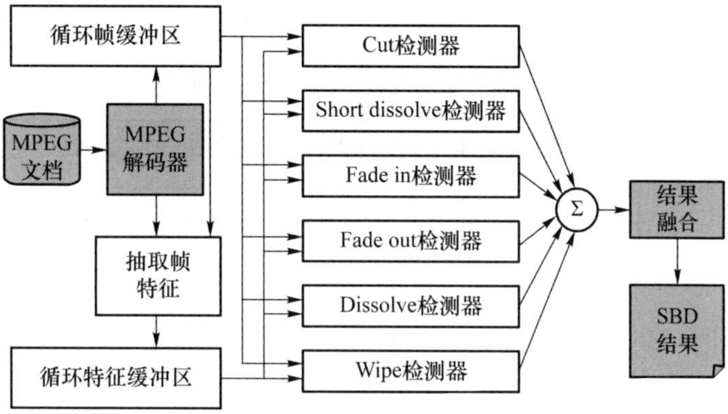

图4.25 AT&T镜头切分(SBD)系统框图

图4.25中，顶层结构逐帧循环工作，即利用MSSG(MPEG Software Simulation Group)开源解码器对MPEG文件进行解码，每到来一个新帧都被保存在一个尺寸为256的环形缓冲区中，同时，从该帧图像中抽取的特征被保存在相同尺寸的另一个环形缓冲区中。第二层是镜头切换检测层，利用6种针对不同切换方式的检测器同时对当前帧进行检测。最后一层是融合层，利用各检测器的输出结果进行综合判断。

系统以“分而治之”的策略，用多个可分别调试的检测器形成一个易于扩充的并行机制。本质上，每个检测器都是一个有限状态机(Finite State Machine，FSM)，它们有相同的输入：当前帧及其特征。输出的是各自的当前状态。

每个用FSM实现的镜头切换检测器都有3个状态变量：1)取值为0～N的当前状态变量state-id，state-id=0表示初始状态，state-id=1用于指示检测到镜头切换，其他值用于表示各个FSM的内部状态；2)前一镜头的最后一帧start-frame；3)新镜头的第一帧end-frame。

下面以图4.26所示的Cut镜头切换检测器为例，介绍这类FSM的工作机制。

该FSM的状态0为初始状态，状态1为Cut检出状态，状态2为可能Cut检出状态，状态3为Cut证实状态。触发状态迁移的一个关键变量为AverageME，即积累平均匹配误差，它的初始值为5.0，并按公式AverageME=0.85×AverageME+0.15×ME_A进行更新，以提供一个自适应的阈值。

函数IsAbruptChange(c)对当前帧c的平均匹配误差ME_A和AverageME进行比较，如果前者的ME_A大于后者的5倍并且比前5帧的ME_A都大，则返回值为“真”，否则为“假”。

在状态0，如果IsAbruptChange(c)返回“真”，则进入状态2，并把start-frame和end-frame分别置为$c-1$和c。

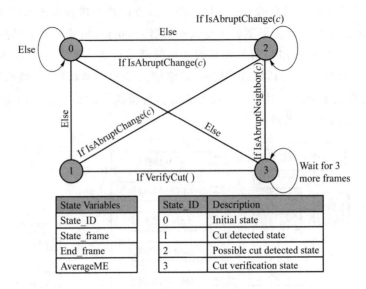

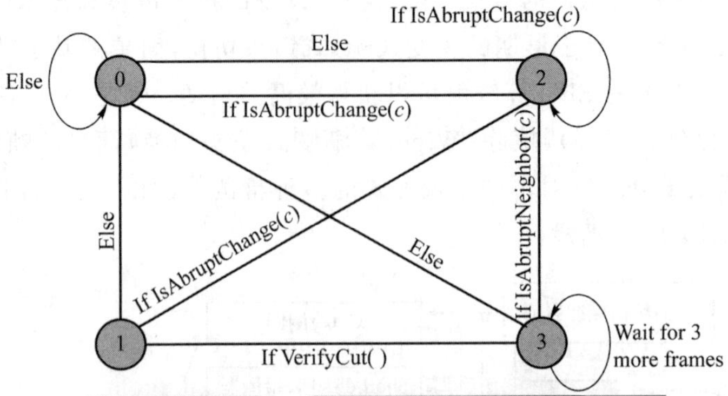

State Variables
State_ID
State_frame
End_frame
AverageME

State_ID	Description
0	Initial state
1	Cut detected state
2	Possible cut detected state
3	Cut verification state

图 4.26 Cut 镜头切换检测器

在状态 2，该 FSM 用 IsAbruptNeighbor(c)测试当前帧是否为 Cut 点的相邻点。IsAbruptNeighbor(c)比较当前帧的 ME_A 和前一帧的 ME_A，如果前者小于后者则返回“真”，否则返回“假”。如果返回“真”，则进入状态 3，否则测试 IsAbruptChange(c)。如果 IsAbruptChange(c)返回“真”，则 FSM 停留在状态 2，并更新 start-frame 和 end-frame；如果返回“假”，则转移回状态 0。

在状态 3，先等待 3 帧，然后用 IsVerifyCut()函数进行 Cut 点确认。方法是将 start-frame 帧和新来的 3 帧进行比较，将 end-frame 与 start-frame 之前的 3 帧进行比较，计算它们之间的相似性，以排除由闪光灯产生的 Cut 虚警。如果 IsVerifyCut()返回“真”，则进入状态 1，否则进入状态 0。

在状态 1，用 IsAbruptChange(c)进行突变检测，如果返回“真”，则进入状态 2，否则进入状态 0。

4.8.2 视频摘要

视频摘要是一种快速了解视频内容的有效技术手段，在数据量较大的视频内容管理、监控以及检索的场合可发挥重要的作用。

图 4.27 是 TRECVID 2007 中的某视频摘要系统的流程图[Liuz 07]。该系统在镜头切分、人脸检测、语音/非语音检测、镜头聚类等多种技术的支撑下进行视频摘要。摘要采取以人物为中心的策略。

视频首先被切分为若干镜头，然后从每个镜头中选取 3 个关键帧，基于关键帧之间的差异性计算镜头之间的距离矩阵，然后对镜头进行层次聚类。从每个类中选出时间最长的镜头，将摘要的总时间长度按比例分配给每个选出的镜头，根据分配的时间长度从每个选出的镜头中找出一个重要连续片段。最终的摘要就是将这些片段按时间顺序进行串接所形成的图像序列。

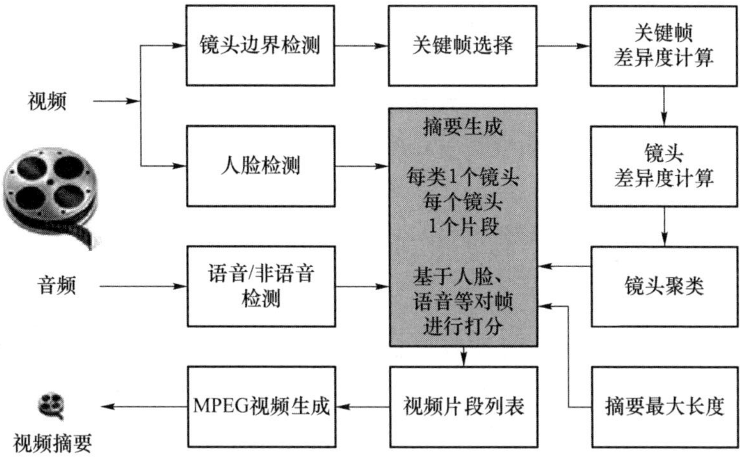

图 4.27 一种视频摘要系统流程图

在上述流程中，包含 4 个关键算法：镜头聚类、人脸检测、语音检测（语音/非语音分类）以及摘要生成。其中人脸检测的算法可参考 4.7 节，语音检测算法可参考第 5 章。这里重点介绍镜头聚类和摘要生成算法。

同一个镜头之内的帧，也会由于镜头的推拉（zooming）、平摇（panning）、倾斜（tilting）等操作以及被摄景物的运动而产生较大的差别。这种动态性的存在使得只选一个代表帧进行镜头聚类的简单方法难以取得好的效果。为此，系统从一个镜头中按时间顺序等间隔地取出 3 帧图像进行聚类。

镜头聚类的核心问题是计算两个镜头之间的距离。设镜头 X 的 3 个代表帧为$\{x_1, x_2, x_3\}$，镜头 Y 的 3 个代表帧为$\{y_1, y_2, y_3\}$，x_i 和 y_j($1\leqslant i,j\leqslant 3$)的距离 d_{ij} 用它们之间的匹配误差 ME_A来表示，则镜头之间的距离 $D(X,Y)$可以写成以下形式：

$$D(X,Y) = \sum_{i=1}^{3}\sum_{j=1}^{3} w_{ij} d_{ij} \tag{4.33}$$

这里，$w_{ij} \geqslant 0$，$\sum_{i=1}^{3} w_{ij} = 1$，$\sum_{j=1}^{3} w_{ij} = 1$。在满足上述条件的约束下，寻找一组使 $D(X,Y)$ 最小的 w_{ij}。

确定了镜头之间的距离测度后，采用层次汇合聚类算法（HAC）进行镜头聚类。聚类完成后，从每个类中选出最长的镜头作为代表。

摘要生成时，首先要根据所限定的摘要最大长度 B 分配各个代表镜头的摘要长度。设有 N 个代表镜头$\{S_1, \cdots, S_N\}$，镜头 S_i 中包含 D_i 个帧。对镜头中的第 j 帧，按下式给出其重要度 v_j^i：

$$v_j^i = \begin{cases} ME_A, & \text{非人脸或语音} \\ ME_A + 1, & \text{语音且非人脸} \\ ME_A + 2, & \text{语音且单人脸} \\ ME_A + 3, & \text{语音且多人脸} \end{cases} \tag{4.34}$$

定义镜头 S_i 的重要度 $V_i=\max\limits_j\{v_j^i\}$，则镜头 S_i 的摘要长度 $b_i=B\dfrac{V_iD_i}{\sum\limits_j V_jD_j}$。

摘要生成的最后一步是从每个代表镜头中摘取限定长度的片段。最简单直接的方法就是选取累积重要度最高的一个连续片段。通常情况下，还要考虑除去镜头开始的若干帧，以排除可能存在的波动。

4.8.3 视频描述

视频描述(video captioning)是视觉信息理解的一项重要任务，是指对给定的视频片段进行文本描述，介绍其中的主要内容。图 4.28 显示了对两段视频进行描述的一种结果。通过视频描述，便于在信息搜索系统中为视频建立索引，也便于对视频进行语义理解，具有视频描述功能的智能眼镜还可以提供导盲等服务。这些作用凸显了视频描述的实用价值。另外，视频描述本质上是一种多模态学习，需要在图像和文本两个模态空间进行联合或协同学习，在理论研究上具有特殊的意义。

视频描述是视频理解发展的新阶段。视频理解的早期任务是视频分类，主要功能是识别简单场景视频中单一活动物体的动作，进行动作的语义理解。随着多目标检测、目标跟踪等技术的发展，复杂场景下的视频理解成为研究的热点，而视频描述便是其中的一项核心任务。

视频描述需要在理解各个视频帧的基础上，沿时间轴来理解目标物体视觉状态的演变和空间轨迹的变化，不同物体之间的交互及全局场景，进而对其活动进行语义推断和文本描述；各个环节均具有较高的挑战性。

图 4.28 彩图

深度学习中的编码器-解码器(Encoder-Decoder)架构为视频描述提供了一种范式。

一只哈士奇和它的幼崽从笼子中向外凝视
一只狗和一只小狗在笼子中
一只幼崽哈士奇和一只成年哈士奇站在笼子中

一个人在砍一只苏打瓶子
一个人用剑削砍一只苏打瓶子
一个人用剑将一只塑料瓶砍为两段

图 4.28 视频描述示例

编码器通常是利用大规模图像集(如 ImageNet)训练的预训练模型，如 VGGNet、GoogLeNet 等。编码器将输入的视频片段转换为内部编码向量。解码器通常采用具有生成序列能力的循环神经网络实现，通过内部编码向量来生成描述文本。采用上述编码器-解码器模型，视频描述任务无异于一种序列转写任务，与机器翻译、图像风格迁移等任务具有类似的技术特征，从而使得这些相关技术的研究在相互促进中不断发展。

视频描述有两种模式：一种是对视频内容进行整体描述，即围绕活动主题进行描述，这种描述注重突出重点，把握关键语义；另一种是对视频中各个主要物体分别进行描述，注重描述各个物体的活动细节，对视频进行细粒度的语义刻画。前者是现有研究所采用的主要模式，但随着技术的改进和应用的扩展，细粒度的模式也开始受到重视。

[朱 21]提出的基于结构轨迹的物体级视频描述是一种有代表性的细粒度视频描述方法。如图 4.29 所示，该方法同样采用编码器-解码器结构，其主要特点在于利用 MaskTrackRCNN 检测和追踪视频片段中的每个物体，并将其在各帧图像中占据的区域标定出来。

图 4.29 彩图

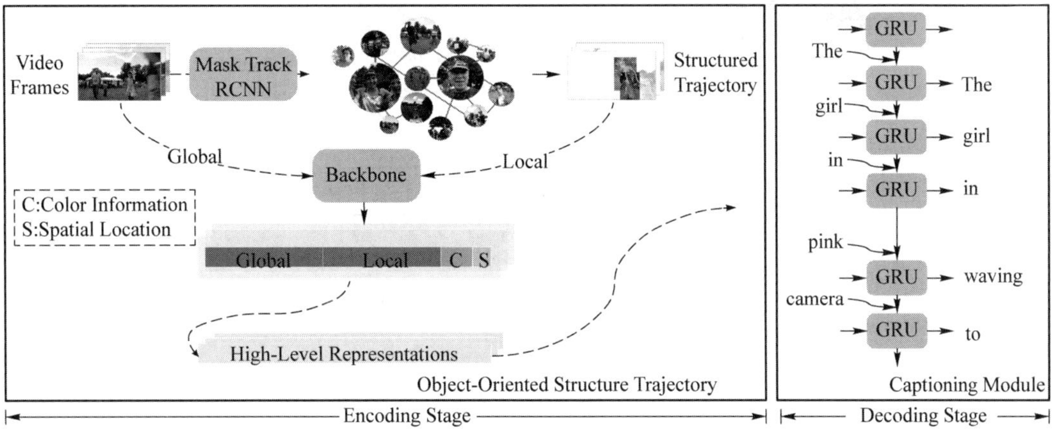

图 4.29 基于结构轨迹的物体级视频描述算法流程示意图

具体地，在编码阶段，首先利用 MaskTrackRCNN 从输入视频 Video Frames 中抽取各个物体的运动轨迹。对于物体 o，其运动轨迹由 o 出现的视频帧序列 $\{v^t\}$ 及其位置信息序列 $\{s^t\}$ 描述，其中，v^t 表示 t 时刻的视频帧，s^t 表示 o 在 v^t 中的位置，由左上角坐标 (x, y)、宽度 (w) 和高度 (h) 4 个数值确定。利用 $\{s^t\}$ 从 $\{v^t\}$ 中裁出 o 的图像块序列 $\{p^t\}$ 后，分别将 $\{v^t\}$ 和 $\{p^t\}$ 输入预训练的 CNN 网络 Backbone，获取物体 o 的全局特征序列 $\{g^t\}$ 和局部特征序列 $\{l^t\}$。此外，再将 $\{v^t\}$ 的颜色直方图向量 $\{c^t\}$ 和 o 的位置向量 $\{s^t\}$ 直接加以利用，最终形成由全局特征 $\{g^t\}$、局部特征 $\{l^t\}$、颜色特征 $\{c^t\}$ 和位置特征 $\{s^t\}$ 联合构成的物体高层表示序列 $H=\{h^t\}$，即内部编码序列。

在解码阶段，给定物体 o 轨迹的高层表示序列 $H=\{h^t\}$，解码器生成描述 $W=\{w^k\}$，其中 w^k 表示第 k 个描述词，$k=1,\cdots,K$。解码器用门控循环单元(GRU)和 Softmax 函数来实现。类似于 LSTM，GRU 是一类具有门控机制的循环神经网络，通过门控机制来捕获序列中长距离符号之间的相关性。其技术细节将在第 5 章进行讲解。GRU 的输入为物体 o 的高层表示序列 H 和 GRU 前一时刻的状态 s^{k-1}，输出为当前时刻的状态 s^k。Softmax 函数利用 s^k 获得当前时刻的描述词 w^k。GRU 和 Softmax 函数的参数集合 θ 通过训练来确定。训练过程如图 4.29 所示，GRU 左侧的词序列为训练样本的标注词，右侧的词序列为解码输出的描述词。若将 GRU 和 Softmax 函数结合为概率函数 $P(W \mid H;\theta)$，则可通过概率函数的最大化获得 GRU 和 Softmax 的参数集合 θ，即

$$P(W \mid H;\theta) = \prod_{k=1}^{K} P(w_k \mid w_1, \cdots, w_{k-1}, H;\theta)$$

$$\theta^* = \arg\max_{\theta} \sum_{(H,W)} \lg P(W \mid H;\theta) \tag{4.35}$$

式(4.35)中的求和下标 (H,W) 表示 θ 在所有训练样本的高层表示及其标注词对上进行优化。

图 4.30 是基于上述方法从输入视频中抽出的一个人物运动轨迹及其对应的生成描述实例。

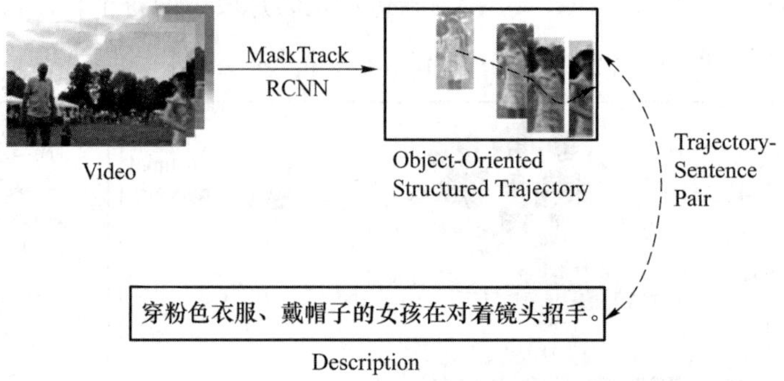

图 4.30 彩图

图 4.30　人物运动轨迹-描述句子对示例

小　　结

视觉信息理解既是人工智能的核心能力之一，也是信息搜索系统的关键支撑技术。本章结合信息搜索系统的具体任务和场景阐述了视觉信息理解的关键技术，包括图像特征抽取、图像特征编码表示、图像分类与标注、物体识别、文字识别、人脸识别、视频分析等。在具体内容上注重传统方法与深度学习方法的相互贯通，注重文本分析与视觉信息理解之间的相互关联，以使学生从该领域的概念更新、原理演进和模型发展中系统地收获知识。

本章的教学目的是在文本分析技术的基础上系统阐述视觉信息理解技术，使学生掌握视觉特征抽取的基本原理和方法，熟悉图像分类和识别的传统概率模型和深度神经网络模型，了解人脸识别和视频分析领域的研究热点和发展前沿。

问题与练习

4-1　基于式(4.1)，阐述由原图像空间向尺度空间变换的原理，并解释尺度因子的物理意义。

4-2　描述获取图 4.6(d)中初级视觉图像 $R_1(z)$ 的主要算法步骤。

4-3　编程实现 4.2 节所述视频运动特征的提取。

4-4　探讨式(4.8)定义的矢量量化方法与 k-means 聚类算法的内在联系。

4-5　假设 X 和 Y 是 2 维图像空间中的两个特征向量集，编程计算 X 和 Y 的空间金字塔匹配(SPM)核。

4-6　任选某类图像为训练样本，编写基于 SML 算法训练类模型的程序，并获得类模型的训练结果。

4-7　讨论星群模型对物体部件的外观、位置、形状似然比的计算方法，以及部件与关键域的耦合方法。

4-8 讨论 AlexNet 模型的网络结构特点和模型训练中的主要技术。

4-9 用伪代码描述基于余弦整形变换的手写汉字字形伪样本生成算法的主要步骤。

4-10 分析渐进计算的马氏距离分类器的特点及计算效率。

4-11 编程实现算法 4.1 所描述的 Adaboost 学习算法。

4-12 描述图 4.18 所示人脸规范化模型(FNM)的工作原理及其训练算法的主要步骤。

4-13 基于式(4.33),给出逆向比较两个镜头的 3 个关键帧的 **W** 矩阵。

4-14 利用 MaskTrackRCNN 开源代码实现从视频片段中抽取各个物体运动轨迹的操作。

第 5 章
语音识别及音频分析

5.1 引　　言

音频是除文本和图像之外的另一种媒体模态，是通过听觉感知的信息形式。一方面，它具有独立传达和表示信息的能力，另一方面，它又与文本和图像有紧密的关联。例如，语音和文本在语义层面上存在直接映射的关系，而音频和图像在采样、量化、编码等信号处理层面上具有共通性。基于这些特点，音频分析在信息搜索和人工智能中既是相对独立的研究领域，也是与文本及图像分析密切结合、相互借鉴的课题。

在音频信息搜索中，既需要基本的音频信号处理技术，也需要基于人工智能的音频处理及分析技术。而语音识别和语音合成是最重要的智能音频处理技术。基于语音识别，可以将语音文档转换为文本文档，从而将语音搜索问题转化为利用文本搜索技术可以解决的问题。基于语音合成，可以将文本转化为语音，以支撑智能人机接口等应用。语音合成还可以用于语音识别的后端，以将非标准语音转换为标准语音。

音频信号处理是一个专门的技术领域，其中的特征提取是后续智能分析的基础。经过长期的研究，已经建立了声学特征提取的有效方法，如线性预测系数(Linear Prediction Coefficients，LPC)和 Mel 频率倒谱系数(Mel Frequency Cepstral Coefficients，MFCC)。LPC 基于声道模型及模型参数估计方法，利用历史信号预测当前信号，已经广泛地应用于语音信号处理领域。MFCC 利用人耳在听觉上对频率具有非线性感应的特点，对各带通滤波器组频率带宽内所有的信号幅度进行加权求和，经取对数和离散余弦变换(DCT)处理后获得。

获取音频文档的声学特征之后，可以用两种方式进行信息搜索。一种是直接利用音频特征进行搜索，即基于示例进行搜索；另一种是通过语音识别将其转换为文本文档后按文本搜索的方法进行搜索，这一点与图像搜索类似。示例搜索是音频到音频的搜索，不需要建立文本索引，不涉及跨模态的处理。在一些特定的应用中，示例搜索是主要的搜索方式，如音乐检索中的哼唱检索。基于语音识别和文本索引的音频搜索是针对语音文档的主要搜索方式。针对非语音音频，通过标注和学习也可以建立语音-文本双向搜索模型。这类模型是典型的跨模态处理模型，具有较高的理论价值。

语音识别是音频分析的一项核心技术，也是音频搜索的关键支撑。除一般的语音识别之外，关键词检测、说话人识别、语种识别、性别识别等派生技术对许多类型的音频搜索都有重要的帮助。语音识别是一个经过了长期研究的课题，基本方法数次更迭，性能效果不断提升。早期的语音识别方法以动态规划方法为主，计算语音信号之间的最大匹配度，算法取名为动态时间弯曲(Dynamic Time Warmping，DTW)。20 世纪 70 年代，隐马尔可夫模型(HMM)开始用于语音识别，成为 DTW 的换代技术。自 20 世纪 90 年代至 21 世纪初，HMM 在语音识别领域长期占据统治地位，模型的潜力得到了充分的挖掘。深度神经网络模型兴起之后，RNN 等循环神经网络模型在语音识别中显现出更大的优势，很快取代了 HMM，成为主流方法。

语音是时序信息，要对其进行有效处理必须抓住其时序特征。无论是 DTW、HMM，还是 RNN，都具有时序信息处理的较强能力，因而能够成为有效的方法。HMM 的优势是在概率模型中引入了隐变量，以对不可见的潜在因素进行建模。这一点是其优于 DTW 的主要原因。RNN 同样具有隐变量，加之深度学习为 RNN 中的隐变量建模提供了更加优越的方法，使得 RNN 具备了超越 HMM 的条件。尽管 HMM 和 RNN 模型的结构不同，但二者的隐变量的机理和作用是十分类似的。HMM 与 RNN 之间的这种内在联系非常重要，是通过传统方法理解深度模型的一条重要线索，也是提高深度模型可解释性的一个理论根据。

基于以上原因，本章将声学特征提取、HMM、深度 RNN 模型作为语音识别及音频分析的主要理论内容加以阐述；对 HMM 和 RNN 模型之间的联系进行探索和讨论；结合应用重点介绍语音识别系统的技术架构和关键环节；以音乐检索为例对非语音音频的搜索模型进行探讨；以音乐生成为例介绍基于专用深度模型的音频编码压缩和音乐生成建模的基本原理和技术特征。

5.2 声学特征提取

音频是以时间为自变量的一维信号，常常具有高度的时变性。在建模分析时，只能对其进行短时平稳假设。因此，为了进行特征提取，通常需要先对音频信号进行分帧操作，即将信号一段段地截取，在帧内进行计算。对于语音信号，一般以 20 ms 左右为一帧。为了去除边界效应，相邻帧之间要相互重叠，常用的重叠比例是 1/2。经过分帧处理后的信号可以分别在时域和频域进行特征提取。时域特征的提取算法比较简单，可以用在语音端点检测、音频信号分割等任务中。语音识别及音频分析中的声学建模通常采用频域特征，如 LPC、MFCC 等。

5.2.1 时域特征提取

常用的时域特征主要有短时平均能量、短时平均幅度和短时平均过零率等，下面给出它们的计算方法。

1）第 n 帧信号的短时平均能量：

$$E_n = \frac{1}{N}\sum_{i=1}^{N} S_n(i)^2 \tag{5.1}$$

其中 $S_n(i)$是第 i 个采样点的信号值，N 是帧长，即一帧中采样点的个数。

2）第 n 帧语音信号的短时平均幅度：

$$M_n = \frac{1}{N}\sum_{i=1}^{N} |S_n(i)| \tag{5.2}$$

M_n 也是一帧语音信号能量大小的表征，它和短时平均能量的区别在于其对大采样值的贡献进行了抑制；二者各自适用于不同的场合。

3）第 n 帧语音信号的短时(帧内)平均过零率：

$$Z_n = \frac{1}{2N}\sum_{i=1}^{N} |\operatorname{sgn}[S_n(i)] - \operatorname{sgn}[S_n(i-1)]| \tag{5.3}$$

其中符号函数 $\operatorname{sgn}(x) = \begin{cases} 1, & x \geqslant 0, \\ -1, & x < 0。\end{cases}$这个变量表示一帧语音信号中波形穿过横轴(零电平)的次数，它可以用相邻两个采样值的符号改变的次数来计算。白噪声的过零率一般比语音信号的过零率大，所以在语音信号的端点检测中，短时过零率也是一个常用参数。

5.2.2 频域特征提取

1. 线性预测系数(LPC)

根据信号分析理论，频域上的语音谱 $S(z)$是激励谱 $E(z)$通过传递函数 $V(z)$后产生的输出。在离散时域中，这等价于语音信号 $s(n)$是激励信号 $e(n)$与线性系统冲击响应 $v(n)$的卷积。LPC 是利用语音信号产生模型对语音信号进行解卷，即由信号 $s(n)$求解 $e(n)$和 $v(n)$的算法。语音信号产生模型把截面积连续变化的实际声道近似为 P 段不同截面积的短声管的串联。采用全极点模型：

$$V(z) = S(z)/E(z) = G\Big/\left(1 - \sum_{i=1}^{P} a_i z^{-i}\right) \tag{5.4}$$

其中，G 为非负实数，用于控制输出信号 $s(n)$的幅度，a_i 为模型参数。于是在时域中，$s(n)$和 $e(n)$之间的关系可以用以下差分方程表示：

$$s(n) = Ge(n) + \sum_{i=1}^{P} a_i s(n-i) \tag{5.5}$$

利用式(5.5)，解卷算法可以归结为对各参数 a_i 进行估计。而采用最小均方误差准则求得的各个最佳预测系数 a_i'恰好就等于传递函数 $V(z)$的各个参数 a_i。由于获得了各个 a_i 也就等于获得了 $v(n)$，而有了 $s(n)$和 $v(n)$，就可以计算出 $e(n)$。因而采用最小均方误差准则的 LPC 算法可以作为对 $s(n)$进行解卷的算法。解卷计算的直接目的是求解传递函数 $V(z)$的各个参数 a_i，因此也叫参数解卷。求解 LPC 预测系数的问题归结为解 LPC 正则方程组，其解法有自相关法和自协方差法两种。

自相关法和自协方差法的主要差别在于采用的短时分析方法不同。自相关法是采用对长语音序列加窗的方法来求解预测系数，而自协方差法是直接从长语音序列中截取短序列来求解预测系数。自相关法利用加窗语音信号的自相关函数代替原语音信号的自相关函数，使 LPC 正则方程组的系数矩阵具有支持高效递推求解算法的性质。但用加窗语音信号的自相关函数代替原语音信号的自相关函数会引入误差。自协方差法虽然精确，但难以高效求解。另外，通过选择窗函数，以及加大窗口的宽度，使其远远大于方程组的个数（预测参数的个数），自相关法的精度问题并不突出，但其高速的优势却很明显。因此在实际应用中大都采用自相关法。自相关法的递推算法包括 Durbin 算法、Lattice 算法、Schur 算法等。

2. Mel 频率倒谱系数（MFCC）

LPC 基于人的发声机理来提取声学特征，MFCC 则基于人的听觉机理来提取声学特征。对人的听觉机理的研究发现，当两个频率相近的音调同时发出时，人耳只能听到一个音调。临界带宽指的就是这样一种令人的主观感觉发生突变的带宽边界，当两个音调的频率差小于临界带宽时，人就会无法分辨两个音调的差别。这种现象被称为掩蔽效应。Mel 刻度是对这一临界带宽的一种度量方法。

根据定义，倒谱是功率谱或能量谱的对数值的逆 Fourier（傅里叶）变换。求 Mel 频率倒谱系数的方法是将时域信号变换到频域后，将其频谱用符合 Mel 刻度分布的三角滤波器组进行滤波，继而对滤波器组的输出向量做 DCT。MFCC 的提取过程如图 5.1 所示，其中各个步骤的操作细节如下所述。

图 5.1　MFCC 的提取过程

1）从信号 $s(n)$ 到信号 $x(n)$。该步骤对原始信号进行预加重，以对语音的高频部分进行增强，提高其分辨率。预加重一般通过传递函数 $P(z)=1-\mu z^{-1}$ 的滤波器实现，其中 μ 为预加重系数，一般取值为 0.95，0.97 或 0.98。设 n 时刻的语音采样值为 $s(n)$，则经过预加重处理后的结果为：

$$\hat{s}(n)=s(n)-\mu s(n-1)$$

如上所述，分帧是为了获得语音信号的短时平稳性，以保证后续处理的有效性。将每帧信号与 Hamming 窗相乘，可以减小每帧起始和结束处的信号不连续性。典型的 Hamming 窗函数为：

$$w_{\mathrm{H}}(n)=\begin{cases}0.54-0.46\cos\left(\dfrac{2n\pi}{N-1}\right), & 0\leqslant n\leqslant N-1\\ 0, & \text{其他}\end{cases}$$

2）从 $x(n)$ 到 $X(k)$。该步骤中，在时域信号 $x(n)$ 后补若干 0，以形成长度为 N 的序列，然后进行离散傅里叶变换（DFT），获得线性频谱 $X(k)$。在实际应用中，通常采用快速傅里叶变换（FFT）完成这一操作。

3）如图 5.2 所示，通过 Mel 频率滤波器组得到 $X(k)$ 的 Mel 频谱，对其进行对数处理，得到对数频谱 $S(m)$。

由图 5.2 可知，每个滤波器具有三角形滤波特性，其中心频率为 $f(m)$，相邻滤波器的间隔随着 m 的增加而变大。

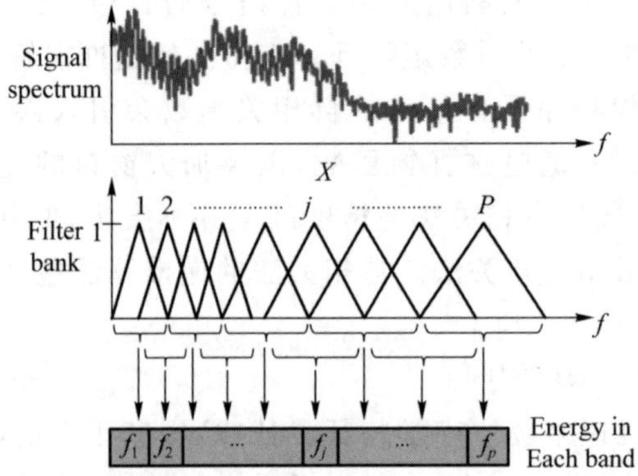

图 5.2 通过 Mel 频率滤波器组得到信号的 Mel 频谱

根据定义，Mel 频率函数和其逆函数分别为：

$$\mathrm{Mel}(f)=2\,595\cdot \lg^{\left(1+\frac{f}{700}\right)}=1\,127\cdot \ln^{\left(1+\frac{f}{700}\right)}$$

$$\mathrm{Mel}^{-1}(b)=700\left(\mathrm{e}^{\frac{b}{1\,125}}-1\right)$$

每个带通滤波器的中心频率为：

$$f(m)=\left(\frac{N}{F_{\mathrm{s}}}\right)\mathrm{Mel}^{-1}\left(\mathrm{Mel}(f_{\mathrm{l}})+m\cdot\frac{\mathrm{Mel}(f_{\mathrm{h}})-\mathrm{Mel}(f_{\mathrm{l}})}{M+1}\right)$$

其中，$0\leqslant m\leqslant M$，M 为三角滤波器的个数，f_{h}、f_{l} 分别为滤波器的上限和下限频率，N 为 DFT(或 FFT)窗宽，F_{s} 为采样频率。

每个带通滤波器的传递函数为：

$$H_m(k)=\begin{cases}0, & k<f(m-1)\\ \dfrac{k-f(m-1)}{f(m)-f(m-1)}, & f(m-1)\leqslant k\leqslant f(m)\\ \dfrac{f(m+1)-k}{f(m+1)-f(m)}, & f(m)<k\leqslant f(m+1)\\ 0, & k>f(m+1)\end{cases}$$

为了使函数在噪声和谱估计误差方面有更好的鲁棒性，将经过 Mel 滤波器组得到的 Mel 频谱取对数能量。于是，由线性频谱 $X(k)$ 到对数频谱 $S(m)$ 的变换为：

$$S(m)=\ln\left(\sum_{k=0}^{N-1}|X(k)|^2H_m(k)\right)$$

4) 将对数频谱 $S(m)$ 经过 DCT 变换到倒频谱域，即可得到 MFCC 参数 $c(n)$：

$$c(n)=\sqrt{\frac{2.0}{M}}\cdot\left[\sum_{m=1}^{M-1}S(m)\cdot\cos\left[\frac{\pi n\left(m+\frac{1}{2}\right)}{M}\right]\right]$$

为了克服高阶倒谱系数太小而变化范围太大的问题，通常还要进一步做如下处理：

$$c'(n)=c(n)\cdot\left\{1.0+\frac{12}{2.0}\cdot\sin\left[(n+1)\cdot\frac{\pi}{12}\right]\right\}\tag{5.6}$$

5.3 隐马尔可夫模型

隐马尔可夫模型，又称 HMM，是首个将隐变量引入概率模型对随机过程进行建模的有效方法。隐变量的引入，赋予了模型对未知因素的描述能力，其作用类似于神经网络中的隐层变量。而深度学习本质上就是对隐层变量及其相互关系的学习。从这个意义上讲，HMM 与深度学习存在内在联系。

HMM 的基本理论由 Baum 等人于 20 世纪 60 年代后期建立，而其实用价值于 20 世纪 70 年代首先在语音识别中为人们所认识。

5.3.1 基本概念

定义 HMM 之前，首先需要回顾一下普通 Markov(马尔可夫)模型。一阶离散 Markov 模型可用离散时域有限状态机(FSM)表示。在任何一个离散的时刻，FSM 只能处于有限多个状态中的一个，而且以某种概率由当前状态向任意状态跳转。

假设 FSM 的状态有 N 种，用 $1\sim N$ 表示，那么如果 FSM 在时刻 t 处在状态 q_t，则 $q_t\in\{1,\cdots,N\}$。每个状态下的观测值记为 $o=\{o_1,o_2,\cdots,o_M\}$，其中 M 为观测值的个数。FSM 初始化时可能位于 N 个状态中的任何一个，其初始状态分布记为：

$$\pi_i=P(q_1=i),\quad i=1,2,\cdots,N \tag{5.7}$$

FSM 以某种概率从当前状态向任意状态跳转。假如 t 时刻 FSM 在 i 状态下，则其在下一时刻($t+1$ 时刻)转移到 j 状态的可能性用概率 a_{ij} 来表示。$a_{ij}(i,j=1,2,\cdots,N)$形成一个矩阵，称为状态转移概率矩阵，用 $\boldsymbol{A}$ 来表示，即

$$a_{ij}=P(q_t=j|q_{t-1}=i),\quad t=1,2,\cdots,T \tag{5.8}$$

$$\boldsymbol{A}=\{a_{ij}\}$$

且有 $\sum_{j=1}^{N}a_{ij}=1,\forall i$ 成立。

HMM 是在上述模型基础之上定义的。如果 Markov 模型中的状态是潜在因素，即不可观测变量，但由其所决定的现象是可观测的，潜在状态可以通过观测到的现象进行推测，对这样的随机过程所建立的模型便是 HMM，即如果在任意时刻 t，外界都看不到 FSM 的内部状态 q_t，而只能得到一个由内部状态生成的观测值 o_t，即观测值 o_t 由内部状态 q_t 所决定的随机过程 $b_j(o_t)=P(o_t|q_t=j)$产生，则该 FSM 便是一个 HMM。HMM 是双重随机过程：一个是描述状态转移的 Markov 过程，另一个是描述状态和观测值之间关系的随机过程。

HMM 可用符号 $\lambda=(\boldsymbol{A},\boldsymbol{B},\boldsymbol{\pi})$来描述。其中 $\boldsymbol{A}=\{a_{ij}\}_{N*N}$表示隐状态转移概率矩阵；$\boldsymbol{B}=\{b_j(o_t)\}_{N*T}$ 表示观测值概率矩阵，即输出概率矩阵；$\boldsymbol{\pi}=\{\pi_i\}$为初始状态分布。

图 5.3 是一个适用于语音信号建模的前向 HMM 的示意图。所谓前向 HMM，是指不允许当前隐状态向序号低的其他隐状态转移。这种约束有利于简化模型的学习。

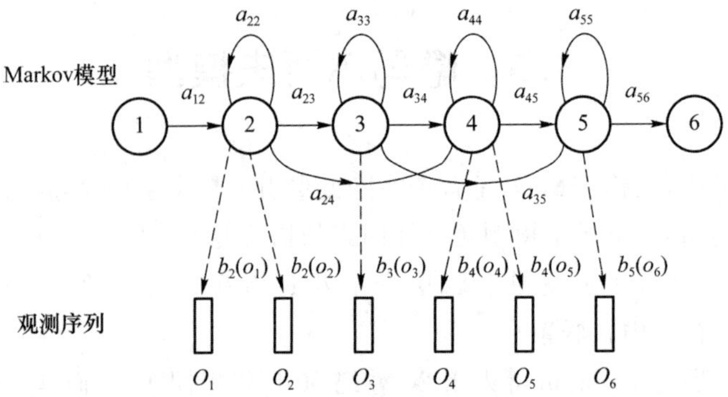

图 5.3 前向 HMM 示意图

图 5.3 的上半部分给出一个具有 6 个状态的 Markov 过程，每个圆表示一个状态，状态 2～5 为中间状态，状态 1 和状态 6 分别表示入口状态和出口状态，从圆到圆的有向弧表示状态间的转移概率 a_{ij}，出口状态没有状态转移概率。图的下半部分描述状态和观测值之间的统计对应关系。在每个中间状态，由所处状态和观测矢量确定其输出概率 $b_j(o_t)$，入口和出口状态与中间状态不同，是一种虚状态，它不仅没有输出概率，而且也不占有实际的时刻，即对于时刻 t，如果处于入口状态，则在时间上对应于 $t-\Delta t$ 时刻，如果处于出口状态，则对应于 $t+\Delta t$，Δt 表示一段表示非常短的时延。

HMM 在语音信号处理中获得成功是因为它能较好地描述语音的产生过程。人在说话的时候，声门处气流冲击声带产生振动，然后通过声道的调制变成声音。声道灵活复杂的状态变化决定了语音信号的非平稳随机特性。对声道进行简化建模，假定状态有限，且下一时刻的状态仅与当前状态有关，而与以前的历史状态无关，则得到一个一阶 Markov 随机过程。对于外界来说，只能听到语音而无法直接观测到声道状态的变化，而语音是由声道所处的状态概率性决定的。将这两个随机过程整合为一体，便是一个 HMM。

5.3.2 训练、识别及译码算法

HMM 的训练是指通过训练样本获得模型参数 $\lambda=(\boldsymbol{A},\boldsymbol{B},\boldsymbol{\pi})$ 的过程。如训练样本集合用观测序列 $O=\{o_1,o_2,\cdots,o_T\}$ 表示，则训练的目标是获得 $\lambda^*=\arg\max\limits_{\lambda} P(O|\lambda)$，即获得使观测序列 O 的生成概率 $P(O|\lambda)$ 最大的模型参数 λ。这类问题求解的一般方法是 EM 算法，以下的 Baum-Welch 算法是训练 HMM 的一个经典算法。

令 $\xi_t(i,j)$ 表示系统在给定观测序列 O 条件下，t 时刻位于状态 i，$t+1$ 时刻位于状态 j 的概率。令 $\gamma_t(i)$ 表示系统在给定观测序列 O 的条件下，t 时刻位于状态 i 的概率，于是

$$\xi_t(i,j)=P(x_t=i,x_{t+1}=j\mid o_1,\cdots,o_T,\lambda)=\frac{\alpha_t(i)a_{ij}b_j(o_{t+1})\beta_{t+1}(j)}{P(O|\lambda)}$$

$$\gamma_t(i)=P(i\mid O,\lambda)=\sum_{j=2}^{N-1}\xi_t(i,j)=\frac{\alpha_t(i)\beta_t(i)}{P(O|\lambda)}$$

则对于给定的 R 个观测序列 $\{O_1,\cdots,O_R\}$，有转移矩阵 $\mathbf{A}$ 的重估公式：

$$\hat{a}_{1j}=\frac{1}{R}\sum_{r=1}^{R}\frac{\alpha_1^r(j)\beta_1^r(j)}{P(O^r\mid\lambda)},\quad 1<j<N$$

$$\hat{a}_{ij}=\frac{\sum_{r=1}^{R}\sum_{t=1}^{T_r-1}\xi_t^r(i,j)}{\sum_{r=1}^{R}\sum_{t=1}^{T_r-1}\gamma_t^r(i)},\quad 1<i<N,\quad 1<j<N$$

$$\hat{a}_{iN}=\frac{\sum_{r=1}^{R}\alpha_T^r(i)\beta_T^r(i)/P(O^r|\lambda)}{\sum_{r=1}^{R}\sum_{t=1}^{T_r}\alpha_t^r(i)\beta_t^r(i)/P(O^r|\lambda)},\quad 1<i<N$$

在上述过程中，求解 $\xi_t(i,j)$ 和 $\gamma_t(i)$ 的步骤是 EM 算法的 E 步，重估转移矩阵 $\boldsymbol{A}$ 的步骤是 M 步。

Baum-Welch 算法利用高斯混合模型（GMM）描述各个状态 $j(1<j<N)$ 的观测值概率分布 $b_j(o_t)$。令 $L_t^r(j)$ 表示对于第 r 个观测序列，系统在时刻 t 处于状态 j 的概率，令 $L_t^r(j,m)$ 进一步表示时刻 t 的观测量由状态 j 的第 m 个高斯分量产生的概率，则 $L_t^r(j)$ 和 $L_t^r(j,m)$ 满足下列公式：

$$L_t^r(j)=P(x_t=j|O^r,\lambda)=\frac{P(x_t=j,O^r|\lambda)}{P(O^r|\lambda)}=\frac{\alpha_t^r(j)\beta_t^r(j)}{P(O^r|\lambda)}$$

$$L_t^r(j,m)=P(x_t=j,m_t=m\mid O^r,\lambda)=\frac{c_{jm}N(\boldsymbol{o}_t^r,\boldsymbol{\mu}_{jm},\boldsymbol{U}_{jm})}{\sum_{n=1}^{M}c_{jn}N(\boldsymbol{o}_t^r,\boldsymbol{\mu}_{jn},\boldsymbol{U}_{jn})}L_t^r(j)$$

其中 c_{jm} 是生成概率 $b_j(o_t)$ 中第 m 个高斯分量的权重系数，$\boldsymbol{\mu}_{jm}$ 和 $\boldsymbol{U}_{jm}$ 分别是该分量的均值向量和协方差矩阵。得到了 $L_t^r(j)$ 和 $L_t^r(j,m)$ 后，c_{jm}、$\boldsymbol{\mu}_{jm}$ 和 $\boldsymbol{U}_{jm}$ 再按如下公式进行更新：

$$\hat{c}_{jm}=\frac{\sum_{r=1}^{R}\sum_{t=1}^{T_r}L_t^r(j,m)}{\sum_{r=1}^{R}\sum_{t=1}^{T_r}L_t^r(j)}$$

$$\hat{\boldsymbol{\mu}}_{jm}=\frac{\sum_{r=1}^{R}\sum_{t=1}^{T_r}L_t^r(j,m)\boldsymbol{o}_t^r}{\sum_{r=1}^{R}\sum_{t=1}^{T_r}L_t^r(j,m)}$$

$$\hat{\boldsymbol{U}}_{jm}=\frac{\sum_{r=1}^{R}\sum_{t=1}^{T_r}L_t^r(j,m)(\boldsymbol{o}_t^r-\boldsymbol{\mu}_{jm})(\boldsymbol{o}_t^r-\boldsymbol{\mu}_{jm})^{\mathrm{T}}}{\sum_{r=1}^{R}\sum_{t=1}^{T_r}L_t^r(j,m)}$$

以上过程形成了另一个 E 步和 M 步循环迭代的 EM 算法。根据上述两个 EM 算法，HMM 的参数（$\boldsymbol{A},\boldsymbol{B},\boldsymbol{\pi}$）可通过设初值、迭代更新，直至收敛的过程获得。

应用 HMM 进行语音识别时，需要预先完成各音子模型的训练，然后计算和比较给定语音由各个音子模型生成的概率。对于给定的观测序列 $O=\{o_1,o_2,\cdots,o_T\}$ 和模型 $\lambda=(\boldsymbol{A},\boldsymbol{B},\boldsymbol{\pi})$，$P(O|\lambda)$ 的计算一般采用下面描述的前向和反向算法完成。

1）前向算法

令前向概率 $\alpha_t(j)$ 表示观测序列 $\{o_1,o_2,\cdots o_t\}$ 与系统在 t 时刻的状态 j 的联合概率，即

$$\alpha_t(j)=P(\{o_1,o_2,\cdots,o_t\},x_t=j|\lambda),\quad t=1,2,\cdots,T,j=1,2,\cdots,N$$

设 $j=1$ 表示入口状态，$j=N$ 表示出口状态，则前向算法的步骤如下。

① 初始化：

$$\alpha_1(j)=\begin{cases}1, & j=1\\ \pi_j b_j(o_1), & 1<j<N\end{cases}$$

② 递归：

$$\alpha_t(j)=\sum_{i=2}^{N-1}\alpha_{t-1}(i)a_{ij}b_j(o_t),\quad 2\leqslant t\leqslant T, 2\leqslant j\leqslant N-1$$

③ 终止：

$$\alpha_T(N)=\sum_{i=2}^{N-1}P(\{o_1,o_2,\cdots,o_T\},x_T=i\mid\lambda)=\sum_{i=1}^{N}\alpha_T(i)a_{iN}$$

$$P(O\mid\lambda)=\alpha_T(N)$$

2）反向算法

令反向概率 $\beta_t(j)$ 表示系统在 t 时刻处于状态 i 的条件下观察序列 $\{o_{t+1},o_{t+2},\cdots,o_T\}$ 的联合概率，即

$$\beta_t(j)=P(o_{t+1},o_{t+2},\cdots,o_T|x_t=i,\lambda)$$

则反向算法的步骤如下。

① 初始化：

$$\beta_T(i)=a_{iN},\quad 1<i<N$$

② 递归：

$$\beta_t(i)=\sum_{j=2}^{N-1}[a_{ij}\beta_{t+1}(j)b_j(o_{t+1})],\quad 1\leqslant t<T,\quad 2\leqslant i\leqslant N-1$$

③ 终止：

$$\beta_1(1)=\sum_{j=2}^{N-1}\pi_j b_j(o_1)\beta_j(1)$$

$$P(O\mid\lambda)=\beta_1(1)$$

前向算法和反向算法也可以结合，根据定义可得：

$$P(O\mid\lambda)=\sum_{j=1}^{N}\alpha_t(j)\beta_t(j),\quad t=1,2,\cdots,T$$

即根据任意时刻的前向概率和反向概率，可以获得整个观测序列的联合概率。

HMM 不仅可以用来判断产生观测数据的模型，即模式识别，还可以用于推断在产生数据的过程中模型隐状态的迁移轨迹。这种推断对探索模型隐状态的性质，提高模型的可解释性具有重要意义，因此，也常常被称为 HMM 的译码或解码。

具体地，给定观察序列 O，则令其产生的 HMM 隐状态序列 X 有多种可能，不同的 X 产生 O 的概率不同。搜索对 O 有最大生成概率的状态序列 X^* 便是 HMM 的译码问题。下面所述的 Viterbi 算法是解决译码问题的经典算法。

先定义函数

$$\delta_t(j)=\max_{x_1,\cdots,x_{t-1}}\lg P(x_1,\cdots,x_{t-1},x_t=j,o_1,\cdots,o_t|\lambda)$$

用来表示对于观测序列 $\{o_1,\cdots,o_t\}$，系统在时刻 t 处于状态 j 的最大概率的对数。

另外定义

$$\psi_t(j)=\arg\max_i[\delta_{t-1}(i)+\lg a_{ij}]$$

用来记录拥有最大概率使系统在时刻 t 进入状态 j 的前一时刻的状态。于是对数版 Viterbi 算法如下。

① 初始化：

$$\delta_1(j)=\begin{cases}0, & j=1\\ \lg[\pi_j b_j(O_1)], & 1<j<N\end{cases}$$

$$\psi_1(j)=0,\quad j=1,\cdots,N$$

② 递归：

$$\delta_t(j)=\max_i[\delta_{t-1}(i)+\lg a_{ij}]+\lg b_j(O_t)$$

$$\psi_t(j)=\arg\max_i[\delta_{t-1}(i)+\lg a_{ij}],\quad 1<t\leqslant T,\quad 1<i,j<N$$

③ 结束：

$$P^*(O|\lambda)=\delta_T(N)=\max_i[\delta_T(i)+\lg a_{iN}]$$

$$x_T^*=\psi_t(N)=\arg\max_i[\delta_T(i)+\lg a_{iN}]$$

④ 回溯：

$$x_t^*=\psi_{t+1}(x_{t+1}^*),\quad 1\leqslant t<T$$

算法结束后，最佳状态序列 $\{x_t\}$ 将作为结果返回。

上述 HMM 的训练、识别和译码的经典算法是理解模式识别和机器学习概率方法的重要范例。

5.4 基于 HMM 的语音识别系统

深度学习技术出现之前，HMM 是构建语音识别系统的通用模型。在实际应用中，HMM 展现了良好的性能，对推动理论和技术的发展发挥了关键作用。深度学习技术发展起来以后，语音识别系统开始转而依赖深度循环神经网络（RNN）模型。实际上，RNN 模型与 HMM 有着紧密的内在联系，其前后时刻隐状态之间的关系可以看作对 HMM 中隐状态转移关系的模拟和改进。深度 RNN 有多种新结构，如长程短时记忆（Long Short-term Memory，LSTM）网络、门控循环单元（Gated Recurrent Units，GRU）网络等，这些结构在语音识别的相关任务中得到了广泛的应用。

在语音搜索系统中，主要应用大词汇量非特定人连续语音识别技术对语音文档的全文、关键词、说话人等进行识别，以建立文本索引。下面对 HMM 语音识别系统的基本构成进行介绍。

5.4.1 HMM 语音识别系统的结构

HMM 语音识别系统通常包含声学/语音层、词层和句法层 3 层结构。声学/语音层是系统的底层，它接收语音输入，输出音节、半音节、音素、音子等“次词单位”。音素

(phoneme)是一种语言在拼音法中确定的各个拼音单位，如汉语拼音中的各个声母和韵母；而音子(phone)被定义为音素的发音，因为同一音素在不同相邻音素的场合下可能会有不同的发音，因此音子是一个比音素更小的语音单位，可以将其作为语音识别的基本单位。在基于 HMM 的系统中，为每个基本单位分别建立 HMM。词层给出词汇表中各个词的音素/音子串接结构，句法层对句子中的词结构进行建模。图 5.4 是 HMM 语音识别系统的层次结构示意图。

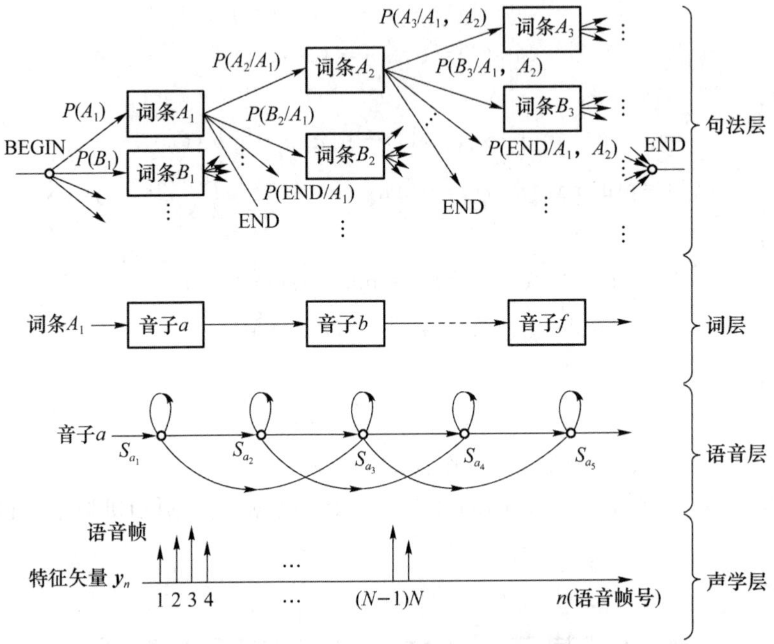

图 5.4　HMM 语音识别系统的层次结构

首先从句法层上看，每个句子由若干词构成。第 1 个可选词为 $A_1, B_1, \cdots$，选择概率为 $P(A_1), P(B_1), \cdots$。第 2 个可选词为 $A_2, B_2, \cdots$，选择概率与前一词条有关，表示为 $P(A_2/A_1), P(B_2/A_1), \cdots$。第 3 个可选词为 $A_3, B_3, \cdots$，选择概率与前两个词条有关，表示为 $P(A_3/A_1, A_2)$，$P(B_3/A_1, A_2), \cdots$。

如限定句子中最多包含 L 个词，第 L 个可选词用 $A_L, B_L, \cdots$ 表示，其选择概率与前$L-1$个词条有关，所以表示为 $P(A_L/A_1, A_2, \cdots, A_{L-1})$，$P(B_L/A_1, A_2, \cdots, A_{L-1})$。假设词序列的生成符合一阶 Markov 链，则各概率退化为$P(A_l/A_{l-1})$，$P(B_l/A_{l-1})$。这种句法称为双词文法，即 bigram。对应多阶 Markov 模型的句法更符合语言规律，同时也可降低句法的分支度。但是随着阶数的上升，算法的复杂性迅速增加，目前的实际应用中多采用 bigram 或 trigram 句法。

句子由词构成，而词由音子构成。在基于 HMM 的系统中，音子的 HMM 的构成单位是状态和转移弧，将句子中的所有词展开后便形成一个包含众多状态的序列，所有可能的句子最终构成一个系统状态图。识别时，要在此状态图中搜索一条路径，若某路径所对应的状态序列产生观测向量(即特征向量)序列的概率最大，则该状态序列所对应的句子就是识别结果。

图5.5所示是基于HMM的语音识别系统结构，由声学特征提取、声学模型、语言模型和解码器等部件组成。系统从语音数据中提取声学特征并输入解码器，利用声学模型和语言模型，在最大后验概率(MAP)准则条件下解码输出识别结果。系统的声学模型、语言模型和解码器的技术特征如下。

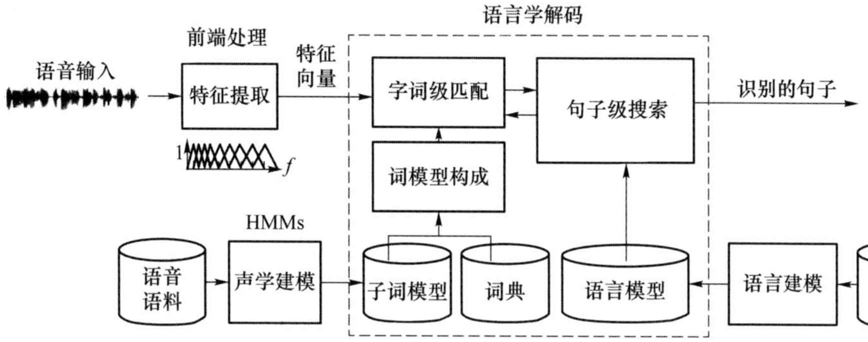

图5.5 基于HMM的语音识别系统结构

5.4.2 声学模型

声学模型基于HMM建立。根据输出概率的不同，可将HMM分为离散HMM(DHMM)和连续HMM(CHMM)两大类。DHMM输出的观测值是离散的，采用基于一套码本的离散概率分布来表示，优点是存储量和计算量都较小，所需训练语音也较少。而CHMM输出的观测值是连续的，采用连续概率密度函数来刻画观测值的分布，通常采用高斯混合模型(GMM)。虽然CHMM比DHMM识别效果好，但其计算复杂性较高。

声学模型是识别系统的底层模型，是HMM语音识别系统中最为关键的部分。建立声学模型的目的是提供一种根据声学单元模型序列计算观测特征向量序列似然值的方法。每个声学单元一般用多个状态的HMM来描述，利用无输出概率的进入状态与退出状态将每个声学单元模型串联起来，从而实现与语音特征序列的对应。

声学单元的大小对系统复杂度和识别率会产生很大的影响。在选择声学单元时，需要考虑以下几个因素：词汇量、系统的计算复杂度、系统的存储量、训练所需的数据量、单元在语音流中的稳定性等。在大词汇量连续语音识别中，一般选择音子作为HMM的基本建模单位。选择音子而不用词或音素作为基本建模单位的主要原因是：词的数量太多，需要的存储空间太大；音素则在不同的上下文中会有不同的协同发音。

5.4.3 语言模型

在大词汇量连续语音识别中，存在着大量的容易混淆的候选序列，它们往往很难从声学特征上进行区分，并且选择空间很大，只用声学模型难以进行可靠的判断。通过引入语言内在的规律可以对候选词序列进行有效的决策，并且可以减少搜索空间，提高搜索效率。语言模型主要用来描述自然语言在统计和结构方面的内在规律。语言模型可分成两类：一类是基于规则的，另一类是基于统计的。

基于规则的语言模型主要根据语法规则和语义规则由专家手工建立。这是语言模型在发展早期所采用的主要方法。只要规则正确，按这类模型生成的语句一定符合语法，甚至可以做到符合语义。但是知识的总结是一项艰巨而难以做到完备的工作，而规则不完备会导致一些实际存在的语句无法用这些规则生成或分析。

与基于规则的模型不同，基于统计的语言模型不是简单地肯定或否定一个句子是否符合语法语义，而是用概率的方法给出一个句子存在的可能性。在极端的情况下，由词汇表中的词汇任意组合而成的句子都是其处理的对象，因而对那些不符合语法但在实际中存在的语句，基于统计的语言模型也能进行分析和处理。反映语言规律及其隐性知识的各种概率可以通过大量的自然语料统计获得。20 世纪 80 年代以后，基于统计的语言模型的研究取得了很大进展，现已成为语言模型的主流。

基于统计的语言模型需要对大量语料进行深层加工处理，以得到隐含于其中的语言知识。对于词序列 $W_1^n=\{W_1,W_2,\cdots,W_n\}$，其输出特定词序列的概率可以表示为：

$$P(W_1^n)=P(W_1)P(W_2|W_1)\cdots P(W_n|W_1^{n-1})$$

采用第 3 章所介绍的 n-gram 语言模型对上述联合概率模型进行简化，得到如下形式：

$$P(W_1^n) = P(W_1)\prod_{k=2}^{n} P(W_k \mid W_{k-N+1}^{k-1}) \tag{5.9}$$

实际中，n-gram 语言模型最常用的是 1-gram，2-gram 和 3-gram。要得到好的语言模型，必须解决数据稀疏性和对训练语料的强依赖性问题。数据稀疏性是由所收集的语料库规模不够大，覆盖领域不够广所造成的，解决的方法一方面是针对不同的领域收集语料，组成规模足够大的语料库，另一方面是对训练好的语言模型进行平滑处理。对训练语料的强依赖性是指针对某个环境训练的语言模型应用到其他领域时性能会明显下降，解决的方法是采用自适应的方法，利用一部分领域内的语料做自适应。

5.4.4 解码器

从图 5.4 中可以看出，在状态图中搜索最佳路径是一个运算量很大的工作。设词汇表的容量为 V，句子的最大长度为 R，则系统状态图的分支数为 V^R 量级。在全搜索时，是将每个句子所对应的状态图作为一个整体来计算其产生整个输入特征向量序列的概率。而一般情况下，$V>1\,000$，$R>10$。如果按照普通遍历的方法，需要计算 $1\,000^{10}$ 个含有 $10\times S$ 个状态（S 为音子 HMM 的平均状态数）的 HMM 产生整个输入特征向量序列的概率，这是难以完成的。因此，必须采用快速算法进行求解。Viterbi 算法、A^* 搜索算法等是此类快速算法的典型代表。

最佳的词序列搜索利用解码器完成。搜索有两种基本策略：深度优先搜索（Depth-first Search）和广度优先搜索（Breadth-first Search）。A^* 搜索算法属于深度优先搜索，Viterbi 算法属于广度优先搜索。为了减少搜索空间，可以利用 beam 搜索策略裁剪那些概率较低的路径。Viterbi 算法需要采用时间同步的方式来实现，A^* 搜索算法则需要采用时间异步的方式来实现。

Viterbi 算法本质上是一种动态规划算法，其基本算法已在 5.3.2 小节中给出。A^* 搜索算法是一个堆栈译码算法，用于深度优先搜索。在这种算法中，系统始终跟踪最有希望的路径，直到语音输入结束。与Viterbi算法相比，A* 堆栈解码更有利于使用更长的语言模型作为启发信息来提高搜索效率。

为了提高搜索的效率和精度，很多语音识别系统都采用多遍搜索策略。第一遍搜索使用较粗糙的声学模型和语言模型构造一个较小的搜索空间，获得的中间结果作为第二遍搜索的输入。第二遍搜索利用细化一步的声学模型和语言模型对第一遍的中间结果重新打分，以此类推。在这个过程中，如何完整又简练地保留搜索的中间结果是个重要的问题。目前常用的方法有 *N*-best 和 Lattice 两种。*N*-best 保留前 *N* 个概率得分最高的音素串、音节串、字串或词串；而 Lattice 用“网格”的形式保留各种可能的组合结果，Lattice 的节点对应图5.4中的声学层、词层或句法层的HMM，弧对应前一个节点的概率得分。

5.5 基于深度学习的语音识别

深度神经网络模型在语音识别中的应用开始于声学建模，截至目前已经形成了神经网络加HMM的混合系统(hybrid system)。在这类系统中，深度网络被用于替代给定隐状态条件下的观测特征输出概率分布GMM。为了训练这类深度网络，需要与输入帧相对应的隐状态标签，而这样的训练数据需要利用成熟的GMM-HMM系统进行标注，这意味着该类系统需要先完成传统的GMM的训练。这种方法的一个明显缺点是声学模型不能直接以系统最终的优化目标进行训练。为了克服这一缺点，研究人员开始转向基于端到端深度网络模型的语音识别研究。其中，[Bahd 16]提出的基于注意力机制的端到端系统具有典型意义，提供了分析理解该类系统的理论模型。

基于注意力机制的端到端系统通过一个深度神经网络来实现语音帧向字符序列的映射。整个网络是可微的，因而可以通过指定的任务直接进行训练。整个网络是一个自动编码器结构，可以实现由语音信号到特征表示的编码，以及从特征表示到字符序列的解码。编码器和解码器均由循环神经网络(RNN)实现，不同之处在于解码器将RNN与注意力机制相结合，构成了一个基于注意力机制的循环序列生成器。循环序列生成器通过注意力机制学习输入与输出之间多变的对齐关系。

RNN适于处理变长序列信息，因而适用于语音识别。给定一个特征向量序列($\boldsymbol{x}_1,\cdots,\boldsymbol{x}_T$)，标准的RNN按以下公式计算对应的隐状态向量序列($\boldsymbol{h}_1,\cdots,\boldsymbol{h}_T$)：

$$\boldsymbol{h}_t = g\ (\boldsymbol{W}_{xh}x_t + \boldsymbol{W}_{hh}\boldsymbol{h}_{t-1} + \boldsymbol{b}_h) \tag{5.10}$$

这里，$\boldsymbol{W}_{xh}$ 和 $\boldsymbol{W}_{hh}$ 分别是可训练的输入变量单元与隐变量单元及隐变量单元与隐变量单元之间的连接参数矩阵；$\boldsymbol{b}_h$ 是可训练的隐变量单元的偏置参数；函数 $g(\cdot)$ 为激活函数，以元素为单位作用于输入向量。获得的隐状态向量序列可被用作分类或回归任务的输入特征。在激活函数及优化目标函数可微的条件下，目标函数关于网络参数的梯度可按时间反向传播过程计算。与前向网络类似，通过将数据表示为1-hot编码特征向量，RNN也可以处理离散输入数据。

RNN 也可用于字符序列的统计模型。为此，可令 RNN 的训练目标为预测在前序预测字符条件下当前各字符的概率分布，即如果$(y_1, \cdots, y_T)$是一个字符序列，则 RNN 进行如下概率分布推断：

$$p(y_t \mid y_1, \cdots, y_{t-1}) = p(y_t \mid \boldsymbol{h}_t) = \mathrm{Softmax}(\boldsymbol{W}_{hl}\boldsymbol{h}_t + \boldsymbol{b}_l) \tag{5.11}$$

这里，$\boldsymbol{W}_{hl}$是隐变量单元与输出单元之间的连接参数矩阵，$\boldsymbol{b}_l$ 是输出单元的偏置参数。Softmax 函数以元素为单位作用于输入向量，给出各类字符的输出概率。于是，全序列$(y_1, \cdots, y_T)$的似然度可求解为 $p(y_1)\prod_{t=2}^{T} p(y_t \mid y_1, \cdots, y_{t-1})$。

在作为生成器对字符取样时，式(5.11)给出的概率分布有两种用法：一是利用 $p(y_t \mid y_1, \cdots, y_{t-1})$ 进行采样，二是迭代地选择可能性最大的字符。

式(5.10)定义了最基本的 RNN 模型。在实际应用中，通常采用更精巧的模型来定义 $\boldsymbol{h}_t$ 对 $\boldsymbol{h}_{t-1}$的依赖关系。其中最著名的两个模型分别是长程短时记忆(LSTM)模型和门控循环单元(GRU)模型。与基本的 RNN 模型相比，二者均具有更强的捕获随机变量之间长期或长距离依赖关系的能力。考虑到相比 LSTM 模型更易于实现，[Bahd 16]在系统中采用了 GRU 模型。该模型中的 $\boldsymbol{h}_t$ 通过以下方程组计算：

$$\begin{cases} \boldsymbol{r}_t = \sigma(\boldsymbol{W}_{xr}\boldsymbol{x}_t + \boldsymbol{U}_{hr}\boldsymbol{h}_{t-1}) \\ \boldsymbol{z}_t = \sigma(\boldsymbol{W}_{xz}\boldsymbol{x}_t + \boldsymbol{U}_{hz}\boldsymbol{h}_{t-1}) \\ \tilde{\boldsymbol{h}}_t = \tanh\left[\boldsymbol{W}_{xh}\boldsymbol{x}_t + \boldsymbol{U}_{rh}(\boldsymbol{r}_t \otimes \boldsymbol{h}_{t-1})\right] \\ \boldsymbol{h}_t = (1-\boldsymbol{z}_t) \otimes \boldsymbol{h}_{t-1} + \boldsymbol{z}_t \otimes \tilde{\boldsymbol{h}}_t \end{cases}$$

这里，符号$\otimes$表示按元素乘，$\tilde{\boldsymbol{h}}_t$ 是当前时刻隐变量的候选激活输出，$\boldsymbol{r}_t$ 为决定如何将 $\boldsymbol{h}_{t-1}$反馈到 $\tilde{\boldsymbol{h}}_t$ 的重置门，$\boldsymbol{z}_t$ 为决定 $\tilde{\boldsymbol{h}}_t$ 和 $\boldsymbol{h}_{t-1}$在 $\boldsymbol{h}_t$ 中所占比例的更新门。其直观意义为：重置门控制过去的信息如何向当前的神经激活进行反馈，更新门控制如何从过去的信息和候选激活中选择信息去更新隐变量。上述逻辑关系如图 5.6 所示。当前时刻候选激活函数 $\tilde{\boldsymbol{h}}_t$ 的输入是 $\boldsymbol{x}$ 和由重置门 $\boldsymbol{r}$ 控制的 $\boldsymbol{h}_{t-1}$，而当前时刻状态函数 $\boldsymbol{h}_t$ 是由更新门 $\boldsymbol{z}$ 控制的 $\tilde{\boldsymbol{h}}_t$ 和 $\boldsymbol{h}_{t-1}$的线性组合。

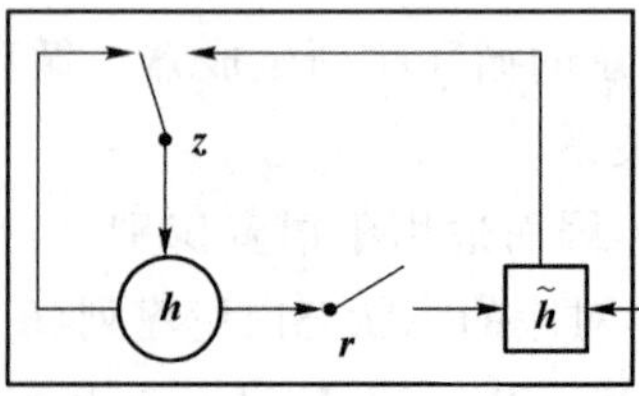

图 5.6　GRU 结构示意图

将帧序列按相反方向分别输入两个循环神经网络之中，再将它们输出的隐状态向量进行串接，可以双向获取帧序列的信息。这种形态的模型被称为双向循环神经网络(BiRNN)。进一步地，还可以将多个循环神经网络进行堆叠，使本层输出的隐变量序列成为上一层的数据输入，以形成多层的循环神经网络体系。研究表明，将多层体系用于语音识别通常能得到更高的精度。图 5.7 是由两个双向循环神经网络形成的堆叠结构的示意图。

其中，$\boldsymbol{x}_i$ 为输入数据序列，$\boldsymbol{h}_i^1$ 和 $\hat{\boldsymbol{h}}_i^1$ 分别为第一个 BiRNN 的正向和反向隐变量序列，$\boldsymbol{h}_i^2$ 和 $\hat{\boldsymbol{h}}_i^2$ 分别为第二个 BiRNN 的正向和反向隐变量序列，$i=1,\cdots,N$。

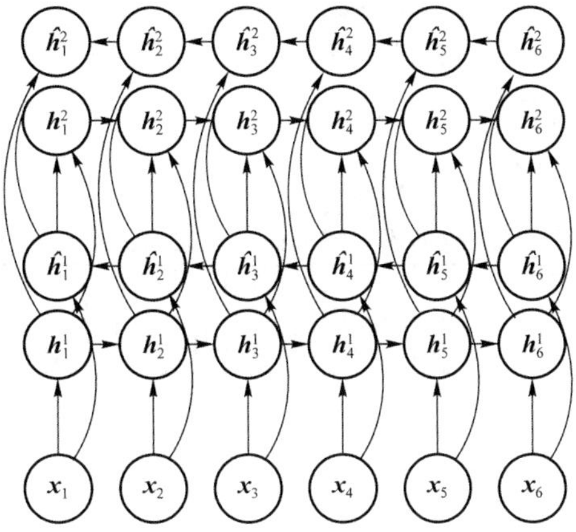

图 5.7　BiRNN 堆叠结构

语音识别任务的一大挑战在于输入和输出序列长度的变化。自动编码器(AutoEncoder)神经网络结构正是应对这一挑战的有效模型。在这类模型中，编码器将语音帧输入转变为中间表示，解码器通过 RNN 将这一中间表示转化为字符序列。[Bahd 16]采用深度堆叠的 BiRNN 作为编码器，将其状态序列 $(\boldsymbol{h}_1,\cdots,\boldsymbol{h}_L)$作为中间表示。对于一个标准的深度 BiRNN，状态序列$(\boldsymbol{h}_1,\cdots,\boldsymbol{h}_L)$的长度对应最底层输入的语音帧数量 L，每帧长度一般为 10 ms。考虑到这种模型对于所采用的解码器来讲在时间上过于精准，冗余信息过多，[Bahd 16]在深度 BiRNN 中加入池化层进行降采样。

[Bahd 16]的解码器是一个基于注意力机制的循环序列生成器(Attention-based Recurrent Sequence Generator，ARSG)。普通的 RNN 的隐状态序列与输入序列的长度相同，在进行变长输入输出映射时，需要对这两个序列的动态对齐关系进行建模。[Bahd 16]利用随机的方法将此对齐关系表示为概率分布 $p(y_1,\cdots,y_T|\boldsymbol{h}_1,\cdots,\boldsymbol{h}_L)$，其中的 T 和 L 没有明确的函数依赖关系。

ARSG 在每次产生序列$(y_1,\cdots,y_T)$的一个元素时，与输入的编码序列$(\boldsymbol{h}_1,\cdots,\boldsymbol{h}_L)$的各个元素同时寻求对齐，它将一个 RNN 和一个完成注意力机制的子网络组合在一起，注意力机制在输入序列中确定应选择的各个时序位置，用以更新 RNN 的隐状态和预测下一个输出值。从编码序列选择出来的元素形成一个加权和信号量 $\boldsymbol{c}_t=\sum_l \alpha_{tl}\boldsymbol{h}_l$，这里，$\alpha_{tl}$ 为注意力权重，$\alpha_{tl}\geqslant 0$ 且 $\sum_l \alpha_{tl}=1$。图 5.8 是 ARSG 的概念图。图中上部表示一个 RNN，下部是一个多层感知器(MLP)。在时间点 t，先由 MLP 通过 RNN 的前一时刻隐状态 s_{t-1} 和各个编码向量 $\boldsymbol{h}_l$ 计算本时刻注意力权重向量 $\boldsymbol{\alpha}_{tl}$，随后再由 RNN 计算本时刻隐状态 s_t 及输出字符 y_t。

注意力权重 α_{tl} 的数学模型由以下方程组描述：

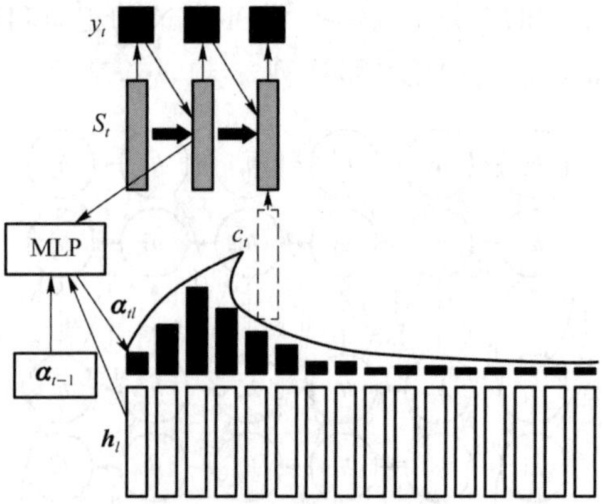

图 5.8 ARSG 的概念图

$$\begin{cases} \boldsymbol{F} = \boldsymbol{Q} * \boldsymbol{\alpha}_{t-1} \\ e_{tl} = \boldsymbol{w}^{\mathrm{T}} \tanh(\boldsymbol{W} s_{t-1} + \boldsymbol{V} \boldsymbol{h}_l + \boldsymbol{U} \boldsymbol{f}_l + \boldsymbol{b}) \\ \alpha_{tl} = \exp(e_{tl}) \Big/ \sum_{k=1}^{L} e_{tk} \end{cases}$$

这里,$\boldsymbol{W}$,$\boldsymbol{V}$,$\boldsymbol{U}$,$\boldsymbol{Q}$ 是 MLP 的参数矩阵,$\boldsymbol{w}$ 和 $\boldsymbol{b}$ 是参数向量,* 表示卷积。从以上方程组可知,注意力权重 α_{tl} 是 MLP 第 l 个输出单元信号 e_{tl} 的 Softmax 函数,该单元的输入包括隐状态 s_{t-1}、第 l 个输入向量 $\boldsymbol{h}_l$ 以及 $\boldsymbol{Q}$ 的第 l 个卷积核($\boldsymbol{Q}$ 的第 l 列)与前一时刻的注意力权重向量 $\boldsymbol{\alpha}_{t-1}$ 卷积获得的特征 $\boldsymbol{f}_l$。这意味着,注意力权重 MLP 包含 3 个层次:第一层是卷积层,用卷积矩阵 $\boldsymbol{Q}$ 对前一时刻的注意力向量 $\boldsymbol{\alpha}_{t-1}$ 进行信号分解,取出 L 个矢量分量;第二层是局部连接层,接收 Decoder 前一时刻的隐状态 s_{t-1}、Encoder 输出的隐状态序列 $\{\boldsymbol{h}_l\}$ 和前一时刻注意力矢量的卷积特征矩阵 $\boldsymbol{F}$;第三层是 Softmax 输出层,给出当前时刻的注意力矢量。

ARSG 的一个不足之处是其训练的复杂度较高,因为每个输出字符 y_t 都对应所有的输入状态 $\boldsymbol{h}_l$,具有 $O(LT)$ 的计算复杂度。为了缓解这个问题,可以采用加窗的方法对模型进行训练。加窗方法等效于将注意力机制限定在一个较小的区间,而不是全部 L 个输入的区间。

由于 ARSG 蕴含建立了输出字符的前后关联关系,因而等效于在一定程度上内置了关于输出字符的语言模型。尽管如此,仍可以将 ARSG 与显式的字符序列语言模型相结合,以获得更高的解码性能。[Bahd 16]对此进行了讨论,并给出了具体的方法。

5.6 音视频跨模态检索

在实际应用中,音频分析常常需要与视频分析相结合,神经网络模型已经成为二者的公共模型。在线视频的大量产生为训练此类神经网络提供了机会,而大规模视频数据库的建立更是为方便地利用这类大数据提供了条件。2016 年,谷歌公司发布的包含约 600 万个短视频、总时长约 35 万小时的视频标注数据库 YouTube-8M 成为此类数据库的典型代表。

YouTube-8M 采用包含 4 800 个视频实体词的词表，由 YouTube 的标注系统完成视频的自动标注。每个短视频平均被标注了 3 个标签。作为预处理，对每个短视频以每秒 1 帧的采样率抽取样本，利用 Inception network 对其进行特征抽取，获取 2 048 维特征，之后再通过 PCA 变换将其降至 1 024 维。将音频以 1 s 为窗口长度截取音频片段，通过分帧、Fourier 变换、Mel 滤波将音频片段变为 96×64 维的块(patch)特征后，利用卷积神经网络(CNN)抽取出 128 维的特征，对短视频的所有音频片段的 CNN 特征进行平均后获得 128 维的音频特征向量。于是，经过预处理，一个短视频将拥有一个 1 024 维的视觉特征向量和一个 128 维的音频特征向量。

利用 YouTube-8M 这类数据库提供的多模态信息的便利性，人们开始研究音频文档和视频文档之间的联系，试图在此基础上实现音视频的双向检索，以便为一段无声视频找出最匹配的音频，实现“音配像”，或相反地，为一段音频找出最匹配的视频，实现“像配音”。[Suri 18]利用神经网络模型将音视频特征映射到一个公共特征空间，成功地建立了音频文档和视频文档之间的联系，为实现音视频的双向检索提供了有效的方法。如图 5.9 所示，跨模态嵌入特征网络模型由分别处理图像特征和音频特征的两个神经网络联合构成，两个网络的训练在公共特征空间和分类标签空间中统一完成。

图 5.9 彩图

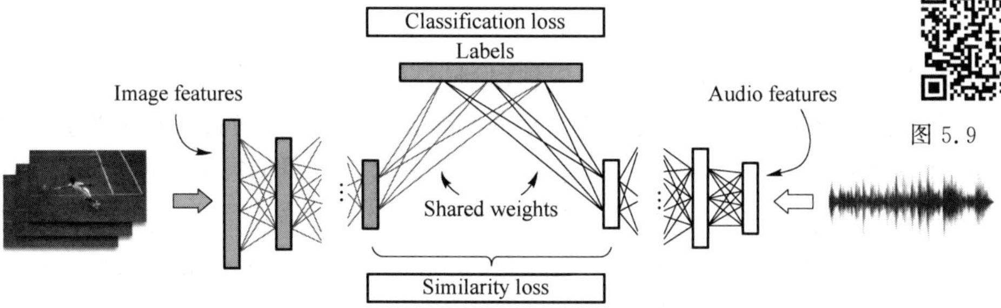

图 5.9 跨模态嵌入特征网络模型

具体地，跨模态嵌入特征网络有两个方面的输入，一方面是视频的图像特征向量，另一方面是其音频特征向量。这些特征向量是采用上述构建 YouTube-8M 数据库的方法预先提取出来的，分别是代表短视频图像特征的 1 024 维向量和代表短视频音频特征的 128 维向量。该网络的主要训练目标是将这两类不同的特征映射到同一个低维嵌入空间，并使同一个视频的图像特征和音频特征被映射到嵌入空间的同一个点，即获得相同的嵌入向量。若分别用 $\boldsymbol{\Phi}^i$ 和 $\boldsymbol{\Phi}^a$ 表示图像嵌入向量和音频嵌入向量，则可用 $\boldsymbol{\Phi}^i$ 和 $\boldsymbol{\Phi}^a$ 的差异来度量网络训练时的损失。这样的嵌入空间将使视频的图像特征和音频特征相互关联，使语义相近的视频的嵌入特征相互邻近，语义不同的视频的嵌入特征相互分离。

从输入特征向量到嵌入向量的映射采用由多个全连接层堆叠而成的网络，图像特征网络和音频特征网络完全分开。令它们通过优化学习网络参数，以完成非线性变换，对输入特征进行嵌入式映射。

嵌入特征提取出来之后，再采用一个以 Sigmoid 函数为激活函数的全连接层进行分类，以利用分类误差对整个系统的训练进行辅助监督。

系统中隐层的数量以及各层的单元数是超参数，[Suri 18]在实验中采用了 4 个隐层的结构，图像分支和音频分支的各层单元数分别为 1 024→2 000→2 000→700→700→250 和 128→450→450→200→200→250，隐层单元的激活函数为 ReLU，各层参数在训练时均采用 L2 范数进行正则化。

参数训练的目标是使来自同一视频的图像嵌入特征和音频嵌入特征尽量一致，同时使来自不同视频的图像嵌入特征和音频嵌入特征相互分离。对于给定的视频 v_k，如果其特征表示为 $v_k=\{i_k,\ a_k\}$，其中 i_k 为图像特征，a_k 为音频特征，则参数训练的目标是使由 i_k 变换而来的嵌入特征 Φ_k^i 和由 a_k 变换而来的嵌入特征 Φ_k^a 之间的相似度最大化，同时，还要防止来自不同视频的嵌入特征相互邻近，即希望它们之间保持较低的相似度。但是，零相似度显然不是一个合理目标，而应令其不超过一个足够小的相似度边界 α。

训练中，采用正、负两类样本对，正样本对的 i_k 和 a_k 来自同一视频，负样本对的 i_l 和 a_n 来自不同视频。负样本占总样本的比例表示为 p_{neg}。选取负样本对时，采用从没有相同标签的特征对中随机选取的方法，以便于网络学习如何在嵌入空间区分不同的视频。两个嵌入特征向量的相似度由其夹角的余弦来度量。据此，定义网络训练的损失函数如下：

$$L_{\cos}((\boldsymbol{\Phi}^a,\boldsymbol{\Phi}^i),\ y)=\begin{cases}1-\cos(\boldsymbol{\Phi}^a,\boldsymbol{\Phi}^i), & y=1\\ \max\ (0,\cos\ (\boldsymbol{\Phi}^a,\boldsymbol{\Phi}^i)-\alpha), & y=-1\end{cases} \tag{5.12}$$

式中，$y=1$ 表示正样本，$y=-1$ 表示负样本。

为了将样本的类别标签信息在训练中加以利用，该系统将训练样本的分类误差用作上述损失函数的正则化项。在对嵌入特征进行分类时，将两路特征通过共享的连接权重送至完成分类的全连接层。学习任务被定义为调整网络参数，以将图像特征和音频特征分类至其标签所指示的类别中。为了控制分类部分在整个学习中的效应，采用系数 λ 对正则化作用的大小进行限制。数学上，令 p^i 和 p^a 分别表示图像嵌入特征和音频嵌入特征的分类标签概率分布，则该分类系统可表示为：$p^i=\text{Softmax}\ (\boldsymbol{W\Phi}^i)$，$p^a=\text{Softmax}(\boldsymbol{W\Phi}^a)$。这里，$\boldsymbol{W}$ 为共享的连接权重。分类目标是使 p^i 尽量趋近图像特征标签概率分布 c^i，使 p^a 尽量趋近音频特征标签概率分布 c^a。如果训练样本是正样本，则 c^i 与 c^a 相同。分类的损失函数采用交叉熵函数，即

$$L_{\text{class}}(p^i,p^a\ ,c^i\ ,c^a)=-\sum_k(p_k^i\lg c_k^i+p_k^a\lg c_k^a) \tag{5.13}$$

最终，系统优化的损失函数为：$L=L_{\cos}+\lambda L_{\text{class}}$。

网络训练采用批量梯度下降法(BGD)完成。批量尺度为 1 024，相似度边界 α 为 0.2，负样本比例 p_{neg} 为 0.6，嵌入特征向量的维度为 250。关于正则化系数 λ，通过实验观察到，如果从一开始就引入正则化项，将会影响嵌入特征相似性的目标的实现，因此，在训练中先将 λ 设置为 0，在完成 10 000 步的迭代后，改设为 0.02。

网络训练完成后，利用 YouTube-8M 中的 6 000 个短视频样本进行图像和音频双向检索实验。图像和音频的查询直接利用该数据库所提供的特征。结果表明，无论是音频检索图像还是图像检索音频，该网络都展现了较高的召回率，而且双向检索的性能大体相同。考虑到此模型没有利用视频中的时序信息，可以期待时序特征及 RNN 模型的引入将使此类系统的性能得到进一步的提高。

5.7 非语音音频分析

5.7.1 概述

语音识别是语音音频分析的基础技术。通过语音识别，可以获取语音音频的语义，继而在语义基础上对音频进行分析。对于非语音音频，如音乐、动物的鸣叫、汽笛声、马达声等却不能直接应用语音识别技术进行处理。但总体上讲，非语音音频分析仍然以人工智能技术为基础，通过机器学习或深度学习建立音频的声学特征与文本语义之间的联系，进而实现语义分析。

非语音音频分析的早期研究一般局限在对测试音频在预先定义的有限类别之中进行的分类，例如音乐、掌声、话音等。目前的研究已经进入到利用语义词对音频进行描述或者搜索的阶段。当前的最新技术已经可以对未见过的样本进行推测性解释，例如，根据与已知的狼叫、狮吼的类似性，对虎啸进行描述。

随着深度学习的发展，音频分类所采用的主流方法发生了从 GMM＋HMM 到深度 RNN、LSTM 等模型的转变。模型的性能相对以往有了显著的提升。

音频分类的性能首先取决于声学特征的选择。总体上讲，声学特征或者来自对波形的简单测度，如能量、基频等，或者来自对感知的测度，如音调、音量等。例如，利用能量函数度量振幅随时间的变化，用过零率估计谱特征，用基频捕获谐波特征。也可将波形的时域、频域、时频域特征进行组合，进行音乐和话音的区分。另外，人们发现音调、音量、音色等感知特征虽然对于人们区分声音来说十分重要，但却很难定量提取，所以目前阶段尚难以对其进行细致的建模。

MFCC 和 LPC 两类特征在语音音频分析中得到了广泛的应用。但由于 MFCC 和 LPC 都是基于语音提出的特征，所以其对非语音的有效性需要检验。分析表明，LPC 是基于语音产生机制而非感知机制的特征，这种简化的声道模型难以用于描述一般的声音。例如，多数声音缺乏语音中的共鸣，更多的是摩擦音。而 MFCC 是由能量谱的正弦波展开导出的，理论上适用于更多的声音现象。另外，MFCC 对应频率平滑的对数谱，对不利于感知的高频谱变动有抑制作用，这使得它与 LPC 等特征相比更适于普通的音频分类任务。实际应用也验证了这一点。

与图像检索类似，音频检索也存在两种基本方法：基于示例的检索（Query by Example，QBE）和基于文本关键词的检索（Query by Keyword，QBK）。QBE 通过音频文档与用户提交的声音的声学相似性对其进行检索，QBK 通过比较用户提交的文本检索词与音频文档的文本标注词进行检索。

QBE 的典型例子是音乐的哼唱查询（Query by Humming）。在 QBE 中，用户可以用哼唱一段旋律的方式来检索歌曲或乐曲。这里，旋律的表达是基于相邻音符音调的高低变化实现的[Ghia 95]。尽管这种方式对查询歌曲或乐曲是非常有效的，但对其他类型的音频检索来说却不太自然和方便。后来出现的系统通过心理-声学特性，如音量、音调、和声等来计算声音之间的相似性,以实现更加通用的音频检索[Wold 96]。对一个新的声音,系统计算它与数据库中声音的相似度,根据这些声音与新声音的接近程度对它们进行排序。

声音的语义建模是非语音音频分析的一个关键问题,经典的方法是将此问题分解为三个问题:一是采用适当的音频特征和分类方法建立声学模型,二是利用适当的语义描述和分类方法建立语义模型,三是在声学空间和语义空间之间建立映射关系。[Buch05]在这方面做了系统的研究,提出了一个完整的声学—语义框架和一套描述声音语义建模的方法。

[Buch05]提出声学—语义框架支撑声音—语义双向分析,即对输入的声音信号给出其描述词,对输入的查询词找出与其匹配的声音信号。分析分别在声学空间和语义空间进行。在声学空间中,对实际的音频内容进行建模。在语义空间中,对描述声音的词汇进行建模。两个空间中的建模均通过机器学习完成。声学空间模型对不同声音的相似性进行计算,语义空间模型对不同声音的文本描述之间的相似性进行计算。两个空间之间的联系依靠已知声音及其文本描述来建立。这种对应关系形成了两个空间分布之间的相互映射,从而为支撑声音—语义双向分析提供了条件。

这一框架是支撑声音—语义双向分析的原理性架构,对双向分析所涉及的主要问题提出了解决思路和技术方案,对理解基于深度学习的非语音音频分析技术有重要帮助。故此,对其进行具体的讲解。

5.7.2 声学模型

建立声学模型的目的是将音频信号映射到一个理想的特征空间,以使同类信号被映射为相互邻近的特征点,异类信号被映射为相互分离的特征点,从而为音频分析创造有利的条件。

建立声学模型的第一步是确定所采用的特征。声音的波形特征,如能量、过零率等是最简单的声学特征,在声音端点检测等预处理中可以发挥重要的作用。但这类特征区分声音的能力很有限,不适于在音频分类的声学模型中采用。在这里需要的是既能区分出声音之间的明显差异,又能消除来自无关紧要的频谱细节和噪声影响的特征。

如上所述,MFCC 是可以用于描述非语音音频特征的。但在具体应用中,仍有一些特定的问题有待研究。例如是否突出中频信号,如何选择帧尺寸和 MFCC 系数的数量等。研究表明,突出中频信号至少对语音和音乐的区分是有利的[Loga 00],而帧尺寸、MFCC 系数的数量等需要通过实验来确定。关于帧尺寸的实验表明,对于普通的音频分类,帧尺寸应小于 20 ms,例如,取 10 ms 或 5 ms。较小的帧尺寸不仅能改善人、鸟、狗等动物声音之间的区分性,也能改进各类马达,如汽车、轮船、摩托车的马达之间的区分性。关于 MFCC 系数数量的研究表明,在语音识别中成为标准的 13 维 MFCC(12 维 MFCC+1 维能量项)并非适用于所有场合,8 维或 16 维的 MFCC 经常会是更好的选择,但通常需要加入能量项。

MFCC 表达的是一帧信号内的静态特征,它不能表达更长一段时间的时变特征。为了区分声音的时变特征,需要利用多帧包络特征——Delta 倒谱。对于时刻 t,Delta 倒谱 $\Delta x(t)$ 通过静态倒谱 $x(t)$ 导出。具体地,$\Delta x(t)$ 通过 $t-k$ 到 $t+k$ 共 $2k+1$ 个时刻内的静态倒谱的差分求得,k 一般为 1 或 2,即

$$\Delta x(t) = \sum_{i=-k}^{k} x(t+i)i \tag{5.14}$$

通过式(5.14),每个静态倒谱都对应一套反映时变特征的 Delta 系数。式(5.14)是一阶差分,以它为基础还可以计算二阶差分,即所谓的 Double Delta 倒谱,以此反映静态倒谱变化的加速性。得到 Delta 倒谱后,在应用时将其与原始静态倒谱串接在一起构成特征向量。

上述 MFCC 特征抽取方法会将一段音频映射为 MFCC 特征空间中大量的点,每一帧对应一个点,从而形成一个点分布。用概率分布密度函数对这种点分布进行建模便可获得理论上有效的声学模型。通过第 4 章的 SML 模型可知,GMM 是此类点分布建模的有效工具。GMM 将特征空间中的所有样本点当作一个整体来建模,而不区分它们在时间上的先后顺序,因此它是一个口袋模型。尽管如此,由于音频的时变性已经通过 Delta 倒谱得到了描述,因此建立的 GMM 并非不包含时变信息。

数学上,对于一个 D 维的声学特征向量 $\boldsymbol{x}$,其 GMM 形式的概率密度函数 $p(\boldsymbol{x})$ 被定义为:

$$p(\boldsymbol{x}) = \sum_{i=1}^{K} \pi_i p(\boldsymbol{x} \mid \theta_i) \tag{5.15}$$

这里,K 是混合分量数,π_i 是第 i 个分量在模型中的权重,$\theta_i = \{\boldsymbol{\mu}_i, \boldsymbol{\Sigma}_i\}$ 是第 i 个分量的分布参数,概率密度函数

$$p(\boldsymbol{x}|\theta_i) = \frac{1}{\sqrt{(2\pi)^D |\boldsymbol{\Sigma}_i|}} \exp\left[-\frac{1}{2}(\boldsymbol{x}-\boldsymbol{\mu}_i)^{\mathrm{T}} \boldsymbol{\Sigma}_i^{-1} (\boldsymbol{x}-\boldsymbol{\mu}_i)\right] \tag{5.16}$$

是一个 D 维高斯分布,其中 $\boldsymbol{\mu}_i$ 是均值向量,$\boldsymbol{\Sigma}_i$ 是 $D \times D$ 的协方差矩阵。

如上所述,GMM 的参数一般通过 EM 算法获得。对于一个训练任务来说,需要估计混合权重 π_i 和分布参数 $\theta_i = \{\boldsymbol{\mu}_i, \boldsymbol{\Sigma}_i\}$ 两套参数,而混合度 K 是一个需要预先确定的值。

最优的 K 值取决于多种因素,如原始数据的规模、维数以及固有的特征点簇等。较大的 K 值有利于模型更精确地与数据相吻合,但也会带来模型过拟合和对噪声敏感的问题。较小的 K 值可能会使模型较粗糙,但也会使得模型对相似类型的数据具有较好的泛化性能。K 值的选择就是要在此之间进行权衡。原则上,对于训练数据比较充足,并且数据的差异性和动态性较高的声音,宜采用较高的混合度,如 8,10 等。而对于训练数据较少,数据差异性和动态性较低的声音,宜采用较低的混合度,如 2,3 等。

求解声学模型 GMM 参数的 EM 算法是通用算法。具体地,给定一组训练数据 $\boldsymbol{x}_1$, $\boldsymbol{x}_2$, $\cdots$, $\boldsymbol{x}_P$,EM 算法对 GMM 的参数 $\boldsymbol{\pi}_i$, $\boldsymbol{\mu}_i$ 和 $\boldsymbol{\Sigma}_i$ 设置初始值后,在以下 E 步和 M 步之间迭代,直至收敛。

E 步:评估各高斯分量生成各个数据点的概率,令 w_{ij} 为在当前的参数条件下数据 $\boldsymbol{x}_i$ 由第 j 个高斯分量生成的概率,则

$$w_{ij} = \frac{\pi_j p(\boldsymbol{x}_i \mid \theta_j)}{\sum_{k=1}^{K} \pi_k p(\boldsymbol{x}_i \mid \theta_k)} \tag{5.17}$$

M 步:利用所有数据点特征及各高斯分量对它们的生成概率更新权重 $\hat{\pi}_j$、均值 $\hat{\boldsymbol{\mu}}_j$ 和协方差矩阵 $\hat{\boldsymbol{\Sigma}}_j$,得

$$\hat{\pi}_j = \frac{1}{P}\sum_{i=1}^{P} w_{ij} \tag{5.18}$$

$$\hat{\boldsymbol{\mu}}_j = \frac{1}{P\hat{\pi}_j}\sum_{i=1}^{P} w_{ij}\boldsymbol{x}_i \tag{5.19}$$

$$\hat{\boldsymbol{\Sigma}}_j = \frac{1}{P\hat{\pi}_j}\sum_{i=1}^{P} w_{ij}(\boldsymbol{x}_i - \hat{\boldsymbol{\mu}}_j)(\boldsymbol{x}_i - \hat{\boldsymbol{\mu}}_j)^{\mathrm{T}} \tag{5.20}$$

EM 算法的一个问题是不同的初始值会导致收敛值不同。为了减小这个问题的影响，可以采取比较鲁棒的初始值设定方法。一个可取的办法是用 k-means 聚类算法帮助设定 GMM 各个分量的均值和协方差矩阵的初始值。先假定各个分量的权重均为 $1/K$，然后为每个分量所对应的聚类随机分配一个数据子集，运行 k-means 几个（一般不超过 10 个）循环后，获得各个分量的均值和协方差矩阵的初始值。

EM 算法的另外一个问题是，当一个分量只对应一个数据或几个非常接近的数据时，会导致其协方差矩阵趋于零，而这将引起整体数据似然度的发散。为了防止这个问题出现，可对协方差矩阵设置最小限定值。

一旦获得了一个已知声音的 GMM，$\lambda = \{\boldsymbol{\pi}_i, \boldsymbol{\mu}_i, \boldsymbol{\Sigma}_i\}$，就可以通过模型似然度来计算一个新的声音与它的相似性。设新声音的特征向量为 $\boldsymbol{x}_1$，$\boldsymbol{x}_2$，…，$\boldsymbol{x}_N$，则由已知声音模型 λ 产生的这个新声音的对数似然度为：

$$L(\boldsymbol{X} \mid \boldsymbol{\lambda}) = \frac{1}{N}\sum_{i=1}^{N} \lg \sum_{j=1}^{K} \pi_j p(\boldsymbol{x}_i \mid \boldsymbol{\mu}_j, \boldsymbol{\Sigma}_j) \tag{5.21}$$

式(5.21)就是判断一个新声音与哪个已知声音更接近，从而实现音频分类的公式。

5.7.3 语义模型

语义特征空间是由各个音频描述文档中的词汇所支撑的。由于声音的描述文档是文本型的，所以可以应用普通的文本处理与分析技术来进行语义模型的构建。在这样的模型中，词汇在文档中的位置信息通常被忽略，而关键字向语义概念的映射常被作为重点。

在建立语义模型之前，常常需要对音频描述文档进行预处理，主要包括词汇抽取、标点去除、去除停词以及词干化等。如第 2 章所述，去除停词的目的是将主要起语法作用（语义作用较小）的词汇从语义特征空间中排除，以便提高语义特征空间的鉴别性。词干化的目的是将语义差别较小的词汇在语义特征空间中映射到同一个方向，以防产生由不同的词尾形式所引起的意外的处理结果。虽然上述预处理在普通文本检索中都发挥了重要作用，但它们在声音的语义建模中并不一定都是必要的，例如，词干化的正面作用并不明显。

对一个声音的描述文档进行预处理后，就可以建立它的语义模型。通过语义模型，能够计算不同声音描述之间的语义相似度，以解决音频语义检索的核心问题。

VSM 是建立语义模型的最基本的方法。对于一个包含词汇 t_1，…，t_m 和文档 d_1，…，d_n 的声音描述文档集合，VSM 用一个 $m \times n$ 的词汇-文档矩阵来建立它的语义模型。矩阵中的每一列代表一个文档，用于指示各个词汇在其中是否出现以及出现的频度；每一行代表一个词汇，用于指示该词汇在哪些文档中出现以及出现的频度。

上述词汇-文档矩阵反映了词汇在各个文档以及整个集合中的权重。权重的配置要考虑两个方面，一是局部权重，二是全局权重。前者反映一个词汇在一个文档中的重要性，后者反映一个词汇在整个集合中的重要性。在一般情况下，用 t_i 在 d_j 中出现的频度 f_{ij} 来表示 t_i 对 d_j 的局部权重是合适的。但在声音描述文档的场合，可以只采用 f_{ij} 的二值形式 b_{ij}，即只考虑一个词汇是否在一个文档中出现，而不区分出现的次数。全局权重的表示方法是倒文档频度(IDF)，它对较罕见的词给出较高的权重。这便是 TF-IDF(词频-倒文档频度)的思想。对于音频语义建模，[Duma 91]提出了一种熵加权的方法，基于此，词汇 t_i 对文档 d_j 的权重为：

$$w_{ij} = b_{ij}\left[1 - \sum_j \frac{p_{ij}\lg(p_{ij})}{\lg(n)}\right] \tag{5.22}$$

这里，$p_{ij}=(f_{ij}/g_i)$，g_i 为 t_i 在整个集合中出现的次数，n 为集合中的文档数。

此外，为了使所有的文档(无论长短)具有相同的重要性，还要考虑对上述权重进行归一化。一个常用的方法是余弦归一化。经过归一化后，词汇-文档矩阵 $\boldsymbol{A}$ 的元素：

$$a_{ij} = w_{ij}\Big/\sqrt{\sum_j w_{ij}^2} \tag{5.23}$$

由于声音描述文档一般只包含少量的词汇，因此上述矩阵的绝大多数元素会是零，即矩阵将是一个高度稀疏的矩阵。这是在建模时需要注意的一个特点。

参考文本检索中采用的查询词权重的计算公式，可将一个声音的文本语义查询变成与文档特征向量同维度的向量，则查询与文档的相关性可由它们的向量内积来度量。

在 VSM 的基础上，利用潜语义标号(LSI)技术可使上述语义建模的效果得到明显的改善。如第 3.2.2 小节所述，LSI 通过将词汇-文档矩阵向低维空间映射来消除原矩阵词汇之间的相关性，用更少的用语义标号代表的潜在词汇来表达文档。这种变换不仅降低了特征的维度，还提高了文档表达的精度。LSI 通常采用奇异值分解的方法将词汇-文档矩阵 $\boldsymbol{A}$ 变换为：

$$\boldsymbol{A}=\boldsymbol{U}\boldsymbol{S}\boldsymbol{V}^{\mathrm{T}} \tag{5.24}$$

这里 $\boldsymbol{U}$ 是 $m\times r$ 的列正交矩阵(r 为矩阵 $\boldsymbol{A}$ 的秩)，由$(\boldsymbol{A}\boldsymbol{A}^{\mathrm{T}})_{m\times m}$的 r 个特征向量构成；$\boldsymbol{V}$ 是 $n\times r$的列正交矩阵，由$(\boldsymbol{A}^{\mathrm{T}}\boldsymbol{A})_{n\times n}$的 r 个特征向量构成；$\boldsymbol{S}$ 是 $r\times r$ 降序排列的对角矩阵，等于$(\boldsymbol{A}\boldsymbol{A}^{\mathrm{T}})_{m\times m}$和$(\boldsymbol{A}^{\mathrm{T}}\boldsymbol{A})_{n\times n}$公共的特征值矩阵。

取 $\boldsymbol{U}$ 矩阵和 $\boldsymbol{S}$ 矩阵的前 k 个向量构成 $\boldsymbol{U}_k$ 和 $\boldsymbol{S}_k$，通过以下变换将原 m 维特征空间中的文档特征向量 $\boldsymbol{d}$ 和查询特征向量 $\boldsymbol{q}$ 映射到 k 维潜语义标号空间：

$$\hat{\boldsymbol{d}}^{\mathrm{T}}=\boldsymbol{d}^{\mathrm{T}}\boldsymbol{U}_k\boldsymbol{S}_k^{-1} \tag{5.25}$$

$$\hat{\boldsymbol{q}}^{\mathrm{T}}=\boldsymbol{q}^{\mathrm{T}}\boldsymbol{U}_k\boldsymbol{S}_k^{-1} \tag{5.26}$$

从而，查询与文档之间的相似度将在 k 维潜语义标号空间中度量。

关于 LSI 维度的选取问题，人们进行了专门的研究。[Buch 05]以维数 k 为变量，比较了 LSI 模型和 VSM 对一个特定文档集的建模效果。结果表明，当 k 升至 50 左右时，LSI 模型的的效果已经赶上 VSM。LSI 模型的效果在 k 等于 70 左右达到最大，分类错误率在 VSM 的基础上降低 50%左右。在 k 等于 70 到 100 之间，性能基本保持稳定，超过 100 后，性能开始下降。

5.7.4 声学空间与语义空间的联系

为了实现给出声音获得语义，以及给出语义获得声音这样的双向分析，需要建立声学模型和语义模型之间的映射关系。这种映射关系依赖于训练集合中已知的声音及其语义描述之间的关系。

在声学空间中，假设对于每个训练样本（一段声音）$X_i(i=1,2,\cdots,n)$，都建立了一个GMM(λ_i)，则任意一个GMM对任意一个训练样本都有一个似然度。于是可构成一个$n\times n$的似然度矩阵，以反映声学空间中已知声音之间的相似度的分布。

同理，在语义空间中，对于每个训练样本（声音的描述文档）$d_i(i=1,2,\cdots,n)$，都有一个向量模型$\hat{\boldsymbol{d}}_i$(LSI或VSM)。通过向量内积，这n个向量模型之间也可建立一个$n\times n$的相似度矩阵。

分析发现，语义空间的相似度矩阵是对称的，而声学空间中的似然度矩阵并不一定对称，因为模型i对样本j的似然度不一定等于模型j对样本i的似然度。同时，这两个矩阵中的相似度和似然度都存在归一化的问题。因此，在利用这两个矩阵进行声学空间和语义空间相互映射的方法中，需要先进行矩阵的对称化和归一化。处理之后，两个矩阵的对角线元素均为1，非对角线元素为[0,1]区间的实数。

另外，常将同类样本连续编号，如将汽车引擎的声音、轮船引擎的声音、摩托引擎的声音连续编号，以使似然度矩阵和相似度矩阵沿着对角线出现矩形状高值区域，以便进行分析和处理。

研究发现，上述两个矩阵的数值分布尽管存在一些类似之处，但区别仍是明显的。因此，样本的声学相似性和语义相似性是不宜相互替代的。而分别建立声学→语义和语义→声学的联系是更为适宜的策略[Slan 02]。

建立声学→语义联系的基本原理是计算各已知声学模型相对测试声音的似然度，然后根据似然度最大的已知声音的语义文档来描述该测试声音。

具体地，对于给定的测试声音，按与训练已知声音相同的方法抽取其MFCC特征向量，然后计算各已知声音的GMM生成该MFCC的似然度，将似然度最高的模型所对应的语义文档作为描述该测试声音的素材。

这种基本方法只适于处理与已知声音相对应的单种声音，不适于处理组合声音。但通过对训练集中的声音进行聚类，这个问题也可以得到解决。

在这里，聚类算法的输入是由各GMM(λ_i)产生的各训练样本$X_j(i,j=1,2,\cdots,n)$的似然度所表示的样本之间的相似度。为了使相似度矩阵是对称和元素值归一的，可采用如下似然度向相似度的变换：

$$S_{ij}=\left[\frac{L(X_i\mid\lambda_j)}{L(X_i\mid\lambda_i)}+\frac{L(X_j\mid\lambda_i)}{L(X_j\mid\lambda_j)}\right]/2 \tag{5.27}$$

式中，$L(X_j\mid\lambda_i)$表示模型λ_i产生训练样本X_j的对数似然度。

聚类开始时，将每个训练样本都看作一个单独的类，然后每一步聚类都是将最邻近的两个类合并为一个。当类中有多个样本时，类间距离的计算可以有两种方法，一是“单联(single-linkage)”法，二是“全联(complete-linkage)”法。单联法是取两个类中最近的两个样本之间的距离,而全联法是取两个类中最远的两个样本之间的距离。研究表明,单联法有利于相似声音的聚类,但易导致在类的边缘出现别类样本。相比之下,全联法更适合此处所定义的声音聚类任务。

随着聚类的不断进行,新产生的类包含越来越多的声音。为了防止将不相关的声音聚到一起,需要设置终止条件。一个自动终止条件是类间与类内的差异性之比达到最大。

聚类结束后,对于所产生的层次结构中的所有非叶子节点,利用其中包含的所有声音训练一个 GMM。最终所产生的声学模型为 $n+c$ 个,n 为原始训练声音的数目,c 为除掉叶子节点后所有类的数目。在训练 GMM 时需要注意的一个问题是:不论类中声音的数量多少,都要采用相同分量数的 GMM,以保证 GMM 之间的似然度具有可比性。

有了这些声学模型,下一个任务就是获取测试声音的描述词。通过计算获得对测试声音有最高似然度的类模型后,将与该类相关的语义描述文档用来抽取测试声音的描述词。最简单的抽取方法是采用 unigram 模型,计算描述文档中各个词的出现频率,将出现频率最高的 k 个词抽取出来;也可采用高阶语言模型进行词串的抽取,例如,用 bigram 模型抽取二字词串。

在实际中,还要考虑设立停词列表以防止抽取那些缺少语义的高频功能词。另外,还应设立描述词长度上限,以使抽出的词都具有较高的似然度。如果对测试声音具有最高似然度的是某个叶子类(即单一的训练声音),则对应该音频的描述文档的整体将被用来对测试声音进行描述。

上述方法是利用与测试声音最匹配的一个类的文档对测试声音进行语义描述。还可以采用前 k 个最匹配的类生成描述词,所需的语言模型可采用如下插值法生成。

以 bigram 模型为例,假设在前 k 个最匹配的类中,第 i 个类的声音模型生成测试声音的似然度为 $L(X|\lambda_i)$,bigram 模型为 $P_i(W_m|W_{m-1})$,则插值 bigram 模型为:

$$\hat{P}(W_m \mid W_{m-1}) = \sum_{i=1}^{k} P_i(W_m \mid W_{m-1}) L(X \mid \lambda_i) \tag{5.28}$$

下面讨论如何建立语义→声学的联系。

无论是声音的语义查询还是声音的语义描述,都被映射为语义空间中的一点。查询和描述之间的语义相似度可以通过 LSI 来计算,从而确定哪些描述与查询最相关。这个过程与文本检索完全一致。

建立语义→声学联系的基本假设是:与输入的语义查询最相关的描述所对应的声音最可能是查询结果。与声学→语义检索类似,这里也可以不只反馈最相关的一个描述所对应的声音,而将前 k 个相关的描述所对应的声音(模型)都提取出来,以便通过插值组合等实现更泛化的查询。

上述方法的局限在于不能实现对未标注(即没有描述文档)的声音数据库的语义查询。为此,[Buch 05]提出了两种解决方案:一是利用与语义查询最匹配的已知声学模型 GMM 计算未标注声音的生成似然度,二是直接利用 MFCC 的近似值进行计算。这两种方法都可以被看作文本关键词查询(QBK)和示例查询(QBE)的结合,即先利用 QBK 实现文本语义到标注声音的查询,再利用 QBE 实现标注声音到非标注声音的查询。

首先来看基于 GMM 的查询。设对于一个语义查询,获得了前 k 个最匹配的描述文档所对应的声学模型 $\lambda_1, \lambda_2, \cdots, \lambda_k$,则对于未标注声音数据库的任意样本 X,该语义查询对它的似然度为：

$$L(X)=\sum_{i=1}^{k}L(X\mid\lambda_i)w_i \tag{5.29}$$

这里，$L(X|\lambda_i)$为第 i 个模型生成 X 的似然度，w_i 为语义查询与第 i 个模型所对应的描述文档之间的相似度。

如上所述，在 MFCC 声学空间中，一段声音是一个点分布。那么除了利用 GMM 来估测不同声音之间的相似性外，还可以直接利用各个点分布的质心之间的距离来测定它们之间的相似性。而这样做会比利用 GMM 的方法减少很多计算量。具体地，对于训练集合和未标注集合的每个声音，计算它们各自的 MFCC 均值向量及整个 MFCC 空间的协方差矩阵 $\boldsymbol{\Sigma}$。那么，两个均值向量 $\boldsymbol{x}$ 和 $\boldsymbol{y}$ 之间的相似性可以利用 Mahalanobis 距离来衡量，即

$$d(\boldsymbol{x},\boldsymbol{y})=\sqrt{(\boldsymbol{x}-\boldsymbol{y})^{\mathrm{T}}\boldsymbol{\Sigma}^{-1}(\boldsymbol{x}-\boldsymbol{y})}$$

设一个语义查询的前 k 个最匹配的描述文档所对应的声音的均值向量是 $\boldsymbol{y}_1,\boldsymbol{y}_2,\cdots,\boldsymbol{y}_k$，则该查询与未标注数据库中某声音的加权距离为：

$$D(\boldsymbol{x})=\sum_{i=1}^{k}d(\boldsymbol{x},\boldsymbol{y}_i)w_i \tag{5.30}$$

这里，w_i 的意义与式(5.29)中的相同。

由于这种均值近似不可避免地会引起测度的失真，因此这种方法比基于 GMM 的方法的性能要差。[Buch 05]对某数据库进行的实验表明，这种性能的损失是 40%准确率的下降。尽管如此，在某些应用场合它仍不失为有用的方法。

无论是基于 GMM 还是基于 MFCC 的对未标注声音数据库的查询，返回结果均是按相似度排序的声音。这使得语义→声学查询具有更广泛的应用，而且不必进行大量的人工标注。例如，用户可以通过输入“马蹄声”，将未标注数据库中与马蹄声相似的声音搜索出来。

5.8 音乐检索与生成

5.8.1 概述

非语音音频分析有广泛的应用，音乐检索与生成是其典型代表之一。音乐检索与生成有很大的市场和商业价值，其核心技术在学术界和产业界的共同推动下正在逐渐走向成熟。

哼唱检索是较早出现的音乐检索技术，一些系统已经开始商用。语义检索是一种新兴的音乐检索形式，它采用与上一节介绍的声音—语义双向检索系统相同的原理和方法，具有更加灵活和丰富的功能。

早期的音乐检索采用基于元数据(如歌曲名称、作者等)的方式。音频检索技术发展起来之后，才开始出现基于内容的音乐检索。这项研究主要涉及音乐内容的表示与提取、音乐信号处理、查询与检索模型等方面的问题。伴随着深度学习技术的发展，音乐检索越来越多地融入人工智能元素。

基于人工智能自动生成音乐的技术正在走向应用。随着技术成熟度的迅速提高，这项

技术已引起学术界和产业界的高度关注。由于问题本身具有很高的挑战性,这项技术也为深度学习研究提供了一个重要的对抗性场景。一些前沿技术通过在此场景的应用和适配得到了发展和提高。

音乐自动生成可分为乐谱生成和音频生成两类。乐谱生成也称为自动编曲,虽然在技术实现过程中会涉及音频信号的分析和处理,但其最终的目标是生成音乐符号序列,该技术更具有文本特征而非音频特征。相对而言,音频生成与音频信号处理的关系更加直接,生成的作品直接面向人们的听觉,其质量和艺术水平将被听众的感觉所判断。由于本章重点面向音频分析,所以本节主要介绍音乐自动生成中的音频生成,并将其简称为音乐生成。

5.8.2 音乐特征的表示和提取

为了进行音乐检索与生成,需要对音乐的特征进行表示和提取。音乐特征源自多个方面,主要通过以下概念进行描述。

音高(Pitch):声音的振荡频率。国际标准将440 Hz的声音定为"A"。

音强(Intensity):与振动的幅度(能量)成正比,也叫响度。

音色(Timbre):人们能够感知的与发音器官或器具的物理性质有关的声音特性,独立于音高和音强。

音长(Duration):一个声音持续的时间长度。

和声(Harmony):两个以上的声音按照一定的规则同时发生所形成的组合声音。

节奏(Rhythm):一个声音序列的长短和强弱的变化规律。

旋律(Melody):经过艺术构思而形成的和谐而有节奏的声音结构,也叫"曲调"。

上述基本概念是描述音乐内容的基本元素,在音乐检索领域被称为音乐语言的维度。音乐特征可以利用这些维度的不同组合来表达,例如,音高、音色、和声、节奏、旋律等是描述音乐特点的主要维度。在音乐检索中,最常用的是旋律和节奏。

音乐的表现有创作和表演两种形式。人们会对作曲家创作的乐谱感兴趣,更会对演奏者和演唱者的表演感兴趣。一方面,乐谱仅是音乐作品的筋骨,一个作品经过演奏或演唱才产生有血有肉的艺术表现。另一方面,乐谱又是去除了不同演奏和演唱特征的"纯净"艺术表现。因此,音乐的这两种表现形式都是不可或缺的。

音乐的两种表现形式分别对应几种不同的数字文件格式。通过不同格式的文件所得到的音乐维度也各不相同,因此文件格式的选择对音乐的特征描述有很大影响。现有的音乐文件格式主要有符号格式(Symbolic format)、音频格式(Audio format)和乐器数字接口(Musical Instrument Digital Interface,MIDI)3种。

符号格式文件面向乐谱的表示,主要用于高质量的乐谱显示和打印。音频格式文件用于表示音乐演出的数字化记录。非压缩的音频文件通常基于脉冲编码调制(PCM)技术制作,即通过对音乐表演的模拟信号进行采样、量化和编码获得。常见的音频格式包括CD、AIFF、WAVE和AU等。MP3等格式是经过压缩的音频文件。MIDI是符号和音频两种格式的折衷,主要用于数字乐器之间的数据交换。MIDI文件不仅包含MIDI的信息结构,还包括音调、拍节记号等参数。MIDI是早期互联网上音乐转换和传播的主要格式,随着WAVE、MP3等音频格式的普及应用,这种状况已经发生了根本性的变化。

旋律和节奏是最常用的音乐检索特征,它们的表示方法是一个重要的技术问题。

旋律的表示方法有绝对表示、相对表示和轮廓表示 3 种。绝对法用字符或数字对音符的绝对音高、音长进行表示。相对法用乐曲音高序列中的后一个音符与前一个音符的音高之差作为音高的特征向量,而用音长序列中的后一个音符与前一个音符的音长的比值作为音长的特征向量。轮廓法常用 3 个字符 S(same)、U(up)和 D(down)来表示一段乐曲中当前音符与其前面的音符的相对高低。S 表示音调的重复,U 表示比前面的音调高,D 表示比前面的音调低。

乐曲排除旋律之后的节奏可以简单地得到表示。例如分别用 a, b, c, d, e, f…表示八分之一音符、八分之二音符等,则|555534|5 · 1 · |666646|5 ·(歌曲《同桌的你》节选)便表示为 aaaaaaccaaaaaac。

音乐检索的第一步是从音乐文件中获取所需要的音乐特征。对于不同的音乐形式、格式和维度,存在着不同的处理方法。早期的特征提取主要是针对符号格式的音乐文件,现在的特征提取对象已主要转变为音频格式文件。从不同格式的文件中提取不同维度的特征所采用的方法也不相同。下面对主要的方法进行介绍。

首先讨论旋律的提取。对于符号格式的文件,由于其旋律已经被符号化地表示,所以可以直接进行提取,尤其是对于单调乐谱音乐。对于复调乐谱音乐,如果其中的单调乐谱是相互独立的,也可分别进行旋律的提取。旋律被提取以后,还可以通过切分进行更高效的处理。对于音频格式的文件,获得旋律的关键步骤是提取每一帧声音的音高。帧内音高提取可分别在时域和频域进行。时域的方法有自相关函数法、平均幅度差分法等,频域的方法有和声乘积频谱法、倒谱法等。

人们对音色的感知与音乐信号的频谱构成有关,因此 Fourier 变换是音色分析的常用工具。MFCC 特征在音色表示中也得到了广泛的应用。

节奏是相对而言易于提取的特征。对于绝大多数流行音乐和摇滚音乐采用"节拍跟踪"技术便可完成节奏识别。从信号处理的角度来讲,可以利用信号的幅度包络线的周期变化得到相应的节奏特征。具体地,可以通过计算自相似矩阵或者自相关函数得以实现。

5.8.3 音乐检索系统

音乐检索系统也分为基于关键词的查询(QBK)和基于示例的查询(QBE)两种。QBK 系统通过输入文本关键词进行检索。这种方式对利用元数据的检索和对符号格式文件的检索比较容易实现,但对音频文件的非元数据检索来说具有挑战性。[Turn 07]提出了一种基于语义描述的查询(Query by Semantic Description,QBSD),选用了 6 大类 150 多个能够形容音乐特征的语义词汇作为查询词,为 QBK 式音乐检索的发展开辟了新的方向。在 QBE 方式下,由用户输入某段乐曲(通常是乐曲片段)的示例,系统返回查询结果。QBE 的典型代表是哼唱检索(Query By Humming,QBH)。

QBH 通过接收用户哼唱的一段歌曲或乐曲片段来对数据库中的音乐进行检索,是一种通过声学信号来查询声学文档的检索。尽管一个音乐可以从多个方面进行描述,但是它的旋律是最显著的特征。哼唱一段旋律或曲调来查询音乐是一种十分自然的检索方式,用户易于理解和掌握,系统接口也易于实现,这是 QBH 能够率先得到实际应用的重要原因。

对于人类来说，辨别一段旋律属于哪首歌曲或乐曲并不困难。但是将这种功能赋予机器却面临着一系列的挑战，主要包括：如何从音乐文档和哼唱查询中抽取旋律、节奏等关键特征，以便对它们进行表达；如何对音乐文档和查询之间的相似度进行计算，以给出一个按适当顺序排列的检索结果；如何对用户不准确的哼唱进行"容错"，以提高系统的鲁棒性；如何提高计算效率，以使系统以亚秒的速度完成一个查询对万首规模音乐文档的匹配等。

哼唱检索引起了世界各国研究者的兴趣，促使多种多样的系统相继问世[Raju 03]。例如，新西兰人开发的 MELDEX 是一个面向 10 000 首民间流行歌曲的系统，它采用 3 级音高轮廓和节奏信息来表示旋律，利用哼唱的前 20 个音符进行动态规划查询。德国人开发的 Tunesever 是一个面向 10 000 首经典音乐，100 首流行音乐，15 000 首民间歌曲和 100 首国歌的系统，它采用 3 级音高轮廓来表示旋律，用口哨进行查询。德国人开发的另一个系统名叫 MiDiLib，它的检索对象是 2 000 个 MIDI 文档，采用大于 3 级的音高加节奏的方式来表示旋律，利用"最大公共子序列"的算法进行匹配，口哨输入方式进行查询。

QBH 系统的核心问题主要包括查询信号及被查询音乐的特征(通常为旋律和节奏)表达、音乐文档的索引以及查询与索引的匹配等。下面对解决这几个问题的方法进行介绍[Raju 03]。

如上所述，音乐的基本属性包括旋律、节奏、速度、强弱、音色、歌词等。其中，旋律和节奏是最有区分性的特征。旋律由一串音符的音高及其长短的变化来表现，而音高是通过声音的频率变化来表现的。人们在音乐中所能感受到的不仅是各个音符的音高，还有由它们在时间和力度上的排列所形成的节奏。

尽管一个音高的时间序列可以给出一个旋律的描述，但并不意味着不同的音高序列一定是不同的旋律。例如，一首歌可以用不同的调唱，男女声合唱时通常差一个八度等。这说明音高的整体迁移并不影响人们对旋律的识别。因此，与一串音符的绝对音高相比，音符之间的频率差是更具实质意义的音乐特征。这种音高的相对变化被称为音高轮廓，它提供了一种变调不变的旋律特征。除了音高轮廓，另一个确定旋律的维度是节奏。

根据这些原则，人们提出了多种旋律表示方法。例如，用 3 级或 5 级音高轮廓线表示旋律。在 3 级表示中，采用 U/D/S 3 种符号分别表示音高的上升、下降和不变。在 5 级表示中，分别用＋＋/＋/0/－/－－5 种符号表示音高的显著上升、上升、不变、下降和显著下降。有些方法在音高轮廓线的基础上加上每个音符的长度，也有一些方法将音高映射到 C4 到 B4 的 8 度区间，用绝对音高表示旋律。从应用情况看，出于简单性和对非精确查询的鲁棒性的考虑，不含节奏的 3 级音高轮廓线表示法应用得较多。在提取旋律时，查询信号或音乐文档信号首先被分割为不同的音符，然后给每个音符赋予一个用频率表示的音高，最后通过比较相邻音符的音高，获得信号的 U/D/S 序列。

按照上述方法，被查询的数字化音乐文档的旋律提取并不困难。但是由于用户哼唱中经常出现不准确的地方，因此查询信号的旋律提取是一个有难度的问题。有些系统为了便于音符分割，要求用户按限定的方式输入查询，例如有的系统要求用口哨输入，有的系统要求用"da"或"ta"音输入。这样做的目的是降低辅音处的能量，以使音符分割相对容易一些。

声学信号的音高提取有多种方法，其中时域的自相关函数法因其简单快速得到了普遍的应用。设 $s_i(i=1,2,\cdots,L)$ 为采集的一个声学信号序列，则该信号的自相关函数为：

$$R(\tau) = \sum_{i=1}^{L} s_i s_{i+\tau}$$

应用自相关函数提取音高的原理是它在基频的整数倍处存在较大的峰值。

音高提取出来后，为其赋予音符似乎是件简单的事情，但在实际中却存在一些困难。一个主要问题是，一个没有经过训练的用户常常在同一个音符的时间内明显地改变音高。因此，提取出音高后需要对其进行平滑才能向音符映射。一个有效的方法是利用一个音符长度之内的50%～80%范围内的音高的平均值。

被检索音乐文档的索引问题也是一个关键。一般的方法是对音乐中容易被人记住的多个特色段落的旋律建立索引。提取旋律时，复调、打击乐的干扰等问题需要采取专门的技术来克服。旋律的表示方法应与对查询的旋律的表示方法一致。

如上所述，用户的查询常常是不准确的。因此不能要求从查询中提取的旋律与目标文档索引中的旋律精确匹配。查询的不准确问题可归纳为 3 种类型：1) 增添音符（插入错误）；2) 用不同的音符替代（替代错误）；3) 丢失音符（删除错误）。为了弱化这几类错误的影响，查询与索引的匹配要采用模糊而有弹性的方法。基于动态规划计算两个音乐序列的最小编辑距离（edit distance）是一种经典的方法。编辑距离越小，说明两个序列匹配得越好，距离为 0，表示两个序列实现了精确匹配。

针对 3 级音高轮廓线旋律表示，[Raju 03]提出了一种递归式音高轮廓线间最小编辑距离计算方法，为理解和设计此类算法提供了参考。

设旋律 A 和 B 的音高轮廓线分别为$(a_1,a_2,\cdots,a_m)$和$(b_1,b_2,\cdots,b_n)$，则 A 和 B 的子串$(a_1,a_2,\cdots,a_i)$和$(b_1,b_2,\cdots,b_j)$之间的最小编辑距离为：

$$d_{i,j}=\min\left\{\begin{array}{c} d_{i-1,j}+w(a_i,0) \\ d_{i-1,j-1}+w(a_i,b_j) \\ d_{i,j-1}+w(0,b_j) \end{array}\right\} \tag{5.31}$$

初始值为：

$$\begin{aligned} &d_{0,0}=0 \\ &d_{i,0}=d_{i-1,0}+w(a_i,0) \\ &d_{0,j}=d_{0,j-1}+w(0,b_j) \end{aligned} \tag{5.32}$$

这里，$w(a_i,0)$为 a_i 的删除错误权重，$w(0,b_j)$为 b_j 的插入错误权重，$w(a_i,b_j)a_i$ 为被 b_j 替换的权重。简单情况下，设 $w(a_i,0)$和 $w(0,b_j)$为 1，当 a_i 与 b_j 相同时 $w(a_i,b_j)$为 0，否则为 1，即设插入、删除、替代错误的权重均为 1。

用户接口设计也是哼唱检索系统需要研究的一个重要问题，包括用户查询如何提交，以及检索结果如何反馈。用户查询的提交可有两种选择。一种是在客户端录制用户的查询，将其传到服务器后进行旋律提取。另一种是在客户端完成旋律提取，只向服务器提交表示旋律的字符序列。前一种方法有利于简化客户端程序，甚至可以不用开发专用的程序，但增加了服务器的开销。后一种方法需要开发专门的客户端程序，但可以有效地减轻服务器的负担。

检索结果按照匹配度从高到低的顺序进行反馈。为了提高用户的感受度，应当设置匹配度阈值，以防止反馈与用户查询无关的结果。

在用户不便提供声音样例的时候，哼唱检索等基于示例的音乐检索无法提供服务。另外,用户也有通过文本的语义描述来检索音乐的需求,例如,查询"摇滚风格的男声歌曲""吉他弹奏的乡村音乐"等。[Turn 07]对这个问题进行了开创性的研究,在数据库 CAL500(Computer Audition Lab 500-Song)的基础上,实现了一个基于语义描述的音乐自动标注及检索系统。

CAL500 包含 500 首不同年代(时间跨度为 50 年)、不同风格的西方流行歌曲,每首歌曲至少得到了 3 个人的标注。标注方法是让标注者在收听歌曲的同时回答统一设计的问卷。问卷让标注者使用备选的词汇用打钩的方式对歌曲的风格、情感、乐器、音质等多个方面进行描述。问卷中包含的备选描述词共有 237 个,标注完成后,只取了 159 个至少被使用了 8 次的描述词,这 159 个描述词便构成了 CAL500 的词汇表和它的语义空间。

[Turn 07]借鉴[Carn 07]提出的有监督的多类标注(SML)(参见 4.4.3 小节)来解决基于语义描述的音乐标注及检索问题。将 CAL500 的词汇表中的每个词作为一个类,通过包含该词的歌曲的音频特征数据(特征向量集)来学习类模型,即该词条件下的音频特征分布函数(用 GMM 描述)。基于所获得的对应每个词的类模型,利用 Bayes 公式可求出在一首新歌的条件下各个词的后验概率,根据这个概率来决定标注新歌的词。另外,根据数据库中每首歌的标注词及其权重,可获得歌曲在语义空间的特征向量,计算该向量与语义查询特征向量之间的相似度,便可实现对库中歌曲的语义检索。图 5.10 展示了这一系统的整体结构。

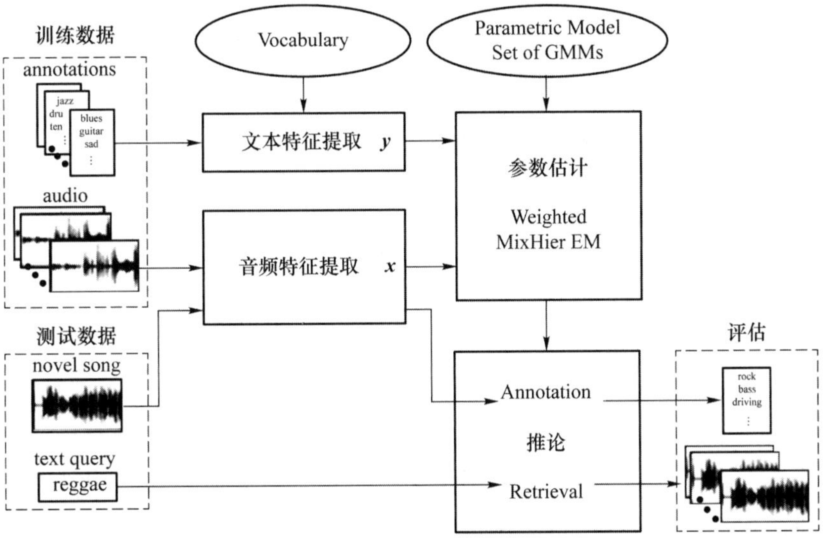

图 5.10 基于 SML 的音乐标注及检索系统

下面对该系统模型进行具体介绍。用集合 $V=\{w_1,\cdots,w_{|V|}\}$ 表示词汇表,即词汇表中包含 $|V|$ 个描述音乐特征的语义词,如"喜悦(happy)""蓝调(blues)""电吉他(electric guitar)""假声(falsetto)"等。标注的过程被定义为寻找一个词的集合 $A=\{a_1,\cdots,a_i,\cdots,a_{|A|}\}$,$a_i\in V$,来描述一首新的歌曲 s_q。检索的过程被定义为给定一个查询词的集合 $Q=\{q_1,\cdots,q_i,\cdots,q_{|Q|}\}$,$q_i\in V$,按相关度由高到低的顺序排列 r 个歌曲 $S=\{s_1,\cdots,s_r\}$。

歌曲的文本描述为其标注向量 $\mathbf{y}=(y_1,\cdots,y_i,\cdots,y_{|V|})$。如果语义词 w_i 与被标注的歌曲有联系,则 $0<y_i\leqslant 1$,否则 $y_i=0$。y_i 被称为语义权重,用来表示语义词与歌曲之间

的联系强度。值得注意的是语义权重是[0,1]范围内的实数值,而非在图像标注中所采用的二值化的{0,1}。语义权重取实数值的好处是可以表示语义词与歌曲之间不同的联系强度,以对应人们对同一首歌的不同感受。在下文中将看到一首歌曲的文本标注向量被定义为该歌曲在语义空间中的概率分布。

一首歌的音频内容用向量集合 $X=\{\boldsymbol{x}_1,\cdots,\boldsymbol{x}_i,\cdots,\boldsymbol{x}_T\}$ 表示,其中 $\boldsymbol{x}_i$ 为从歌曲的第 i 帧中抽取的特征向量(MFCCs),T 取决于歌曲的长度。于是,系统的数据集 $D=\{(\boldsymbol{x}_1,\boldsymbol{y}_1),\cdots,(\boldsymbol{x}_D,\boldsymbol{y}_D)\}$ 便是歌曲的特征向量及其所对应的标注的集合。

歌曲标注可被看作一个多类多标签分类问题。在这里,词汇表中的每个语义词被看作一个类,一首歌的标签是词汇表的一个子集。

系统根据相对歌曲特征的词模型的似然度 $P(X|w_i)$,$w_i\in V$ 来计算标注词。根据 Bayes 准则,给定一个歌曲的特征向量集合 $X=\{\boldsymbol{x}_1,\cdots,\boldsymbol{x}_T\}$,每个语义词的后验概率

$$P(w_i|X)=\frac{P(X|w_i)P(w_i)}{P(X)} \tag{5.33}$$

这里 $P(w_i)$ 为词 w_i 在标注中出现的先验概率。假设 X 中的特征向量相互独立,则

$$P(w_i \mid X) = \frac{\prod_{t=1}^{T} P(\boldsymbol{x}_t \mid w_i)P(w_i)}{P(X)} \tag{5.34}$$

上述朴素 Bayes 假设意味着在给定 w_i 的条件下,歌曲的特征向量之间在时序上无关。这种假设通常并不成立,但是由于计算复杂度及数据稀疏性等问题的约束,对特征向量之间时序上的相互作用进行建模并不可取,因而,朴素 Bayes 假设是实际的选择。进一步假设所有的语义词在标注中出现的概率均等,即 $P(w_i)=1/|V|$,并且将 $P(X)$ 表示为 $\sum_{j=1}^{|V|}P(X \mid w_j)P(w_j)$,则

$$P(w_i \mid X) = \frac{\prod_{t=1}^{T} P(\boldsymbol{x}_t \mid w_i)}{\sum_{j=1}^{|V|}\prod_{t=1}^{T} P(\boldsymbol{x}_t \mid w_j)} \tag{5.35}$$

这里,基于语义词的先验概率均等假设,分子和分母同时出现了因子 $1/|V|$,因而得到了化简。

利用式(5.35),可以为给定的歌曲计算其生成各个语义词的概率,从而形成一个包含 $|V|$ 个元素的后验概率向量 $\boldsymbol{p}=(p_1,\cdots,p_i,\cdots,p_{|V|})$,其中 $p_i=P(w_i|X)$,并且 $\sum_i p_i = 1$。将 $\boldsymbol{p}$ 称为给定歌曲的语义分布,并将它作为对歌曲进行语义标注的根据,具体标注方法可以是选取 $\boldsymbol{p}$ 中概率最大的 n 个元素所对应的语义词,或超过阈值的元素所对应的语义词。

系统中可被检索的歌曲首先要通过人工或上述自动的方法进行标注。用户输入了一个查询后,系统将其转换为查询向量 $\boldsymbol{q}=\{q_1,\cdots,q_i,\cdots,q_{|V|}\}$,如果 w_i 在查询中出现 $q_i=C$,$0<C\leqslant 1$,否则 $q_i=\varepsilon$,$0<\varepsilon\ll 1$。然后对 $\boldsymbol{q}$ 进行归一化,使其元素值的总和为1。在[Turn 07]的系统中,设 C 为1,ε 为 10^{-6}。作为选择,C 也可以不按常数来设定,而是根据查询词在整个查询的位置来设定,因为先输入的词应赋予更大的权重。

获得了查询向量后,根据它与各语义分布向量的 KL 距离对数据库中的歌曲进行排序。

查询 $\boldsymbol{q}$ 与语义分布 $\boldsymbol{p}$ 的 KL 距离被定义为：

$$\mathrm{KL}(\boldsymbol{q}\|\boldsymbol{p}) = \sum_{i=1}^{|V|} q_i \lg \frac{q_i}{p_i} \tag{5.36}$$

这里，将查询的分布作为“真实”分布。在查询中没有出现的语义词所对应的项可以不包括在式(5.36)的计算中，以减少检索时的计算量，使系统具有更好的可扩充性。

在上述模型中，词条件分布 $P(X|w_i)$ 是核心元素，它的参数估计需要通过机器学习的方法完成。此外，训练样本的采集以及特征抽取也是系统的基础问题，需要妥善解决。下面对涉及这些问题的技术细节进行介绍。

$P(X|w_i)$ 通过所有与 w_i 有联系(语义分布向量中第 i 个元素值大于 0)的歌曲的特征向量来学习，并由包含 R 个分量的 GMM 来建模，即

$$P(\boldsymbol{x} \mid w_i) = \sum_{r=1}^{R} \pi_r N(\boldsymbol{x} \mid \boldsymbol{\mu}_r, \boldsymbol{\Sigma}_r) \tag{5.37}$$

这里 $\sum_r \pi_r = 1$ 表示混合分量的权重，$N(\cdot|\boldsymbol{\mu},\boldsymbol{\Sigma})$ 表示均值向量为 $\boldsymbol{\mu}$，协方差矩阵为 $\boldsymbol{\Sigma}$ 的多变量高斯分布。在系统中，只考虑对角形协方差矩阵的情况，因为采用满阵会引起过拟合，采用单一标量值又得不到足够的推广性能，对角形协方差矩阵是二者的折衷。

[Carn 07]提出了一种混合层次结构估计(Mixture Hierarchies Estimation，MHE)来学习 SML 模型，并验证了这种方法在图像的多类多标签语义建模中优于直接估计和模型平均估计两种方法。[Turn 07]通过实验也验证了 MHE 对音乐的多类多标签语义建模的有效性。

在[Carn 07]中，对图像的语义标注由一个二值的向量表示，一个语义对一幅图像来说要么完全相关，要么完全不相关。这种表示或许对于图像是适宜的，因为图像中包含的语义是比较客观的。例如一幅图像中是否有“熊猫”是个客观的事实，无论谁看结果都应该一样。但对于音乐来说，这种表示却是不太适宜的，因为音乐中包含什么语义是一个比较主观的问题。两个人听了同一首歌，对它的风格可能有不同的判断，也可能产生不同的情绪反应。即使是比较客观的问题，例如，音乐中是否包含某种乐器的伴奏，不同的人可能也会有不同的结论。因此，[Turn 07]认为实数值的向量更适合对音乐进行语义标注，因为它可以表达代表多个标注者一致程度的音乐与语义的联系强度。为了使 MHE 能够处理实数的语义向量，[Turn 07]将其扩充为一种加权的 MHE 算法。

给出数据集 $D=\{(X_1,\boldsymbol{y}_1),\cdots,(X_D,\boldsymbol{y}_D)\}$，则利用每首歌的特征向量集，可以获得 $|D|$ 个 K 分量 GMM 分布，每个分布对应一首歌。在此基础上，语义词 w_i 的 GMM 可以利用如下的扩充 EM 算法获得。

E 步：计算 w_i 的 GMM 的分量 r 生成歌曲 d 的 GMM 的分量 k 的概率，则

$$h^r_{(d),k} = \frac{[\boldsymbol{y}_d]_i \left[N(\boldsymbol{\mu}_k^{(d)} \mid \boldsymbol{\mu}_r, \boldsymbol{\Sigma}_r)\mathrm{e}^{-\frac{1}{2}\mathrm{tr}\{(\boldsymbol{\Sigma}_r)^{-1}\boldsymbol{\Sigma}_k^{(d)}\}}\right]^{\pi_k^{(d)}M}\pi_r}{\sum_l \left[N(\boldsymbol{\mu}_k^{(d)} \mid \boldsymbol{\mu}_l, \boldsymbol{\Sigma}_l)\mathrm{e}^{-\frac{1}{2}\mathrm{tr}\{(\boldsymbol{\Sigma}_l)^{-1}\boldsymbol{\Sigma}_k^{(d)}\}}\right]^{\pi_k^{(d)}M}\pi_l}$$

这里，M 为事先定义的一个参数，在实际中可令其等于 K，以使 $E[\pi_k^{(d)}M]=1$。

M 步：更新 w_i 的 GMM 的参数，则

$$\pi_r^{\mathrm{new}} = \frac{\sum_{(d),k} h^r_{(d),k}}{W \cdot K}, \quad W = \sum_{d=1}^{|D|} [\boldsymbol{y}_d]_i$$

$$\boldsymbol{\mu}_r^{\text{new}} = \sum_{(d),k} z^r_{(d),k} \boldsymbol{\mu}_k^{(d)}, \quad z^r_{(d),k} = \frac{h^r_{(d),k}\pi_k^{(d)}}{\sum_{(d),k} h^r_{(d),k}\pi_k^{(d)}}$$

$$\boldsymbol{\Sigma}_r^{\text{new}} = \sum_{(d),k} z^r_{(d),k}\left[\boldsymbol{\Sigma}_k^{(d)} + (\boldsymbol{\mu}_k^{(d)} - \boldsymbol{\mu}_t)(\boldsymbol{\mu}_k^{(d)} - \boldsymbol{\mu}_t)^{\mathrm{T}}\right]$$

从生成的观点来看，一首歌的特征分布是由对词条件分布的各个混合分量的取样产生的。而所观察到的歌曲的音频特征可以看作对该歌曲特征分布的一个取样。

CAL500 中对歌曲语义和音频特征的表示还包含如下技术细节。

为了应对标注者判定音乐语义时存在的主观性问题，每首歌都由多人标注。每份调查表采集一个人对一首歌的评价。调查表中包含 135 个与音乐有关的概念，这些概念分属 6 个不同的领域，其中包括 29 种乐器名称，22 个表示歌唱特色的概念，36 种音乐风格，18 种情绪，15 种表示歌曲自身特色和录音质量的概念，15 个标注时有用的词汇。通过将所有双极性的概念映射成两个词，如将“Energy-level”映射为“Low-energy”和“High-energy”，上述 135 个概念变成了 237 个词。经过对标注结果的统计发现，有些词很少被使用。将这些词删除后，最终保留 159 个词。

经过处理，将每份调查表变成一个包含 159 个元素的标注向量，每个元素对应一个语义词，元素值为$\{+1,-1,0\}$中的任意一个。认为标注的歌曲与对应的语义词有关则为+1，认为无关则为−1，不确定则为 0。将所有人对同一首歌的标注合并为一个语义向量 $\boldsymbol{y}$，以便用各个语义词的平均标注值表示歌曲的语义。$\boldsymbol{y}$ 中各元素的计算公式如下：

$$[\boldsymbol{y}]_i = \max\left(0, \frac{1}{N}\sum_{j=1}^{N} v_{ij}\right) \tag{5.38}$$

式中 N 为标注的人数，v_{ij} 为第 j 个人对第 i 个语义词的标注值。

例如，对于一首歌与语义词 w_i 之间的联系，如果有 4 个标注者分别给出+1，+1，0，−1 的标注结果，则$[\boldsymbol{y}]_i = 1/4$。注意，式(5.38)使 $\boldsymbol{y}$ 的元素值限定在$[0,1]$的范围之内。

歌曲的音频特征采用 Delta 倒谱特征向量表示。具体地，采用二分之一重叠的 12 ms 滑动时间窗抽取 13 维 MFCC 特征及其一阶和二阶差分，形成 39 维的特征。于是，1 分钟的音频信号将产生 10 000 个 39 维的特征向量。由于 SML 模型忽略相邻特征向量之间的时序依赖关系，因此可以用随机降采样的方法减少系统的计算量。[Turn 07]发现，在 3～4 分钟的一首歌曲用 10 000 个特征向量表示的条件下，系统的总体性能基本没有改变。

5.8.4 音乐生成

音乐生成属于计算机音频生成技术，与语音合成或称文本语音转换(TTS)同属一个领域。然而，相对语音而言，音乐具有更多的描述维度和更高的艺术特性，其自动生成的难度也因此显著加大。当前，语音合成技术已经十分成熟，并被广泛地应用于各类场景，而音乐生成尚处于研究开发阶段。

音乐生成的研究已有 60 多年的历史。早期的技术局限于单一乐器的音乐生成，如钢琴音乐。类似于语音合成，波形拼接曾一度作为主流方法被采用。自深度学习算法被广泛应用以来，音乐生成技术得到了迅速的发展。模拟特定歌手声音的数字声码器、模拟不同乐器音色的合成器等技术日臻成熟。这些技术分别解决了音乐生成特定方面的问题，即旋律、作曲、音色、歌声等，但由一个系统统一解决这些问题，实现集成性的音乐生成尚处于研究阶段。

近期，深度生成模型在图像领域获得了巨大的成功，其所生成的图像质量已经十分逼真。这也有力地带动了基于深度生成模型的音乐集成生成的研究，使相关的技术水平得到了迅速的提升。在这项技术的研究中，AI巨头企业和组织发挥着引领作用，其间的技术竞争也十分激烈。2019年，谷歌AI发表了GANSynth[Enge 19]，基于生成对抗网络(GAN)实现了一个音乐生成系统。为了既能捕获音乐中的全局结构(这是传统的GAN模型所擅长的)，又能捕获音乐中精细波形的连贯性等局部结构，GANSynth在谱域以充足的频率分辨率进行对数幅度和瞬时频率建模。这项研究证实了GAN模型在音乐生成中的有效性，该模型成为除自回归模型(autoregressive model)之外的可选技术。

WaveNet的广泛影响使自回归模型成为音乐生成的主流模型。WaveNet的优点是善于捕获音乐中的局部结构，有利于生成保真性高的音乐片段，缺点是迭代采样速度较慢，不善于捕获音乐的全局结构。2020年，OpenAI发布了JukeBox[Dhar 20]，基于矢量量化变分自动编码器VQ-VAE结合自回归Transformer实现了一个更高水平的音乐生成系统。该系统的训练过程分为两个步骤：第一步由VQ-VAE将原始训练音频压缩到离散编码特征空间，第二步由Transformer对训练音频在特征空间的概率分布进行自回归建模。音乐生成的过程仅是训练完成的Transformer的取样过程。这种组合模型能够成功地捕获音乐的旋律、节奏、长程结构和各种乐器的音色，使得JukeBox能够生成摇滚、爵士等多种风格的高保真连贯歌曲，长度可达几分钟。歌曲生成时，可以通过指定艺术家及演唱风格来约束音乐风格和声音特征，还可以通过歌词对演唱进行更多的控制。JukeBox的发布，标志着音乐生成的技术水平有了重要突破，已经迈入了实用的门槛。下面以JukeBox为例对基于深度学习的音乐生成的技术原理进行介绍和讲解，对系统的性能和效果进行讨论。

在原始音频域，音乐被表示为波形的离散样本序列：$x\in[-1, 1]^T$，这里，样本数T是采样率和音频持续时间的乘积。采样率一般在16 kHz至48 kHz之间，CD质量的音频采样率为44.1 kHz，样本精度为16 bit。于是，假如欲处理的音频为4分钟，就意味着要处理约1 000万个16位精度的数据。由此可见，利用训练样本建立能够捕获音乐中丰富多彩的旋律、节奏、音色、连贯性等特征的生成模型是一个极其消耗计算量的任务。

为了使这一任务得以实现，必须采取有效的数据压缩手段，VQ-VAE是当下流行的选择。VQ-VAE较多地用于图像领域，用于音频时采用一维形式，即模型中的卷积、膨胀卷积、残差网络等均为一维运算。WaveNet模型训练一组一维VQ-VAE，使其将输入序列$x=\{\boldsymbol{x}_1,\cdots,\boldsymbol{x}_T\}$编码为一组标号序列$z=\{\boldsymbol{z}_1,\cdots,\boldsymbol{z}_S\}$。这里，比率$T/S$被称为跳幅(hop length)。每个一维VQ-VAE由一个编码器$E(\boldsymbol{x})$、瓶颈量化器和解码器$D(\boldsymbol{e})$组成。编码器$E(\boldsymbol{x})$将输入音频映射为隐变量序列$h=\{\boldsymbol{h}_1,\cdots,\boldsymbol{h}_S\}$，瓶颈量化器将各隐变量$h_s$映射到其最邻近的码字$\boldsymbol{e}_{z_s}$，解码器$D(\boldsymbol{e})$将码字还原为音频。原理上，这是一个带有瓶颈量化的自编码器结构，其训练目标除了使重建损失最小之外，还要加上量化损失最小。

JukeBox采用三级VQ-VAE对原始音频进行编码压缩，三级编码器的码本数量相同，但压缩比自高向低逐级下降。压缩比通过跳幅控制，顶级为 128，二级为 32，三级为 8。这意味着顶级编码器易于捕获长距结构或全局结构，三级编码器易于捕获短距结构或微观结构，二级编码器的特征介于二者之间。图 5.11 为 JukeBox 的三级 VQ-VAE 原理示意图。

图 5.11 彩图

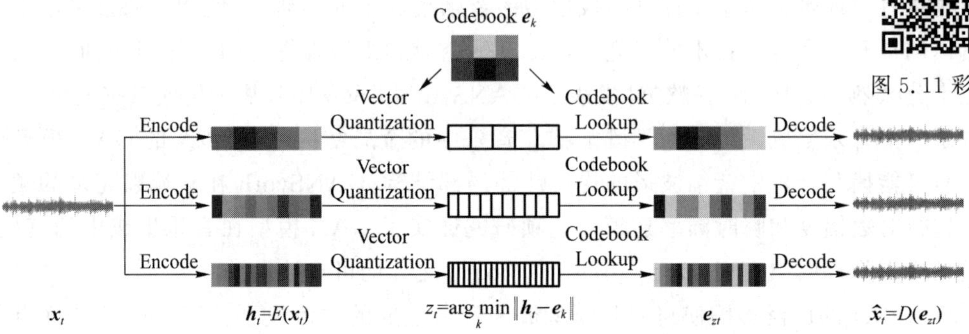

图 5.11　JukeBox 的三级 VQ-VAE 原理示意图

如图 5.11 所示，三级 VQ-VAE 以不同的时间精度（与跳幅成反比，跳幅越大，精度越低）独立工作。每个 VQ-VAE 将输入音频按时间精度分割为信号片段 $\boldsymbol{x}_t$ 后进行编码，以获得隐变量 $\boldsymbol{h}_t$。$\boldsymbol{h}_t$ 被量化为码本向量 $\boldsymbol{e}_{zt}$，$\boldsymbol{e}_{zt}$ 的索引 z_t 便是输入音频在时刻 t 的离散表示。输入音频各个时刻的离散表示 z_t 将被用于训练音乐生成模型中的先验模型。解码器将码本向量序列重建为音频。通过重建音频相对输入音频的误差以及码本向量相对隐变量的误差获得训练 VQ-VAE 的损失函数。三级解码器以不同的抽象度工作，最下级的解码器将输出最高质量的音频。需要说明的是，VQ-VAE 中的解码器是训练 VQ-VAE 不可缺少的部件，但在训练完成后只有最下级的解码器将被用于生成音乐，其他两级的解码器将不再被利用。

为了成功训练上述 VQ-VAE 模型，JukeBox 采用了若干关键技术。其一是对码本向量进行随机重启动，以防止出现码本坍塌（codebook collapse）。所谓码本坍塌是指在量化时所有隐变量被映射到一个或者少数码本向量，而其他的码本向量得不到利用。这种现象会严重降低瓶颈量化器的信息容量，必须加以预防。JukeBox 的随机重启动机制是：当某个码本向量的利用频度降到所定阈值之下时，便将其重置为编码器从当前输入音频中所获得的任意一个输出。这一机制可保证所有码本向量都得到利用，并基于这样的码本学习训练模型所需的梯度。

另一关键技术是加入频谱损失函数以提高模型对音频的保真性。若只利用样本级重建损失，VQ-VAE 将主要学习对低频的重建。加入频谱损失后，可以使模型在关注低频的同时也关注中频和高频的重建。频谱损失定义为：$L_{\text{spec}}=\| |\text{STFT}(\boldsymbol{x})|-|\text{STFT}(\hat{\boldsymbol{x}})| \|^2$，其中 STFT 表示短时傅氏变换。需要指出的是，这一频谱损失被定义在 STFT 各参数上求总和，而非针对特定参数。这样做的目的是防止模型过拟合于特定参数。

VQ-VAE 模型训练完成之后，需要学习音乐在编码空间的先验生成模型 p($\boldsymbol{z}$)。JukeBox 将 $p(\boldsymbol{z})$ 进行层级分解，使其成为一个顶级先验模型 $p(\boldsymbol{z}^{\text{top}})$ 和两个上采样模型

$p(z^{middle}|z^{top})$和 $p(z^{bottom}|z^{middle}, z^{top})$的乘积,即

$$p(z)=p(z^{top}, z^{middel}, z^{bottom})$$
$$=p(z^{top})\ p(z^{middle}|z^{top})\ p(z^{bottom}|z^{middle}, z^{top})$$

$p(z^{top})$、$p(z^{middle}|z^{top})$和 $p(z^{bottom}|z^{middle}, z^{top})$均为在 VQ-VAE 产生的编码空间的自回归建模问题。JukeBox 提出了一种可伸缩 Transformer 来解决这一问题。可伸缩 Transformer 是对稀疏注意 Transformer 的简化版本,具有易于实现和易于伸缩的优点。

与用于顶级先验模型的 Transformer 不同,用于上采样模型的 Transformer 还需要接收来自上层模型的编码作为条件信息。但各层 Transformer 的离散编码语境长度保持相同,这使得层的等级越高(跳幅越大)所对应的音频越长,可对越长的时序依赖进行建模。这也使得各层模型之间具有相同的计算模型和轨迹,意味着同一模型可以通过调整跳幅来处理任意长度的音频。

在训练 $p(z^{top})$、$p(z^{middle}|z^{top})$和 $p(z^{bottom}|z^{middle}, z^{top})$的 Transformer 模型时,还将流派、歌手、时间、歌词等作为条件信息加以利用。将流派和歌手信息加入模型训练既可以降低音频预测时的熵,从而使模型在约束条件下获得更高的质量,也可以使音乐生成能够在所选风格的约束下进行。将每段音频的时间信号加入训练之中可使模型更易于捕获表现音乐总体结构的音频模式。时间信号包括音频片段的时长、起始时间、歌曲已完成的比例等。

将歌词信息加入模型训练极为关键。尽管加入流派、歌手、时间等信息后模型可以生成令人印象深刻的旋律,但声音多含混不清,词汇难以辨别。加入与音频相对应的歌词进行训练后,效果得到明显的改善。实现这个改进的难度是:所提供的歌词信息并不包含时间和发音信息,而仅是各首歌的歌词。这意味着这类歌词演唱(Lyrics to Singing,LTS)任务需要对歌词与歌声的时间对齐、艺术家的声音以及取决于音高、旋律和流派的乐句唱法的多样性进行建模。作为条件,对训练音频所提供的歌词却是非精确数据,常常包含音频与歌词之间不匹配的内容,而且音频中的领唱、伴唱、背景音乐无法分离。这使得 LTS 任务的难度远远大于文本语音转换任务。

为应对上述挑战,JukeBox 将音频分割为长度为 24 秒的片段来进行训练。为了提供对应各片段的歌词,首先采用简单线性对齐的方法将一首歌的歌词对应到整个音频,然后利用一个足够大的窗口提取对应各个片段的歌词,以使对应音频片段的歌词能够大概率地出现在窗口内。这种方法虽然简单,但却很有效,只是对快节奏歌词的歌曲流派,如嘻哈(hip-hop)音乐效果不佳。对于这类音乐,歌词对齐需要更复杂的技术。例如,先通过专用软件从音频中提取元音,然后利用所提取的元音与歌词进行词级对齐。

歌词条件的建模采用编码器-解码器模型。基于 Transformor 模型的编码器从歌词中提取特征,基于注意力机制的解码器对编码器提取的歌词特征给予注意,生成顶级的音乐编码符号 z^{top}。

JukeBox 将上述先验生成模型 $p(z)$、条件信息模型和第三级 VQ-VAE 的解码器组合构成音乐生成器,其原理如图 5.12 所示。

图中,灰色框表示 $p(z)$,由 $p(z^{top})$、$p(z^{middle}|z^{top})$和 $p(z^{bottom}|z^{middle}, z^{top})$ 3 个模型级联

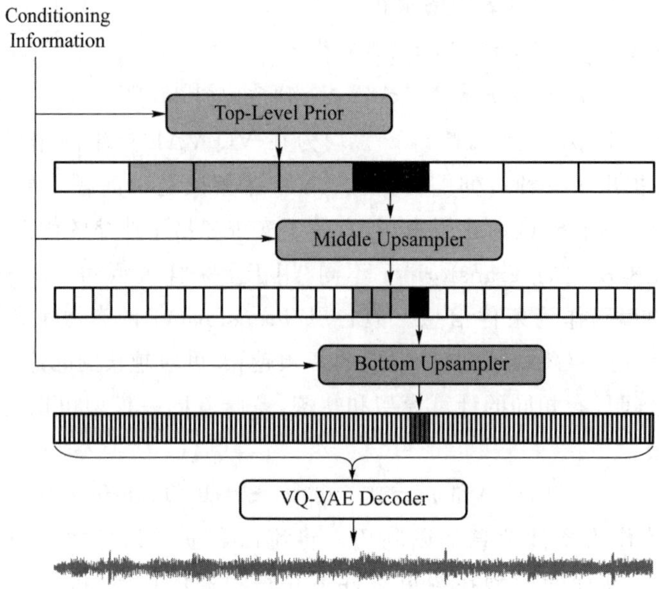

图 5.12　JukeBox 音乐生成器的原理

构成。$p(z^{\text{top}})$为 VQ-VAE 编码空间码字分布的顶层先验，$p(z^{\text{middle}}|z^{\text{top}})$为中层上采样模型，$p(z^{\text{bottom}}|z^{\text{middle}}, z^{\text{top}})$为底层上采样模型，三者均采用自回归 Transformer 模型，基于输入音频各个时刻码字的离散标号分布进行训练。每个采样模型都将来自流派、歌手、时间、歌词等模型的信息作为条件信息，上采样模型还将上层输出的编码作为条件信息。

音乐生成时，先利用 $p(z)$进行码字采样，即在各种设定条件的约束下从 $p(z^{\text{top}})$中抽取 z^{top}，然后从 $p(z^{\text{middle}}|z^{\text{top}})$中抽取 z^{middle}，最后从 $p(z^{\text{bottom}}|z^{\text{middle}}, z^{\text{top}})$中抽取 z^{bottom}。采样方法为祖先采样(ancestral sampling)：先在顶层生成一个码字，然后生成后续码字。生成后续码字时需将此前生成的所有码字作为条件。顶层生成一个语境的码字后，生成中层采样条件，开始中层祖先采样。中层生成一个语境的码字后，生成底层采样条件，开始底层祖先采样。生成的底层码字达到设定的长度后，利用 VQ-VAE 解码器将其转换为音频，便获得了生成的音乐。

为了获得足够长的音乐音频，需连续生成大于采样器语境长度的码字。为此，JukeBox 采用移窗采样(windowed sampling)技术对相邻语境的码字进行递增式采样。所谓移窗采样是指每次以部分语境的步幅移动采样窗口，然后以窗口内现有码字为条件对后续码字进行采样。图 5.13 为对语境长度为 12 的采样器进行 1/4 移窗采样(前移 3 个码字)的示意图。

除了上述生成方法，JukeBox 还可以用一首歌的某个片段预启动音乐的生成过程。这时，需要运行 JukeBox 的 VQ-VAE 的前向过程，获得对应指定歌曲片段的顶层、中层和底层编码，然后将这些码字作为启动码字进行祖先采样，对指定的歌曲片段生成补全音频，以完成新歌的生成。这一过程如图 5.14 所示。

JukeBox 的训练数据集包含 120 万首配有歌词和元数据的歌曲，其中一半为英文歌曲。元数据包括歌手、专辑、流派、发行时间、播放列表中各首歌的关键词等。VQ-VAE 包含

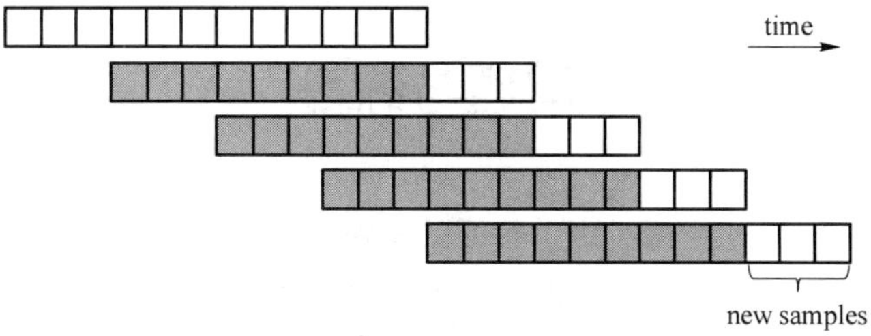

图 5.13 移窗采样示意图

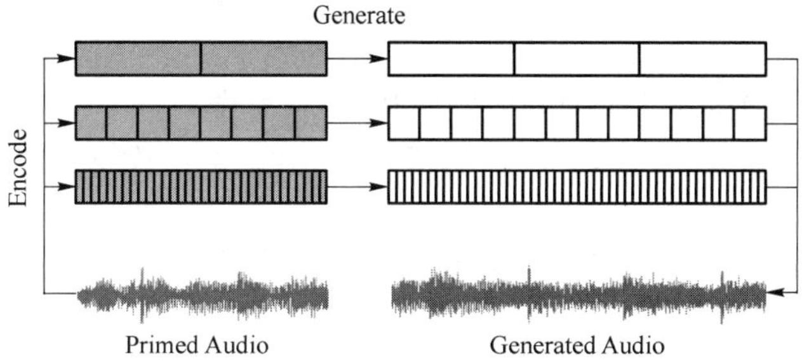

图 5.14 JukeBox 的预启动采样

200 万个训练参数,各级码本的数量均为 2 014。顶层先验模型及上采样模型的语境长度为 8 192 个码字,使得顶层、中层和底层的语境对应的音频长度分别为 24 秒、6 秒和 1.5 秒。顶层先验模型的训练参数数量为 50 亿,上采样模型的训练参数数量为 10 亿。

根据目前的测试,JukeBox 具备了生成模拟不同风格和艺术家的歌曲的能力。当将歌词作为生成歌曲的条件时,可明显增强唱词的可识别性。生成歌曲的长度可达几分钟,音乐性也通过自然的唱音和高音符与重点歌词的匹配等得到了体现。

小　结

音频分析是人工智能的重要研究领域,具有自身独有的技术特点,同时它也与文本分析和图像分析具有紧密的联系。通过语音识别可将语音音频直接转变为文本以进行语义理解,这是语音信息相对于视觉信息的一大优势。另外,音频信息和视觉信息在信号处理层面具有共同之处。

基于以上特点,本章将语音识别技术作为语音分析的核心技术加以阐述,并注意讲解传统概率建模方法 HMM 与深度学习模型之间的联系。在非语音音频分析中将音频专有技术和来自视觉领域的借鉴技术相结合,并加以阐述。

本章的教学目的是使学生掌握常用音频特征的提取原理,理解 HMM 和深度循环神经网络的数学模型和基本算法,领会音频语义分析的原理和基本方法,了解音乐检索系统和音乐生成系统的原理和技术特征。

问题与练习

5-1 分析 LPC 和 MFCC 两类声学特征的差别，试编写抽取这两类声学特征的程序。

5-2 描述 HMM $\lambda=(\boldsymbol{A},\boldsymbol{B},\boldsymbol{\pi})$中 $\boldsymbol{A}$、$\boldsymbol{B}$ 和 $\boldsymbol{\pi}$ 的物理意义。

5-3 给定观测序列 $O=(o_1,o_2,\cdots,o_T)$和 HMM $\lambda=(\boldsymbol{A},\boldsymbol{B},\boldsymbol{\pi})$，编程实现前向和后向算法计算模型 λ 产生观测序列 O 的概率 $P(O|\lambda)$。

5-4 给定观测序列 $O=(o_1,o_2,\cdots,o_T)$和 HMM $\lambda=(\boldsymbol{A},\boldsymbol{B},\boldsymbol{\pi})$，编程实现 Viterbi 算法，计算最佳状态序列 X。

5-5 结合图 5.4，描述基于 HMM 的语音识别统一框架。

5-6 给定某汉语语料库，编写程序分别建立一个 unigram 语言模型和一个 bigram 语言模型。

5-7 结合图 5.6 对门控循环单元(GRU)的工作原理进行描述。

5-8 结合图 5.8 对基于注意力机制的循环序列生成器(ARSG)中的加权和信号 $\boldsymbol{c}_t$ 的生成过程进行描述。

5-9 讨论图 5.9 所示跨模态嵌入特征网络模型中分类错误损失和相似度损失在模型训练中的不同作用。

5-10 获得一段鸟鸣的音频信号，提取其 MFCC 特征，利用 EM 算法为其建立 8 个混合度的 GMM。

5-11 编写 Matlab 程序，计算任意两段音高轮廓线字符串之间的最小编辑距离。

5-12 讨论有监督的多类标注(SML)在音乐标注中的应用与在图像标注中的应用有何不同。

5-13 从损失函数的角度讨论 VQ-VAE 模型与普通 VAE 模型训练的主要差别。

5-14 下载 JukeBox 或与其类似的音乐生成系统所生成的音乐，通过试听评价其质量。

第 6 章

数据特征及系统模型学习

6.1 引　　言

通过前几章的学习我们看到，数据特征及系统模型是信息搜索与人工智能的核心技术问题。无论面对何种系统，也无论面对何种媒体，均要研究和解决这两个问题。本章从机器学习的角度，跨系统、跨媒体集中地讨论和讲解这两个问题的解决方法。

数据特征通常是伴随数据分类而产生的概念。数据特征是指那些能够体现同类数据之间的相似性和异类数据之间的差异性的数据属性。数据特征的学习是指通过观察分析、数学变换、概率分布建模等方法获得数据特征的描述，以使信息搜索的各项任务得以有效完成。系统模型的学习是指在数据特征建模的基础上对信息搜索系统的结构和参数进行优化和改善。

传统上，人们将数据特征学习(提取)称为特征工程，在人工观测设计的基础上进行数学建模和实验测试。特征工程的质量直接决定下游任务完成的难易度和质量，因而成为整个系统开发中的首要环节。基于特征工程的特征提取方法往往与具体任务紧密耦合，方法的通用性不强。但在各种方法中，用于数据降维的代数变换得到了普遍的采用，成为特征工程中的一个通用工具。并且，降维变换往往可以揭示特征抽取的原理和所抽取特征的物理意义。

模型学习本质上是确定系统模型的函数形式和参数。以分类器为例，分类器模型的学习就是要确定输入数据和输出类别之间的函数关系。根据分类器的不同，模型的表示方式也不同。例如在 Bayes 分类器中模型以概率分布函数的方式表示；在向量距离分类器中，模型用数据分布的均值向量、方差向量以及协方差矩阵的方式表示；在 k-NN 分类器中，模型直接用特征样本表示；在 SVM 中，模型用分类超平面的参数表示；在神经网络分类器中，模型由各类网络参数表示。除了 k-NN 分类器，上述模型均需要利用训练数据通过参数估计等方法学习获得。这个过程便是模型学习。

模型学习是机器学习的主要任务之一。学习算法总体上可以分为生成式和区分式两大类。例如，Bayes 分类器、向量距离分类器等采用生成式学习算法，SVM 分类器等采用区分式学习算法，神经网络分类器既可以采用生成式学习算法也可以采用区分式学习算法。

生成式学习算法的典型应用是利用 EM 算法对 GMM 的参数进行估计。相关的内容在前几章中已经多次涉及，其共同特征是：每个类模型只用本类样本进行估计，估计的准则是使模型产生这些训练样本（总体）的可能性最大（最大似然）。

早期的模型学习主要采用生成式算法，但是 SVM 的出现改变了这种状况。从 SVM 的模型学习过程中可知，区分式学习是由需要相互区分的两类样本共同构造一个模型，通过两类样本的“角力”形成一个不偏不倚的分类面。人们发现，在很多场合中，区分式的模型会取得更高的分类精度。于是，区分式学习成为一种与生成式学习同样重要的方法。两者有不同的特点，适用于不同的场合。

深度学习的发展极大地改变了数据特征学习和系统模型学习的方法。一方面，基于特征工程的特征抽取方法不再流行，通过深度神经网络模型自动逐级抽取数据特征成为主流方法。另一方面，特征学习与系统模型学习常常融为一体，在端到端的模型中，前端完成特征学习，后端完成系统模型学习。前端抽取数据特征后，后端完成分类、回归等任务。学习方法呈现跨任务、跨媒体的通用特性。

原理上，深度学习的方法是利用深度网络强大的函数实现能力模拟各种用于特征抽取和系统模型的变换函数，如线性变换、卷积变换、Softmax 映射等，并将这些基元函数进行组合，以实现所期待的任务函数。这一原理揭示了深度学习方法与传统方法之间的联系。在深度学习中，损失函数和正则化函数的设计往往需要参考传统方法中的有效原则。

本章突破传统方法和深度方法的界限，对数据特征学习和系统模型学习的重要方法进行讲解，以使读者对信息搜索的核心技术和机器学习的主要方法获得深刻而系统的认识。具体地，以数据降维为目标，对比讲解 PCA 和 LDA 两类线性变换以及二者的组合应用。以高维数据的子空间分析为任务，介绍数据子空间的非监督学习方法，即子空间聚类。以数据样本分类标注为背景，讲解半监督学习方法。以系统模型的构建为背景，讲解强化学习和对抗学习的原理和基本算法。以信息推荐系统的冷启动和模型简化为实例，讲解主动学习和矩阵分解的基本模型和算法。

6.2 数据降维变换

数据降维变换有着深厚的理论和技术基础。例如，在信号分析中著名的 Fourier 变换、Wavelet 变换等经常被用于数据降维。这些变换中的基函数是固定的，因而不需要进行样本学习。需要进行学习的降维变换是指变换核（基函数）随被处理数据变化以获得最佳变换效果的变换，因此它们也常被称为自适应变换。主成分分析（Principal Component Analysis，PCA）是最早被提出的自适应变换，当前流行的还有独立成分分析（Independent Component Analysis，ICA）、线性鉴别分析（Linear Discriminative Analysis，LDA）、Hilbert-Huang 变换等。值得指出的是，这些自适应变换也存在生成式和区分式之分。很多研究还在尝试将两类学习进行结合，以获得互补的效果。PCA 和 LDA 是两类学习算法的典型代表，而且二者的结合也是一种典型的混合学习方法。

（1）PCA

设随机变量 $\boldsymbol{x}\in\mathbf{R}^d$，存在一个样本集 $X=\{\boldsymbol{x}_i\}_{i=1}^N$，则其均值的估计值：

$$\boldsymbol{\mu}_x \approx \frac{1}{N}\sum_{i=1}^{N}\boldsymbol{x}_i$$

协方差矩阵的估计值：

$$\boldsymbol{\Sigma}_x \approx \frac{1}{N}\sum_{i=1}^{N}\boldsymbol{x}_i\boldsymbol{x}_i^{\mathrm{T}} - \boldsymbol{\mu}_x\boldsymbol{\mu}_x^t$$

求解 $\boldsymbol{\Sigma}_x$ 按降序排列的 d 个特征值 λ_i 和对应的特征向量 $\boldsymbol{a}_i$，并构成矩阵 $\boldsymbol{A}=[\boldsymbol{\alpha}_1,\cdots,\boldsymbol{\alpha}_\delta]$，则随机变量 $\boldsymbol{x}$ 的 PCA 变换，也称 K-L 变换，被定义为：

$$\boldsymbol{y}=\boldsymbol{A}^{\mathrm{T}}(\boldsymbol{x}-\boldsymbol{\mu}_x) \tag{6.1}$$

经过 PCA 变换后的随机变量 $\boldsymbol{y}$ 具有零均值，其协方差矩阵与 $\boldsymbol{x}$ 的协方差矩阵的关系为：

$$\boldsymbol{\Sigma}_y=\boldsymbol{A}^{\mathrm{T}}\boldsymbol{\Sigma}_x\boldsymbol{A} \tag{6.2}$$

由于 $\boldsymbol{A}$ 的列是 $\boldsymbol{\Sigma}_x$ 的特征向量的正交矩阵，所以 $\boldsymbol{\Sigma}_y$ 是对角阵且对角线元素为 $\boldsymbol{\Sigma}_x$ 的特征值，即

$$\boldsymbol{\Sigma}_y=\begin{bmatrix}\lambda_1 & & \\ & \ddots & \\ & & \lambda_d\end{bmatrix} \tag{6.3}$$

由于 $\boldsymbol{\Sigma}_y$ 的非对角元素均为零，所以随机变量 $\boldsymbol{y}$ 的各维度之间是不相关的。这就是 PCA 变换最重要的性质：去除随机变量各维度之间的相关性。

如果用 $\boldsymbol{A}$ 的前 $k(k<d)$ 列构成一个新的矩阵 $\boldsymbol{B}$，则 $\hat{\boldsymbol{y}}=\boldsymbol{B}^{\mathrm{T}}(\boldsymbol{x}-\boldsymbol{\mu}_x)$ 便是一个基于 PCA 的降维变换，将 d 维空间的数据变换到了 k 维空间。如果利用 $\hat{\boldsymbol{x}}=\boldsymbol{B}\hat{\boldsymbol{y}}+\boldsymbol{\mu}_x$ 对 $\boldsymbol{x}$ 进行重建，则所导致的均方差为 $\sum_{i=k+1}^{d}\lambda_i$。

可见，PCA 降维变换的本质是通过保留在变换空间中最主要的 k 个成分，或者说忽略不重要的 $d-k$ 个成分，使降维所引起的数据重建误差在均方差的意义上达到最小。目的是使变换后的数据能够尽量“忠实地”代表原数据。重建误差最小，意味着这是一个以准确生成原数据为目标的模型，因而符合生成式模型的要求。

奇异值分解(SVD)也可以用作降维变换，它的原理与 PCA 非常接近，也是一种生成式模型。而在文本分类中有重要应用的潜语义标号(LSI)本质上就是 SVD 的应用，因此也应属于生成式降维变换模型。

(2) LDA

LDA 的目标是寻找一个投影方向，使得投影后在低维空间中样本的类间距离相对类内距离达到最大。

设 C_i 为第 i 类样本的集合，共有 c 类样本，则样本类内散度矩阵定义为：

$$\boldsymbol{S}_w=\sum_{i=1}^{c}\boldsymbol{S}_i \tag{6.4}$$

其中 $\boldsymbol{S}_i=\sum_{x\in C_i}(\boldsymbol{x}-\boldsymbol{m}_i)(\boldsymbol{x}-\boldsymbol{m}_i)^{\mathrm{T}}$，$\boldsymbol{m}_i$ 为第 i 类样本的均值，$\boldsymbol{x}\in\mathbf{R}^d$。

样本类间散度矩阵定义为：

$$\boldsymbol{S}_b = \sum_{i=1}^{c} n_i(\boldsymbol{m}_i - \overline{\boldsymbol{m}})(\boldsymbol{m}_i - \overline{\boldsymbol{m}})^{\mathrm{T}} \tag{6.5}$$

其中 $\overline{\boldsymbol{m}}$ 为样本集的总体均值向量。设将 d 维空间的随机变量 $\boldsymbol{x}$ 变换到 $c-1$ 维,用下式表达:

$$\boldsymbol{y}=\boldsymbol{W}^{\mathrm{T}}\boldsymbol{x} \tag{6.6}$$

在变换空间中得到的样本 $\boldsymbol{x}$ 的表示为 $\boldsymbol{y}$。在变换空间中,样本的类内和类间散度矩阵定义如下:

$$\widetilde{\boldsymbol{S}}_w = \sum_{i=1}^{c}\sum_{y\in C_i}(\boldsymbol{y}-\widetilde{\boldsymbol{m}}_i)(\boldsymbol{y}-\widetilde{\boldsymbol{m}}_i)^{\mathrm{T}}$$

$$\widetilde{\boldsymbol{S}}_b = \sum_{i=1}^{c} n_i(\widetilde{\boldsymbol{\mu}}_t - \widetilde{\boldsymbol{m}})(\widetilde{\boldsymbol{m}}_i - \widetilde{\boldsymbol{m}})^{\mathrm{T}}$$

容易证明

$$\widetilde{\boldsymbol{S}}_w=\boldsymbol{W}^{\mathrm{T}}\boldsymbol{S}_w\boldsymbol{W}$$

$$\widetilde{\boldsymbol{S}}_b=\boldsymbol{W}^{\mathrm{T}}\boldsymbol{S}_b\boldsymbol{W}$$

因此,如果 $\boldsymbol{S}_w$ 是非奇异矩阵,最优的投影方向 $\boldsymbol{W}_{\mathrm{opt}}$ 就是使得样本类间散度矩阵和样本类内散度矩阵的行列式比值最大的那些正交特征向量。可以得到如下的准则函数:

$$J(\boldsymbol{W}_{\mathrm{opt}})=\arg\max_{w}\frac{|\widetilde{\boldsymbol{S}}_b|}{|\widetilde{\boldsymbol{S}}_w|}=\arg\max_{w}\frac{|\boldsymbol{W}^{\mathrm{T}}\boldsymbol{S}_b\boldsymbol{W}|}{|\boldsymbol{W}^{\mathrm{T}}\boldsymbol{S}_w\boldsymbol{W}|} \tag{6.7}$$

容易证明,使准则函数 $J(\cdot)$最大化的变换矩阵 $\boldsymbol{W}$ 的列向量由下列等式中的最大特征值对应的特征向量组成:

$$\boldsymbol{S}_b\boldsymbol{w}_i=\lambda_i\boldsymbol{S}_w\boldsymbol{w}_i \quad (i=1,2,\cdots,c-1) \tag{6.8}$$

这是一个广义特征值问题,如果 $\boldsymbol{S}_w$ 是非奇异的,$\boldsymbol{W}$ 的列向量就由矩阵 $\boldsymbol{S}_w^{-1}\boldsymbol{S}_b$ 的特征向量组成:

$$\boldsymbol{S}_w^{-1}\boldsymbol{S}_b\boldsymbol{W}=\boldsymbol{W}\boldsymbol{\Delta} \tag{6.9}$$

其中 $\boldsymbol{\Delta}=\mathrm{diag}(\lambda_1,\lambda_2,\cdots,\lambda_{c-1})$。

从上述推导可以看出,LDA 变换追求的是一种使类间的分散度尽可能大,同时使类内的分散度尽可能小的目标,因此它是区分式学习。

LDA 在面向分类任务的降维中发挥着十分重要的作用,是信息过滤中数据降维的核心算法之一。但是,LDA 在应用中常常遇到一个重要问题——类内分散度矩阵 $\boldsymbol{S}_w$ 奇异。因为对应高维特征,能够获得的样本数常常相对不足,致使训练样本数 N 小于数据维数 d,从而导致 $\boldsymbol{S}_w$ 为奇异矩阵。由于信息过滤所处理的文本、图像、音频等一般是在高维数据空间中表达的,所以 LDA 的奇异性是一个经常遇到的问题。意味深长的是,在解决 LDA 奇异性的问题中,常常是先用某种生成式算法对数据进行降维,从而展现出生成式学习和区分式学习相互依赖的方面。

(3) LDA 奇异性的解决

解决 LDA 奇异性问题的方法主要有正则化 LDA[Jero 89]、PCA+LDA[Belh 97]、LDA/QR[Ye 05]、LDA/GSVD[Howl 04]等。为便于这些方法的阐述,需要为类内散度矩阵、类间散度矩阵和总体散度矩阵分别定义各自的先导矩阵(precursor matrix)$\boldsymbol{H}_w$、$\boldsymbol{H}_b$ 和

$\boldsymbol{H}_t$，即

$$\boldsymbol{S}_w=\boldsymbol{H}_w\boldsymbol{H}_w^{\mathrm{T}} \tag{6.10}$$

$$\boldsymbol{S}_b=\boldsymbol{H}_b\boldsymbol{H}_b^{\mathrm{T}} \tag{6.11}$$

$$\boldsymbol{S}_t=\boldsymbol{S}_w+\boldsymbol{S}_b=\boldsymbol{H}_t\boldsymbol{H}_t^{\mathrm{T}} \tag{6.12}$$

各个先导矩阵的尺度分别为：$\boldsymbol{H}_w\in\mathbb{R}^{d\times n}$、$\boldsymbol{H}_b\in\mathbb{R}^{d\times c}$、$\boldsymbol{H}_t\in\mathbb{R}^{d\times n}$，其中 d 为数据维度，c 为类别数，n 为样本个数。容易导出：

$$\boldsymbol{H}_w=[\boldsymbol{A}_1-\boldsymbol{m}_1\cdot\boldsymbol{1}_1^{\mathrm{T}},\cdots,\boldsymbol{A}_c-\boldsymbol{m}_c\cdot\boldsymbol{1}_c^{\mathrm{T}}]$$

$$\boldsymbol{H}_b=[\sqrt{n_1}(\boldsymbol{m}_1-\overline{\boldsymbol{m}}),\cdots,\sqrt{n_c}(\boldsymbol{m}_c-\overline{\boldsymbol{m}})]$$

$$\boldsymbol{H}_t=[\boldsymbol{x}_1-\overline{\boldsymbol{m}},\cdots,\boldsymbol{x}_n-\overline{\boldsymbol{m}}]$$

这里 $\boldsymbol{A}_i$ 表示第 i 类样本的数据矩阵，$\boldsymbol{1}_i=(1,\cdots,1)^{\mathrm{T}}\in\mathbf{R}^{n_i}$，$n_i$ 为第 i 类样本的数量。

定义上述矩阵的秩分别为：$r_w=\mathrm{rank}(\boldsymbol{S}_w)$，$r_b=\mathrm{rank}(\boldsymbol{S}_b)$，$r_t=\mathrm{rank}(\boldsymbol{S}_t)$。在 $n<d$ 的情况下，$r_w\leqslant n-c$，$r_b\leqslant c-1$，$r_t\leqslant n-1$。

1）正则化 LDA(RLDA)

一种简单的解决 $\boldsymbol{S}_w$ 矩阵奇异的方法是利用正则化思想在 $\boldsymbol{S}_w$ 上加一个扰动量。其数学表达为$\tilde{\boldsymbol{S}}_w-\boldsymbol{S}_w+\mu\boldsymbol{I}$，其中 $\mu>0$，$\boldsymbol{I}$ 为单位矩阵，式中的 $\mu\boldsymbol{I}$ 即为扰动量，可以证明添加扰动量后的$\tilde{\boldsymbol{S}}_w$ 是正定矩阵，因此也是非奇异矩阵。这种方法的关键在于扰动量的选取，如果扰动量太小可能不足以解决奇异问题，太大又会使 $\boldsymbol{S}_w$ 内包含的判决信息丢失。

2）PCA+LDA

PCA+LDA 方法首先利用 PCA 对数据进行降维，使 $\boldsymbol{S}_w$ 成为非奇异矩阵，然后再进行 LDA。这是一种将生成式变换与区分式变换结合起来的典型方法。PCA 变换使数据中的信息被“忠实地”保留，同时数据维数得到了压缩，以便消除使 $\boldsymbol{S}_w$ 奇异的条件。这种方法的难点在于 PCA 维数选择缺乏理论指导。而如果 PCA 维数太低，会丢失过多的鉴别信息；如果维数太高，相对来说训练样本仍显不足，这样即使能解决 $\boldsymbol{S}_w$ 的奇异问题，也难免会出现过拟合的现象。

3）LDA/QR

LDA/QR 方法首先对 $\boldsymbol{H}_b$ 进行 QR 分解，得到一个正交矩阵 $\boldsymbol{Q}$ 和一个上三角矩阵 $\boldsymbol{R}$，然后在 $\boldsymbol{Q}$ 张成的低维子空间内进行鉴别分析。

算法分两步完成。第一步，对 $\boldsymbol{H}_b$ 进行 QR 分解，$\boldsymbol{H}_b=\boldsymbol{QR}$，其中 $\boldsymbol{Q}\in\mathbb{R}^{d\times\gamma_b}$，它的正交列向量张成了 $\boldsymbol{H}_b$ 的秩空间，$\boldsymbol{R}\in\mathbb{R}^{r_b\times c}$ 是一个上三角矩阵；然后定义 $\tilde{\boldsymbol{S}}_b=\boldsymbol{Q}^{\mathrm{T}}\boldsymbol{S}_b\boldsymbol{Q}$，$\tilde{\boldsymbol{S}}_w=\boldsymbol{Q}^{\mathrm{T}}\boldsymbol{S}_w\boldsymbol{Q}$。第二步，在 $\tilde{\boldsymbol{S}}_b$，$\tilde{\boldsymbol{S}}_w$上运用 LDA，将 $\tilde{\boldsymbol{S}}_b^{-1}\tilde{\boldsymbol{S}}_w$ 小特征值对应的特征向量作为变换矩阵。

这种算法的速度很快，缺点是只在一个由类中心张成的子空间内进行特征抽取，会损失较多的判别信息。

4）LDA/GSVD

LDA/GSVD 方法通过广义奇异值分解(GSVD)，用 $\boldsymbol{H}_b$ 和 $\boldsymbol{H}_w$ 代替 $\boldsymbol{S}_b$ 和 $\boldsymbol{S}_w$。根据 GSVD 理论，正交矩阵 $\boldsymbol{Y}\in\mathbb{R}^{c\times c}$，$\boldsymbol{Z}\in\mathbb{R}^{n\times n}$，以及非奇异矩阵 $\boldsymbol{X}\in\mathbb{R}^{d\times d}$满足如下关系：

$$\begin{aligned}\boldsymbol{Y}^{\mathrm{T}}\boldsymbol{H}_b^{\mathrm{T}}\boldsymbol{X}&=[\boldsymbol{\Sigma}_b,\boldsymbol{0}]\\ \boldsymbol{Z}^{\mathrm{T}}\boldsymbol{H}_w^{\mathrm{T}}\boldsymbol{X}&=[\boldsymbol{\Sigma}_w,\boldsymbol{0}]\end{aligned} \tag{6.13}$$

其中

$$\boldsymbol{\Sigma}_b=\begin{bmatrix}\boldsymbol{I}_b & & \\ & \boldsymbol{D}_b & \\ & & \boldsymbol{O}_b\end{bmatrix},\quad \boldsymbol{\Sigma}_w=\begin{bmatrix}\boldsymbol{I}_w & & \\ & \boldsymbol{D}_w & \\ & & \boldsymbol{O}_w\end{bmatrix}$$

这里，$\boldsymbol{I}_b$ 和 $\boldsymbol{I}_w$ 为单位矩阵，$\boldsymbol{I}_b\in\mathbb{R}^{(r_t-r_w)\times(r_t-r_w)}$，$\boldsymbol{I}_w\in\mathbb{R}^{(r_t-r_b)\times(r_t-r_b)}$。$\boldsymbol{O}_b$ 和 $\boldsymbol{O}_w$ 是零矩阵，且 $\boldsymbol{O}_b\in\mathbb{R}^{(c-r_b)\times(r_t-r_b)}$，$\boldsymbol{O}_w\in\mathbb{R}^{(n-r_w)\times(r_t-r_w)}$。对角矩阵 $\boldsymbol{D}_b=\mathrm{diag}(\alpha_{r_t-r_w+1},\cdots,\alpha_{r_b})$，$\boldsymbol{D}_w=\mathrm{diag}(\beta_{r_t-r_w+1},\cdots,\beta_{r_b})$，且满足 $1>\alpha_{r_t-r_p+1}\geqslant\cdots\geqslant\alpha_{r_b}>0$，$0<\beta_{r_t-r_k+1}\leqslant\cdots\leqslant\beta_{r_b}<1$，以及 $\alpha_i^2+\beta_i^2=1$。

因此有 $\boldsymbol{\Sigma}_b^{\mathrm{T}}\boldsymbol{\Sigma}_b+\boldsymbol{\Sigma}_w^{\mathrm{T}}\boldsymbol{\Sigma}_w=\boldsymbol{I}$，其中 $\boldsymbol{I}\in\mathbb{R}^{n\times n}$ 是一个单位矩阵。矩阵 $\boldsymbol{X}$ 的列向量就是矩阵对 $[\boldsymbol{H}_b,\boldsymbol{H}_w]$ 对应的广义奇异向量，并将其作为基于 GSVD 的鉴别特征子空间。

5）鲁棒 LDA 模型

上述解决 LDA 奇异性的方法均存在各自的不足，其中 LDA 之前的降维变换的维数选择是个共性的关键问题。[胡 08]等提出了一种鲁棒 LDA 模型（Robust Linear Discriminant Analysis Model），简称 RDM，为解决这一问题提供了一种新方法。RDM 的特点主要有两方面：一，将 LDA 问题转化为同时对角化类内和类间散度矩阵问题；二，通过能量适应准则来近似估计 $\boldsymbol{S}_w^{-1}$。

首先对类内散度矩阵 $\boldsymbol{S}_w$ 进行主成分分析，得到：

$$\boldsymbol{S}_w=\boldsymbol{\Phi}\boldsymbol{\Lambda}\boldsymbol{\Phi}^{\mathrm{T}},\quad \boldsymbol{\Lambda}=\mathrm{diag}\{\lambda_1,\lambda_2,\cdots,\lambda_n\} \tag{6.14}$$

其中 $\boldsymbol{\Phi}\in\mathbb{R}^{n\times n}$ 是正交特征向量矩阵，$\boldsymbol{\Lambda}\in\mathbb{R}^{n\times n}$ 是一个特征值对角矩阵且 $\lambda_1\geqslant\lambda_2\geqslant\cdots\geqslant\lambda_n$。RDM 通过在对角矩阵上加上一个小的扰动量进行正则化，即 $\hat{\boldsymbol{\Lambda}}=\boldsymbol{\Lambda}+\sigma\boldsymbol{I}\ (\sigma>0)$，以解决 $\boldsymbol{S}_w$ 的奇异问题。σ 的选取是一个关键：如果 σ 过大，$\boldsymbol{S}_w$ 的信息将被淹没；如果 σ 过小，将达不到扰动的效果。RDM 将 $\boldsymbol{S}_w$ 的能量谱用作选择 σ 的最优值 σ^* 标准，按照下式确定 σ^*：

$$\sigma^*=\lambda_m,\text{其中 } J(m)=\min_m\left\{m\left|\frac{\sum_{i=1}^{m}\lambda_i}{\sum_{i=1}^{n}\lambda_i}\geqslant E\right.\right\} \tag{6.15}$$

上式中，$J(m)$ 通过前 m 个特征值在总能量谱中所占的比例来确定 m 的值。一旦确定了 E 的值和给定训练样本，σ^* 将根据 $\boldsymbol{S}_w$ 的特征值谱进行自适应的调整。

这样，类内散度矩阵的逆就用下式估计：

$$\hat{\boldsymbol{S}}_w^{-1}=\boldsymbol{\Phi}\hat{\boldsymbol{\Lambda}}^{-1}\boldsymbol{\Phi}^{\mathrm{T}},\text{其中 } \hat{\boldsymbol{\Lambda}}=\boldsymbol{\Lambda}+\sigma^*\boldsymbol{I} \tag{6.16}$$

根据式(6.16)的估计，可以将式(6.9)定义的 LDA 过程改写如下：

$$\hat{\boldsymbol{S}}_w^{-1}\boldsymbol{S}_b\boldsymbol{W}=\boldsymbol{W}\boldsymbol{\Lambda}$$

$$\boldsymbol{\Phi}\hat{\boldsymbol{\Lambda}}^{-1}\boldsymbol{\Phi}^{\mathrm{T}}\boldsymbol{S}_b\boldsymbol{W}=\boldsymbol{W}\boldsymbol{\Lambda}$$

等式两边同时左乘 $(\boldsymbol{\Phi}\hat{\boldsymbol{\Lambda}}^{-\frac{1}{2}})^{-1}$ 得

$$(\boldsymbol{\Phi}\hat{\boldsymbol{\Lambda}}^{-\frac{1}{2}})^{-1}\boldsymbol{\Phi}\hat{\boldsymbol{\Lambda}}^{-\frac{1}{2}}\cdot\hat{\boldsymbol{\Lambda}}^{-\frac{1}{2}}\boldsymbol{\Phi}^{\mathrm{T}}\boldsymbol{S}_b\boldsymbol{W}=(\boldsymbol{\Phi}\hat{\boldsymbol{\Lambda}}^{-\frac{1}{2}})^{-1}\boldsymbol{W}\boldsymbol{\Lambda}$$

再将上式 $\boldsymbol{S}_b$ 右乘 $(\boldsymbol{\Phi}\hat{\boldsymbol{\Lambda}}^{-\frac{1}{2}})(\boldsymbol{\Phi}\hat{\boldsymbol{\Lambda}}^{-\frac{1}{2}})^{-1}=\boldsymbol{I}$，得

$$(\boldsymbol{\Phi}\hat{\boldsymbol{\Lambda}}^{-\frac{1}{2}})^{\mathrm{T}}\boldsymbol{S}_b(\boldsymbol{\Phi}\hat{\boldsymbol{\Lambda}}^{-\frac{1}{2}})\cdot(\boldsymbol{\Phi}\hat{\boldsymbol{\Lambda}}^{-\frac{1}{2}})^{-1}\boldsymbol{W}=(\boldsymbol{\Phi}\hat{\boldsymbol{\Lambda}}^{-\frac{1}{2}})^{-1}\boldsymbol{W}\boldsymbol{\Lambda} \tag{6.17}$$

令 $\boldsymbol{K}_b=(\boldsymbol{\Phi}\hat{\boldsymbol{\Lambda}}^{-\frac{1}{2}})^{\mathrm{T}}\boldsymbol{S}_b(\boldsymbol{\Phi}\hat{\boldsymbol{\Lambda}}^{-\frac{1}{2}})$，$\boldsymbol{Y}=(\boldsymbol{\Phi}\hat{\boldsymbol{\Lambda}}^{-\frac{1}{2}})^{-1}\boldsymbol{W}$，那么式(6.17)就可以改写为：

$$\boldsymbol{K}_b\boldsymbol{Y}=\boldsymbol{Y}\boldsymbol{\Lambda} \tag{6.18}$$

其中 $\boldsymbol{Y}$ 是 $\boldsymbol{K}_b$ 的特征向量矩阵。RDM 最终的变换矩阵为：

$$\boldsymbol{W}=\boldsymbol{\Phi}\hat{\boldsymbol{\Lambda}}^{-\frac{1}{2}}\boldsymbol{Y} \tag{6.19}$$

实验表明，式(6.19)给出的区分式降维变换便于应用且性能优良。

6.3 数据子空间聚类学习

高维数据中往往蕴含着描述事物本征运动或固有结构特点的低维子空间。例如，一幅图像的维度可以很高，但对其中物体进行描述往往只需少数参数，即物体的特征蕴含在高维数据空间中的低维子空间之中。因此，数据子空间分析是获得数据特征的重要方法。

PCA 是寻找高维空间中主子空间的通用方法，但其只适用于一个主子空间的情况。在很多场合，往往需要分析一个高维数据空间中所蕴含的多个子空间。例如，一段视频中可能包含若干个运动物体，它们的运动速度和方向存在差异。这时便需要用多个子空间对它们分别进行描述和建模。子空间聚类是将高维数据聚类为多组，为每一组数据点找到一个低维子空间的算法。子空间聚类在计算机视觉、图像处理、系统理论等领域得到了广泛的应用，例如运动分割、人脸聚类、图像表示与压缩、异构系统辨识等。

自 20 世纪 90 年代以来，已有多种子空间聚类算法被提出，包括代数法、迭代法、统计法等。目前，最受关注的方法是基于谱聚类的方法，具有理论性强、效果好的优势。基于谱聚类的方法将子空间聚类算法分成两个步骤。第一步，先构建亲和度矩阵 $\boldsymbol{C}$。理想的结果是，任意元素 C_{ij} 或者趋于 1，或者趋于 0。前者代表数据点 i 和 j 同在一个子空间，后者代表它们不在一个子空间。第二步，将谱聚类技术用于矩阵 $\boldsymbol{C}$，进行数据划分以完成子空间聚类。一般认为构建亲和度矩阵是关键步骤。其难度在于，两个靠近子空间边界的数据点可能很相近，但属于不同子空间，而两个数据点可能距离较远，但却属于同一子空间。本节主要对亲和度矩阵的构建方法进行介绍和分析。关于谱聚类方法，已在本书的第 3 章进行了讲解。

数学上，给定数据矩阵 $\boldsymbol{D}\in\mathbb{R}^{M\times N}$，表示 N 个 M 维数据点。假设这些数据点所张成的高维空间由 k 个低维子空间 $\{S_i\}_{i=1}^{k}$ 联合构成，子空间 S_i 中包含 N_i 个数据点，$\sum_{i=1}^{k}N_i=N$，子空间聚类的目标就是将各个数据点划分到其所对应的子空间。

如果数据矩阵 $\boldsymbol{D}$ 不包含噪声和错误，则通过对其进行特征值分解便可构建有效的亲和度矩阵 $\boldsymbol{C}$，即若 $\boldsymbol{D}=\boldsymbol{U\Sigma V}^{\mathrm{T}}$，则令 $\boldsymbol{C}=\boldsymbol{V}_r\boldsymbol{V}_r^{\mathrm{T}}$，这里，$\boldsymbol{V}_r$ 包含 r 列，对应 $\boldsymbol{D}$ 的前 r 个特征向量，r 为 $\boldsymbol{D}$ 的秩。这样构建的亲和度矩阵具有以下性质：当数据不含噪声和错误时，如果数据点 i 和 j 处于不同的独立子空间，则 $C_{ij}=0$。

然而在实际中，数据矩阵常常是含噪或有错的，此时上述性质便不再成立，并且 r 的选择也将变得很困难，因为此时 $\boldsymbol{D}$ 是满秩的。为此，人们分别提出了稀疏优化和低秩优化的方法来计算亲和度矩阵。

基于稀疏优化的方法的核心是求取数据矩阵 $\boldsymbol{D}$ 的稀疏自表示矩阵 $\boldsymbol{C}$，即 $\boldsymbol{D}=\boldsymbol{DC}$，并将 $\boldsymbol{C}$ 作为子空间聚类所需的亲和度矩阵。研究表明，如果子空间之间相互独立，则 C_{ij} 不为零的元素所对应的数据点 i 和 j 处于同一子空间，并且这些不为零的元素可以通过 l_1 范数的最小化来获得。基于低秩优化的求解方法与基于稀疏优化的方法在原理上大同小异，前者以表示矩阵 $\boldsymbol{C}$ 稀疏为目标，后者以其低秩为目标。然而，当数据矩阵 $\boldsymbol{D}$ 包含噪声或错误时，上述自表示矩阵的求解和性质出现不确定性，原有的结论不再成立。此时，需要采取进一步的分析求解方法来获得亲和度矩阵 $\boldsymbol{C}$。[Vida 14]提出的低秩子空间聚类（Low Rank Subspace Clustering，LRSC）算法对此给出了解决方法。

首先，将 $\boldsymbol{C}$ 的求解定义为如下非凸优化问题：

$$(P_1)\quad \min_{\boldsymbol{A},\boldsymbol{C},\boldsymbol{E},\boldsymbol{G}} \|\boldsymbol{C}\|_* + \frac{\alpha}{2}\|\boldsymbol{G}\|_F^2 + \gamma\|\boldsymbol{E}\|_1$$

$$\text{s.t.}\quad \boldsymbol{D}=\boldsymbol{A}+\boldsymbol{G}+\boldsymbol{E},\boldsymbol{A}=\boldsymbol{A}\boldsymbol{C},\boldsymbol{X}=\boldsymbol{C}^{\mathrm{T}}$$

这里，$\|\boldsymbol{X}\|_* = \sum_i \sigma_i(\boldsymbol{X})$，$\|\boldsymbol{X}\|_F^2 = \sum_{ij}\boldsymbol{X}_{ij}^2$，$\|\boldsymbol{X}\|_1 = \sum_{ij}|\boldsymbol{X}_{ij}|$ 分别是 $\boldsymbol{X}$ 的核范数（$\boldsymbol{X}$ 各特征值之和）、F 范数和 l_1 范数。$\boldsymbol{A}$ 是未知的无噪无错数据矩阵，$\boldsymbol{G}$ 是随机噪声矩阵，$\boldsymbol{E}$ 是显见错误矩阵，α 和 γ 是大于 0 的参数。等式 $\boldsymbol{D}=\boldsymbol{A}+\boldsymbol{G}+\boldsymbol{E}$ 的意义是：$\boldsymbol{A}$ 的元素分别被 $\boldsymbol{G}$ 的对应元素和 $\boldsymbol{E}$ 的对应元素所污染，产生了观测数据 $\boldsymbol{D}$ 的对应元素。通常假定 $\boldsymbol{E}$ 高度稀疏，即假定包含显见错误的元素是稀少的。

将问题 P_1 进行放松，将 $\boldsymbol{A}=\boldsymbol{A}\boldsymbol{C}$ 的强制要求变为惩罚项，则问题成为：

$$(P_2)\quad \min_{\boldsymbol{A},\boldsymbol{C},\boldsymbol{E},\boldsymbol{G}} \|\boldsymbol{C}\|_* + \frac{\tau}{2}\|\boldsymbol{A}-\boldsymbol{A}\boldsymbol{C}\|_F^2 + \frac{\alpha}{2}\|\boldsymbol{G}\|_F^2 + \gamma\|\boldsymbol{E}\|_1$$

$$\text{s.t.}\quad \boldsymbol{D}=\boldsymbol{A}+\boldsymbol{G}+\boldsymbol{E},\ \boldsymbol{C}=\boldsymbol{C}^{\mathrm{T}}$$

这里，α、γ 和 τ 是大于 0 的参数，即给定有噪有错数据矩阵 $\boldsymbol{D}=\boldsymbol{A}+\boldsymbol{G}+\boldsymbol{E}$，求解可自我表示的无噪无错的数据矩阵 $\boldsymbol{A}$ 和对称低秩的亲和度矩阵 $\boldsymbol{C}$。

最小化问题 P_2 的代价函数，使得：核范数 $\|\boldsymbol{C}\|_*$ 最小化，以获得低秩的 $\boldsymbol{C}$；F 范数 $\|\boldsymbol{A}-\boldsymbol{A}\boldsymbol{C}\|_F^2$ 最小化，以获得 $\boldsymbol{A}$ 的自我表示性；F 范数 $\|G\|_F^2$ 最小化，以获得小幅度的 $\boldsymbol{G}$；l_1 范数 $\|\boldsymbol{E}\|_1$ 最小化，以获得稀疏的 $\boldsymbol{E}$。

$\boldsymbol{A}$ 矩阵的自我表示是指无噪无错数据点之间具有线性互表示能力。这时，$\boldsymbol{A}$ 被看作一个词典，其每一列都是一个词汇，词汇之间存在线性的表示关系，即 $\boldsymbol{A}=\boldsymbol{A}\boldsymbol{C}$。由于 $\boldsymbol{A}$ 和 $\boldsymbol{C}$ 都是未知的，使得所求解的问题是一个非凸优化问题。这是 LRSC 与以往方法的一个重要差别。另一个重要差别是 LRSC 直接使 $\boldsymbol{C}$ 成为对称矩阵，而以往的方法是通过后处理将自表示矩阵变为对称的亲和度矩阵。

令问题 P_1 和 P_2 中的参数 α、γ 和 τ 分别趋于无穷，便对应数据矩阵是否包含噪声及错误的各种情况。各种情况下的求解方法如下。

在问题 P_2 中，令 α 和 γ 趋于无穷，以使 $\boldsymbol{G}=\boldsymbol{E}=\boldsymbol{0}$，$\boldsymbol{D}=\boldsymbol{A}$。此时数据矩阵中不再包含噪声和错误，问题 P_2 退化为：

$$(P_3)\quad \min_{\boldsymbol{C}} \|\boldsymbol{C}\|_* + \frac{\tau}{2}\|\boldsymbol{A}-\boldsymbol{A}\boldsymbol{C}\|_F^2$$

$$\text{s.t.}\quad \boldsymbol{C}=\boldsymbol{C}^{\mathrm{T}}$$

问题 P_3 是一个关于 $\boldsymbol{C}$ 的非严格凸优化问题，[Vida 14]在理论上证明该问题有唯一解，并且可通过 $\boldsymbol{A}$ 的奇异值分解求解。若 $\boldsymbol{A}=\boldsymbol{U}\boldsymbol{\Lambda}\boldsymbol{V}^{\mathrm{T}}$ 且矩阵 $\boldsymbol{\Lambda}$ 的对角线元素降序排列，则

$$\boldsymbol{C}=\boldsymbol{V}\boldsymbol{P}_\tau(\boldsymbol{\Lambda})\boldsymbol{V}^{\mathrm{T}}=\boldsymbol{V}_1\left(I-\frac{1}{\tau}\boldsymbol{\Lambda}_1^{-2}\right)\boldsymbol{V}_1^{\mathrm{T}}$$

这里，P_τ 是作用于 $\boldsymbol{\Lambda}$ 对角线元素的算子，定义为：

$$P_\tau(x)=\begin{cases}1-\dfrac{1}{\tau x^2}, & x>1/\sqrt{\tau}\\ 0, & x\leqslant 1/\sqrt{\tau}\end{cases} \tag{6.20}$$

而 $\boldsymbol{U}=[\boldsymbol{U}_1\boldsymbol{U}_2]$，$\boldsymbol{\Lambda}=\mathrm{diag}(\boldsymbol{\Lambda}_1,\boldsymbol{\Lambda}_2)$，$\boldsymbol{V}=[V_1V_2]$的矩阵划分则根据列标号集合 $I_1=\{i:\lambda_i>1/\sqrt{\tau}\}$和 $I_2=\{i:\lambda_i\leqslant 1/\sqrt{\tau}\}$进行。

对应问题 P_1，若 $\boldsymbol{D}$ 中无噪无错，即 $\boldsymbol{D}=\boldsymbol{A}$，则 P_1 退化为：

$$(P_4)\ \min_{\boldsymbol{C}}\|\boldsymbol{C}\|_*$$
$$\text{s.t.}\ \boldsymbol{A}=\boldsymbol{A}\boldsymbol{C},\ \boldsymbol{C}=\boldsymbol{C}^{\mathrm{T}}$$

问题 P_4 存在闭式解：$\boldsymbol{C}=\boldsymbol{V}_1\boldsymbol{V}_1^{\mathrm{T}}$。这里，$\boldsymbol{A}=\boldsymbol{U}\boldsymbol{\Lambda}\boldsymbol{V}^{\mathrm{T}}$ 为 $\boldsymbol{A}$ 的奇异值分解，$\boldsymbol{V}=[\boldsymbol{V}_1\boldsymbol{V}_2]$的矩阵划分根据列标号集合 $I_1=\{i:\lambda_i>0\}$和 $I_2=\{i:\lambda_i=0\}$进行。

下面考虑数据矩阵包含噪声的情况。在问题 P_1 和 P_2 中，令 γ 趋于无穷，以使 $\boldsymbol{E}=\boldsymbol{0}$，$\boldsymbol{D}=\boldsymbol{A}+\boldsymbol{G}$，便对应这种情况。在这种条件下，LRSC 将同时求解无噪无错词典 $\boldsymbol{A}$、自表示矩阵 $\boldsymbol{C}$ 以及噪声矩阵 $\boldsymbol{G}$，而不是像传统的稀疏子空间聚类和低秩表示那样将含噪数据矩阵 $\boldsymbol{D}$ 作为词典。具体地，问题 P_2 在此条件下变为：

$$(P_5)\ \min_{\boldsymbol{A},\boldsymbol{C}}\|\boldsymbol{C}\|_*+\frac{\tau}{2}\|\boldsymbol{A}-\boldsymbol{A}\boldsymbol{C}\|_{\mathrm{F}}^2+\frac{\alpha}{2}\|\boldsymbol{D}-\boldsymbol{A}\|_{\mathrm{F}}^2$$
$$\text{s.t.}\ \boldsymbol{C}=\boldsymbol{C}^{\mathrm{T}}$$

由于 $\boldsymbol{A}$ 和 $\boldsymbol{C}$ 均是未知的，且问题 P_5 中包含乘积 $\boldsymbol{A}\boldsymbol{C}$，因此 P_5 是非凸问题。但[Vida 14]证明 $\boldsymbol{A}$ 和 $\boldsymbol{C}$ 均可以从 $\boldsymbol{D}$ 的 SVD 中获得闭式解。令 $\boldsymbol{D}$ 的 SVD 为 $\boldsymbol{D}=\boldsymbol{U}\boldsymbol{\Sigma}\boldsymbol{V}^{\mathrm{T}}$，则 $\boldsymbol{A}=\boldsymbol{U}\boldsymbol{\Lambda}\boldsymbol{V}^{\mathrm{T}}$，$\boldsymbol{C}=\boldsymbol{V}\boldsymbol{P}_\tau(\boldsymbol{\Lambda})\boldsymbol{V}^{\mathrm{T}}$。这里，对角矩阵 $\boldsymbol{\Lambda}$ 的各个元素与对角矩阵 $\boldsymbol{\Sigma}$ 的对应元素之间存在如下关系：

$$\sigma=\psi(\lambda)=\begin{cases}\lambda+\dfrac{1}{\alpha\tau}\lambda^{-3}, & \lambda>1/\sqrt{\tau}\\ \lambda+\dfrac{\tau}{\alpha}\lambda, & \lambda\leqslant 1/\sqrt{\tau}\end{cases} \tag{6.21}$$

函数 $P_\tau(x)$的定义如式(6.20)。

对于问题 P_1，令 γ 趋于无穷，以使 $\boldsymbol{E}=\boldsymbol{0}$，$\boldsymbol{D}=\boldsymbol{A}+\boldsymbol{G}$，则问题转化为：

$$(P_6)\ \min_{\boldsymbol{A},\boldsymbol{C}}\|\boldsymbol{C}\|_*+\frac{\alpha}{2}\|\boldsymbol{D}-\boldsymbol{A}\|_{\mathrm{F}}^2$$
$$\text{s.t.}\ \boldsymbol{A}=\boldsymbol{A}\boldsymbol{C},\quad \boldsymbol{C}=\boldsymbol{C}^{\mathrm{T}}$$

此时 $\boldsymbol{A}$ 和 $\boldsymbol{C}$ 依然可以通过 $\boldsymbol{D}$ 的 SVD 获得闭式解。令 $\boldsymbol{D}$ 的 SVD 为 $\boldsymbol{D}=\boldsymbol{U}\boldsymbol{\Sigma}\boldsymbol{V}^{\mathrm{T}}$，则 $\boldsymbol{A}=\boldsymbol{U}_1\boldsymbol{\Sigma}_1\boldsymbol{V}_1^{\mathrm{T}}$，$\boldsymbol{C}=\boldsymbol{V}_1\boldsymbol{V}_1^{\mathrm{T}}$。这里 $\boldsymbol{\Sigma}_1$ 是由 $\boldsymbol{D}$ 的大于 $\sqrt{2/\alpha}$ 的特征值构成的对角矩阵，$\boldsymbol{U}_1$ 和 $\boldsymbol{V}_1$ 是对应的 $\boldsymbol{U}$ 矩阵划分和 $\boldsymbol{V}$ 矩阵划分。

下面讨论数据矩阵 $\boldsymbol{D}$ 中既包含噪声又包含错误时的问题 P_1 和问题 P_2 的求解。在这种情况下目前尚未出现闭式解，[Vida 14]给出了迭代求解的算法。

首先讨论问题 P_2，并将其放松为：

$$(P_7)\ \min_{\boldsymbol{A},\boldsymbol{C},\boldsymbol{E}}\|\boldsymbol{C}\|_*+\frac{\tau}{2}\|\boldsymbol{A}-\boldsymbol{A}\boldsymbol{C}\|_{\mathrm{F}}^2+\frac{\alpha}{2}\|\boldsymbol{D}-\boldsymbol{A}-\boldsymbol{E}\|_{\mathrm{F}}^2+\gamma\|\boldsymbol{E}\|_1$$
$$\text{s.t.}\ \boldsymbol{C}=\boldsymbol{C}^{\mathrm{T}}$$

可以看出，当固定 $\boldsymbol{E}$ 时，只要将 $\boldsymbol{D}-\boldsymbol{E}$ 替换为 $\boldsymbol{D}$，问题 P_7 便退化为问题 P_5，这时 $\boldsymbol{A}$ 和 $\boldsymbol{C}$ 便可以按问题 P_5 的方法求解。另外，当固定了 $\boldsymbol{A}$ 和 $\boldsymbol{C}$ 时，$\boldsymbol{E}$ 便可获得一个基于收缩阈值操作子的解 $\boldsymbol{E}=\boldsymbol{S}_{\gamma/\alpha}(\boldsymbol{D}-\boldsymbol{A})$，这里，收缩阈值算子定义为：

$$S_{\varepsilon}(x)=\begin{cases}x-\varepsilon, & x>\varepsilon\\ x-\varepsilon, & x<-\varepsilon\\ 0, & \text{其他}\end{cases} \tag{6.22}$$

这意味着可以通过迭代法求解问题 P_7。具体地，先初始化 $\boldsymbol{A}_0=\boldsymbol{D}$，$\boldsymbol{E}_0=\boldsymbol{0}$，然后交替求解 $\boldsymbol{A}_{k+1}$ 和 $\boldsymbol{E}_{k+1}$，直至收敛。迭代算法如下：

$$(\boldsymbol{U}_k, \boldsymbol{\Sigma}_k, \boldsymbol{V}_k)=\text{svd}(\boldsymbol{D}-\boldsymbol{E}_k)$$
$$\boldsymbol{A}_{k+1}=\boldsymbol{U}_k\boldsymbol{\Lambda}_k\boldsymbol{V}_k^{\mathrm{T}}$$
$$\boldsymbol{E}_{k+1}=\boldsymbol{S}_{\gamma/\alpha}(\boldsymbol{D}-\boldsymbol{A}_{k+1})$$

算法收敛后，通过 $\boldsymbol{A}$ 的最终结果计算 $\boldsymbol{C}$，即 $\boldsymbol{A}=\boldsymbol{U\Lambda V}^{\mathrm{T}}$，$\boldsymbol{C}=\boldsymbol{VP}_{\tau}(\boldsymbol{\Lambda})\boldsymbol{V}^{\mathrm{T}}$，$\boldsymbol{C}$ 并不参与中间的迭代。$\boldsymbol{\Lambda}$ 与 $\boldsymbol{\Sigma}$ 的关系由式(6.21)确定。

问题 P_2 有了解法，问题 P_1 也就有了解法。问题 P_1 强制 $\boldsymbol{A}=\boldsymbol{AC}$，这等效于问题 P_2 中的 τ 趋于无穷的情况。在这种条件下，通过调整 $\boldsymbol{\Lambda}$ 与 $\boldsymbol{\Sigma}$ 的映射关系，迭代算法成为：

$$(\boldsymbol{U}_k, \boldsymbol{\Sigma}_k, \boldsymbol{V}_k)=\text{svd}(\boldsymbol{D}-\boldsymbol{E}_k)$$
$$\boldsymbol{A}_{k+1}=\boldsymbol{U}_k H_{\sqrt{2/\alpha}}(\boldsymbol{\Sigma}_k)\boldsymbol{V}_k^{\mathrm{T}}$$
$$\boldsymbol{E}_{k+1}=\boldsymbol{S}_{\gamma/\alpha}(\boldsymbol{D}-\boldsymbol{A}_{k+1})$$

其中的阈值函数 $H_{\varepsilon}(x)=\begin{cases}x, & |x|>\varepsilon,\\ 0, & \text{其他。}\end{cases}$

上述方法是将子空间聚类划分为相互分离的两个阶段：亲和度矩阵计算阶段和谱聚类阶段。后续的研究提出了将这两个阶段联合起来形成闭环的循环优化方案。[张 20]提出了一种低秩与结构化稀疏约束相结合的算法，将谱聚类的样本划分表示矩阵反馈到基于低秩优化的亲和度计算阶段，计算样本划分矩阵与亲和度矩阵的不一致性，并将其作为需要最小化的一项损失加到损失函数之中。于是，亲和度矩阵计算和谱聚类两个阶段形成了闭环，通过循环迭代优化可以取得更好性能。[张 20]还尝试将深度卷积自编码模型用于对原始数据进行特征抽取，以在特征空间进行亲和度矩阵计算。谱聚类结果被作为亲和度矩阵计算和自编码网络学习的指导信息加以反馈，形成了另外一种循环迭代优化的机制。实验结果验证了这两种算法在提升聚类性能方面的有效性。但这类算法需付出更大的计算开销。

6.4 数据半监督标注

机器学习中的一个普遍问题是样本不足，而这个问题的实质常常是标注样本不足。因为常见的情况是：可以自动采集大量的未经分类(标注)的样本，但标注工作比较困难。人工标注的成本太高，自动标注的质量又难以保证。在这种背景下，半监督学习方法应运而生。半监督学习的预期目标是：挖掘和利用标注样本与未标注样本之间的关系，自动标注未标注样本，为系统模型的学习提供充足的训练样本。

深度学习为半监督学习提供了有效的架构和模型，然而，要深刻理解半监督学习的原理，还应从传统的方法出发。传统的半监督学习主要有以下3类算法。

第一类算法是标注样本引导的经典聚类算法，即在对所有样本进行聚类时，首先利用标注样本初始化各个类别的中心，并且在后续的迭代中将已知样本的类别标注作为约束条件。聚类结束后，未知样本自动获得类别信息。

第二类算法是对经典监督学习算法的演进，典型代表是自学习算法。该算法在对标注样本进行学习之后，首先处理那些有较高置信度的未标注样本，然后迭代地把这些估计加入标注样本集中，在经过有限次的迭代后，所有未知样本自动得到标注。

第三类算法是基于图的半监督学习算法。该类算法将样本点映射为图的结点，将样本点间的已知相似性映射为图的边（权重），然后利用解析的方法对所构造的图进行有约束的结点染色，从而实现未知样本的标注。

前两类算法均是对经典算法的改造，具体的改造方法有多种，效果往往因应用场合而异。基于图的半监督学习算法便于在理论上进行解析，并在广泛的应用中获得了良好的效果。下面重点讲解此类算法。

基于图的半监督学习算法假设数据集中样本的类别变化是平滑的，即样本特征的微小变化不会导致类别的剧烈变化。算法利用图的结构信息估计各个结点，即样本点的类别函数 f。在这个过程中，令类别函数 f 满足两个约束：1）对于已标注样本，其真实类别值与其 f 值尽量保持一致；2）对于整个样本集，f 尽量平滑。

以上两个约束可通过将拥有正则项的损失函数最小化的方法得到实施，即在求解类别函数 f 时定义一个带有正则项的损失函数，损失函数本身用来评价第1个约束的满足度，而正则项用来评价第2个约束的满足度。可见，这是机器学习中定义损失函数的一般方法。

为了便于对算法进行解析，首先对半监督学习问题进行数学定义。

令标注样本集合 $L=\{\boldsymbol{x}_1,\cdots,\boldsymbol{x}_l\}$，标注样本的类别向量 $\boldsymbol{y}_i$ 为 C 维列向量，对于 $j=1,\cdots,C$，如果样本点 $\boldsymbol{x}_i$ 属于第 j 类，则 $y_{ij}=1$，否则 $y_{ij}=0$。这里，C 为类别数。令未标注样本集合 $U=\{\boldsymbol{x}_{l+1},\cdots,\boldsymbol{x}_{l+u}\}$，其类别指示向量用取值规则与 $\boldsymbol{y}_i$ 相同的 C 维列向量 $\boldsymbol{f}_i$ 表示。

如果用 $\boldsymbol{F}$ 表示数据集的类别指示矩阵，$\boldsymbol{Y}$ 表示已标注样本集的真实类别矩阵，则半监督学习就是在给定 $\boldsymbol{L}$、$\boldsymbol{U}$ 和 $\boldsymbol{Y}$ 的情况下估计 $\boldsymbol{F}$。

基于高斯随机场和调和函数的半监督学习是一种典型的基于图的算法[Zhu 03]。该算法首先在图上定义一个连续变量的随机场，将结点的类别指示函数设为实值函数，然后根据能量函数最小化和调和函数的约束进行求解。求解之后再将连续值的类别函数映射为离散值的类别指示向量。

根据类别函数的平滑性约束，两个结点越相互邻近，其类别函数的差别应越小。于是定义如下的二次能量函数，将结点的类别指示函数设为近邻之间相互约束的实值函数：

$$E(\boldsymbol{f})=\frac{1}{2}\sum_{i,j}w_{ij}\left[\boldsymbol{f}(i)-\boldsymbol{f}(j)\right]^2 \tag{6.23}$$

式中 $\boldsymbol{f}$ 为结点的类别函数向量，$\boldsymbol{f}(i)$和 $\boldsymbol{f}(j)$分别为结点 i 和结点 j 的类别函数值，$\boldsymbol{W}=\{w_{ij}\}$ 是图的权值矩阵，w_{ij} 代表结点 i 与结点 j 之间的局部相似性（距离的倒数）。

通过已标注数据，可以获得部分 $\boldsymbol{f}(i)$的取值，即如果 $\boldsymbol{x}_i\in L$，则 $\boldsymbol{f}(i)$通过映射 $\boldsymbol{y}_i$ 获得。另外，利用高斯随机场对联合随机变量$\{\boldsymbol{f}(i)\}$赋予概率分布：

$$p(\boldsymbol{f})=\frac{1}{Z}\mathrm{e}^{-\beta E(\boldsymbol{f})} \tag{6.24}$$

其中 β 为常数，Z 为配分函数：

$$Z=\int_{f_i=\boldsymbol{Y}_i}\mathrm{e}^{[-\beta E(\boldsymbol{f})]}\mathrm{d}f$$

根据上述定义，半监督学习问题是利用已标注样本类别信息 $\boldsymbol{Y}_L$ 及样本的图结构约束来估计未标注样本的类别指示函数值 $\boldsymbol{f}_U$。由式(6.23)可知，$\boldsymbol{f}_U$ 是一个随机场，只能用概率的方法定量描述。于是半监督学习问题变为求解概率密度函数 $p(\boldsymbol{f}_U|\boldsymbol{Y}_L)$的问题。由于能量函数 $E(\boldsymbol{f})$为二次函数，因此概率分布 $p(\boldsymbol{f})$和 $p(\boldsymbol{f}_U|\boldsymbol{Y}_L)$均为高斯分布，故而称 $\boldsymbol{f}$ 及 $\boldsymbol{f}_U$ 为高斯随机场。

下面对高斯随机场问题进行求解。首先定义 Laplace(拉普拉斯)矩阵：

$$\boldsymbol{\Delta}\equiv\boldsymbol{D}-\boldsymbol{W} \tag{6.25}$$

其中，$\boldsymbol{D}$ 为对角矩阵，$\boldsymbol{D}_{ii}=\sum_j\omega_{ij}$，表示结点 i 的度。

于是，能量函数可改写为：

$$E(\boldsymbol{f})=\frac{1}{2}\sum_{i,j}w_{ij}\left[\boldsymbol{f}(i)-\boldsymbol{f}(j)\right]^2=\boldsymbol{f}^{\mathrm{T}}\boldsymbol{\Delta f} \tag{6.26}$$

代入式(6.24)，得

$$p(\boldsymbol{f})=\frac{1}{Z}\mathrm{e}^{-b\boldsymbol{f}^{\mathrm{T}}\boldsymbol{\Delta f}} \tag{6.27}$$

可以证明，使能量达到最小的随机场值 $\boldsymbol{f}$ 是概率最大的调和类别函数，即对于各个未标注样本点类别函数 $\boldsymbol{f}(i)$，存在 $\boldsymbol{\Delta f}=0$ 的约束。这个约束使得未标注样本点 i 的函数值$\boldsymbol{f}(i)$是其近邻点的平均值，即

$$\boldsymbol{f}(i)=\frac{1}{\boldsymbol{D}_{ii}}\sum_{j\sim i}w_{ij}\boldsymbol{f}(j),\quad i\in U \tag{6.28}$$

上式中的含义与图中的平滑概念是一致的。为了得到调和函数的解，将权重矩阵写成分块矩阵 $\boldsymbol{W}=\begin{pmatrix}\boldsymbol{W}_{ll} & \boldsymbol{W}_{lu}\\ \boldsymbol{W}_{ul} & \boldsymbol{W}_{uu}\end{pmatrix}$。令 $\boldsymbol{f}_l$为 $\boldsymbol{y}_l$ 的映射且 $\boldsymbol{\Delta f}=0$，则所求的调和函数有如下解：

$$\boldsymbol{f}_u=(\boldsymbol{D}_{uu}-\boldsymbol{W}_{uu})^{-1}\boldsymbol{W}_{ul}\boldsymbol{f}_l=-\boldsymbol{\Delta}_{uu}^{-1}\boldsymbol{\Delta}_{ul}\boldsymbol{f}_l=(\boldsymbol{I}-\boldsymbol{P}_{uu})^{-1}\boldsymbol{P}_{ul}\boldsymbol{f}_l \tag{6.29}$$

其中 $\boldsymbol{P}$ 为图的转移概率矩阵，$\boldsymbol{P}=\boldsymbol{D}^{-1}\boldsymbol{W}$。

不采用概率的方法，直接以平滑性假设为前提来确定性地求解类别函数是又一类基于图的半监督学习。下面具体推导一种此类算法［胡 08］。该算法用一个加权图来描述整个数据集，在满足与标注信息一致的条件下使整个样本集的类别平滑变化，最终获得一个全局优化的结点颜色结果。

定义图 $\boldsymbol{G}=\{\boldsymbol{V},\boldsymbol{W}\}$，结点 v_i 表示样本数据点 $\boldsymbol{x}_i$，权重 w_{ij}定义为：

$$w_{ij}=\begin{cases}\mathrm{e}^{-\frac{\|x_i-x_j\|^2}{2\sigma^2}}, & \boldsymbol{x}_i\in N_k(\boldsymbol{x}_j)\vee\boldsymbol{x}_j\in N_k(\boldsymbol{x}_i)\\ 0, & \text{其他}\end{cases} \tag{6.30}$$

其中 $N_k(\boldsymbol{x}_i)$是由点 $\boldsymbol{x}_i$ 的 k 个最近邻点组成的集合，σ 为带宽参数。根据平滑性假设，结点越邻近，类别标识应越相近。因此可定义如下损失函数：

$$\eta = \sum_{i,j} \left\| \frac{1}{\sqrt{\boldsymbol{D}_{ii}}}\boldsymbol{f}_i - \frac{1}{\sqrt{\boldsymbol{D}_{jj}}}\boldsymbol{f}_j \right\|^2 \cdot w_{ij} \tag{6.31}$$

其中，$\boldsymbol{f}_i$ 和 $\boldsymbol{D}_{ii}$ 分别是结点 i 的类别标识向量和它的度。于是，损失函数 η 反映的是样本集中每个点与其近邻点间的类别标识的加权差异度的总和，即图中各 k 近邻局部区域的类别变化度的平均值。优化目标是在满足已知标注信息的条件下使 η 值达到最小。将已知标注信息表达为如下约束：

$$\boldsymbol{A} \cdot \boldsymbol{F} = \boldsymbol{b} \tag{6.32}$$

其中 $\boldsymbol{A}$ 为一个 $C \times n$ 的标注向量矩阵，$\boldsymbol{F}$ 为 $n \times C$ 的类别指示矩阵，$\boldsymbol{b}$ 是一个 $C \times C$ 的对角矩阵。n 为样本数，C 为类别数。具体地，$\boldsymbol{A} = [\boldsymbol{y}_1, \cdots, \boldsymbol{y}_l, \boldsymbol{0}, \cdots, \boldsymbol{0}]$，$\boldsymbol{y}_i$ 为已标注样本 i 的类别指示向量，$\boldsymbol{0}$ 为 C 维 0 向量；$\boldsymbol{F} = [\boldsymbol{f}_1, \cdots, \boldsymbol{f}_n]^{\mathrm{T}}$，$\boldsymbol{f}_i$ 为类别估计向量；对角矩阵 $\boldsymbol{b}$ 的元素 b_{jj} 的值等于标注样本中属于第 j 类的样本个数。式(6.32)的约束使得最优的类别估计结果满足：当 $\boldsymbol{x}_i \in L$ 时，$\boldsymbol{f}_i = \boldsymbol{y}_i$。于是，半监督学习问题转化为如下优化问题：

$$\begin{aligned} &\min_{\boldsymbol{F}} \sum_{ij} \left\| \frac{1}{\sqrt{\boldsymbol{D}_{ii}}}\boldsymbol{f}_i - \frac{1}{\sqrt{\boldsymbol{D}_{jj}}}\boldsymbol{f}_j \right\|^2 \cdot w_{ij} \\ &\text{s. t. } \boldsymbol{AF} = \boldsymbol{b} \end{aligned} \tag{6.33}$$

令矩阵 $\boldsymbol{C} = \boldsymbol{I} - \boldsymbol{D}_0^{-\frac{1}{2}} \boldsymbol{W} \boldsymbol{D}^{-\frac{1}{2}}$，式(6.33)的优化问题可改写为：

$$\begin{aligned} &\min_{\boldsymbol{F}} \mathrm{trace}\{\boldsymbol{F}^{\mathrm{T}} \boldsymbol{CF}\} \\ &\text{s. t. } \boldsymbol{AF} = \boldsymbol{b} \end{aligned}$$

根据定义，需求解的类别指示矩阵 $\boldsymbol{F}$ 的元素应非 0 即 1，这使得此优化问题成为难解的 NP 问题。为了逼近求解，需暂时将 $\boldsymbol{F}$ 元素值的二值条件进行松弛，允许其在[0,1]区间取实数值，以将此优化问题变为一般的拥有 Lagrange 乘子项的二次凸优化问题。具体地，定义 Lagrange 函数为：

$$L(\boldsymbol{F}, \lambda) = \mathrm{trace}\{\boldsymbol{F}^{\mathrm{T}} \boldsymbol{CF}\} - \lambda(\boldsymbol{AF} - \boldsymbol{b}) \tag{6.34}$$

其中 λ 为常数。令 Lagrange 函数对 $\boldsymbol{F}$ 和 λ 的偏导数分别为 $\nabla_{\boldsymbol{F}} L(\boldsymbol{F}, \lambda)$ 和 $\nabla_{\lambda} L(\boldsymbol{F}, \lambda)$。偏导数为 0 的点即取得极值的点，于是令

$$\begin{aligned} &\nabla_{\boldsymbol{F}} L(\boldsymbol{F}, \lambda) = \boldsymbol{CF} - \boldsymbol{A}^{\mathrm{T}} \lambda = 0 \\ &\nabla_{\lambda} L(\boldsymbol{F}, \lambda) = -\boldsymbol{AF} + \boldsymbol{b} = 0 \end{aligned} \tag{6.35}$$

将以上二式联立，可得：

$$\begin{bmatrix} \boldsymbol{C} & -\boldsymbol{A}^{\mathrm{T}} \\ -\boldsymbol{A} & \boldsymbol{0} \end{bmatrix} \cdot \begin{bmatrix} \boldsymbol{F} \\ \lambda \end{bmatrix} = \begin{bmatrix} \boldsymbol{0} \\ -\boldsymbol{b} \end{bmatrix} \tag{6.36}$$

将上式中左边系数矩阵的逆改写为：

$$\begin{bmatrix} \boldsymbol{C} & -\boldsymbol{A}^{\mathrm{T}} \\ -\boldsymbol{A} & \boldsymbol{0} \end{bmatrix}^{-1} = \begin{bmatrix} \boldsymbol{Q} & -\boldsymbol{R}^{\mathrm{T}} \\ -\boldsymbol{R} & \boldsymbol{S} \end{bmatrix} \tag{6.37}$$

根据逆矩阵运算公式，可得矩阵 $\boldsymbol{Q}, \boldsymbol{R}, \boldsymbol{S}$ 分别为：

$$\begin{aligned} \boldsymbol{Q} &= \boldsymbol{C}^{-1} - \boldsymbol{C}^{-1} \boldsymbol{A}^{\mathrm{T}} (\boldsymbol{AC}^{-1} \boldsymbol{A}^{\mathrm{T}})^{-1} \boldsymbol{AC}^{-1} \\ \boldsymbol{R} &= (\boldsymbol{AC}^{-1} \boldsymbol{A}^{\mathrm{T}})^{-1} \boldsymbol{AC}^{-1} \\ \boldsymbol{S} &= -(\boldsymbol{AC}^{-1} \boldsymbol{A}^{\mathrm{T}})^{-1} \end{aligned}$$

用式(6.37)的两端分别左乘式(6.36)的两端，可得类别指示矩阵 $\boldsymbol{F}$ 的解为：

$$\boldsymbol{F}=\boldsymbol{R}^{\mathrm{T}}\boldsymbol{b} \tag{6.38}$$

此时得到的类别指示矩阵 $\boldsymbol{F}$ 是实数值的。为了得到0/1值的类别指示向量，需要对实数的结果进行二值化处理。将 $\boldsymbol{F}$ 每一行中的元素最大值项设为1，其他设为0。经过二值化处理后，类别指示矩阵的第 i 行就是点 $\boldsymbol{x}_i$ 的类别指示向量的转置。

6.5　系统模型强化学习

传统上，系统模型学习方法主要有无监督学习和有监督学习两种。随着深度强化学习的发展，这种局面发生了很大的变化。强化学习在一些交互场景中对系统模型的训练展现出独特的优势，已经成为一种新的流行方法。

强化学习技术的早期渊源可以追溯到巴甫洛夫的条件反射实验。之后，强化学习在动物行为研究和优化控制两个领域中独立发展，最终在数学上被抽象为马尔可夫决策过程。深度学习模型的应用使强化学习的能力产生了质的飞越，AlphaGo的成功推动深度强化学习迅速走进不同的领域，在博弈决策、自然语言处理、图像识别、语音识别等应用中取得了显著的效果。

强化学习是一种利用奖惩信息的启发式学习。在学习过程中，系统每尝试一个动作都会导致环境状态的一次改变，并得到一个对应当前状态的得分。系统以总得分最大化为目标不断优化采取动作的策略，将学到的知识记忆在策略之中。图6.1是强化学习的系统模型，其中的元素及其作用包括以下内容。

1）智体(Agent)：人之代理，用以感知环境的状态，根据策略发出改变状态的动作，接收奖励信号并优化策略。

2）环境(Environment)：智体的工作环境，由多个状态变量表示。

3）动作(Action)：智体对环境的各种操作。

4）状态(State)：环境中各状态变量的当前值，由智体所感知。

5）奖励(Reward)：对上一动作效果或当前状态的评价，由环境反馈给智体。

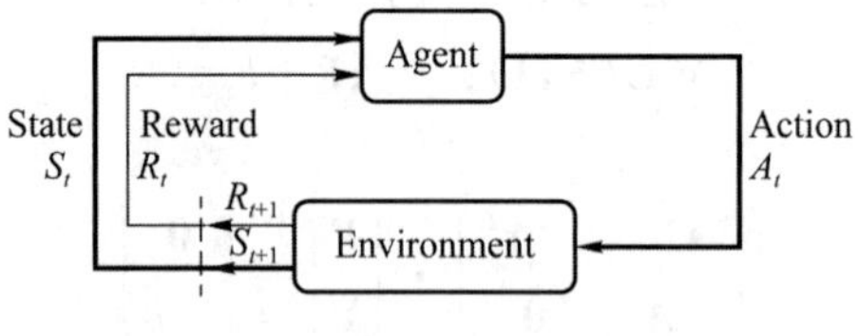

图6.1　强化学习的系统模型

早期的强化学习环境由有限数量的状态变量表达，智体的学习主要解决动作价值函数(action-value function)建模问题。当把智体置于视觉、听觉等人类所直接感知的自然环境中进行强化学习时，如训练电子游戏智体的场合，环境的状态表示也成为一个关键问题。因为此时智体得到的环境信息是高维的视觉和听觉等传感数据，需要有效地将其转变为有限数量的状态变量(即特征)才便于进行后续的强化学习。在早期，解决这个问题是很困难的，需要根据具体的学习任务来人工设计特征，既十分繁琐又无通用性。深度学习为解决这一问题带来了有效的工具。卷积神经网络、多层感知器、循环神经网络、受限玻尔兹曼机等多种深度模型均可作为从高维传感数据中提取所需特征的通用模型。这一方法在电子游戏智体、围棋智体(AlphaGo)的应用中非常成功,促使强化学习走向了与深度学习紧密结合之路。

将深度学习应用于强化学习首先需要解决训练样本问题。深度模型的训练通常需要大量的标注样本,而强化学习要求智体能够依据所获得的启发性的标量型奖励信号进行学习。奖励信号通常是有延时、有噪声的,因为一个动作往往影响后续多个步骤的效果,其得到的奖励不是当时就全部显现,而是会长期、持续地蕴含在后续的奖励之中。这一点深度学习与有监督学习有显著的区别,有监督学习的输入和其目标是直接绑定的。另一个重要问题是大多数深度学习算法假设训练样本之间是独立的,而在强化学习中,智体从环境中得到的是高度相关的状态序列,不宜直接用来训练深度模型。另外,在强化学习中,一旦智体获得了新的行为或策略方式,便会改变所产生的数据分布,而深度学习通常假定样本的数据分布是确定的。

[Mnih 13]对传统强化学习的Q学习算法进行了改造,利用"经验再现(experience replay)",结合随机梯度下降技术,克服了上述深度强化学习训练样本的问题,成功实现了一个基于视觉输入的通用电子游戏智体的强化学习。训练该智体的环境Atari2600游戏平台提供多种游戏的高维视觉输入(210×160像素),是一个高挑战性的强化学习试验床。该智体利用平台上的7个趣味性强、难度高的游戏进行实验,获得了6个游戏的历史最高得分。该智体模型对深度强化学习的发展产生了重要影响,现已成为一个主要的技术流派,其主要技术环节如下所述。

智体的目标是选择最合适的动作施用于环境以使未来所得的奖励最大化。设t时刻的屏幕图像为x_t,所选择的动作为a_t,则截至t时刻智体的观察序列为$s_t=\{x_1, a_1,\cdots,x_{t-1}, a_{t-1}, x_t\}$。$t$时刻的未来奖励有一个标准的因子折扣理论模型,即$R_t=\sum_{x=t}^{T}\gamma^{x-t}r_x$,这里$\gamma$是小于1的折扣因子,$T$是游戏终止时刻。可以看出,$R_t$表达的是$t$时刻采取的动作所带来的总回报,既包含了$t$时刻的奖励,也包含了$t$时刻之后直至游戏终止的奖励,但对其权重因子进行了指数衰减。定义最优动作价值函数:

$$Q^*(s,a)=\max_\pi \mathbb{E}[R_t|s_t=s,a_t=a,\pi] \tag{6.39}$$

这里,π是将观测序列映射为动作的策略,即动作的概率分布。这个公式将最优动作价值函数定义为通过任意策略所能达到的未来奖励期望的最大值。显然,这就是智体的工作目标。

根据未来奖励R_t的定义,最优动作价值函数是一种迭代函数,即t时刻的最优动作价值函数等于t时刻的奖励加上γ倍$t+1$时刻的最优动作价值函数。然而,这个迭代函数却难以直接求解,因为观测序列不同,动作价值函数也不同,导致其在各个时刻都会发生变化。于是,强化学习的任务便是使智体学到最优动作价值函数的通用近似模型,使其能够以最优策略对任意输入选择价值最大的动作。传统上多采用线性模型对动作价值函数进行通用近似,而[Mnih 13]采用深度卷积神经网络进行近似,并将其称为Q-网络。

[Mnih 13]将训练Q-网络时第i次迭代的损失函数定义为:

$$L_i(\theta_i)=\mathbb{E}_{s,a\sim\rho(.)}[(y_i-Q(s, a ; \theta_i))^2] \tag{6.40}$$

这里,$Q(s, a ; \theta_i)$为Q-网络在参数为θ_i,输入序列为s,所选动作为a时的输出值,而$y_i=\mathbb{E}_{s'}[r+\gamma \max_{a'} Q(s', a' ; \theta_{i-1})| s, a]$为目标值,表示利用观测序列随机取样去迭代近似当

当前条件下的最优动作价值函数，$\rho(s,a)$ 为关于输入序列和可选动作的概率分布，通常称为行为分布。需要注意的是，在计算 $L_i(\theta_i)$ 时，保持上一次迭代时的网络参数 θ_{i-1} 不变。另外，Q-网络的目标值与网络参数有关，这一点与有监督学习具有显著的区别。

以使上述损失函数最小为目标，利用随机梯度下降法进行智体的强化学习是[Mnih 13]的基本策略。在学习过程中，每次迭代都通过 $\rho(s,a)$ 从环境中抽取一组样本进行 Q-网络参数的更新。这便使得该强化学习与传统的 Q-learning 算法归于一致，无须对环境进行建模，而直接对环境的观察序列进行采样。同时，算法采用 ε-greedy 原则进行动作选择，实现策略偏离（off-policy），即以 $1-\varepsilon$ 的概率根据贪心原则选择 Q 值最大的动作，另以 ε 的概率随机选择动作。策略偏离是博弈论中的一个基本原理，目的是保证对环境状态空间探索的拓展（exploration），避免因一味守成（exploitation）而陷于局部。

下面对 Q-网络的训练算法进行具体描述。该算法的主要思想是采用经验再现和策略偏离技术训练网络参数，以达到降低训练样本之间的相关性，提高训练效率和 Q-网络性能的目的。算法在每个博弈时刻将"经验" $e_t=(s_t,a_t,r_t,s_{t+1})$ 存入数据集缓冲区 D，使其保存最新的 N 条经验数据。然后从 D 中随机选择一组（mini-batch）训练样本，通过一个内循环进行 Q-网络参数更新。完成一次经验再现学习后，智体根据 ε-greedy 策略进行动作选择并施用于环境，由此产生新的经验。具体算法如下。

算法 6.1　基于经验再现的深度 Q-学习

初始化容量为 N 的经验再现缓冲区 D；
随机初始化 Q-网络参数；
for e = 1, …, M do －－ e 为训练代次
　　$s_1=\{x_1\}$；－－初始化观测序列
　　$\phi_1=\phi(s_1)$；－－对观测序列进行预处理操作 φ
　　for t = 1, T do －－ t 表示游戏步骤，T 为终止步骤
　　　　如果标准随机数小于 ε，则随机选择动作 a_t，否则 $a_t=\max_a Q^*(\phi(s_t),a;\theta)$；
　　　　执行 a_t，获取 r_t 及 x_{t+1}；
　　　　$s_{t+1}=\{s_t,a_t,x_{t+1}\}$；－－构造观测序列
　　　　$\phi_{t+1}=\phi(s_{t+1})$；－－对观测序列进行预处理
　　　　将 $(\phi_t,a_t,r_t,\phi_{t+1})$ 存入 D；－－如 D 中已有 N 条经验，将最旧一条移除
　　　　从 D 中随机提取一小批经验数据 $(\phi_j,a_j,r_j,\phi_{j+1})$；－－ j 的取值个数等于取出的数据条数
　　　　令 $y_j=\begin{cases}r_j, & \phi_{j+1} \text{为终止序列}\\ r_j+\gamma\max_{a'}Q(\phi_{j+1},a;\theta), & \phi_{j+1} \text{为非终止序列}\end{cases}$
　　　　通过一个内循环对 Q-网络参数基于定义的损失函数 $L(\theta)$ 进行随机梯度下降学习；
　　end for
end for

算法中包含一个对观测序列的预处理操作 φ，其目的是降低原始彩色图像的数据维度，将 210×160 的 128 值的彩色图像变为 84×84 的灰度图像，以便于 GPU 进行 2 维卷积计算。在博弈过程中，每个步骤经历的时间长度可能不同，因而经历的图像帧数也可能不同，为了统一输入数据的长度，预处理操作取每个步骤的最后 4 帧图像。于是，经历 φ 后的输入

数据维度为 84×84×4。

实验中对 Q-网络的结构进行了如下设定：84×84×4 的输入，16 个 8×8 的卷积核和 ReLU 激活函数所构成的第一隐层，32 个 4×4 的卷积核和 ReLU 激活函数所构成的第二隐层，256 个 ReLU 单元的全连接第三隐层，对应各个动作 Q 值的全连接线性输出层。输出层的单元数与各游戏可选的动作数相等，对应实验的 7 种游戏，最小为 4，最大为 18。

2016 年，Q-网络模型被用于围棋程序 AlphaGo，取得了举世瞩目的巨大成功。不久，AlphaGo 团队又推出了 AlphaGo Zero [Silv 17]，在没有任何人类经验数据输入的条件下，AlphaGo Zero 通过自我博弈和强化学习实现了性能的进一步突破，在与人类棋手博弈中取得全胜的战绩，将深度强化学习推向了令人信服的新高度。

AlphaGo 利用了两个深度神经网络，一个是输出落子策略的网络，另一个是输出棋局评分的网络。策略网络利用人类棋谱进行有监督初始训练，然后通过策略梯度强化学习进行精调。评分网络通过预测比赛的胜者进行训练，比赛采用策略网络进行自我博弈。两个网络训练完成之后，利用蒙特卡罗树搜索（MCTS）机制将它们结合起来使用。与 AlphaGo 不同，AlphaGo Zero 将策略网络和评分网络合二为一，利用强化学习构建了一个伪监督学习架构，完全通过自我博弈进行学习，无须人类棋谱的输入。由于只依赖一个网络，所用的 MCTS 机制也变得更加简单。这些改进的实现依赖于一个新的强化学习算法，其特点在于将策略搜索置于训练循环之内，使得学习结果得以快速改进，学习效果更加精准，学习过程更加平稳。

AlphaGo Zero 采用的深度神经网络是一个残差网络，用 f_θ 表示，其中 θ 为网络参数。网络的输入是当前棋局的图像表示 s，输出是落子点位概率分布和评分。于是，网络的函数关系可表示为 $(\boldsymbol{p},v)=f_\theta(s)$。这里，$\boldsymbol{p}$ 为落子点位概率向量，不同元素对应不同落子点位 a 的概率 $p_a=\Pr(a|s)$。v 是一个标量值，表示根据当前棋局 s 所估计的当前棋手获胜的概率。

神经网络 f_θ 利用一种新颖的强化学习算法通过自我博弈的数据进行训练。在自我博弈的每一步棋局 s 中，由 f_θ 引导进行 MCTS，由 MCTS 输出作为博弈策略的落子点位概率向量 $\boldsymbol{\pi}$。由于 MCTS 输出的落子点位概率向量 $\boldsymbol{\pi}$ 是在 f_θ 输出的概率向量 $\boldsymbol{p}$ 的基础上强化的，因此它是一个更好的策略。这意味着 $\boldsymbol{\pi}$ 可以成为 $\boldsymbol{p}$ 追求的目标值，而自我博弈的最终胜负结果 z 又可以看作 f_θ 输出的评分值 v 的目标值。这便为有监督训练 f_θ 提供了条件。

具体地，算法首先对神经网络 f_θ 随机设置初始参数 θ_0，在随后的每次策略迭代 $i\geqslant 1$ 中，执行如下两个平行的循环，交替提升 MCTS 和 f_θ 的性能。

一个是利用 MCTS 进行自我博弈的循环，通过一盘比赛产生多步棋局。对应每一步 t，MCTS 基于当前棋局 s_t 和神经网络 $f_{\theta_{i-1}}$ 给出落子策略概率分布 π_t，算法根据此分布抽取落子点位。比赛达到预设条件结束后，通过终局 s_T 进行胜负判决，给出奖励结果 $r_T=\{-1, +1\}$。然后，将每一步的数据 (s_t,π_t,z_t) 保存起来。这里，$z_t=\{-1, +1\}$，是根据奖励结果 r_T 确定的当前棋手的最终胜负结果。

另一个是训练神经网络 f_{θ_i} 的循环，通过对 MCTS 循环中保存的数据进行采样，获得训练数据集 $(s,\boldsymbol{\pi},z)$，然后进行有监督训练。具体地，以 $\boldsymbol{\pi}$ 和 z 为目标，调整 f_{θ_i} 输出的策略概率分布 $\boldsymbol{p}$ 和评分值 v，采用损失函数 $l=(z-v)^2-\boldsymbol{\pi}^{\mathrm{T}}\lg \boldsymbol{p}+c\|\theta\|^2$ 进行梯度下降学习。损

失中的第一项是 z 与 v 之间的平方差，第二项是用交叉熵衡量的 $\boldsymbol{\pi}$ 与 $\boldsymbol{p}$ 之间的分歧，第三项是由系数 c 控制的防止过拟合的参数正则化项。算法流程如图 6.2 所示，其中，(a)表示基于 MCTS 的自我博弈循环，(b)表示神经网络训练循环。

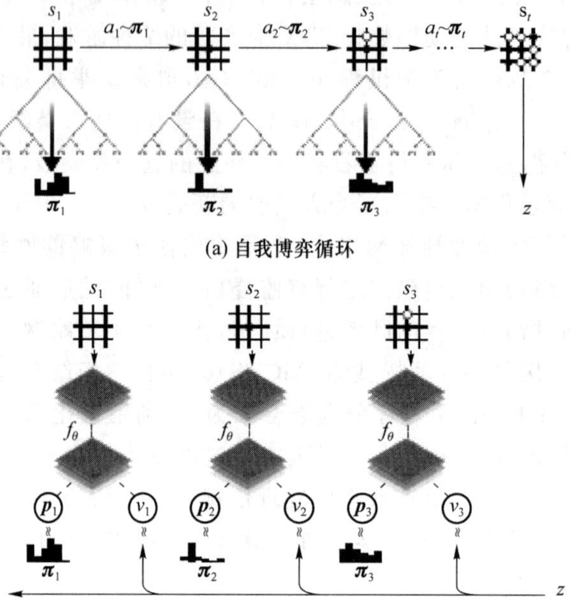

(b) 神经网络训练循环

图 6.2 AlphaGo Zero 强化学习流程图

MCTS 便是 AlphaGo 进行博弈的 Q 函数。为了使 MCTS 产生强于神经网络 f_θ 的策略，将 f_θ 置于其中进行落子点位(动作)优选的博弈模拟，大量模拟之后所获得的各个动作的选用概率被作为 MCTS 的策略。为此，按如下机理构建算法：令蒙特卡罗树的每个节点对应一步棋局 s，其下各分枝(s,a)对应不同的动作 a，由先验概率 $P(s,a)$、到访次数 $N(s,a)$ 和动作价值 $Q(s,a)$3 个变量描述。每次模拟都从根状态开始以动作价值和置信度上界之和$(Q(s,a)+U(s,a))$最大为标准选择分枝，直至某叶子节点 s'。置信度上界定义为 $U(s,a) \propto P(s,a)\ /\ (1+N(s,a))$。到达叶子节点 s'后，该节点被展开，并通过神经网络 f_θ 对其进行评估，得到输出$(P(s',\cdot),V(s'))=f_\theta(s')$，以此给出 s'节点下每个分枝的先验概率 $P(s',\cdot)$ 和 s'的评分 $V(s')$。在每次模拟中，每个被经由分枝(s,a)的到访次数 $N(s,a)$被加 1，同时其动作价值 $Q(s,a)$被更新为 $1/N(s,a)\sum\limits_{s'|s,a\to s'}V(s')$，式中的 $s,a\to s'$ 表示经由分枝(s,a)最终到达叶子节点 s'的已发生的模拟。模拟次数达到设定值后，结束搜索过程，将各动作 a 的选用概率定义为 $\pi_a \propto N(s,a)^{1/\tau}$，这里，$\tau$ 为控制淬火过程的温度参数变量，随着学习代次的增加而逐渐降低。由元素 π_a 所构成的向量 $\boldsymbol{\pi}$ 便是 MCTS 的策略概率分布。算法流程如图 6.3 所示，其中，(a)表示以 $Q+U$ 最大为标准选择动作；(b)表示对叶子节点进行扩展；(c)表示对 Q 值进行更新；(d)表示最终获得的策略 $\boldsymbol{\pi}$。

需要注意的是算法中树分支的选择标准，它既包含动作价值 Q，也包含置信度上界 U，而 U 是一个随着动作被采用次数的增加而减少的值，以此通过“守成(exploitation)”和“拓

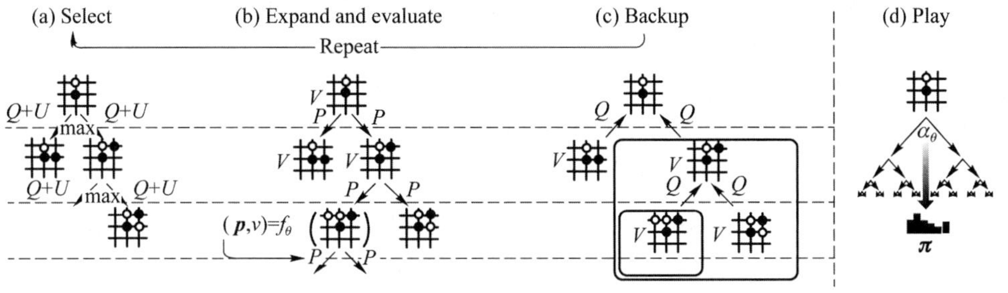

图 6.3 AlphaGo Zero 中的 MCTS

展(exploration)”之间的平衡进行动作选择。

AlphaGo Zero 的训练经历了基于 MCTS 的 490 万步的自我博弈，每一步包含 1 600 次模拟搜索，大约耗时 0.4 秒。网络参数训练使用了 70 万组(mini-batch)数据，每组 2 048 个样本。神经网络包含 20 个残差模块，由 1 台机器上的 4 个 TPU 支撑，训练耗时约 72 小时。训练过程平稳，未出现振荡或遗忘现象。

分析表明，AlphaGo Zero 对围棋的知识发现达到了非凡的水平，不仅可以发现围棋知识的基本元素，还能够发现超越传统围棋知识的一些非标准策略。这表明，强化学习不仅可以摆脱标注数据这一限制有监督学习应用的枷锁，而且可以使机器学习突破人类知识的天花板。这方面的启示意义非常重要。

AlphaGo Zero 出现之后，该算法架构被继续改进，产生了统一面向多种棋类游戏的 AlphaZero 和面向 Atari 游戏平台的 MuZero，使得该算法架构的有效性在整个 AI 博弈领域得到普遍验证。近期，有研究指出：在 AlphaZero 系列中，策略搜索所依赖的置信度上界是正则化策略优化问题的近似解，在 MCTS 的模拟次数相对可选动作数不充足的情况下，直接采用正则化策略优化的理论解会取得更好的性能。

深度强化学习可被用于构建信息过滤中的二元分类器。例如，[秦 20]将深度强化学习用于构建剔除训练数据集中噪声样本的分类器，辅助进行基于弱监督学习的文本关系抽取，使学习中的监督信息得到净化和增强，提高了关系抽取的精度。算法的基本原理是将噪声分类器看作执行输入样本“保留”和“移除”两个动作的智体进行迭代训练，每次迭代从训练数据集中剔除一批样本，然后利用剩余的数据进行有监督文本关系分类，并计算分类的 F1 值。将本次迭代的 F1 值与前一次的 F1 值之差作为对智体本次操作的“奖励”进行强化学习。

6.6 系统模型对抗学习

深度学习的最初成功是在鉴别模型的训练中取得的，这些模型将高维传感数据直接映射为类别标签，便于应用 BP 算法和漏下(Dropout)算法。能否利用深度学习训练生成模型呢？研究发现，由于隐层单元多采用分段线性激活函数，深度神经网络一般难以直接用来近似生成模型中的复杂的概率分布。

2014 年，[Good 14]基于对抗学习的原理提出一种网络架构 GAN(Generative

Adversarial Network)，实现了基于深度学习的可用于多种任务的生成式系统模型，为系统模型的学习提供了十分重要的新的选择。所谓对抗学习，是将生成模型的训练与鉴别模型的训练结合起来，形成一种对抗(adversarial)关系：生成模型的目标是使生成的样本不被鉴别模型识别出来，而鉴别模型的目标是准确地识别样本是模型生成的还是来自训练数据本身。两个模型在对抗过程中不断增强，最终达到平衡。

GAN 用两个多层感知器分别作为生成网络和鉴别网络，两个网络均结合 BP 算法与漏下算法进行训练，生成网络将输入的随机噪声通过前馈过程变为所需要的样本，鉴别网络对来自生成网络的样本和来自训练数据的样本进行鉴别，其工作原理如图 6.4 所示。

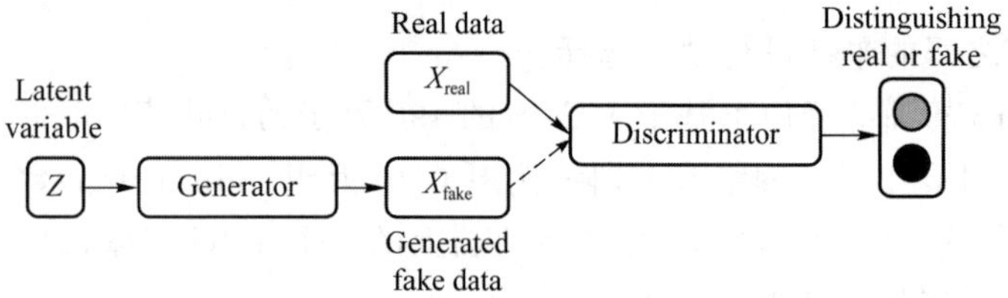

图 6.4　GAN 的工作原理

图 6.4 显示的过程是：利用来自某种分布(通常为高斯分布)的随机变量(隐变量)z 作为生成器的输入，生成模拟真实数据 X_{real} 的伪数据 X_{fake}。X_{real} 和 X_{fake} 被随机提供给判别器，由其负责判别输入数据的真伪。

在 GAN 中，生成器为生成网络 G，判别器为鉴别网络 D。定义生成网络为可导函数 $G(z,\theta_g)$，其中的输入 z 是符合先验分布 $p_z(z)$ 的噪声变量，θ_g 表示需要学习的多层感知器参数，学习的目标是使 G 的分布 p_g 与训练数据 x 的分布相一致。定义鉴别网络为标量函数 $D(x,\theta_d)$，表示样本 x 是来自训练数据分布而不是来自 p_g 的概率。D 的训练目的是使其正确鉴别 x 来源的概率最大化，理想目标是当 x 为训练数据时 D 为 1，当 x 为 G 所生成时 D 为 0。由于 G 的目标是生成与训练数据具有相同分布特征的样本，即令 D 的输出值越接近 1 越好，因此 G 的优化可表示为最小化 $\lg(1-D(G(z)))$。于是，可将 GAN 看作关于由 G 和 D 的目标共同决定的价值函数 $V(G,D)$ 的极小极大博弈，G 希望它越小越好，而 D 希望它越大越好。该博弈具体定义为：

$$\min_G \max_D V(G,D)=\mathbb{E}_{x\sim p_{\text{data}}(x)}[\lg D(x)]+\mathbb{E}_{z\sim p_z(z)}[\lg(1-D(G(z)))] \tag{6.41}$$

[Good 14]通过推导证明在不限制 G 和 D 的参数容量的条件下，式(6.41)所定义的对抗网络可以使 G 收敛到训练数据的分布，从而达到生成模型的训练目标。理论上，训练算法的内循环对 D 进行更新，令其更好地区分生成样本和数据样本，其收敛点为 $p_{\text{data}}(x)/(p_{\text{data}}(x)+p_g(x))$；算法的外循环对 G 进行更新，D 的梯度将引导 $G(z)$ 移向更易于被误判为训练数据的区域。经过若干次迭代后，算法将使 G 收敛在 $p_{\text{data}}=p_g$ 点，此时 $D(x)=1/2$。

实际上，式(6.41)可能无法为 G 提供足够大的梯度使其得到很好的学习。一般来说，G 在学习过程的早期性能很差，产生的样本与训练数据有明显的差异。因此，D 可以以高置信度拒绝 G 生成的样本。这种情况被称为饱和博弈，因为 $\lg(1-D(G(z)))$ 是饱和的。这时，可以令最大化 $\lg(D(G(z)))$ 为目标训练 G，而非最小化 $\lg(1-D(G(z)))$。这种策略被称为非饱和博弈。

除了极小极大博弈和非饱和博弈，GAN 还可以采用最大似然博弈进行训练。这时假

设判别器 D 是最优的，于是转以最小化$[-D(G(z))/(1-D(G(z)))]$在 $p_z(z)$分布下的期望为目标训练生成器 G。3 种博弈策略各具特点，理论分析和实验观察表明：当样本更可能来自于生成器的时候，最大似然博弈和极小极大博弈都受到梯度消失的影响，而非饱和博弈受此影响较小。最大似然博弈的梯度取决于一个批次中的少数优质样本。

实际中，GAN 需要利用数值迭代的方法实现。一个现实问题是：如果在内循环对 D 进行完全优化后再跳到外循环优化 G，不仅计算量过大，还易于导致过拟合。为解决这一问题，可采用交替优化的方法，即对 D 进行 k 步优化后，便对 G 进行一步优化。在[Good 14]的实现中，k 取值为 1。

GAN 的训练是一项很有挑战性的任务，原因首先来自 GAN 的一个固有特点：其最佳权重对应于损失函数的鞍点，而非极小值点。此外，在 GAN 的训练中还可能出现模式坍塌(mode collapse)问题。这时，生成器仅从训练数据集合中学习到少数数据模式，而忽略了大多数模式，极端情况下，生成器仅能生成单个样本而陷入完全坍塌。

为了克服 GAN 训练中的困难，人们从目标函数、网络结构、训练数据等多个方面提出解决方案，使得 GAN 的训练成为一个可以得到稳定控制的过程。基于此也产生了 GAN 的各种变种，如 InfoGAN、ConditionalGANs(cGANs)、CycleGAN 等。这些变种在性质和功能上存在差异，能够在不同的任务中展现出各自的优势和特点。

GAN 模型的出现产生了很强的学术影响，使得基于深度模型的对抗学习成为十分重要的一个研究方向。在应用方面，利用 GAN 模型所生成的样本的质量越来越高，常被用于扩充训练样本和用于系统对抗中的攻击样本。需要指出的是，GAN 及其生成的样本与所谓的“对抗样本(adversarial example)”是不同的概念，后者是指外观上与分类器能够识别的某类样本很相似，但却令分类器做出另类判别的样本。对抗样本主要作为分析神经网络“神秘”行为的工具使用。

GAN 所代表的对抗学习模型不仅可以用于生成符合训练数据分布的样本，也可用于构建二元分类器。此时对生成器 G 的输入将不再是噪声，而是需要分类的样本。鉴别器 D 将 G 分为正类的样本作为负类样本，将 G 分为负类的样本作为正类样本进行处理，以形成对抗学习机制。当 D 的性能降到最低时，G 的分类性能达到最高。在构成这种对抗学习机制之前，G 和 D 需要利用相同的正样本集合和不同的负样本集合进行预训练。[秦 20]利用上述对抗学习机制构建了一种用于文本关系抽取训练数据提纯的分类器，该分类器可以对训练数据集合中的噪声数据进行有效排除，展示了对抗学习的一种特殊用途。

6.7 系统模型主动学习

主动学习是机器学习的一种特殊范式，在这种范式之下，学习算法主动地、交互地向信息源(或称教师)请求标注训练数据。理想中的新标注数据是对系统模型的学习最有帮助的数据。在主动学习中，由于学习者主动选择样本，其学习效率会显著高于普通的监督学习。

主动学习的关键是学习算法如何选择样本请求教师(如信息推荐系统中的用户)标注。原则上，选择样本时需考虑以下几个问题：1)该样本是否已经被训练集合所表现？2)该样本是否具有代表性(不是离群点)？3)该样本的选择是为了提高模型精度还是为了其他目标？

如果样本的特征已经在训练集合中得到表现,则对它的学习难以获得较多的新信息。因此,此类样本是不被主动学习所钟爱的。另外,主动学习所选择的样本应尽量具有代表性,因为算法的精度基于这些样本评估,选择的样本代表性差,将使算法精度的评估产生偏差。以上两种考虑均是以提高模型精度为前提的,如果学习的目标不是提高精度,而是为了达到其他目标,如探测用户特定的偏好,则不受限于以上原则。

此外,主动学习还要考虑标注的可能性、样本的显著性、样本的流行性、最佳/最差性等问题。标注的可能性是指所请求的样本被标注的概率,标注者常常因为缺乏相关知识等原因无法完成对特定数据的标注。样本的显著性是指样本对系统决策的影响程度。流行度高的样本(如当下流行的歌曲或影片)往往意味着对其标注的趋同性较高,因而获得的信息量较少。而最佳/最差标注常常对算法捕捉用户偏好更有帮助。

在信息推荐系统中,上述主动学习模式发挥了重要作用,为解决系统冷启动等问题提供了方法。例如,基于用户对物品评分的推荐系统中的数据稀疏问题是影响推荐质量的关键问题之一,特别是对于新加入系统中的用户,由于评分的物品很少,所以难以准确预测其偏好。这时,系统可采用主动学习的策略,提示新加入的用户为对训练其模型最有帮助的物品进行评价,以便尽快获得其偏好特点。具体地,[Harp 07]提出了一种个性化的主动学习算法,专门用以解决推荐系统的新用户建模问题。

[Harp 07]算法以基于模型的协同过滤系统为对象。在这类系统中,需要直接对已知用户和物品条件下的各种评分的概率建模,即给出概率模型 $P(r|u,i)$,其中 r 为评分值,u 代表用户,i 代表物品。在估计 $P(r|u,i)$时,采用方面模型(Aspect Model,AM)和柔性混合模型(Flexible Mixture Model,FMM)进行展开,以降低模型估计的难度。

AM 是一种概率潜语义模型,它通过引入用户的潜在行为变量对用户的物品评分概率模型进行展开。设用户集合为 U,潜在行为模式集合为 Z,则任意用户 $u\in U$ 对任意行为模式 $z\in Z$ 都有一个生成概率;并且,同一行为模式下的用户对物品具有相同的评分概率模型,即给定潜在行为模式 z,物品的评分与用户条件独立。于是有:

$$P(r \mid u,i) = \sum_{z\in Z} P(r \mid i,z)P(z \mid u) \tag{6.42}$$

在式(6.42)中,$P(r|i,z)$是一个与用户无关的因潜在行为模式而异的模型,$P(z|u)$是一个代表用户个性的因子。以往的研究分别利用高斯分布和多项分布对 $P(r|i,z)$和 $P(z|u)$建模,并利用 EM 算法对模型参数进行估计。用户 u 的所有个性项构成其用户模型 θ_u,即 $\theta_u=\{\theta_u:\theta_{u_L}=P(z|u),\forall z\in Z\}$。

FMM 是对 AM 的一种扩展,它将模型中的潜在变量分成了两个。一个用来代表具有类似行为模式的用户组 z_u,另一个用来代表具有类似订购用户的物品组 z_i,则联合概率

$$P(r,u,i) = \sum_{z,N} P(z_u)P(z_i)P(u \mid z_u)P(i \mid z_i)P(r \mid z_u,z_i) \tag{6.43}$$

值得注意的是,式(6.43)中等式右边的各个概率模型都与具体用户无关。

在推荐系统中,一种流行的主动学习方法是请用户对能够最大限度降低用户模型的熵的物品进行评分。在协同过滤环境中,这种方法可表示为:

$$i_u^* = \arg\min_{i\in I} - \left\langle \sum_{z\in Z} \theta_{u_z|i,r} \lg \theta_{u_z|i,r} \right\rangle_{P(\gamma|i,u)} \tag{6.44}$$

这里,$\boldsymbol{I}$ 表示物品的集合,θ_{u_z} 表示用户模型 $P(z|u)$,$\theta_{u_z|i,r}$ 表示用户对物品 i 给出评分 r 后重

新估计的用户模型，即 $P(z|u,i,r)$。

式(6.44)表示在获得了用户对物品 i 的评分 r 这一附加信息后重新估计的用户模型的期望熵，其中用户对物品 i 的评分 r 根据当前模型 $P(r|u,i)$ 采样获得。

上述最小化熵的方法会趋于使用户只具有一个行为模式，致使模型过于刚硬而缺少灵活性。[Jin 04] 提出的 Bayes 选择法对克服这一问题具有重要帮助。Bayes 选择法在选择物品 i 时，以如何尽快逼近"真实"模型 $\theta_{\mathrm{u}}^{\mathrm{true}}$ 为目标，所谓的"真实"模型是用户模型的后验近似估计(Bayes 近似估计)，即

$$i_u^* = \arg\max_{i\in I} \left\langle \sum_{z\in Z} \theta_{u_z}^{\mathrm{true}} \lg \frac{\theta_{u_l|i,r}}{\theta_{u_z}^{\mathrm{true}}} \right\rangle_{P(\gamma|i,u)} \tag{6.45}$$

式(6.45)是一个 KL 距离测度的非，当估计的分布等于"真实"分布时达到最大。

Bayes 选择能够加速当前模型向"真实"模型逼近的前提是假设用户对系统提示的物品都做出评分。这一点在实际中是得不到满足的，因为用户会出于不了解提示的物品或其他原因拒绝做出评分。为此，[Harp 07]提出在 Bayes 选择的基础上加上用户的个性化项，以使系统的提问最大可能得到用户的答复。具体方法是在式(6.45)中加入 $P(i|u)$因子，代表从用户 u 获得对物品 i 评分的概率，即

$$i_u^* = \arg\max_{i\in I}\left(\left\langle \sum_{z\in Z} \theta_{u_z}^{\mathrm{true}} \lg \frac{\theta_{u_l|i,r}}{\theta_{u_z}^{\mathrm{true}}} \right\rangle_{P(\gamma|i,u)} \right) P(i \mid u) \tag{6.46}$$

式(6.46)中，Bayes 选择的判断基准项与个性化项 $P(i|u)$的乘积是一种"软与(soft AND)"运算。它的最大值在两个乘子同时达到最大时获得。实验表明，这是一个合理的个性化主动学习方法。

对于概率 $P(i|u)$，[Harp 07]提出了如下近似：

$$P(i \mid u) = \sum_{z\in Z} P(i|z)P(z \mid u) \tag{6.47}$$

其中

$$P(i \mid z) = \frac{\sum_{u\in U} P(z|u)I(u,i)}{\sum_{u\in U}\sum_{i'\in I} P(z|u)I(u,i')}$$

$$I(u,i) = \begin{cases} 1, & \text{用户 } u \text{ 对物品 } i \text{ 有评分} \\ 0, & \text{其他} \end{cases} \tag{6.48}$$

式(6.48)中，指示函数 $I(u,i)$的作用在于使系统只关心获得用户 u 对物品 i 评分的概率，而不关心 u 对 i 的具体分数。

上述个性化主动学习算法的有效性在实验中得到了验证。

6.8 系统模型矩阵分解

当系统模型为矩阵模型时，矩阵分解是简化模型的一种基本而有效的方法。这一点，可以通过基于协同过滤的信息推荐系统加以阐释。

在信息推荐系统中，基于近邻的协同预测一般需要存储评分表 R，但在很多情况下 R 常常是用户数和物品数均超过百万的巨大矩阵，基于存储的方法难以直接应用。基于模型

的方法具有良好的伸缩性，是解决大规模协同过滤推荐问题的主要方法。此时，矩阵分解便成为一种基本数学工具。一个有效的矩阵分解方法不但可以降低算法的复杂度，还可以提高算法的精度。在现有的面向协同过滤问题的矩阵分解中，[Taka 09]的方法具有代表性，为学习此类方法提供了范例。

首先将协同过滤问题定义为一个随机三元组(U, I, R)，其中U为用户标识变量，取值为$\{1, \cdots, N\}$；I为物品标识变量，取值为$\{1, \cdots, M\}$；R为评分变量，取值可为二值的$\{0,1\}$，或一个区间的整数，如$\{1,2,3,4,5\}$，或一个区间的实数，如$[-10, 10]$。随机三元组(U, I, R)的实例由(u, i, r)表示，意味着用户u为物品i给出的评分为r。求解一个协同过滤问题的目标是根据U和I估计R，以使估计的均方根误差最小。均方根误差定义为：

$$\mathrm{RMSE}=\sqrt{\mathbb{E}\{(\hat{R}-R)^2\}} \tag{6.49}$$

这里，$\mathbb{E}$表示均值函数，$\hat{R}$为R的估计值。

实际中，(U,I,R)的分布是未知的，所能得到的是有限的样本集合$T'=\{(u_1,i_1,r_1), \cdots,(u_t,i_t,r_t)\}$，用以训练评分预测器。假设$T'$中的样本是不重复的，即一对用户和物品只有一个样本，意味着用户对一个物品的评分最多只有一个。引入符号$T=\{(u,i): \exists r: (u,i,r)\in T'\}$表示$T'$中各评分所对应的用户和物品名对的集合，显然$|T|=|T'|$。因为一般情况下用户对大多数物品没有评分，所以$|T| \ll NM$。如果用矩阵$\boldsymbol{R}\in \mathbb{R}^{N\times M}$表示$T'$，则矩阵中的元素$(u,i)\in T$是已知的(记为$r_{ui}$)，而元素$(u,i)\notin T$是未知的。

在此设定条件下，协同过滤的目标就是建立一个评分预测器，以使RMSE最小。实际上，RMSE无法直接测定，因为(U, I, R)的分布未知，但其估计值可以通过如下变通的方法获得。

设确认集合为V'，且V'与T'的评分项没有重叠。定义$V=\{(u,i): \exists r: (u,i,r)\in V'\}$，于是有$V\cap T=\varnothing$。如果训练集合$T'$和确认集合$V'$来自同一分布，则RMSE的估计值：

$$\widehat{\mathrm{RMSE}}=\sqrt{\frac{1}{|V|}\sum_{(u,i)\in V}(\hat{r}_{ui}-r_{ui})^2} \tag{6.50}$$

这里，$\hat{r}_{ui}$是r_{ui}的估计值。当对给定的r_{ui}通过$\hat{r}_{ui}$进行估计时，称u为当前用户，i为当前物品，名对(u,i)为查询。

所谓矩阵分解就是将一个矩阵等效或近似为两个矩阵的乘积。假设欲对矩阵$\boldsymbol{R}$进行分解，则问题就是求解如下近似：$\boldsymbol{R}\approx \boldsymbol{PQ}$。这里，$\boldsymbol{P}$和$\boldsymbol{Q}$分别为$N\times K$和$K\times M$的矩阵，$\boldsymbol{P}$为用户特征矩阵，$\boldsymbol{Q}$为物品特征矩阵，$K$是所获分解的特征维度。如果将这两个矩阵看作线性变换，则使它们连续产生作用的意义是$\boldsymbol{Q}$将$\mathbb{R}^M$空间中的特征变换到$\mathbb{R}^K$空间后，$\boldsymbol{P}$接着将此$\mathbb{R}^K$空间中的特征变换到$\mathbb{R}^N$空间。一般情况下，K既远远小于M，也远远小于N。因此，空间$\mathbb{R}^K$是处在空间$\mathbb{R}^M$和空间$\mathbb{R}^N$之间的瓶颈。经过一个瓶颈后，描述$\boldsymbol{R}$的参数数量由$|T|$降至$N\times K+K\times M$。

下面论述$\boldsymbol{P}$和$\boldsymbol{Q}$的求解原理。令p_{uk}为$\boldsymbol{P}$的元素，q_{ki}为$\boldsymbol{Q}$的元素，$\boldsymbol{p}_u$为$\boldsymbol{P}$中代表某用户u的一行，$\boldsymbol{q}_i$为$\boldsymbol{Q}$中代表某物品i的一列，则$\hat{r}_{ui}=\sum_{k=1}^{K}p_{uk}q_{ki}=\boldsymbol{p}_u q_i$。有了这个表示，便可以通过定义误差函数来求解$\boldsymbol{P}$和$\boldsymbol{Q}$。为此，定义误差$e_{ui}=r_{ui}-\hat{r}_{ui}$，总平方误差SSE =

$\sum_{(u,i)\in T} e_{ui}^2$，则

$$(\boldsymbol{P}^*, \boldsymbol{Q}^*) = \arg\min_{(P,Q)} \text{SSE} = \arg\min_{(P,Q)} \text{RMSE} \tag{6.51}$$

上述过程表示，通过分解模型 $\boldsymbol{PQ}$ 计算用户 u 对物品 i 的评分 $\hat{r}_{ui}$，据此在训练集合上计算 SSE，以 SSE 最小，即 RMSE 最小为目标来优化模型 $\boldsymbol{P}$ 和 $\boldsymbol{Q}$。不难看出，这是一个从初值开始迭代优化 $\boldsymbol{P}$ 和 $\boldsymbol{Q}$ 的过程。

[Taka 09]采用一种增量梯度下降法对模型进行优化。在这个过程中，每个梯度下降步骤只针对一个评分的平方预测误差 e_{ui}^2 进行下降。

最小化 RMSE 可以被看作对 $\boldsymbol{R}$ 的加权低秩近似。加权低秩近似的方法是最小化目标函数 $\text{SSE}_\text{W} = \sum_{u=1}^{N}\sum_{i=1}^{M} w_{ui}e_{ui}^2$，这里 w_{ui} 是预定义的非负权重。在协同过滤中，对于已知评分 w_{ui} 为 1，对于未知评分 w_{ui} 为 0。

为了进行增量梯度下降，需要计算关于各个评分的预测误差梯度。设对于第(u,i)个训练样本的评分为 r_{ui}，模型评分为 $\hat{r}_{ui}$，则可计算预测误差 $e'_{ui} = \frac{1}{2}e_{ui}^2$ 的梯度：

$$\frac{\partial}{\partial p_{uk}} e'_{ui} = -e_{ui}q_{ki}, \quad \frac{\partial}{\partial q_{ki}} e'_{ui} = -e_{ui}p_{uk}$$

于是，在梯度的反方向对模型参数进行更新：

$$p'_{uk} = p_{uk} + \eta e_{ui}q_{ki}, \quad q'_{ki} = q_{ki} + \eta e_{ui}p_{uk}$$

这里，η 是学习率。可以看到，这种基本的矩阵分解方法以逐个评分的顺序对矩阵 $\boldsymbol{P}$ 和 $\boldsymbol{Q}$ 的相关参数同时进行更新，因而该方法被称为增量同时矩阵分解（Incremental Simultaneous Matrix Factorization，ISMF）。

训练结束后，$\boldsymbol{R}$ 中的任意元素 $\hat{r}_{ui}$ 都可以通过 $\boldsymbol{P}$ 的行向量 $\boldsymbol{p}_u$ 和 $\boldsymbol{Q}$ 的列向量 $\boldsymbol{q}_i$ 的内积获得。于是可以据此预测用户对物品的未知评分。

ISMF 在训练样本数少于特征数 K 时会产生过拟合问题。为此，需要在优化中加入正则化项对过拟合进行惩罚。于是定义新的误差函数 $e'_{ui} = (e_{ui}^2 + \lambda \boldsymbol{p}_u \boldsymbol{p}_u^\text{T} + \lambda \boldsymbol{q}_i^\text{T} \boldsymbol{q}_i)/2$ 及 $\text{SSE}' = \sum_{(u,i)\in T} e'_{ui}$，将优化问题变为：

$$(\boldsymbol{P}^*, \boldsymbol{Q}^*) = \arg\min_{(\boldsymbol{P},\boldsymbol{Q})} \text{SSE}' \tag{6.52}$$

这里，λ 为正则化因子。对比可知，对 SSE′最小化不等于对 SSE 最小化，除非正则化因子 λ 为 0。相应地，此方法被称为正则增量同时矩阵分解（RISMF）。

根据定义，可求得误差 e'_{ui} 的梯度为：

$$\frac{\partial}{\partial p_{uk}} e'_{ui} = -e_{ui}q_{ki} + \lambda p_{uk}, \quad \frac{\partial}{\partial q_{ki}} e'_{ui} = -e_{ui}p_{uk} + \lambda q_{ki}$$

于是，得到 RISMF 法的参数更新公式：

$$p'_{uk} = p_{uk} + \eta(e_{ui}q_{ki} - \lambda p_{uk}), \quad q'_{ki} = q_{ki} + \eta(e_{ui}p_{uk} - \lambda q_{ki}) \tag{6.53}$$

式(6.53)是 RISMF 的基本参数更新公式，在此基础上结合参数更新的动量原理(momentum)将得到一个略有不同的学习方法。该方法不仅可以基于当前的梯度进行参数更新，还可以将参数上一次的变化量乘上一个因子加入到本次的更新之中，以此在学习过程中实现“动量”的传递。

RISMF 算法由算法 6.2 给出，算法采用早停（early stopping）策略来防止过拟合。为不使矩阵 $\boldsymbol{P}$ 和 $\boldsymbol{Q}$ 的秩被降低，采用随机的方法而不是赋常数值的方法对它们的元素进行初始化。随机数可以按均匀分布从[−0.01，0.01]或[−0.02，0.02]的区间生成。

算法 6.2　RISMF 算法

输入：训练数据集 T'，学习率 η，正则化系数 λ。

输出：用户特征矩阵 $\boldsymbol{P}^*$，物品特征矩阵 $\boldsymbol{Q}^*$。

Step1　将 T' 划分为两部分：T'_{I} 和 T'_{II}（确认集）

Step2　用小随机数初始化 P 和 Q

Step3　Loop：循环直到满足结束条件；每个循环为一代（epoch）

Step4　　在 T'_{I} 的每个元素（u，i，r_{ui}）上迭代：

Step5　　　计算 e'_{ui}；

Step6　　　计算 e'_{ui} 的梯度；

Step7　　　对各个 $k=1,\cdots,K$，根据式（6.19）更新 p_{uk} 和 q_{ki}；

Step8　　在 T'_{II} 上计算 RMSE；

Step9　　如果算出的 RMSE 为开始以来最佳，则令 $P^*=P, Q^*=Q$。

Step10　　如果 RMSE 不再改善（改善幅度小于设定的阈值），则终止。

Step11　Loop End

研究注意到，不同的用户有不同的评分基准，表现为一些用户的评分整体偏高，而另一些用户的评分整体偏低。对于物品，类似的现象也存在。例如，一些流行的物品容易得到较高的评分。如何将这些偏置（bias）特征结合到模型之中是一个重要的问题。[Taka 09]采用将 $\boldsymbol{P}$ 的第一列和 $\boldsymbol{Q}$ 的第二行固化为常数 1 的方法来解决这一问题，即在初始化和参数更新过程中，始终保持这些元素为 1。这样做的结果是使得 p_{u2} 和 q_{1i} 分别对应用户 u 和物品 i 的偏置特征。实验表明，加入偏置特征的模型具有更好的效果。

通过对式（6.53）所表达的参数学习进行限定，令其等于 $\max\{0,p'_{uk}\}$ 或 $\max\{0,q'_{ki}\}$，可以简单地将 RISMF 改造成正或半正矩阵分解。在这里，正矩阵分解意味着 $\boldsymbol{P}$ 和 $\boldsymbol{Q}$ 的所有元素都为非负，而半正矩阵分解意味着二者之中只有一个所有元素都为非负。正矩阵分解和半正矩阵分解在协同过滤的若干任务中得到了成功的应用，因此这种改造具有实际的意义。[Taka 09]通过实验验证了如此得到的正矩阵分解和半正矩阵分解并未降低对评分的预测精度。

RISMF 算法的一个明显缺点是在对用户逐个进行迭代时，物品特征不断变化。这使得在同一代训练中，用户特征所对应的不是同一组物品特征，从而导致 RMSE 的计算出现偏差。为了解决这个问题，可以采用对用户特征进行二次训练的方法。这种方法在完成一次训练后，固定物品特征 $\boldsymbol{Q}$ 矩阵，对 $\boldsymbol{P}$ 矩阵随机初始化后再次调用 RISMF 算法对其进行训练，并且在训练时始终保持 $\boldsymbol{Q}$ 不变。这种用户特征二次训练法也适用于有新用户加入系统或原有用户加入新评分项而需要重新训练系统的情况。

将直推学习（transductive learning）与 RISMF 相结合，可以进一步提升评分的预测性能。所谓直推学习就是利用确认样本的标号信息而不利用其标签信息的学习。在本问题中，即利用确认样本集 V 中的用户-物品对信息 $(u,i)\in V$，而不利用其评分 r_{ui}。这样可使系统了解到在训练样本之外用户还对哪些物品进行了评价。一组被某用户评价的物品的平均特征也反映该用户的特征，这启发了一种直推学习与 RISMF 结合的简单方法：将当前用户在确认集合中评价的物品的平均特征向量与 RISMF 法所得到的当前用户特征向量进行加权线性叠加。双方的权重分别与当前用户在确认集合中的评分数和训练集合中的评分数成正比。将如此获得的新的用户特征向量与给定物品的特征向量进行内积，便获得一个新的评分预测。这个新的评分预测精度通常优于单纯的 RISMF 的预测。

上述直推学习也可被看作 RISMF 的后处理，以便在适当的条件下采用。例如，当得知用户对物品进行消费但未知其评分时，可以通过直推学习的方法将这一信息加以利用，以进一步改善 RISMF 模型。

ISMF 和 RISMF 模型的学习可以由一个多层感知器（MLP）神经网络实现。如图 6.5 所示，该 MLP 具有 N 个输入、M 个输出和 K 个隐层单元，单元的激活函数为恒等函数。第 u 个输入和第 k 个隐层单元之间的连接对应用户 u 的第 k 个特征 p_{uk}，第 k 个隐层单元和第 i 个输出之间的连接对应物品 i 的第 k 个特征 q_{ki}。在训练阶段，基于(u,i)的评分进行学习时，设置输入向量 $\boldsymbol{x}$ 中的 x_u 为 1，其余元素均为 0，则 $z_k=p_{uk}$。令 $\hat{r}_{ui}=y_i$，计算 $e_{ui}=r_{ui}-\hat{r}_{ui}$，将此误差从第 i 个输出向输入层反向传播，以进行梯度下降学习。这样的过程便是 ISMF 模型的学习。在此学习中加入正则化项，便是 RISMF 模型的学习。

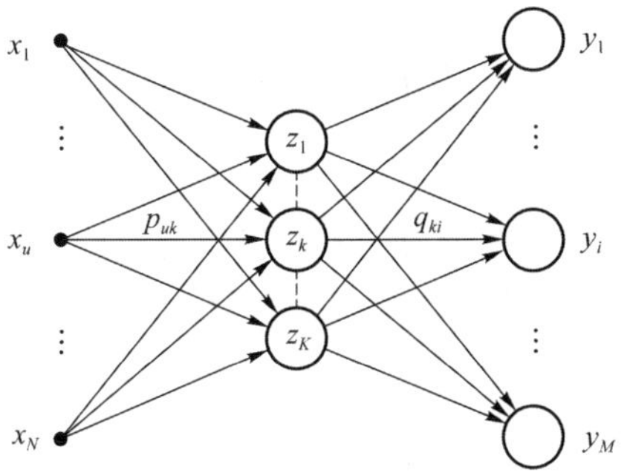

图 6.5 ISMF 的 MLP 模型

以上所讨论的基于矩阵分解的特征模型法与基于近邻的协同过滤法具有互补性，将二者相互结合能够获得更好的效果。

特征模型法从较高层面观察和分析数据，提取评分矩阵的主要结构特征。基于获取的用户和物品特征模型，任意两个物品之间的相似性均可计算，即便没有一个用户对它们同时评分。同样，任意两个用户之间的相似性均可计算，即便他们评分的物品没有任何交集。基于近邻的方法是一种局部的方法，善于利用一对用户或一对物品之间的关联关系，而不善于利用更大集合中的用户或物品之间的关系。虽然二者的结合可以提高效果，但简单的结合会降低系统的伸缩性，因为近邻法需要存储整个评分矩阵。针对这一问题，[Taka 09]提出了一种保持系统伸缩性的结合方法，将基于近邻的评分预测作为修正项加到基于特征模型的预测之中，而近邻的评分预测也基于特征模型来计算。具体地，将基于物品近邻预测作为修正项，利用式(6.54)进行结合。

$$\hat{r}_{ui}=\boldsymbol{p}_u^{\mathrm{T}}\boldsymbol{q}_i+\gamma\frac{\sum_{j\in T_u\setminus\{i\}}s_{ij}(\boldsymbol{p}_u^{\mathrm{T}}\boldsymbol{q}_j-r_{uj})}{\sum_{j\in T_u\setminus\{i\}}s_{ij}} \tag{6.54}$$

这里，s_{ij} 是 $\boldsymbol{q}_i$ 和 $\boldsymbol{q}_j$ 的相似度，可基于二者之间的内积或欧氏距离进行定义，T_u 是用户 u 评分项目的集合，γ 是结合权重，由交叉确认实验决定。

小　结

数据特征及系统模型学习是信息搜索系统中的核心问题。机器学习方法是解决这一问题的基本方法，深度学习的发展使得方法的有效性得到了显著提高。

本章将数据特征学习和系统模型学习作为两个基本任务，将在完成这两个任务的过程中显现出效力的机器学习算法贯穿起来加以讲解。这些方法穿越传统机器学习和深度学习的界限，具有相互补充的作用。

本章的教学目的是使学生系统地了解数据特征及系统模型的学习方法，深刻理解 PCA 和 LDA 两种典型的自适应变换在数据特征分析中的基础作用，了解子空间聚类学习和半监督学习的基本方法，掌握强化学习、对抗学习、主动学习和矩阵分解的基本概念和基本原理，熟悉其中的主要模型和算法。

问题与练习

6-1　讨论生成式学习与区分式学习的不同以及各自的优缺点。

6-2　PCA 变换和 LDA 变换各自的目标是什么？为什么说前者是生成式的，后者是区分式的？

6-3　讨论 LDA 的奇异性问题，提出一种正则化 LDA 的扰动量选取准则，并分析其影响。

6-4　试给出求解子空间聚类学习中问题 P_3 的算法描述。

6-5　根据 6.4 节给定的高斯随机场的条件，推导式(6.28)的结果。

6-6　编程实现算法 6.1 描述的强化学习—深度 Q-学习。

6-7　试给出 AlphaGo Zero 中 MCTS 模拟搜索的算法描述。

6-8　试给出生成式对抗网络(GAN)的学习算法描述。

6-9　描述基于主动学习的协同过滤信息推荐系统的流程，讨论个性化主动学习的技术关键。

6-10　根据算法 6.2 实现一个 RISMF 协同过滤矩阵分解程序。

6-11　试编写利用直推学习对 RISMF 矩阵分解的结果进行后处理的程序。

6-12　列举 3 种以上机器学习方法在信息搜索系统模型学习中的典型应用。

第7章 前沿技术及对话系统

7.1 引　言

伴随着 Web 2.0 等网络技术的飞速发展,网络信息的产生、传播、分享和交流状况发生了显著的变化。用户个体产生的信息数量急剧膨胀,占比迅速攀升。社交网络和社交媒体逐渐成为传播、分享和交流信息的主要渠道。与之相对应,信息搜索技术的发展也逐渐聚焦于个性化搜索、社交搜索、内网检索以及对象检索等方向。

个性化搜索可以为用户量身定制搜索结果,从而提高搜索质量和服务水平。社交网络、移动互联网、智能手机等的普及应用为构建用户模型提供了前所未有的方便,从而为开发个性化搜索引擎提供了现实条件。搜索引擎商业巨头已经开始提供个性化搜索服务,相应的系统原理和技术路线已经比较清晰。另外,由个性化搜索技术所引发的个人隐私保护和信息倾斜问题也引起了人们的关注。

社交搜索是指对社交媒体的内容所进行的信息搜索,是一种利用在线社区对信息进行过滤的个性化搜索技术。与一般搜索相比,社交搜索不仅考虑信息与查询的相关性,更考虑信息的发布者及阅读者与搜索者的社交关系。社交搜索的一个重要基础是用户社区分析,包括社区发现和演化分析。显性社区发现可基于群组关系、朋友关系、关注关系等显性关系简单实现,而隐性社区主要基于用户的属性相似性、行为相似性、观点相似性等进行挖掘。隐性社区发现是社区发现的主要任务。社区演化的动力包括个体对其他个体的影响力、相似个体之间的同聚力以及环境对其中的个体的同化力。这些力被称为社交动力,对其进行定量度量和建模分析是社区分析的重要内容。

社交网络的信息传播特点和方式与社交搜索研究紧密相关。羊群行为、信息串联、新品传播和疫情蔓延是得到深入研究的 4 种典型方式。对这些信息传播方式进行建模分析,有助于对社交网络信息传播进行定量描述,对特定信息的传播过程、路径和范围进行判断和预测。

内网检索是一种不同于互联网检索的企业或组织内部的信息检索。企业和组织发布到互联网上的信息只是一小部分,绝大部分信息存在于内网之中。这些信息具有种类繁多、格式多样的特点。内网检索的主要挑战在于如何对数据进行有效的组织和呈现。因为对内网的查询经常会涉及多种信息源的数据,如果不能对这些异构数据进行有机的整合和组织,检索结果就很难做到精确和完整。另外,有组织的信息如何向用户呈现也是一个重要问题。解决上述问题的一个有效方法是以对象为单位进行信息的抽取和整合,以对象为单位进行信息的呈现,即所谓的对象检索。

信息抽取技术是对象检索的重要支撑技术,与一般的信息抽取相比,Web 信息抽取具有自身的特点和作用,是对象检索需要研究的重要内容。

知识图谱是一种特定形态的知识库技术,与信息抽取技术互为支撑,可为信息搜索和人工智能的多种任务提供条件和帮助。知识图谱的结构构建、结构抽取以及推理是该项技术的主要内容。本体理论和方法、自然语言处理中的命名实体识别及关系抽取、深度学习中的知识向量表示等是知识图谱构建及推理的主要工具。

对话系统根据对话的上下文及用户特点进行灵活贴切的自然语言响应,能够直接对用户提出的问题给出答案,是信息搜索的高级形态。同时,对话系统也是人工智能的高级形态,是对记忆、学习、判别、推理等能力的高度集成。图灵设计的测试人工智能水平的系统恰好是一个对话系统。由此可见,信息搜索与人工智能通过对话系统实现了高级形态的统一。换言之,对话系统既是高级的信息搜索系统,也是高级的人工智能系统。

对话系统的具体实现需要同时以现有的信息搜索技术和人工智能技术为基础。以信息检索为技术路线是实现对话系统的一种有效方案,通过信息搜索构造的知识库或知识图谱在对话过程中发挥着关键作用。而机器学习、自然语言处理、自然语言生成等人工智能技术是实现对话系统不可或缺的关键技术。

本章对上述前沿技术进行介绍和讲解,讨论对话系统在高层次上将信息搜索与人工智能融为一体的重要作用。

7.2 个性化搜索

从 TREC 提出 HARD(High Accuracy Retrieval from Documents)检索任务以来,个性化搜索一直是受到高度关注的技术。目前,一些商用搜索引擎已经面向普通用户提供个性化搜索服务,使得个性化搜索成为现实。

在个性化搜索中,系统根据查询人的个人兴趣对反馈结果进行剪裁和定制,不同用户发出同样的查询会得到不同的结果。支撑个性化搜索的关键是在搜索系统中动态地建立和维护个人兴趣信息,在此基础上对用户的查询进行修改和对搜索结果进行重排序。

个性化搜索可以显著地改善搜索质量,实际应用中被验证有效的模型主要有两类。第一类模型基于用户的搜索历史和搜索位置。这类模型是用户所熟悉的,因为人们经常发现搜索结果与他们当前的位置和以往搜索紧密相关。第二类模型是基于社交网络进行协同。用户获得的搜索结果一部分来自于同一社区用户类似查询的结果。这种模型是一种基于社交网络的协同过滤机制,所获得的结果质量明显高于普通的关键词搜索和协同过滤系统。

实现个性化搜索,关键是对用户的搜索兴趣和特征进行建模。2016 年,[Vu 16]提出了一种基于搜索日志对用户的概要描述(profile)进行嵌入建模的方法,提供了一种个性化搜索的机器学习计算范式。

用户与搜索引擎的交互历史数据，如提交的查询、点击的文档等，对用户的搜索兴趣和特征建模具有重要帮助。那么如何通过这些数据对用户进行概要描述，并建立计算模型呢？常见的方法是利用用户点击的文档建立其话题模型。这种方法的不足是忽略了用户体现在查询中的兴趣信息。为了克服这一不足，[Vu 16]采用嵌入建模的方法同时利用查询和相关文档两类历史数据建立用户概要描述模型，简称用户模型。每个用户模型包含两个映射矩阵和一个用户嵌入向量。两个映射矩阵分别捕获用户在查询和相关文档中体现的兴趣特征，用户嵌入向量捕获查询与文档在兴趣子空间中的关系。具体方法如下所述。

令 Q 为查询的集合，U 为用户的集合，D 为文档的集合。构造查询、用户和文档三元组 (q, u, d)，其中 $q \in Q, u \in U, d \in D$。三者分别由 k 维实数向量 $\boldsymbol{v}_q$，$\boldsymbol{v}_u$ 和 $\boldsymbol{v}_d$ 表示。

为了训练用户模型，需要定义一个函数 f 来度量一个三元组实际成立的可疑性。根据 f 的任务，无论其如何定义，均应满足 $f(q,u,d) < f(q',u,d')$ 的约束，这里，d 是用户 u 在给定查询 q 条件下的相关文档，而 d' 是用户 u 在给定查询 q' 条件下的不相关文档。借鉴应用于知识库构建中的两实体及其关系的嵌入模型，对函数 f 进行如下定义：

$$f(q,u,d) = \|\boldsymbol{W}_{u,1}\boldsymbol{v}_q + \boldsymbol{v}_u - \boldsymbol{W}_{u,2}\boldsymbol{v}_d\|_2 \tag{7.1}$$

这里，用户 u 的模型通过两个 $k \times k$ 的实数矩阵 $\boldsymbol{W}_{u,1}$ 和 $\boldsymbol{W}_{u,2}$，以及嵌入向量 $\boldsymbol{v}_u$ 表示。具体地，$\boldsymbol{W}_{u,1}$ 和 $\boldsymbol{W}_{u,2}$ 分别用于将查询向量和文档向量变换至用户兴趣特征空间，而 $\boldsymbol{v}_u$ 用于描述在用户兴趣空间中查询向量与文档向量的距离。文档向量 $\boldsymbol{v}_d$ 和查询向量 $\boldsymbol{v}_q$ 利用 LDA (Latent Dirichlet Allocation)话题模型预先获取。用户模型中的两个矩阵 $\boldsymbol{W}_{u,1}$、$\boldsymbol{W}_{u,2}$ 和嵌入向量 $\boldsymbol{v}_u$ 是机器学习的对象。为此，定义如下目标函数：

$$L = \sum_T \max(0, \gamma + f(q,u,d) - f(q',u,d')) \tag{7.2}$$

这里，T 是用户 u 的训练数据集合，由正确的三元组 (q,u,d) 构成，而 (q',u,d') 表示通过打乱 T 中三元组的组合所生成的不正确的三元组。式(7.2)表示，如果 $\gamma + f(q,u,d) - f(q',u,d') > 0$，将产生损失。这里，$\gamma$ 为边界超参数。

利用随机梯度下降(SGD)最小化函数 L，并以 $\|\boldsymbol{v}_u\|_2 \leqslant 1$，$\|\boldsymbol{W}_{u,1}\boldsymbol{v}_q\|_2 \leqslant 1$ 和 $\|\boldsymbol{W}_{u,2}\boldsymbol{v}_d\|_2 \leqslant 1$ 为约束，便可通过训练获得用户模型。作为具体方法，首先将两个用户矩阵设为恒等矩阵，然后将其固定，训练随机初始化的用户嵌入向量。用户嵌入向量训练完成后，再同时对用户嵌入向量和用户矩阵进行微调。

如上所述，文档向量 $\boldsymbol{v}_d$ 和查询向量 $\boldsymbol{v}_q$ 利用 LDA 学习算法预先获得，方法如下。首先基于用户的相关文档集合训练一个 k 个话题的 LDA 模型，然后计算各个文档在这 k 个话题上的概率分布。这个概率分布便被用作文档的嵌入向量，即文档 d 嵌入向量的第 $z(z=1,\cdots,k)$ 个元素 $\boldsymbol{v}_{d,z} = P(z|d)$，这里的 $P(z|d)$ 表示文档 d 条件下的话题 z 的概率。

查询向量 $\boldsymbol{v}_q$ 也是在这 k 个话题上的概率分布，即向量 $\boldsymbol{v}_q$ 的第 z 个元素是查询 q 在话题 z 上的概率：$\boldsymbol{v}_{q,z} = P(z|q)$。这里，定义 $P(z|q)$ 为 q 的相关文档关于话题 z 的概率混合模型。具体地，令 $D_q = \{d_1, \cdots, d_n\}$ 为查询 q 的前 n 个相关文档，则有

$$P(z \mid q) = \sum_{i=1}^{n} \lambda_i P(z \mid d_i) \tag{7.3}$$

这里，$\lambda_i = \delta^{i-1} / \sum_{j=1}^{n} \delta^{j-1}$ 是文档在 D_q 中排序位次 i 的指数衰减函数，表示文档 d_i 在混合模型

中的权重。δ 为衰减超参数，$0<\delta<1$。

用户模型获得之后，便可对普通的查询结果进行个性化重排序，方法如下：

1）下载查询 q 的前 n 个反馈文档；

2）对于查询 q 和各个文档 d，利用用户现有的 LDA 模型计算其话题分布 $\boldsymbol{v}_q$ 和各文档分布 $\boldsymbol{v}_d$；

3）对于每个三元组(q,u,d)，计算式(7.1)定义的可疑性函数 $f(q, u, d)$，然后对这 n 个文档基于其可疑性函数值进行升序排序。

产业界中，谷歌公司于 2005 年在谷歌搜索中引入了个性化功能，尽管其个性化搜索的技术细节没有公开，但人们相信用户的语言、位置以及搜索历史在其中发挥了重要作用。继谷歌之后，其他一些搜索引擎巨头，包括社交网络搜索引擎也引入了个性化搜索功能。

在社交网络的搜索引擎中，个性化可以通过搜索者与结果的"同质性"实现。例如，在人物搜索中，搜索者经常对与自己属于同一社交圈、同一行业或同一公司的人感兴趣。在工作搜索中，搜索者总是对类似企业的工作、附近的工作、需要类似专业知识的工作感兴趣。

关于个性化搜索，人们也提出了一些问题。首先，个性化搜索会因关注用户以往的搜索结果而降低发现新信息的可能性，从而引发潜在的隐世问题。用户可能不知道搜索结果是为他们定制的，而沉浸在自己"想看到"的信息之中。这一现象被称为"过滤罩(filter bubble)"问题：人们让搜索引擎基于他们过往的个人搜索数据来"主宰命运"，做出决策。过滤罩问题会将用户隔离在自己所营造的世界之中，导致人们对外部世界的发展缺乏了解，甚至会在世界范围内扩大发达国家和发展中国家之间的信息鸿沟。

另外，个性化搜索会显著提高某些类似搜索结果被阅览的可能性，并同时降低其他结果被阅览的可能性。当这种情况在网络社区中发生时，会导致整个社区对特定事件产生倾斜的观点。

7.3 社交搜索

7.3.1 概述

随着社交网络和社交媒体的日益兴盛，社交搜索已成为信息搜索的一个重要方面。所谓社交搜索是指基于社交搜索引擎对用户在社交媒体发布的内容所进行的搜索。这些内容可为文本、图像、视频、音频等各种媒体，形式灵活、话题广泛、源头分散。同时，这些内容还具有平民性、社区性、观点性等特点。

与普通 Web 搜索不同，在社交搜索中，不再单纯基于查询和结果的语义相关性进行结果排序，搜索者与结果发布者及阅读者的社交关系也是重要的考虑因素。社交关系可以是不同的形式，例如在人物搜索中，社交关系便包括搜索人和结果是否在相同行业，是否在同一企业，是否属于同一社交组织，是否上过同一学校等多种形式。

社交搜索并不一定优于传统 Web 搜索。传统 Web 搜索基于分析网页的内容及其链接结构确定其相关性。而社交搜索更看重内容是否为搜索者社交圈(social graph)内的用户所创建或触及。它是一种利用在线社区对信息进行过滤的个性化搜索技术，能够产生高度个性化的搜索结果。

一些社交搜索引擎会将搜索结果保存和添加到社区搜索结果之中，以便进一步提高未来同一查询结果的质量。社交搜索背后的原则是面向其人际网络的结果对于用户来说更有意义。

10多年来，社交搜索的研究、开发和实现发展迅速。2008年前后，已有一些创业企业专注于基于用户的社交圈对搜索结果进行重排序。研究发现，在用户发出的各种不同搜索请求中，70%已经由其朋友或同事找到了结果。研究还发现，30%的请求是用户之前找到了结果的请求。基于这一研究，一些创业企业通过推荐社交圈中以往的搜索结果为用户提供共享和丰富的搜索反馈。

2012年，谷歌公司推出 Search plus Your World，促使社交搜索得到进一步发展。但这也受到了包括 Twitter 在内的社交媒体巨头的攻击，因为 Search plus Your World 吸引大量用户转向了谷歌的社交网站。此后，社交搜索愈发成为搜索引擎巨头与社交媒体巨头的竞争热点。2013年，脸书公司发布了 Graph Search，将用户互联网社交圈中流行的内容在搜索结果中置于优先位置，使社交搜索与社交媒体实现耦合。

在社交搜索的研究中，人们提出了社交发现这一重要概念，促进社交搜索向多样化发展。所谓社交发现是指利用用户的社交偏好和个人信息预测其希望获得的内容，为其交友、购物、旅行等提供信息。社交发现已经成为一种重要的信息服务，具有多种用途。例如，普通用户利用社交发现通过移动 App 交友，企业通过社交媒体进行销售，广告公司基于社交发现精准投放广告等。

不同于传统的搜索引擎，社交搜索引擎会利用社交圈中他人的答案为用户的问题提供答案。用户提交查询后，搜索引擎会将他人的答案，包括相关的资源链接作为搜索结果的一部分反馈给用户。社交搜索引擎的基本机制是利用用户标签进行社区协同过滤，因而被认为是 Web 2.0 技术的一部分。这些描述性的用户标签像元数据一样被嵌入 Web 网页，使得相关关键词的搜索结果有了持续提升的条件。利用社交搜索引擎，对特定搜索关键词用户总会看到建议的标签，表示它们此前已被社交圈的人加入。

尽管基本机制相同，但社交搜索引擎的具体实现方法并不相同。例如，“乡村模式(village paradigm)”是一种直接将用户的问题转交给其社交圈中的朋友的一种模式，其关键点在于在社交圈中找出最大概率知道问题答案的人。这是一种特殊的协同过滤方法。

社交搜索引擎面对的一个潜在问题来自于其所依赖的标签数据库的开放性。由于各个社区被假定为可信网络，因此无意的或恶意的错误标签也会进入标签数据库，从而导致搜索结果的不准确。

社交搜索发展所面临的一个产业结构性问题是搜索引擎巨头与社交媒体巨头之间难以实现真正意义的合作，因为任何一方都要争夺这个进入互联网的“过桥收费口”。另外，搜索引擎对用户社交数据的掌握和利用也越来越受到广大用户的关注。

社交搜索与社交媒体挖掘关系紧密。社交媒体挖掘是指对社交媒体中用户生成的大数据进行采集和挖掘，从中抽取各种有用模式和媒体应用趋势，包括用户在线行为特征、在线社交圈、内容分享和需求等。这些模式和趋势为企业、政府以及非盈利组织所关心，可为其制定计划、开发产品和服务提供帮助。

社交媒体是基于 Web 2.0 的互联网应用，为用户生成和交流信息提供了平台。社交媒体的类型多种多样，包括社交网络、照片分享、新闻汇聚、视频分享、虚拟世界、网络游戏、即时通信等。社交媒体往往能形成拥有千百万量级用户的虚拟世界。在这一虚拟世界中，用户个体、内容和站点等实体以及它们之间的交互共存，社交规范和个体行为模式是保障其运行的决定因素。因此，通过对社交规范和个体行为模式的理解，并将其与对这一虚拟世界的观测相结合，人们便可以系统地分析和挖掘社交媒体，发现用户显性及隐性的社交圈，为社交搜索提供基础和条件。

7.3.2 社区分析

在社交搜索中，用户的社交圈是搜索引擎所依赖的关键信息。用户社交圈的获取需要专门的技术，社区分析是这类技术的主要内容。现实世界的社区由具有公共的经济、社会或政治特征的人群组成，他们通常相邻居住。而社交网络或社交媒体中的虚拟社区由具有类似想法的人群通过互动形成，地理上的邻近性已经不再成为条件。谈及社区，人们往往首先想到显性社区。在显性社区中，社区和社区成员有明确标识，个人是否属于某个社区自己是知道的，别人也可以知道。例如，居民小区的住户、微信群中的成员等。相对于显性社区，无论是现实世界还是虚拟世界还存在隐性社区。在隐性社区中，个体之间自觉或不自觉地互动协作，但并不明确大家具有某个同属关系。例如，相同偏好的影迷在电影网站的互动，类似口味的消费者对电商物品的购买，类似政治观点的人对网络新闻的转发等。隐性社区中的个体虽然没有社区的明确标识，但其在该隐性社区所代表的活动范畴中相互之间具有关联性和协同性。

社区分析需要解决的第一个问题是社区发现。由于显性社区的成员具有明确的标识，这一问题不难解决。因此社区发现主要指对隐性社区的发现。

社区发现通常基于图的方法进行。图中，结点代表个体，边代表个体之间的关系。这里，关系是一个一般的概念，可以代表个体之间所共有的友谊、物品、观点、爱好等任何具体事物。基于图的社区发现算法多种多样，总体上，可以将其分为基于成员的社区发现算法和基于群组的社区发现算法发现两类。基于成员的算法根据成员(即各个结点)特点利用结点相似性、结点度、结点可达性等测度进行社区发现。基于群组的方法基于成员之间的交互密度所形成的群组(即子图结构)的模块性、平衡性、密度、鲁棒性、层次性等特性进行社区发现。

理论上，从给定图中找出的任何子图都可以被假定为社区。而在实际上，只有结点均具有指定特点的子图才可能被认为是社区。这便是基于成员的社区发现的基本思想。在此类算法中，结点相似性、结点度和结点可达性是衡量结点特点的三个常用测度。

相似性的计算方法有多种，本书中已多有介绍。在基于图的方法中，将结构等价性作为结点的相似性是一种重要的方法。所谓结构等价性是指两个结点的相邻结点的重合性。设 $N(v_i)$ 和 $N(v_j)$ 分别代表结点 v_i 和 v_j 的相邻结点集合，则结构等价性可以定义为 $|N(v_i) \cap N(v_j)|$ 或 $|N(v_i) \cap N(v_j)| / |N(v_i) \cup N(v_j)|$。前者表示两个结点公共相邻结点的数量，后者表示两个结点的相邻结点的交并比。

结点度用于寻找图中的团(clique)。所谓团是指图中的完全子图，其中所有的结点对之间都存在边。显然，发现图中的团、极大团、最大团等都是发现社区的重要基础。遗憾的是团的发现算法是 NP-hard 问题，只能在结点数较小的场合下使用。因此常常将找出的小团作为发现更大社区的种子结构。

结点可达性是指两个结点之间是否存在相通的路径。两个极端的定义是：一，只要存在相通路径便为可达；二，相邻结点才为可达。基于可达性进行社区发现一般需要在这两个定义之间进行折衷。

基于群组的社区发现可寻找平衡社区、鲁棒社区、模块化社区、密度社区或层次社区。平衡社区发现算法基于图切割理论，以寻找边的最小割集为目标实现；鲁棒社区发现算法寻找即使移除一些结点或边依然不割断的子图；模块化社区发现算法基于子图的非随机性测度寻找社区，非随机性越高，越可能对应有意义的社区；密度社区发现算法基于子图的连接密度发现社区；而层次化聚类算法是发现层次化社区的主要方法。

社区分析的另一个重要内容是社区演化分析。现实中，社区是动态演化的。社区中的个体的数量和关系数量会随着时间发生增减，一对个体之间的关系也会由无到有或由有到无。社交网络和社交媒体的迅猛发展极大地加快了社区演化的速度，使得对它的分析变得更加重要。

总体上，社区演化受社交网络基础演化的强烈影响，而社交网络基础演化具有一些重要特点。第一，随着社交网络整体规模越来越大，网络会出现分化现象。整个网络会分化为三部分，第一部分由紧密连接的结点构成，占据全网的大部分结点，第二部分是一些分散的星型树状结构，第三部分是一些脱离网络的孤立结点。第二，随着社交网络的发展，其对应的图结构会出现密实化现象，其边的增长速度高于结点的增长速度。第三，随着社交网络的进化，网络半径越来越短，即网络中最远的两个连通结点之间的距离越来越短。

社交网络的上述演化现象既是社区演化的原因，也是社区演化的结果。就是说，社交网络演化与社区演化是互为因果的关系。社区演化分析需要结合上述现象的特点，采用演化式聚类等方法动态地进行社区发现，分析变化情况，预测变化趋势。

在社交网络演化以及社区演化中，有三种社交动力(social forces)发挥着基础性的重要作用[Zafa 14]。第一种动力是影响力(influence)，指社交网络的个体对其朋友或相邻个体的影响作用。个体通过其影响力可以使他人变得趋向于自己的偏好。例如，粉丝模仿影视明星的装束，意见领袖的观点对其朋友的影响等。通俗地讲，影响力是一种“近朱者赤”的作用。第二种动力是同聚力(homophily)，指社交网络中类似的个体相互成为朋友的聚合作用。个体通过同聚力与越来越多的有类似志趣的人成为朋友。例如，个人对微信群的加入，专题 QQ 群的建立等。通俗地讲，同聚力是一种“物以类聚”的作用。第三种动力是融合力(confounding)，指环境对个体的同化作用。个体由于同处一个环境而变得越来越相似，环境作为整体对其中的个体产生影响。通俗地讲，融合力是一种“一方水土一方人”的作用。

在以上三种社交动力的作用下，社交网络普遍具有相配性(assortativity)特征，即社交相似性特征。在具有相配性的网络中，相比于不相似结点，相似结点之间具有更多的连接。相似性可以有多种表现，相似的行为、相似的兴趣、相似的活动，以及共同的属性，如种族、性别、年龄等。社交网络相配性的变化是社交网络演化研究的重要内容。

研究社交网络的相配性，往往需要对各种社交动力进行定量分析。融合力是来自环境的整体作用，不具体涉及个体之间的相互作用，不便利用图模型进行描述和分析。而影响力和同聚力是通过个体之间交互而产生的作用，可以用图模型加以描述和分析，相关研究开展较多。图7.1是基于图模型的影响力和同聚力作用差异的示意图。

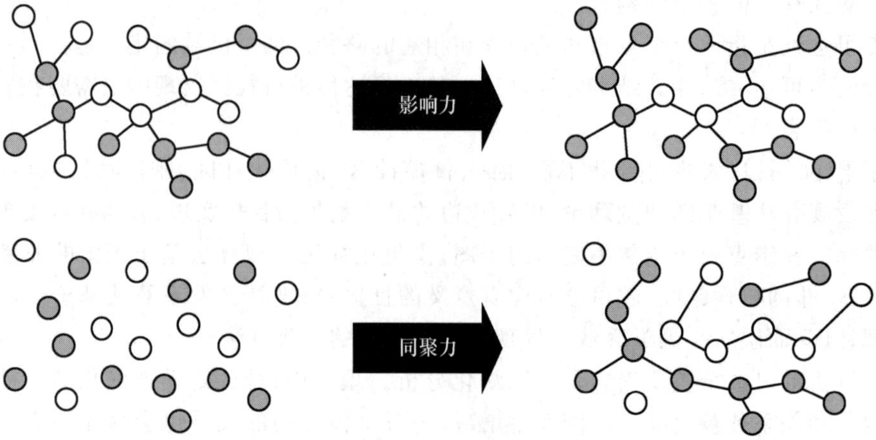

图7.1　影响力和同聚力作用的差异

在定量分析中，相配性的度量是基础。总体上，将同类结点之间的边占图中所有边的比例作为相配性测度。但在具体情况下，还需根据结点类别的不同定义，给出相配性的相应计算公式。

如何度量个体的影响力是一个重要问题。原则上，社交网络结点的中心性测度均可以用来作为个体的影响力测度，如无向图中结点的度数、有向图中结点的入度数以及PageRank值等。具体采用哪种方法要根据情况确定。有些场合需要运用多个指标进行度量。例如，微博博主的影响力需由其粉丝数量（即入度数）、名字在平台中被提及数以及博文被转发数等指标综合衡量。

影响力作用模型是分析基于个体影响力对其他个体产生影响的模型。这类模型通常假定影响力只在相互连接的个体之间发生作用，但具体建模方法可针对显性网络和隐性网络分别进行。在显性网络中，线性阈值影响力作用模型是一种常用模型。这一模型基于有向加权图实现，两个结点之间有向边的权重表示施力结点对受力结点作用力的大小。任意结点的输入权重总和都满足小于等于1的约束，每个结点被赋予一个[0,1]之间的随机数阈值，当输入权重总和大于这个阈值时，结点被激活。隐性网络中，影响力同样通过边发生作用，但只能观测到受影响的结点，而不能观测到施加影响的结点。具体地，这类模型所基于的信息为各个时刻受到影响（被激活）的结点集合 $P(t)$，以及每个受影响结点 u 被激活的时间 t_u。假设每个被激活结点 u 在经历 t 个时刻后能够激活的结点数为 $I(u,t)$，则 t 时刻被激活的结点总数：

$$|P(t)| = \sum_{u \in P(t)} I(u,\ t - t_u) \tag{7.4}$$

式(7.4)给出了各个时刻受影响结点的总数，这便是模型所能发挥的作用。这一模型的关键问题是对函数 $I(u,t)$ 的估计，常规方法是利用概率分布模型，例如幂律分布给出函数形式，然后利用最大似然等方法进行概率模型中的参数估计。

同聚力是驱使类似的个体成为朋友的作用力。同聚力的作用在社交网络中随时可见，例如朋友的互加，微信群的建立等。影响力是一个个体对另一个个体的作用，与此不同，同聚力使类似的两个个体同时对对方进行连接。同聚力作用的测量需要通过网络的相配性的变化间接进行，即 t_1 到 t_2 期间同聚力发挥的作用等于 t_2 时刻网络相配性减去 t_1 时刻网络相配性。

同聚力作用模型用于分析网络通过同聚力而发生的边的变化情况，一种独立随机算法基于结点之间的相似度来进行。为图中的所有结点赋予一个[0,1]之间的随机数，顺序检查每个结点，如果与另一结点之间不存在边且其随机数小于两结点之间的相似度，则在两个结点之间建立一条无向边。这一算法每次循环给出下一时刻的网络连接状态，以分析计算网络中边的变化情况。

7.3.3 社交网络信息传播

研究社交搜索需要研究社交网络中信息传播的机制、特点和规律。社交网络技术为信息传播带来了前所未有的便捷，丰富了信息传播的渠道，加快了信息传播的速度，激活了普通个体的作用。如何对社交网络的信息传播进行建模分析成为一个亟须解决的重要问题。

从信息科学的角度来看，信息传播是一条信息或者知识通过民众个体的交互在人群中扩散的过程[Zafa 14]。这一过程包含 3 个元素：发送者、接收者和媒介。发送者是发起信息传播过程的一个或一组个体。接收者是接收所传播信息的个体，通常在数量上远远大于发送者，发送者也可以是接收者。媒介是指信息传播的渠道或方式，例如个体之间的通信、群组消息、公众号信息等。信息传播过程是可干预的，通过干预，信息传播的过程会被加速、延迟，或者停止。

社交网络中的民众个体处于交互环境之中。在交互过程中，每个个体转发信息的决定都是对信息传播的促进。个体转发信息的决定可以独立做出，也可以受他人影响做出。当转发信息的决定受到他人影响时，需要衡量这种影响的程度。这种影响可以是局部的，也可以是全局的。局部影响是指来自个体直接邻居（即朋友）的影响，全局影响是指来自全网所有个体的影响。

研究表明，信息传播有羊群行为（herd behavior）、信息串联（information cascades）、新品传播（diffusion of innovation）和疫情蔓延（epidemics）等 4 种典型方式。4 种方式传播信息的条件、机制和特点各不相同，个体的作用及其所受到的影响也各不相同。

羊群行为是当每个个体能够观察到所有其他个体的行为时所采取的一种从众行为，是显性网络中的信息传播。羊群行为可以通过在线拍卖中的个体行为来理解。个体参加在线拍卖，不但能够看到他人的出价，还可以了解他人的声望和专业情况。于是，他人的出价，特别是所信任的人的出价会强烈地影响自己的出价。对自己本不看好的物品出高价变成常见现象，这便是羊群行为。

羊群行为是一个被心理学、社会学、经济学等多学科所关注和研究的现象，人们通过多种多样的实验验证了羊群行为或羊群效应的广泛存在性。通过实验，人们发现羊群行为可由 Bayes 公式进行建模，即个体在观测了整体行为的条件下对某事项的选择概率可用 Bayes 后验概率公式计算。

与羊群行为相同，信息串联也是显性网络中的信息传播。在社交网络中，个体常常转发来自朋友的信息，如微信朋友圈中的转帖、对所关注博主博文的转发等。信息串联便是这样一种以朋友接力传送的方式实现的信息传播。信息串联有两个必要条件，一是连接作为信息发送者和接收者个体的网络，二是每个个体能够且只能观测到其相邻朋友是否转发信息的行为。因此，与羊群行为相比，信息串联中的个体能够获得的其他个体的行为信息较少。

对信息串联进行建模有多种方法，其中，独立串联模型（Independent Cascade Model，ICM）是一种基本方法。ICM 基于以下 4 点假设建立：1）社交网络可由有向图描述，每个结点只能影响其相邻结点；2）结点进行激活/未激活二值决策，激活为转发信息，未激活为不转发信息；3）一个结点一旦做出了激活的决策，则可以激发其相邻结点进行决策；4）结点的激发是一个正向过程，即结点状态只能由未激活变为激活，不能相反。

具体地，ICM 是一个发送者激发接收者的模型，被称为发送者中心（sender-centric）模型。在 t 时刻被激活的结点有机会在 $t+1$ 时刻激发其各个相邻结点。假设结点 v 在 t 时刻被激活，w 是其相邻结点，则在 $t+1$ 时刻如果模型产生的随机数小于 w 被 v 激活的概率 p_{vw}，w 将被激活。p_{vw} 为模型参数，与 v 激活其他结点的概率相独立，也与其他结点之间的激活概率相独立。模型以一组激活结点开始，直至没有更多结点被激活而结束。图 7.2 是 ICM 的一个模拟示意图。图中边上的数字表示激活概率，不等式左边的数字是模拟过程中在给定时刻产生的随机数，灰色结点为激活结点，白色结点为未激活结点。

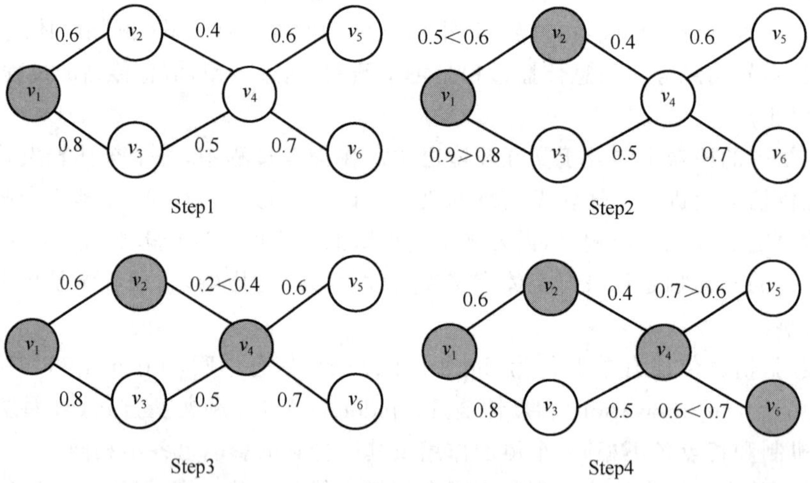

图 7.2　ICM 的模拟示意图

新品传播描述某种创新产品或时尚在大众中传播的过程。对新品传播进行建模时，假设个体之间的交互不可知，唯一可用的信息是新品在大众中被采用的比例随时间的变化情况。因此，新品传播是隐性网络中的信息传播。新品层出不穷，但是并不是所有新品都能被大众所采纳。于是，新品究竟如何在大众中得以传播便成为一个重要的问题。新品传播模型对新品的传播过程和机制、个体的作用等进行理论描述，以对一般或特定新品（如新发布的音乐、游戏、App 等）在大众中的采用状况和趋势进行分析。

新品传播有若干种基本模型。采用者类别模型（adopter categories）通过对新品采用者进行分类来描述新品传播过程。新品采用者被分为创新者（innovators）、早期采用者（early adopters)、早期多数(early majority)、后期多数(late majority)和落伍者(laggards)共 5 类。一项著名研究表明,各类采用者所占比例分别为 2.5%、13.5%、34%、34%和 16%。将这 5 类采用者按时间排列画出新品采用概率和累积采用概率曲线,如图 7.3 所示。由图可见,新品采用随时间的概率符合高斯分布,而累积概率符合 S 型曲线分布。

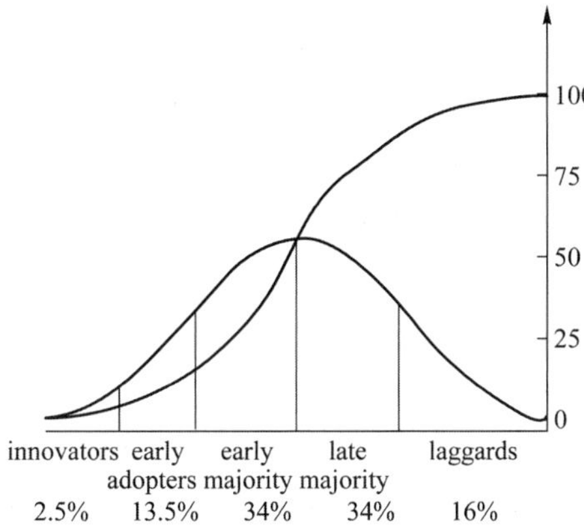

图 7.3 新品采用者类型模型

另一种新品传播理论注重个体对新品采用的过程,并将其分为得知、感兴趣、评估、试验和采用五个阶段。第一阶段,虽已得知新品出现,但信息有限;第二阶段,对新品产生兴趣,开始收集更多信息;第三阶段,想象采用新品的效果,做出是否采用的决定;第四阶段,试用新品;第五阶段,继续试用直至完全采用。

新品传播的数学模型对新品采用者人数随时间的变化率进行建模,具体地:

$$\mathrm{d}A(t)/\mathrm{d}t = i(t)[P - A(t)] \tag{7.5}$$

这里,$A(t)$表示直至 t 为止采用者的总人数,$i(t)$表示传播系数,P 为潜在采用者总数。

式(7.5)中的传播系数 $i(t)$有若干种定义方法,一种较通用的方法是将其定义为各个时刻累计采用者人数的线性组合,即

$$i(t) = \alpha + \alpha_0 A(0) + \cdots + \alpha_t A(t) \tag{7.6}$$

这里 α 为固有参数,α_i 为各个时刻的参数。在实际应用中,常常采用式(7.6)的简化模型,而以下 3 种简化模型具有特殊意义:1) 外部影响模型 $i(t)=\alpha$;2) 内部影响模型 $i(t)=\beta A(t)$;3) 混合影响模型 $i(t)=\alpha+\beta A(t)$。

外部影响模型的传播系数独立于当前采用者人数,只受采用者之外因素的影响。与其相对应,内部影响模型的传播系数只受当前采用者人数的影响。而混合影响模型是以上两个模型的折衷。

与新品传播类似,疫情蔓延式信息传播模型同样假设个体之间的交互不可知,但不同于新品传播模型中的个体可以决定是否采用新品,在疫情蔓延模型中,个体不能决定是否被感染。个体是否被感染被当作一个随机事件,只要个体暴露于病毒,便有被感染的概率。疫情蔓延模型关注疫情传播的整体模式,包括感染人群的比例和趋势等,而不关注具体哪些个体感染。这种模型将所有影响个体感染的因素混为一体,用一个不确定因子描述,因而被称为全混合技术(fully mixed technique)。当需要分析的社交网络信息传播中的个体交互和决

策过程不确定或不可知时，疫情蔓延模型可以被采用。

疫情传播模型首先定义如下数量和关系。人口总数 N，t 时刻易感(Susceptible)人口数 $S(t)$ 及其比例 $s(t)=S(t)/N$，t 时刻感染（Infected）人口数 $I(t)$ 及其比例 $i(t)=I(t)/N$，t 时刻康复或死亡(Recovered or Removed)人口数 $R(t)$ 及其比例 $r(t)=R(t)/N$。显然，在任意时刻 t，$N=S(t)+I(t)+R(t)$。

在此基础上，首先建立最基本的疫情传播模型 SI 模型。SI 模型假设易感个体存在被感染的概率，而且一旦感染，便不能康复，但也不会死亡，因此模型中的 $R(t)$ 始终为 0。设 β 为个体之间接触概率，即两个人在任意时刻相互接触的概率为 β。如果 β 为 1，则每个人都将接触其他所有人。如果 β 为 0，每个人都不接触任何其他人。假设一个易感个体一旦接触一个感染个体便以一个已知的概率被感染，那么给定 t 时刻的易感人口数量和感染人口数量，便可算出 $t+1$ 时刻的易感人口数量和感染人口数量。这样，基于 SI 模型，便可以对疫情在总人口中的时序蔓延过程进行模拟。

SI 模型不考虑康复和死亡因素，如果将康复和死亡因素加入进来，则可导出 SIR 模型。SIR 模型假设一旦康复便不再被感染，如果考虑康复之后还会再次感染，又可导出 SIS 模型。而 SIRS 模型进一步考虑了康复的个体在一定时间之内有免疫力的情况。

7.4 内网检索及对象检索

7.4.1 概述

在面向互联网(Internet)的检索技术获得成功应用之后，人们开始将目光转向一个新的领域，内网检索(Intranet Retrieval)。人们发现，这项技术同样具有重大应用价值，同时难度更高，挑战性更强。

各类组织机构内部的信息化，使内网中的信息数量迅猛增长。以企业网为例，企业内部数据每年都以极高的速度增长，这些数据以文件、邮件、图片等形式存放在企业内计算机系统的各个角落。而企业在互联网上显露的信息只是它所拥有信息的冰山一角。全球最具权威的 IT 研究与顾问咨询公司 Gartner 的研究报告表明，企业发布到互联网上的信息只占总量的 1%～2%，98%以上的信息是存储在企业内部的。

调查表明，目前企业内部的信息检索问题尚未得到较好的解决，人们经常难以找到本应很容易找到的企业内部信息。人们发现，企业信息检索与一般的 Web 检索有显著的差别，主要原因在于：1）企业内网中的信息源复杂，网页、邮件、数据库、BBS、Word 文档、Excel 表格等各类数据均是直接的处理对象，因而不能像 Web 检索那样主要面向网页；2）企业内部的查询任务通常是很具体的，因此需要精确和完整的检索结果，网页清单式的结果是不能满足要求的。

TREC 从 2005 年开始设立 Enterprise Track 评测，受到了各方关注，对企业信息检索的研究产生了重要的推动作用。评测以专家检索和邮件检索为两个具体任务，以此来引导对企业信息检索问题进行具体深入的研究。

企业信息检索的主要挑战在于如何对数据进行有效的组织和呈现。对企业内部的一个查询,经常会涉及多种信息源的数据,如果不能对这些异构数据进行有机的整合和组织,检索结果就很难做到精确和完整。另一方面,有组织的信息如何向用户呈现也是一个没有很好解决的问题。在这种状况下,人们认识到企业信息检索应向对象检索方向发展,以对象为单位进行信息的抽取和整合,以对象为单位进行信息的呈现。

目前,流行的商用搜索引擎提供的大多是网页级的服务,即查询结果是系统反馈的网页清单。这种服务缺乏对相关信息的组织,与查询相关的信息分散在不同的网页和文档之中,用户得不到整合的信息。一般情况下,信息的组织和整合并不是一件容易的事情,需要进行全面深入的分析和有效合理的综合,目前尚无通用的方法来完成这样的任务,商用搜索引擎尚不能全面提供整合式的信息服务。

实现面向对象的信息检索,首先要解决对象的表示问题,其次要解决对象的抽取、整合和知识库建立问题。

7.4.2 对象检索的基本概念

基于文档的专家检索并不具有真正意义上的对象检索的特征,尽管它的检索结果不是网页/文档清单而是表示专家这一对象的专家名称及其相关属性。它对专家的表示不是基于专家属性的直接具体表示,而是基于文档的间接抽象表示。系统中没有包含对象属性定义、抽取和整合等步骤。因此它仅处于向着对象检索发展的一个过渡状态。

对象检索的核心是通过对象属性和对象关系对信息进行组织。在这方面,面向对象的分析和设计技术提供了有效的手段,给出了涉及对象检索中如下基本概念。

对象(Object):具有属性的事物,因用户欲知其属性而成为查询目标,如某个人物、某个机构、某件产品、某个事件等。

对象标识(Object Identifier):在一个对象集合中对某个对象进行唯一指定的符号。

对象类(Object Class):某类对象的概括定义,如教师、学生、企业、学校、电脑、高考等。

对象类标识(Object Class Identifier):在一个对象类集合中对某个对象类进行唯一指定的符号。

对象属性(Object Attribute):用户感兴趣的对象特性,如人的年龄、产品的价格、事件的时间地点等。

属性标识(Attribute Identifier):在一个属性集合中对某个属性进行唯一指定的符号。

对象关系(Object Relationship):在对象之间建立联系的特性,如包含关系、并列关系、近邻关系等。

对象定义(Object Definition):以类为单位定义对象的属性及关系。

对象定义是对象检索的基础。例如,利用 ASN.1 描述语言(当然也可以用其他语言描述,如 XML),可以定义如下对象类 Expert 来表示专家。

```
Expert ::= SEQUENCE
{   name OCTET STRING,
```

```
email-add OCTET STRING,
expertise OCTET STRING,
articles OCTET STRING    }
```

这里,Expert 被定义为包含 4 个字符串的序列,name 用来表示专家的姓名属性,email-add 用来表示专家的邮件地址属性,expertise 用来描述专家的专业知识属性,articles 给出专家发表文章的列表,可以看作对另外定义的 Article 对象的引用关系。

在这个 Expert 类定义的基础上,检索系统对每个不同的专家建立一个实例,从所能获得的各种信息源中对专家的属性和关系进行维护和更新。

信息被对象化组织后,信息检索变得类似于数据库检索。无论是查询还是结果呈现都将变得更加简单。但是,需要说明的是,对象检索毕竟不是数据库检索,由于对象的属性和关系是自动抽取的,无法保证结果的绝对正确、可靠和一致,因此不能像数据库检索那样提供精确的结果。也就是说,对象检索仍然具有信息检索的模糊性、近似性和次优性。

7.4.3 信息抽取

如上所述,信息抽取是对象检索的一个关键技术。信息的对象化组织就是要依靠信息抽取技术获取对象的属性和关系,而这项任务在非结构化信息源的情况下是十分复杂的。实际上,随着其作用的日益增大,信息抽取正在逐步发展成为一个相对独立的研究领域,有许多成果可以用于对象检索之中。

在网络搜索及文本挖掘领域,信息抽取往往特指从自然语言文本中提取出特定信息的过程。20 世纪 80 年代末期,信息抽取研究出现高潮。1987 年至 1998 年,国际消息理解系列会议(Message Understanding Conference,MUC)的召开有力地促进了研究的进展。1999 年,NIST 组织的自动内容抽取(Automatic Content Extraction,ACE)评测会议取代 MUC 成为本领域最重要的技术交流平台。

[Hobb 93]提出了一个信息抽取系统的通用体系结构,将信息抽取系统转化为一个由 10 个模块级联的过滤器,每一级的过滤规则由人工或自动生成。这 10 个模块依次如下。

1) 文本分块:将输入文本分割为相对独立的逻辑块。

2) 预处理:将得到的文本块转换为句子序列。

3) 过滤:过滤掉不相关的句子。

4) 预分析:在保留的句子中识别确定的小型结构,如名词短语、动词短语、并列结构等。

5) 分析:通过分析小型结构和词汇项序列建立描述句子结构的完整分析树或分析树片段集合。

6) 片段组合:将分析树片段集合组合成整句的分析树或其他逻辑表示形式。

7) 语义解释:从分析树或分析树片段集合生成语义结构、意义表示或其他逻辑形式。

8) 词汇消歧:消解上一模块中存在的歧义,得到唯一的语义结构表示。

9) 共指消解或篇章处理:通过确定同一实体在文本不同部分中的不同描述合并冗余结构。

10) 模板生成:由文本的语义结构表示生成最终的模板。

在上述过程中，命名实体识别、句法分析、篇章分析、知识获取等技术发挥着关键的作用。

广义地讲，命名实体(Named Entity)是指文本中包含的有专用名称的各类事物，如人物、组织、事件、物品、时间、地点等。显然，命名实体是信息抽取的基本元素。命名实体识别就是从文本中发现感兴趣的命名实体，并确定其类别。命名实体识别的难点主要在于以下几点。

1) 在不同的场合，命名实体的外延有差异。

2) 无穷无尽，无法在词典中全部收录。

3) 名称会发生变化。

4) 表达形式多样。

5) 首次出现后常采用缩写形式。

命名实体识别方法可分为基于规则和基于统计两大类。基于规则的方法需要制定和总结规则，一般以人工为主自动为辅，工作量大，规则复杂。一旦制定完成，往往能取得快速准确的识别效果。基于统计的方法利用有标注的语料训练识别器，人工作业量较小，便于移植，但通常识别精度不及基于规则的方法。若能将两类方法进行适当的结合，可望取得更好的效果。

句法分析是自然语言处理的基本技术之一，已在不同场合得到了广泛的研究和应用。与其他场合不同的是，信息抽取中的句法分析更加注重局部分析技术。这是因为，需要抽取的信息通常只是某一领域中数量有限的事件或关系。因而，往往只有小部分文本与抽取任务有关。在分析时，通常也不需要每个句子的完整结构表示，而只要识别出部分片段间的某些特定关系即可。

篇章分析和推理能够帮助系统识别文本中由于表达方式不同所产生的共指现象。共指现象在文章中往往是长距离的，因此需要跨句、跨段落的分析和推理。共指现象的发现是合并描述同一命名实体的信息片段的基础。

在某些情况下，还需要解决文本间的共指问题。例如，在文本来源较多的情况下，很可能有多篇文本描述了同一命名实体。另外，不同文本间还会存在语义歧义，如同词异义、异词同义等。为了避免信息的重复、冲突，信息抽取系统需要有识别、处理这些现象的能力。

知识库是信息抽取系统的基石。系统的应用场合不同，知识库的结构和内容也会不同，但它们的主要构成是类似的，包括词典(Lexicon)、抽取模式库(Extraction Patterns Base)、本体模型(Ontology)等。

与一般的信息抽取相比，Web 信息抽取在检索系统中具有特殊和重要的意义。Web 文本具有两个显著特点：第一，文本中含有大量的标记和超链接；第二，文本中的句子缺少完整性。由于上述特点，Web 信息抽取受到了特殊的关注。

Web 信息抽取是指从 Web 页面所包含的无结构或半结构文本中识别出感兴趣的信息。目前对网页进行信息抽取有许多种技术手段，例如基于归纳学习的方法、基于标记语言(HTML、XML 等)结构解析的方法、基于 Web 查询的方法、基于自然语言处理的方法、基于模型的方法和基于本体的方法等。其中，基于标记语言结构解析的方法是最具 Web 特点一种方法，它将 Web 文档转换成反映 HTML 或 XML 文件层次结构的解析 DOM 树，通过自动或半自动的方式产生抽取规则。

7.5 知识图谱

7.5.1 概述

在谷歌公司的语义网络型知识库产品 Knowledge Graph 的影响下，知识图谱这一技术名词日益流行，现已几乎成为知识库的代名词而被广泛地使用。实际上，知识图谱只是知识库的一种类型，由于采用便于进行知识表达和推理的网络结构而拥有独特的技术优势。

在知识图谱中，网络的节点代表实体(现实世界的客体、事件或抽象的概念)，节点之间的连接代表实体之间的关系。通过定义不同的节点类型和连接类型，知识图谱可以灵活地表达各类复杂的知识体系，并对其蕴含的知识进行推理。知识图谱的这些能力和优势已经在搜索引擎和问答系统等应用中得到了越来越多的发挥。

知识图谱(Knowledge Graph)一词产生于 1972 年，意指课程的模块化教学体系。20 世纪 80 年代之后知识图谱几乎作为语义网络(Semantic Network)的同义词发展了几十年。早期的知识图谱是主题特定的，如 1985 年建立的表达词汇语义关系的 WordNet，1998 年建立的用于模糊逻辑推理的 ThinkBase，2005 年建立的获取地理名称与地点之间关系的 Geonames 等。2007 年，DBpedia 和 Freebase 的问世标志着此项技术进入大规模通用领域知识图谱阶段。2012 年，谷歌在 DBpedia 和 Freebase 的基础上构建了 Knowledge Graph，使知识图谱的作用为世人所广泛知晓，有效地促进了后续的研究和开发。其后，Facebook，LinkedIn，Airbnb，Microsoft，Amazon，Uber 以及 eBay 等跨国公司纷纷建立了各自的知识图谱。

知识图谱的数据来源主要有 4 类：百科类数据(如维基百科、百度百科和互动百科等)、结构化数据、半结构化数据和搜索日志数据。其中，百科类数据和垂直站点的结构化数据涵盖大部分知识，这些数据比较稳定，且置信度高，是知识图谱的主要数据来源。半结构化数据通常来自于垂直领域网站(如电商网站、点评网站等)，这些数据主要利用动态网页技术从数据库中提取，可用来抽取实体的属性值，加强对实体的表达。此外，知识图谱还利用用户搜索日志数据抽取新实体以及实体属性，以扩展知识图谱的知识覆盖面。

7.5.2 知识图谱的结构建模

知识图谱通过实体及其相互关系来形式化地描述语义体系。为此，知识图谱通常以本体(Ontology)为工具建立其抽象结构，实现外显知识的提取和蕴含知识的推理。

本体是一个古老的哲学名词，用于表示世界中的存在。例如，在笛卡尔的本体论中，世界上只存在心灵、物质和上帝 3 类实体。在如今的应用中，本体代表特定领域实体的类型、属性以及实体之间关系的命名和定义体系。换言之，本体是对特定领域中某类概念及其相互关系的形式化表达形式。

通用本体一般由五元组描述，$O=\{C, R, F, A, I\}$，其中，各元素的含义如下。

1) C 表示一个概念集合，通常以分类树(Taxonomy)的形式组织。如 Freebase 中的分类体系，它定义了领域、类别和主题(即实体)，每个领域包含若干类型，每个类型包含多个主题，每个主题包含多个属性。

2) R 表示实体之间的语义关系的集合，用来描述概念之间上下位关系的“子类”，或用来描述实体与属性之间的关系等。

3) F 是一组特殊的函数关系，指关系中第 n 个元素的值由其他 $n-1$ 个元素的值确定，如“二手手机价格”由“手机型号”“配置数据”和“使用年限”确定。

4) A 表示知识体系中的公理(axioms)，指本体具有一定的逻辑推理能力。例如，A 是 B 的父亲，B 是 C 的父亲，则 A 是 C 的祖父。

5) I 描述具体的个体实例，这是对本体中的概念进行实体化，如主题“喜剧片”的实例化“泰囧”“大话西游”等。

针对知识图谱的本体常采用简化形式。如 $O=\{C, I, T, P\}$，其中 C 描述领域中的抽象概念，I 是概念的实例，T 表示概念与实例之间的关系，P 描述实例的其他性质。

本体是生成知识图谱的模具，知识图谱是在本体约束下知识的具体表达。知识图谱中的基本知识结构是两个节点及其连接所构成的三元组。例如，“奥巴马出生于夏威夷”这条知识可由〈奥巴马，出生于，夏威夷〉这个三元组表示。嵌入知识图谱中就是在〈奥巴马〉和〈夏威夷〉这两个实体节点之间建立一条〈出生于〉的连接。构建知识图谱的本体，就是要对如何建立以及建立何种三元组知识结构进行规范，这是一项技术性很强的工作。

本体构建有自顶向下、自底向上以及二者相结合的不同方式。自顶向下的方式在抽取和积累具体知识结构之前对本体中的实体及关系的类型进行定义，通过本体语言(Ontology Language)进行描述。自底向上的方式则先抽取和积累各种知识结构，然后对其中的实体及关系的类型进行提炼概括，进而定义和描述本体。二者结合的方式是先用自顶向下的方式定义基本的实体及关系的类型，然后再用自底向上的方向对其进行扩充。

7.5.3 知识结构的抽取

(1) 实体抽取

常见的实体抽取方法有如下几种。

1) 从百科类站点的网页标题和超链接中抽取实体名，这种方法能够得到最常见的实体，缺点是对中低频实体的抽取效果不好。

2) 从搜索日志数据中抽取命名实体。搜索日志数据中包含了大量实体名，尤其是对于抽取新实体非常重要。

3) 从垂直网站中抽取属于特定领域的实体名。现在互联网中有众多的垂直网站，里边包含了大量特定领域的实体名，这对于构建特定领域知识图谱尤为重要。

4) 使用命名实体识别技术从普通非结构化文本中学习命名实体，深度学习在其中正发挥着越来越大的作用。

实体抽取之后需要进行对齐，目的是发现同一实体不同的名称，并将它们进行归并。

(2) 属性值挖掘

属性值挖掘是指为实体的属性赋值。常见方法包括以下几个。

1）通过解析百科类站点中的半结构化文本提取实体的属性列表及其属性值。

2）通过垂直网站中的实体属性信息提取属性值。

3）通过抽取网页表格中的知识挖掘属性值。

4）通过手工定义或自动生成的模式从自然语言句子或搜索日志数据中抽取属性值。

（3）关系抽取

关系抽取方法有基于规则的方法和基于机器学习的方法两种。基于规则的方法是由语言专家根据抽取任务要求，设计抽取模板，然后在文本中寻找与模板匹配的实例，从而推导实体之间的关系。基于规则的方法人工知识成本高、可移植性低，相对于基于机器学习的方法已经成为补充性的方法。

基于机器学习的方法抽取实体关系是自然语言处理领域的一个重要研究方向。深度学习的进展显著提升了此类方法的效率和质量。目前，基于 Transformer 模型的实体关系抽取已经成为业界的新范式。

7.5.4 知识图谱中的推理

知识图谱构建完成之后，便可以通过简单的方法对其中的显在的三元组知识进行查询。而知识图谱中所蕴含的隐性知识需要进行推理才能获得。推理有逻辑推理和向量推理两种。

常用的逻辑推理方法包括属性推理和关系推理两种。

1）属性推理：通过数值计算的方式来获取实体的某些属性值。例如，人的年龄可以通过当前日期减去出生日期获得。

2）关系推理：通过链式规则等来挖掘实体间的隐含关系。例如，若设定规则“爷爷是父亲的父亲”，那么当已知 A 的父亲是 B，B 的父亲是 C，可以推出 A 的爷爷是 C。

向量推理基于对知识图谱中的实体及其关系进行分布式嵌入表示来进行推理。例如用词向量表示实体及其关系，则知识三元组也可以用向量表示。向量推理通过代数计算获得三元组之间的相似性，以进行知识的关联和扩展，为知识推理提供有别于逻辑推理的有效方法和更大的灵活性。

将知识图谱应用于搜索系统时，搜索引擎识别用户查询中涉及的实体，并通过知识卡片的形式返回该实体的结构化信息。当查询中涉及多个实体时，搜索引擎需要基于实体的重要性排序来展示查询结果。一个常用的方法是对知识图谱中的实体网络施用 PageRank 算法。

7.6 对话系统

7.6.1 概述

对话系统(dialog systems)是人机交互的一种高级形态，是综合了语音识别、自然语言处理、知识库等多种技术的人工智能系统。对话系统作为图灵测试中的对象，其技术水平标志着人工智能的整体水平。随着人工智能技术的发展，对话系统的性能不断提升，面向特定任务的对话系统和通用对话系统均已投入商用。对话系统在实际应用中所开拓的机遇和遇到的挑战强有力地推动了相关的研究，使其成为学术界和产业界最为关注的人工智能前沿领域。

对话系统技术与 Web 搜索紧密相关，其中的问答系统（QA 系统）是信息检索的理想形式。通过 QA 系统，用户能够以提问的方式直接得到所需的信息，而不是像利用现有的检索系统那样仅获得包含所需信息的文档。另一方面，在对话系统的实现中，系统生成“回复（response）”时常常需要用传统的信息检索技术从网络或知识库中提取相关信息作为素材。

现有的对话系统按功能划分主要有任务型、问答型和闲聊型 3 种。任务型对话系统是以完成具体任务为目的进行开发的。典型任务包括酒店预订、机票预订、旅游信息服务等。任务型对话系统有明确的对话成功与否的标准，如酒店预订是否完成，因而系统的性能相对易于评价。同时，由于对话围绕任务展开，对话的目的和语句结构易于枚举。基于这些特点，任务型对话系统通常利用本体语言进行对话目的（intent）及其槽结构（slot）的定义，在此基础上进行对话目的识别和关键信息的抽取，即槽填充（slot filling），继而进行对话理解。这样的技术路线简化了任务型对话系统的实现，使其成为先期得到应用的一类系统。

广义上讲，问答型对话系统也是面向任务的系统，其任务是直接回答用户提出的具体问题，因而被称为问答系统。若将用户所提的问题看作信息需求，问答系统便可被视为特殊形态的信息检索系统。经典的问答系统主要以知识库为支撑，对用户的提问进行语义理解后，进行知识库语义匹配、查询和推理，最终给出应答。新型的问答系统还包含阅读一篇或多篇文本后解答相关问题的功能，即所谓的机器阅读理解。这类系统已不再主要依靠知识库构建和推理进行工作，是问答系统发展的高级阶段。

与任务型对话系统不同，闲聊型对话系统没有特定的对话目的，其笼统的目的在于激发用户的对话兴趣，成为用户喜欢的闲聊伴侣。这类系统没有对话终结的明确标准，用户可能随时退出对话。因此，开发闲聊型对话系统的关键是生成趣味性、连贯性、多样性俱佳的对话，增加对话的轮次，提高用户的体验。基于以上特点，在技术实现和性能评价上，闲聊型对话系统与前两类对话系统均有很大差别。

对话系统的工作一般包含用户对话理解、对话状态跟踪、对话策略选择、系统回应生成等多个过程。从系统开发的角度看，对话系统又分为管线（pipeline）型和端到端（end to end）型两种。管线型对话系统将上述过程用对应的模块加以实现后，将它们按管线的方式串接起来。这种模块化的实现方法的优点是各个模块的任务明确和相对单纯，可以相对简单地独立设计和调试，有利于降低系统的开发难度，并且对中间结果和最终结果都可以给予较好的解释。经典的对话系统一般都采用管线型的实现方法，近年来，随着深度神经模型的采用，对话系统的性能也取得了突破性提升，产品已经开始商用。

基于深度神经网络模型的序列转写技术的发展也带来了对话系统体系架构的变革，使端到端型对话系统越来越成为研究和开发的重点。这类系统采用类 Transformer 的架构，像机器翻译的工作过程那样，将用户的对话输入直接转换为系统的回应。这类系统的优点是对整个模型进行端到端的训练，模型中的各个成分在训练中以系统整体优化为目标进行参数调优，避免了管线型系统中存在的各过程的优化与系统的整体优化不一致的问题。目前，端到端型对话系统的研究主要集中在对序列转写技术进行改造和提高，以满足对话系统的特殊要求，主要包括如何生成更连贯、更有含义、更有个性的自然语言，如何提高系统的训练效率，以降低对标注数据的需求，以及如何将有监督学习和强化学习相结合提高系统的可伸缩性和可移植性等。

下面首先结合管线型对话系统的结构介绍对话系统的基本构成，然后阐述端到端型对话系统的技术特点，最后对面临的挑战和发展方向进行分析和探讨。

7.6.2 对话系统的基本构成

实现一个对话系统需要完成对用户语句的理解、内部状态调整、回应的准备和回应的生成等系列过程。如图 7.4 所示，管线型对话系统用自然语言理解(NLU)、对话状态追踪(DST)、对话策略学习(DPL)、自然语言生成(NLG)等 4 个串行模块完成这一序列过程。

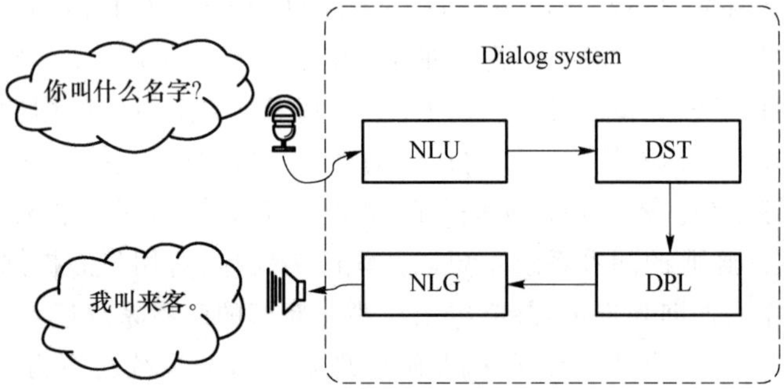

图 7.4 管线型对话系统

尽管这 4 个模块处于同一系统之中，需要上下贯通、紧密结合，但在研究开发中，模块之间仍然具有相对的独立性，各自侧重解决不同的问题，选择适当的技术加以实现。

自然语言理解(NLU)模块负责理解用户输入语句的涵义。在任务型对话系统中，NLU 的功能被简化为判别语句中包含的对话意图和对其进行结构填充，即槽填充(slot filling)。具体地，给定一个输入语句 $x=\{x_j\}$，其中的 x_j 是语句中的第 j 个词汇，$j=1,\cdots,T$。槽填充就是为每个词汇赋予一个槽标签 y_j^s，槽的种类随任务而变，预先进行本体定义。例如，向一个订餐对话系统输入一句“我想在北京西站附近找个山西面馆”，系统槽填充的一种可能结果如表 7-1 所示。表中，O 表示不属于任意槽，B 表示槽的起始，I 表示槽的跨度之内，LOC 表示地点槽，Food 表示食物槽。对话意图识别是系统对输入语句的意图 y^i 进行分类，可能的类别同样预先进行本体定义，如订餐、取消订餐、外卖等。一般地，可将上述槽填充和意图识别表示为一个离散概率模型 $p(y^i,\boldsymbol{y}^s|x,\theta)$，以此描述给定输入语句 $\boldsymbol{x}$ 和系统参数 θ 条件下，意图变量 y^i 和槽标签向量 $\boldsymbol{y}^s$ 的联合概率分布。在此概率模型下，NLU 的实现可转化为机器学习问题。目前流行的实现方法是使用 CNN 或 RNN 对句子进行上下文相关建模，随后通过 Softmax 分类器网络得到语句的意图类别，以及每个词汇的槽标注信息。

表 7-1 槽填充实例

Utterance	我	想	在	北京	西站	附近	找	个	山西	面馆
Slot	O	O	O	B-LOC	I-LOC	I-LOC	O	O	B-Food	I-Food

对话状态追踪(DST)模块的功能是根据对话的上下文追踪对话状态。具体来讲,是在保存系统之前的对话内容和状态的前提下,根据NLU模块输出的本轮对话意图和槽填充结果,确定目前时点的系统对话状态,即当前对话状态。在经典实现方案中,当前对话状态用到目前为止的槽填充状态和用户目的来表示,被称为语义帧(semantic frame)。显然,DST的作用主要体现在多轮对话之中。传统的DST多基于手工规则实现,现已总体上转向基于深度学习的方法,RNN模型得到了较多采用。

对话策略学习(DPL)模块基于对话环境学习系统应采取的对话行动(Dialog Action),以确定回复生成的策略。典型行动策略包括需求澄清、用户引导、询问、确认、结束对话等。DPL根据当前对话状态选择下一步对话行动,目标是总体对话效果最佳。理论上,可对DPL进行马尔可夫过程求解。经典解法是针对各种不同状态条件制定相应规则,在此基础上采用有监督学习对各个规则的行动分别进行学习。系统通过上述方法热启动后,可以进一步采用强化学习进行优化,以期获得完整的系列行动后系统的最终对话性能实现提升。

自然语言生成(NLG)模块将DPL输出的抽象的对话行动转换为自然语句的系统回复。好的回复需要满足准确、流畅、可读和多样等要求,这使得NLG模块的有效实现具有很高的难度。在传统的方法中,NLG模块通常需要进行句子规划,将输入的语义符号先转化为树或模板结构的中间形态,然后再转化为表象的语句,而所谓中间形态本质上就是对应不同对话目的的句型结构。当前,基于神经计算的NLG正逐渐成为主流。带门控结构的循环神经网络,如LSTM得到了广泛的应用。通过神经网络模型,NLG可以获得槽值状态等对话行动以外的附加信息,以使所生成的句子更加符合用户的意图。可见,神经计算的方法已经打破了经典方法的管线结构,NLG模块的输入不仅来自与其相邻的DPL,还来自与其不相邻的DST。这为端到端的实现方法开启了思路,随着编码器-解码器架构和注意力机制在NLG中的采用,整个对话系统的端到端的实现方法已经成为一种新的选择。

7.6.3 端到端型对话系统

管线型对话系统的模块化结构降低了实现难度,并且具有较好的逻辑性和透明性。该系统的主要缺点是不便于综合各个模块进行性能的整体优化,若某一模块对新数据或新环境进行了适配,其他模块均需进行相应的调整,否则整体性能可能非但得不到提升,反而降低。端到端型对话系统的目标是实现对整个系统进行端到端的训练和优化,以避免模块之间出现整合问题。需要注意的是,端到端型对话系统仍然可以拥有与管线型系统相似的过程,但这过程是内含的而不是外在的。

端到端型对话系统多采用生成式神经网络实现,编码器-解码器模型是基本架构,模型的训练目标是将对话历史映射为系统的回复。训练的瓶颈是难以获得充足的监督信息支撑系统的鲁棒性,即系统对不同语境的适应性。基于强化学习的训练有助于突破上述瓶颈,常作为监督学习之后的进一步训练手段被采用。

端到端型对话系统通常需要查询外部知识库。经典的查询方法是通过代表用户对话目的的语义符号访问知识库，从知识库中获取相应条目。这种方法有两个限制：一是不能表达语义解析中的不确定性，二是检索操作不可导。这两个限制使得对话系统和知识库查询不能作为一个整体进行训练。为解决这一问题，人们提出了两种方法。一是利用基于注意力的键-值检索机制，使得对知识库中的实体访问操作可导。二是推导用户对知识库实体的"软(soft)"后验兴趣概率分布，以代替对知识库的符号查询。

端到端型对话系统多以序列转写(Sequence-to-Sequence，Seq2Seq)模型为基本结构，系统将用户输入的语句转写为对它的回复，工作原理与机器翻译的过程类似。经典的序列转写模型采用编码器-解码器结构，将给定的源序列 X 转写为目标序列 Y。给定源序列 $X=(x_1,\cdots,x_T)$ 和目标序列 $Y=(y_1,\cdots,y_{T'})$，转写模型的目标是最大化给定 X 的条件下 Y 的生成概率 $p(Y|X)$。图 7.5 是经典转写模型示意图。该模型的原理是：编码器逐字读取源序列 X，通过循环网络 RNN 将其表示为一个上下文向量 $\boldsymbol{c}$。对应地，解码器以 $\boldsymbol{c}$ 作为输入利用 RNN 和 Softmax 函数对目标序列 Y 的生成概率进行评估。

具体地，编码器 RNN 模型以 $h_t=f(x_t,h_{t-1})$ 的函数形式计算上下文向量 $\boldsymbol{c}$，其中，h_t 代表 t 时刻的隐状态，x_t 代表 t 时刻输入的词汇，f 为 LSTM、GRU 等非线性函数。C 为最后一个输入词汇所对应的隐状态 h_T。解码器是一个标准的 RNN＋上下文 $\boldsymbol{c}$ 的语言模型，t 时刻 RNN 的隐状态 $s_t=f(\boldsymbol{c},y_{t-1},s_{t-1})$，候选词的概率分布 $p_t=\text{Softmax}(s_t,\ y_{t-1})$。

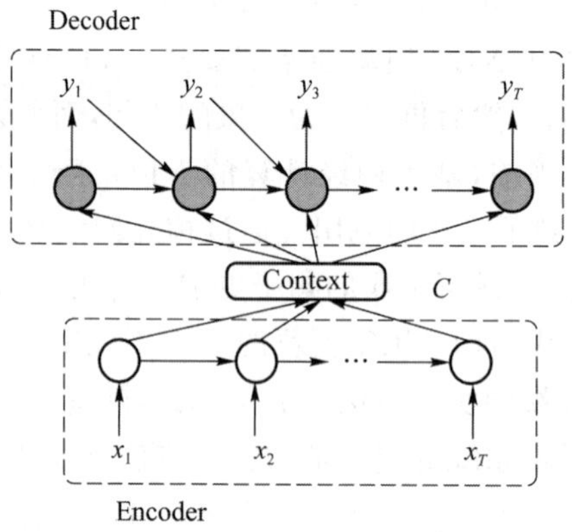

图 7.5　经典转写模型

如上所述，Transformer 是一个采用自注意力机制替代 RNN 的新型序列转写模型，在效率和性能两个方面都显现了优势。因而，除上述经典转写模型之外，Transformer 的结构也正在被越来越多的对话系统所采用。

与序列转写模型相并立，基于检索的模型是端到端型对话系统的另一类实现方法。这种方法以检索的形式从现有的候选语句库中选择回复，而不是生成回复。此类方法的核心是消息(message)-回复(response)匹配算法，即将用户输入的语句看作消息，为其找到最匹配的回复。

基于检索的单轮对话系统只利用用户当前输入的消息进行回复匹配。通常，消息和各候选回复均被表示为向量，然后计算二者之间的匹配度。设 $\boldsymbol{x}$ 为消息向量，$\boldsymbol{y}$ 为回复向量，则二者之间的匹配度可用一个双线性匹配函数计算，即 $\text{match}(\boldsymbol{x},\boldsymbol{y})=\boldsymbol{x}^{\mathrm{T}}\boldsymbol{A}\boldsymbol{y}$，这里，$\boldsymbol{A}$ 是预定义的匹配矩阵。可见,如何将消息和候选回复映射为向量,以及如何确定匹配矩阵是技术关键。在各类实现中,深度神经网络模型已成为首选方案。

基于检索的多轮对话系统将当前用户输入的消息和此前的对话整合为一个上下文后为其选择最佳回复。因而匹配问题成为上下文与候选回复之间的问题。与单轮系统相比,多轮系统的技术关键在于如何整合上下文。具体问题包括如何在历史对话中标识对当前回复而言更重要的语句,如何对语句之间的关系进行建模以保证对话的一致性,如何通过词汇、语句、整体等多层次结构全面表达上下文语义等。CNN、RNN等神经网络模型同样是解决这些问题的主要方案。

7.6.4 主要挑战及发展方向

在深度学习技术的促进下,对话系统的性能正在迅速提升。但总体来讲,尚不能满足许多重要场景的应用需求。任务型系统的回复仍不够自然和灵活,闲聊型系统仍然欠缺趣味性和生动性。研究表明,要解决这些问题,主要面临以下几个挑战。

一是训练数据不足。在以深度学习为核心技术的对话系统的开发中,理想的情况是拥有充足的训练数据。但这是一个奢侈的要求,通常难以得到满足。由于数据标注成本较高,对话系统的训练数据往往是限定领域和稀疏的。这使得系统往往具有"闭世界假设"的特点,即系统的对话领域和语言风格过于单一。系统对其他领域的适配依然需要较多的训练数据。

二是对话历史表示。对话系统能否很好地生成回复很大程度上取决于能否综合用户本轮输入以及之前的对话历史进行信息表示。好的对话历史表示既要显现本轮对话目标和关键语义,又要显现已完成对话中的相关信息;既要全面地嵌入各类信息,又要层次化地组织信息。如何利用机器学习的方法获得对话历史的有效表示是一个需要着力克服的挑战。

三是回复趋于平淡。基于序列转写的端到端型对话系统趋于生成平淡无味的回复,如"我不知道""我不确定""大概是吧"等。原因在于这些句子高频地出现在训练语料中。如何有效地抑制这类平淡语句,生成既有信息量又有丰富表达形式的回复是一个极具挑战的问题。研究表明,解决这一问题需要对现有的序列转写模型进行改造,包括改变目标函数,抑制平淡回复的生成概率,在解码器中加入隐变量增加回复生成的灵活性等。

四是知识范围受限。一般而言,无论是基于生成模型的对话系统还是基于检索的对话系统都需要外部知识库的支撑。这意味着对话系统的知识范围在根本上受限于知识库。如何构建内涵丰富且运行高效的知识库是每个对话系统开发中都需要努力解决的问题。与一般知识库相比,支撑对话系统的知识库有其特殊性,其主要任务是帮助对话系统生成自然语言的回复,需结合对话系统的功能和结构特点进行设计。实践表明,开发一个高性能对话系统的知识库是一项昂贵的工程。

为克服上述挑战,对话系统的前沿研究正在提高数据利用效率、突破回复生成瓶颈、改善领域迁移性能等方向上展开。

在提高数据利用效率方向上,高效学习方法的研究是主流工作。迁移学习、自监督学习、预训练模型学习等得到了普遍应用,并取得了良好的效果。另外,将监督学习与强化学习相结合也是一条重要的研究路线。系统在学习少量监督数据低资源启动后,开始通过用户模拟器进行强化学习。系统在与用户模拟器的对话中不断优化参数、改进策略、提升性能。这种方式为系统提供了无限量的交互学习机会,其蕴含的能力十分巨大。但关键是开发出有效的用户模拟器,这无疑又是一项挑战。可以想到的是,用户模拟器本质上也是一个对话系统,两个对话系统之间的互动可以由一个对话系统的自问自答完成。因而可以仿照 AlphaGo Zero 的自我博弈训练过程进行对话系统的强化学习。无论以何种方式进行强化学习,系统回复的评价都是一个关键问题,因为这是决定强化学习中奖励大小的依据。而回复评价目前仍是一个没有得到很好解决的开放问题。

在突破回复生成瓶颈方向上,基于神经网络的序列转写架构被作为主流模型广泛采用。在此基础上,重点解决以下三个问题。一是将更多的对话环境信息结合到模型之中,包括对话历史和常识知识。而如何对这两类信息进行编码是技术关键。关于对话历史的编码有顺序编码和层次编码两种方法,前者将各对话语句的编码进行串接,后者不仅包含语句级编码,还包含语句间关系的编码。常识知识的编码和结合可以利用 Transformer 等模型实现。二是在对话生成过程中加入人物性格及语言风格特征。通过加入前后一致的人物性格,可以使对话更加有趣和更有感染力,以便更强地吸引用户。传统上,人物性格常用所谓的 big-five 模型描述,包含外向性、谨慎性、随和性、责任感和体验欲等五个方面。但 big-five 模型的直接采用是比较困难的,现有的尝试多采用简化的替代方案。三是抑制平淡无聊的回复的产生机会。对平淡无聊回复的有效抑制是改善回复质量的直接要求,目前采用的主要方法包括最大互信息目标函数、基于强化学习的惩罚、注意力机制的辅助等,进一步努力的方向包括通过在序列转写模型中加入隐变量调节回复生成的多样性分布,融入情感信息增加语言的生动性等。

在改善领域迁移性能方向上,将领域本体与对话模型进行解耦是研究的重点。对话系统的开发通常选定某个领域进行本体定义,在此基础上设计和训练对话模型。任务型对话系统更是将对话行动和语句槽位做列举性定义,然后耦合性地开发对话模型。于是,对话行动种类、槽值词表等直接被嵌入对话模型中。这是造成对话系统难以实现领域迁移的主要原因。迁移学习,特别是 zero-shot 迁移学习方法是将领域本体与对话模型进行解耦的基本方法,这类研究的目标是在很少甚至没有训练数据的前提下将对话系统迁移至由新本体定义的新领域。另外,改进知识库的构建方法,使其能够更加便捷地进行领域知识的扩充以及加入常识知识,也是提高对话系统领域迁移性能的重要途径。

小　结

近年来,人工智能技术发展迅猛,信息搜索技术在与人工智能的交叉互动中不断更新换代。本章所讲解的个性化搜索、社交搜索、内网检索及对象检索等是对传统信息搜索技术的拓展,知识图谱作为知识库的重要形式已成为各类搜索系统的重要支撑,而对话系统作为人工智能的前沿技术和信息搜索的高级形态也已开始走向应用,其理论模型和实现方法是对人工智能技术的高度集成,具有突出的学术价值。

本章的教学目的是使学生了解信息搜索技术的新进展,建立个性化搜索、社交搜索、内网检索和对象检索的基本概念,掌握上述搜索系统中的主要技术特点;了解知识图谱的构建原理和方法,认识其与搜索系统的关系;认识对话系统作为信息搜索与人工智能高级形态的理论意义,了解对话系统的基本构成、实现方法和发展方向。

问题与练习

7-1 讨论式(7.1)所定义的函数 f 的意义,给出一种神经网络模型对 f 进行实现。

7-2 给出社交网络信息传播的独立串联模型(ICM)的算法描述。

7-3 假设函数 $I(u,t)$ 为参数确定的幂律分布,编写隐性网络影响力作用模型的模拟程序,并给出具体模拟实例。

7-4 给出实现同聚力作用模型的独立随机算法的伪代码描述。

7-5 讨论内网检索与互联网检索的主要差别及其技术难点。

7-6 讨论对象检索系统中的主要技术环节。

7-7 列举几个广泛应用的知识图谱,讨论它们的技术特点。

7-8 调研对话系统的技术发展前沿,重点阐述对话系统与信息搜索系统的相互关系。

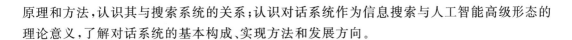

参考文献

[Agra 93] R. Agrawal, T. Imielinski, A. Swami: Mining Association Rules between Sets of Items in Large Databases, Proceedings of the 1993 ACM SIGMOD Conference, Washington DC, USA, 1993.

[Baez 99] R. Baeza-Yates, B. Ribeiro-Neto: Modern Information Retrieval, ACM Press, 1999.

[Bahd 16]D. Bahdanau, J. Chorowski, D. Serdyuk, et al.: End-to-end Attention-based Large Vocabulary Speech Recognition, International Conference on Acoustics, speech, and Signal Processing, 2016, 4945-4949.

[Bart 02]M. S. Bartlett, J. R. Movellan and T. J. Sejnowski: Face Recognition by Independent Component Analysis. IEEE Trans. on Neural Networks, 13(6), 2002, 1450-1464.

[Beng 03] Y. Bengio, R. Ducharme, P. Vincent, et al.: A Neural Probabilistic Language Model, Journal of Machine Learning Research 3,2003,1137-1155.

[Brat 05]A. Bratko and B. Filipic: Spam Filtering using Character-level Markov Models: Experiments for the TREC 2005 Spam Track, http://trec. nist. gov/pubs/trec14/t14_proceedings. html

[Belh 97] P. N. Belhumeur, J. P. Hespanha and D. J. Kriegman: Eigenfaces vs. Fisherfaces: Using Class Specific Linear Projection. IEEE Trans. on Pattern Analysis and Machine Intelligence, 19(7), 1997, 711-720

[Brin 98] Sergey Brin and Lawrence Page: The Anatomy of a Large-scale Hypertextual Web Search Engine, Proc. of 7th Int. WWW Conference, Brisbane, Australia, 1998.

[Buch 05] Colin R. Buchanan: Semantic-based Audio Recognition and Retrieval, School of Informatics, University of Edinburgh, 2005.

[Burl 98] M. Burl, M. Weber, and P. Perona: A Probabilistic Approach to Object Recognition using Local Photometry and Global Geometry, Proc. ECCV, 1998, 628-641.

[Carn 07] G. Carneiro, A. B. Chan, P. J. Moreno et al.: Supervised Learning of Semantic Classes for Image Annotation and Retrieval, IEEE Trans. Pattern Analysis and Machine Intelligence, 29(3), 2007,394-410.

[Chak 03] S. Cakrabarti: Mining the WEB—Discovering Knowledge form Hypertext data, Morgan Kaufmann Publishers, 2003.

[Chen 93] Y. Q. Cheng, J. Y. Yang: A Novel Feature Extraction Method for Image Recognition based on Similar Discriminant Function. Pattern Recognition, 26, 1993, 115-125.

[Cho 98] J. Cho, H. Garcia-Molina, and L. Page: Efficient Crawling Through URL Ording, Int. 7th WWW Conference, Brisbane, Australia, 1998.

[Corm 05]G. Cormack, T. Lynam: TREC 2005 Spam Track Overview, http://trec.nist.gov/pubs/trec14/t14_proceedings.html

[Deng 08] W. Deng, J. Hu, J. Guo, et al.: Emulating Biological Strategies for Uncontrolled Face Recognition, IEEE Trans. Pattern Analysis and Machine Intelligence, TPAMI-2008-03-0159.

[Deng17] Weihong Deng, Jiani Hu, Nanhai Zhang, et al.: Fine-grained Face Verification: FGLFW Database, Baselines, and Human-DCMN Partnership. Pattern Recognition, 2017, 66:63-73.

[Fang 20] Yuke Fang, Weihong Deng, Junping Du, et al.: Identity-aware CycleGAN for Face Photo-sketch Synthesis and Recognition, Pattern Recognition, 102, 2020.

[Felz 05] P. Felzenszwalb and D. Huttenlocher: Representation and Detection of Deformable Shapes, IEEE Trans. Pattern Analysis and Machine Intelligence, 27(2): 2005,208-220.

[Ferg 03] R. Fergus, P. Perona, and A. Zisserman: Object Class Recognition by Unsupervised Scale-Invariant Learning, Proc. Computer Vision and Pattern Recognition, 2003,264-271.

[Ferg 05] R. Fergus, P. Perona, and A. Zisserman: A Sparse Object Category Model for Efficient Learning and Exhaustive Recognition, Proc. Computer Vision and Pattern Recognition, 2005.

[Ghia 95]A. Ghias, J. Logan, D. Chamberlin, et al.: Query by Humming: Musical Information Retrieval in an Audio Database. In The Third ACM International Multimedia Conference and Exhibition (MULTIMEDIA'95), 1995,231-236.

[Good 14] I., Goodfellow, J., Pouget-Abadie, M., Mirza, et al.: Generative Adversarial nets. Advances in Neural Information Processing Systems[C], Cambridge, MA:MIT Press, 2014, 2672-2680.

[Guo 93]J. Guo, N. Sun, et al.: Algorithm for Recognition of Handwritten Characters using Pattern Transformation with Cosine Function. IEICE Trans, J76-D-II, 4, 1993,835-842.

[Han 00] J. Han, J. Pei, Y. Yin: Mining Frequent Patterns without Candidate Generation, In: Chen WD, Naughton J, Bernstein PA, eds. Proc. of the 2000 ACM SIGMOD International Conference on Management of Data (SIGMOD 2000). New York: ACM Press, 2000,1-12.

[Harp 07]Abhay S. Harpale Yiming Yang: Personalized Active Learning for Collaborative Filtering, SIGIR'08, Singapore, 2008, 20-24.

[Heap 78] J. Heaps: Information Retrieval-Computational and Theoretical Aspects,

Academic Press, 1978.

[Hill 05] A. Bar-Hillel, T. Hertz, and D. Weinshall: Object Class Recognition by Boosting a Part-Based Model, Proc. Computer Vision and Pattern Recognition, 2005.

[Hobb 93]Hobbs J, The Generic Information Extraction System. In Proceedings of the Fifth Message Understanding Conference (MUC-5), Morgan Kaufman, 1993,87-91.

[Hong 91] Z. Q. Hong. Algebraic Feature Extraction of Image Recognition. Pattern Recognition, 24, 1991, 211-219.

[Jero 89] H. Jerome, Friedman: Regularized Discriminant Analysis, Journal of the American Statistical Association, 84(405), 1989, 165-175.

[Jin 04]Rong Jin, Luo Si: A Bayesian Approach toward Active Learning for Collaborative Filtering, Uncertainty in Artificial Intelligence, 2004, 278-285.

[Juri 04] F. Jurieand and C. Schmid: Scale-invariant Shape Features for Recognition of Object Categories, Proc. Computer Vision and Pattern Recognition, 2004,90-96.

[Kadi 01] T. Kadir and M. Brady: Scale, Saliency and Image Description, Int'l J. Computer Vision, 45(2),2001,83-105.

[Krzh 12]A. Krizhevsky, I. Sutskever, G. Hinton: ImageNet Classification with Deep Convolutional Neural Networks, Neural information processing systems, 2012, 1097-1105.

[Lawr 97]S. Lawrence, C. L. Giles, A. C. Tsoi, et al. : Face Recognition: A Convolutional Neural-network Approach. IEEE Trans. on Neural Networks, 8(1), 1997, 98-113.

[Lee 96]S. Y. Lee, Y. K. Ham and R. H. Park: Recognition of Human Front Faces using Knowledge-based Feature Extraction and Neuro-fuzzy Algorithm. Pattern Recognition, 29, 1996, 1863-1879.

[Li 06]F. F. Li, R. Fergus, and P. Perona: One-Shot Learning of Object Categories, IEEE Trans. Pattern Analysis and Machine Intelligence, 28(4),2006,594-611.

[Liu 06]Z. Liu, D. Gibbon, E. Zavesky, et al. : AT&T Research at TRECVID 2006, Online Proc. of TRECVID 2006.

[Liu 07] Z. Liu, E. Zavesky, D. Gibbon, et al. : AT&T Research at TRECVID 2007, Online Proc. of TRECVID 2007.

[Loga 00] B. Logan: Mel Frequency Cepstral Coefficients for Music Modeling. In International Symposium on Music Information Retrieval, 2000.

[Miko 13]T. Mikolov, K. Chen, G. S. Corrado, et al. : Efficient Estimation of Word Representations in Vector Space, International Conference on Learning Representations, 2013.

[Mnih 13] V. Mnih, K. Kavukcuoglu, D. Silver, et al. : Playing Atari with Deep Reinforcement Learning[A]. Proceedings of the Workshops at the 26th Neural Information Processing Systems[C], Cambridge, MA:MIT Press, 2013,201-220.

[Olst 96]B. Olstad, A. H. Torp: Encoding of a Priori Information in Active Contour Models. IEEE Trans. on Pattern Analysis and Machine Intelligence, 18(9), 1996, 863-872.

[Raju 03]M. Anand Raju, Bharat Sundaram and Preeti Rao: TANSEN: A Query-by-Humming based Music Retrieval System, India National Conference on Communications, NCC 2003.

[Roed 96] Roeder N, Li X B. Accuracy Analysis for Facial Feature Detection. Pattern Recognition, 29, 1996, 143-157.

[Rusl 09] Ruslan Salakhutdinov, Geoffrey Hinton. Semantic Hashing, International Journal of Approximate Reasoning, 50,2009,969-978.

[Qian 19] Yichen Qian, Weihong Deng, Mei Wang, et al.: Unsupervised Face Normalization with Extreme Pose and Expression in the Wild, CVPR 2019.

[Salt 88] G. Salton and C. Buckley: Term-weighting Approaches in Automatic Retrieval, Information Processing & Management, 24(5), 1988,513-523.

[Sama 94]F. Samaria: Face Recognition using Hidden Markov Model [Dissertation]. Cambridge, University of Cambridge, 1994.

[Silv 17]D. Silver, et al.: Mastering the Game of Go Without Human Knowledge. Nature, 550, 2017,354-359.

[Sinh 06]P. Sinha, B. Balas, Y. Ostrovsky, et al.: "Face Recognition by Humans: 19 Results all Computer Vision Researchers Should Know about," Proceedings of the IEEE, 94(11), 2006,1948-1962.

[Slan 02] M. Slaney: Semantic-audio Retrieval. In Proc. 2002 IEEE International Conference on Acoustics, Speech, and Signal Processing, 4, 2002, IV4108-11.

[Suri 18]D. Suris, A. Duarte, A. Salvador, et al.: Cross-modal Embeddings for Video and Audio Retrieval, European conference on computer vision, 2018, 711-716.

[Taka 09]G. Takacs, I. Pilaszy, B. Nemeth, et al.: Scalable Collaborative Filtering Approaches for Large Recommender Systems, Journal of Machine Learning Research, 10, 2009, 623-656.

[Turk 91] M. A. Turk, A. P. Pentland: Eigenfaces for Recognition. Journal of Cognitive Neuroscience, 3(1), 1991, 71-86.

[Turn 07]D. Turnbull, L. Barrington, D. Torres et al.: Towards Musical Query by Semantic Description using the CAL500 Data Set, SIGIR 2007 Proceedings, 2007, 439-446.

[Vale 94] D. Valentin, H. Abdi, A. O'Toole, et al.: Connectionist Models of Face Processing: A survey. Pattern Recognition, 27, 1994, 1209-1230.

[Vasc 01] N. Vasconcelos: Image Indexing with Mixture Hierarchies, Proc. IEEE Computer Vision and Pattern Recognition Conf., 2001.

[Vasw 17] A. Vaswani, N. Shazeer, N. Parmar, et al.: Attention Is All You Need, Proceedings of the 31st International Conference on Neural Information Processing, 2017, 6000-6010.

[Vida 14]R. Vidal and R. Favaro: Low Rank Subspace Clustering (lrsc), Pattern Recognition Letters, 43(1), 2014,47-61.

[Viol 01]P. Viola: Rapid Object Detection using a Boosted Cascade of Simple Features. In: Proc IEEE Conference on Computer Vision and Pattern Recognition, 2001,

511-518.

[Vu16] Thanh Vu, Dat Quoc Nguyen, Mark Johnson, et al. : Search Personalization with Embeddings, arXiv:1612.03597v1 [cs.IR] 12 Dec 2016.

[Wisk 97] L. Wiskott, J. M. Fellous, N. Kruger, et al. : Face Recognition by Elastic Bunch Graph Matching. IEEE Trans. on Pattern Analysis and Machine Intelligence, 19(7), 1997, 775-779

[Wold 96]E. Wold, T. Blum, D. Keislar, et al. : Content-based Classification, Search, and Retrieval of Audio. IEEE MultiMedia, 3(3),1996, 27-36.

[Ye 05] J. Ye, Q. Li: A Two-Stage Linear Discriminant Analysis via QR Decomposition, IEEE Transactions on Pattern Analysis and Machine Intelligence, 27(6), 2005, 929-941.

[Yip 02]A. Yip and P. Sinha, "Role of Color in Face Recognition," Perception, 2002, 995-1003.

[Yuil 91] A. L. Yuile: Deformable Templates for Face Recognition. Journal of Cognitive Neuroscience, 3(1), 1991, 59-70.

[Zafa 14] Reza Zafarani, Mohammad Ali Abbasi and Huan Liu: Social Media Mining-An Introduction, Cambridge university press, April 2014.

[Zheng 17] T. Zheng, W. Deng, and J. Hu: Cross-age LFW: A Database for Studying Cross-age Face Recognition in Unconstrained Environments, CoRR, vol. abs/1708.08197, 2017. [Online]. Available: http://arxiv.org/abs/1708.08197.

[Zheng 18] T. Zheng and W. Deng: Cross-pose LFW: A Database for Studying Cross-pose Face Recognition in Unconstrained Environments, Beijing University of Posts and Telecommunications, Technical Report 18-01, February, 2018.

[Zhu 03] X. Zhu, Z. Ghahramani, and J. Lafferty: Semi-supervised Learning using Gaussian Fields and Harmonic Functions, Proceedings of the Twentieth International Conference Machine Learning (ICML 2003), 2003, 912-919.

[陈 06] 陈光：特定领域的OCR系统的精度与速度问题研究，北京邮电大学博士学位论文，2006.

[胡 08] 胡佳妮：文本挖掘中若干关键问题的研究，北京邮电大学博士学位论文，2008.

[秦 20] 秦鹏达：关系抽取与知识图谱中的表示学习研究，北京邮电大学博士学位论文，2020.

[张 20] 张军建：信息增强的子空间聚类算法研究，北京邮电大学博士学位论文，2020.

[朱 21] 朱芳仪：视觉语义理解中若干问题的研究，北京邮电大学博士学位论文，2021.